1등의 습관

SMARTER FASTER BETTER

1등의 습관

무슨 일이든 스마트하게 빠르게 완벽하게

찰스 두히그 지음 · **강주헌** 옮김

ALFRED

차례

제 5 장

MANAGING OTHERS 회사 ···················· 203

유능한 이들을 내 편으로 만들고 싶은 사람들에게
: FBI도 놀란 권한 위임의 효과

제 6 장

DECISION MAKING 의사 결정 ··············· 248

불확실한 미래 때문에 불안한 사람들에게
: 미래를 정확하게 예측하는 법

해리와 올리버,
도리와 존과 앤디,
누구보다 리즈를 위하여

To Harry, Oliver,
Doris and John,
Andy,
and, most of all, Liz

어떤 인생을 원하든
그런 삶을 살게 해 줄
수많은 길이 있습니다

몇 년 전 《습관의 힘》 발간 기념으로 한국을 방문한 적이 있다. 그때 어느 청년과 매우 흥미로운 대화를 한 기억이 난다.

막 대학을 졸업한 그는 인생의 갈림길에 서 있다고 했다. 그동안 좋은 성적을 받기 위해, 착한 아들이 되기 위해, 좋은 대학에 들어가기 위해, 그리고 좋은 친구가 되기 위해 열심히 살았다고 한다. 그런데 새로운 삶을 시작하려는 이 순간 낭떠러지에 서 있는 것처럼 무서워서 아무것도 할 수 없다고 했다. 적성에 맞지 않는 직업을 선택할까 봐, 잘못된 인생의 길로 들어설까 봐, 실수할까 봐, 삶의 목적을 영영 찾지 못할까 봐 불안하다고 했다. 그는 지금까지 평생 다른 사람들을 기쁘게 하기 위한 삶을 살았는데, 자기 자신을 기쁘게 하는 방법을 몰라서, 그리고 스스로 만족하는 삶을 사는 법을 몰라서 불안했던 것이다.

인생의 큰 변화를 앞둔 젊은이들이라면 누구나 이런 고민을 한다. 하지만 이런 고민이 꼭 젊은이들에게만 해당되는 것은 아니다. 지금 이 시대는 현기증이 날 만큼 모든 것이 빠르게 변하는 혁명의 시기라서 우리의 삶과 일 전체가 바뀌고 있다. 훗날 역사학자들은 이 시기를 돌아보며 매우 경이로운 시절이었다고 평가할지도 모른다. 하지만 지금 이 시절을 살고 있는 우리는 불안한 마음으로 하루하루를 지내고 있다.

오히려 지금까지 사는 대로 사는 것은 쉽다. 하던 일을 열심히 하는 것도 쉽고, 스스로를 한계선까지 밀어붙이는 것도 쉽고, 삶을 위해 행복을 희생시키는 것도 쉽다. 하지만 그것이 예전만큼 효과가 나지 않는다는 점이 문제다.

한국은 여러 면에서 새로운 시대의 모든 것을 보여 주는 나라다. 그 어떤 나라보다 짧은 시간에 눈부신 발전을 이룩했고, 불과 몇 십 년 전과는 완전히 다른 나라로 성장했다. 그 과정에서 보여 준 한국인의 근면과 헌신, 스마트한 전략, 성장에 대한 의지에 전 세계인이 놀라워하고 있다. 하지만 한국인들 역시 전 세계 사람들이 그렇듯 불확실한 미래로 인해 불안해한다. 이런 시기에는 특히 일과 가족 사이의 균형을 잡는 것이 너무 어렵다. 행복과 성취를 이루는 길도 잘 보이지 않는다.

내가 지금 당신이 들고 있는 이 책을 쓴 이유가 바로 이 때문이다. 나 역시 이런 고민에 빠져 있었다. 우리 주변에는 분명히 인생에서 소중히 여기는 것들을 포기하지 않으면서도 놀라운 성공을 거두는 사람들이 있다. 나는 그들의 비결을 과학적으로 풀어 보고 싶었고, 그 비결을 내 삶에 적용하고 싶었다. 삶을 더욱 의미 있게 만들기 위해 무엇이 필요한지, 직장과 일에서 성공하려면 어떻게 해야 하는지, 행복한 가정을 꾸리려면 무엇이 중요한지, 개개인의 다양한 욕구를 채우기 위해 필요한 것은 무엇인지 등에 대해 최근의 연구 결과들이 무엇을 알아냈는지 확인하고 싶었다.

얼마 전까지는 열심히 일하는 것만으로도 성공할 수 있었다. 하지만 지금은 이미 당신도 느끼고 있듯이 열심히 일하는 것은 정답이 아니다. 희생과 헌신도 필요하겠지만, 더 잘 생각할 줄 알아야 하고, 더 스마트하게 일할 줄 알아야 하며, 심리학과 신경 과학이 밝혀낸 지식을 이용할 줄도 알아야 한다. 일에서 성공하는 동시에 삶의 만족감도 유지하기 위해 이는 선택 사항이 아니라 필수 요소다.

지난 수십 년 동안 모두가 바쁘게 달려왔다. 그런데 이제는 바쁘게 일한다고 해서 성공의 열쇠를 잡을 수 있는 것은 아니다. 우리 삶을 더 효과적으로 지배함으로써 생산적으로 일할 때에만 성공의 열쇠를 거머쥘 수 있다. 생산성이란 개념은 사람들에게 각기 다른 뜻으로 정의된다. 그러나 그것이 무엇이든 생산성의 핵심은 모든 것을 희생하지 않으면서 가장 중요한 목표를 이루는 것이다.

한국인들은 스스로를 희생해 불가능해 보이는 것을 이루었다는 점에서 나를 포함한 전 세계의 많은 사람에게 영감을 불러일으켰다. 한국인들이 내게 영감을 불러일으킨 것처럼 이 책이 당신에게 새로운 시대의 성공에 대한 도구가 되었으면 좋겠다.

미래에 대한 불안함이 어떻게 생기는지 다들 잘 알고 있을 것이다. 누구나 미래에 대한 불안함이 있지만 세상에는 이를 극복하고 원하는 것을 모두 가진 사람들이 분명히 있다. 그들은 직업적으로도 놀라운 성공을 거두었고 삶에 대한 만족도도 매우 높다.

한 가지 방법만 있는 것은 아니다. 어떤 인생을 원하든 그런 삶을 살게 해 줄 수많은 길이 있다. 여기에 그 길이 있다. 당신이 한 번도 생각하지 못했지만 당신에게 가장 알맞은 방법을 분명히 찾을 수 있을 것이다.

찰스 두히그

인생의 소중한 것을 포기하지 않으면서도
원하는 것을 얻는 법

내가 생산성이란 문제에 관심을 갖기 시작한 때는 2011년 여름이었다. 당시 나는 《습관의 힘》이라는 책을 쓰고 있었다. 습관이 우리 삶에 미치는 영향을 신경학과 심리학의 관점에서 다룬 책이었다. 막바지 단계여서 빗발치는 전화와 씨름하고 미친 듯이 글을 고쳐 써야 했다. 나는 〈뉴욕 타임스〉의 심층 취재 전문 기자여서 낮에는 사건을 쫓아다니고 밤에는 책상 앞에 앉아 원고를 썼다. 더구나 직장을 다니는 아내가 둘째를 낳아서 아내와 막 태어난 아이는 물론 첫째 아이까지 챙겨야 했다.

한마디로 내 삶은 기계처럼 해내야 하는 잡무, 급하게 답신을 보내야 하는 메일, 예정에 없던 회의, 해도 해도 끝이 없는 집안일, 잦은 지각 때문에 습관적으로 뱉어 내는 사과가 반복되는 지옥의 쳇바퀴 같은 일상이었다. 하루하루 세상에서 낙오되고 뒤처지는 기분이었다.

몸이 두셋이라도 모자랄 것만 같은 북새통에서 탈출하고 싶은 마음에 평소 존경하던 한 저자에게 메일을 썼다. 그는 〈뉴욕 타임스〉에서 일하는 동료 기자의 친구로, 그야말로 성공의 표본인 사람이었다. 개인적으로 아는 사이가 아니라서 출판에 관련된 조언을 얻겠다는 구실을 앞세웠다. 그의 이름은 아툴 가완디.

당시 마흔여섯 살이던 그는 한 권위 있는 잡지의 전속 필자였고, 미국에서 최고로 손꼽히는 하버드 대학교 종합 병원이 자랑하는 외과 의사이자 하버드 대학교 의대 교수이면서, UN 산하 세계 보건 기구의 고문이자 의료 서비스가 부족한 저개발 국가에 외과 용품을 보내는 비영리 기구 창립자였다. 그때까지 발표한 세 권의 책은 곧바로 베스트셀러가 되었다. 그는 세 자녀를 둔 아버지이기도 하다. 2006년에는 맥아더 재단이 이 시대 최고의 석학에게 수여하는 맥아더 펠로스 프로그램(MacArthur Fellows Program) 상을 받았고, 상금 6억 원은 곧바로 자선 단체에 기부했다.

뛰어난 생산성을 발휘한다며 호화찬란한 이력서를 자랑하는 사람들이 있다. 그러나 그들의 뛰어난 능력이 단지 자신을 마케팅 하는 솜씨였다는 걸 알고 나면 허탈한 기분이 든다. 반면, 세상에는 가완디처럼 자기에게 주어진 다양하고 복잡한 역할을 탁월하게 수행하는 사람들도 있다. 그들은 완전히 다른 시공간에 살고 있는 것처럼 느껴진다. 가완디가 잡지에 발표하는 글들은 한결같이 깔끔하고 매력적이었다. 그를 아는 사람들은 외과 의사로서 실력도 세계 최고 수준이지만 환자에게 누구보다 헌신적이라고 했다. 또 가족들을 끔찍이 챙겨 아버지로서도 흠잡을 데가 없다고 했다. 텔레비전이나 라디오에서 인터뷰하는 모습을 보면 언제나 침착하고 편안하며 자상한 사람 같았다. 의학과 공중 보건 및 출판계에 남긴 업적도 매우 가치 있고 중요한 것으로 평가받았다.

나는 그에게 잠시 틈을 내어 인터뷰에 응해 달라는 메일을 보냈다. 어떻게 그렇게 생산적으로 일할 수 있는지 듣고 싶었다. 그 비결이 무엇일까? 그 비결을 알아내면 나도 내 삶을 바꿀 수 있을까?

'생산성'이란 단어는 상황에 따라 다른 의미로 사용된다. 아침에 아이들을 학교에 데려다주기 전 1시간 동안 운동한 것만으로도 그날 하루를 성공적이라 생각하는 사람이 있다. 또 어떤 사람은 그 시간에 사무실로 달려가 메일에 답장을 하고 몇몇 고객에게 전화를 해야 성취감을 갖는다. 연구원은 실패한 실험에도 큰 의미를 부여하고 예술가는 찢어 버린 캔버스에서도 생산성을 인정한다. 실수를 통해 목표에 한 걸음 더 가까이 다가갔다고 생각하는 까닭이다. 하지만 엔지니어들은 완성을 못하거나 실패하면 일을 하지 않은 것으로 여긴다. 주말의 생산성과 평일의 생산성도 다를 수밖에 없다. 주말에는 아이들과 함께 공원을 산책하는 것이 제대로 하루를 보내는 방법이지만, 평일에는 아이들을 제시간에 어린이 집에 맡기고 사무실에 여유롭게 출근해야 하루를 생산적으로 시작할 수 있다.

간단히 말해 생산성이란 에너지와 지적 능력, 시간 등의 자원을 가장 적절하게 사용해 최소의 노력으로 최대의 성과를 끌어내는 방법, 혹은 그 방법을 알아내기 위한 시도를 의미한다. 생산성을 높인다는 것은 스트레스를 덜 받고 덜 힘들게 일하면서 성공에 이르는 방법을 학습하는 과정이다. 꼭 일에만 관련된 것은 아니다. 생산성이 높아지면 우리가 소중하게 생각하는 것을 희생하지 않고도 원하는 목표를 이룰 수 있게 된다.

이런 정의가 맞는다면 아툴 가완디는 그 방법을 거의 완벽하게 알아낸 것 같았다. 그래서 그에게 메일을 보냈던 것이다. 며칠 후 마침내 기다리던 답장을 받았다.

'도움을 드리고 싶지만 선약이 많아서 도저히 짬을 낼 수 없습니다. 이해해 주시기를 바랍니다.'

나는 이 내용을 그에게도 한계가 있다는 뜻으로 받아들였다. 그도 사실은 어쩔 수 없는 인간이구나 하는 생각이 들었다.

며칠 후 나는 가완디 메일 주소를 알려 준 동료 기자에게 그와 주고받은 메일에 대해 언급했다. 인터뷰를 못한 것은 매우 아쉽지만 그 상황을 충분히 이해한다는 말을 전해 달라고 부탁했다. 그가 환자들을 치료하고 의과 대학생들을 가르치며, 잡지사에 칼럼을 기고하고, 책도 내고, 세계에서 가장 큰 보건 기구 일까지 하느라 얼마나 바쁘겠느냐고도 덧붙였다. 불필요한 일은 과감하게 거절하는 그의 집중력이 부러웠다.

하지만 내 말을 듣고 있던 동료 기자는 그런 것과는 전혀 상관없다며 내가 오해하는 거라고 말했다. 가완디가 그 주에 유난히 바빴던 이유는 아이들과 함께 록 콘서트에 가기로 약속한 날이 끼어 있었고, 며칠 뒤에는 아내와 함께 휴가를 가기로 예정되어 있었기 때문이라고 했다. 그러면서 그달 말쯤 인터뷰 시간을 낼 수 있을 것이라고 귀띔해 주었다. 그래서 그가 말해 준 시기에 다시 메일을 보냈다.

동료 기자와의 대화에서 나는 두 가지를 깨달았다.

첫째, 내가 뭔가 잘못된 행동을 하고 있는 게 분명하다는 점이었다. 당시 나는 거의 9개월 동안 하루도 쉬지 못한 상태였다. 우리집 아이들은 아버지인 나보다 베이비시터를 더 가족처럼 생각할 정도였다.

둘째, 더욱 중요한 것으로, 다른 사람보다 훨씬 생산적으로 일하는 방법을 알고 있는 사람들이 분명히 존재한다는 것이었다. 나는 어떻게든 그들을 설득해서 그 비결을 얻어 내고 싶었다.

• • •

이 책은 생산성이 어떻게 작동하는가를 조사한 결과물이다. 평균보다 훨씬 뛰어난 생산성을 보이는 사람과 조직이 있는 이유를 밝히고 싶어 노력한 결실이기도 하다.

4년 전 가완디를 처음 만난 이후 나는 신경학자와 기업인, 정부 지도자 등 이른바 생산성 전문가들을 찾아다녔다. 디즈니 역사상 가장 성공한 애니메이션이라고 평가받는 〈겨울왕국〉 제작 팀을 직접 만나, 엄청난 시간 압박과 프로젝트가 엎어질 위기 속에서 어떻게 재앙을 피하고 창의적인 긴장감을 능동적으로 조성하여 역사상 가장 성공한 영화를 제작할 수 있었는지에 대해 배웠다(제7장 참조). 또 구글의 데이터 과학자들과 텔레비전 코미디 프로그램 〈새터데이 나이트 라이브(Saturday Night Live)〉의 작가들을 만나서는 탁월한 팀에는 협업이나 위험 부담과 관련된 문화가 공통적으로 존재한다는 걸 확인할 수 있었다(제2장 참조). 미국 연방 수사국(FBI) 수사관들을 인터뷰하면서는 캘리포니아 프리몬트에 있던 옛 자동차 공장에서 영향을 받은 문화와 민첩한 대응 원리 덕분에 해결한 유괴 사건에 대한 이야기를 들었다(제4장 참조). 또 일반적인 상식과는 다르게 정보를 흡수하기 더욱 어렵게 만드는 방식으로 교육 방식을 바꾸자 학생들의 생활 방식이 달라졌다는 걸 신시내티의 공립 학교 복도에서 확인할 수 있었다(제8장 참조).

신경학자와 심리학자, 포커 선수와 항공기 조종사, 군 장성과 경영자, 인지 과학자 등을 인터뷰하고 그들에게 조금씩 배우는 과정에서 몇몇 핵심적인 개념이 내 머릿속에 어렴풋이 자리 잡기 시작했다. 그들이 똑같은 개념들을 반복해서 언급한다는 걸 알아챘고, 몇몇 사람과 기업이 유난히 많은 것을 이루어 내는 핵심적인 이유가 그런 개념에 있다고 확신하기에 이르렀다.

이 책은 총 8장으로 구성되었다. 각 장마다 일을 더 잘하는 데 가장 중요한 개념을 하나씩 심도 있게 다루었다. 제1장에서는 통제감이 어떻게 동기를 유발하고, 해병대 훈련소에서 가르치는 행동 지향적 선택이 어떻게 아무런 목적의식도 없이 입대한 10대 소년들을 몇 주 만에 정예 부대원으로 성장시켰는지를 살펴보았다. 한편 제3장에서는 심성 모형을 구축함으로써 집중력을 유지하는 방법을 살펴보았고, 440명의 승객을 태운 비행기가 속절없이 추락하고 있는 상황 속에서의 조종사들 위기 대처 방법을 통해 우리가 무엇을 배울 수 있는지에 대해서도 살펴보았다.

제4장에서는 원대한 야망과 사소한 목적들을 동시에 포용하며 목표를 올바르게 설정하는 방법을 살펴보았고, 이스라엘 지도자들이 욤 키푸르 전쟁(제4차 중동 전쟁)으로 치달은 잘못된 판단에 사로잡혔던 이유도 살펴보았다. 제6장에서는 단 하나의 목표에 집중하는 것이 아니라 다양한 가능성을 열어 두는 방식으로 의사 결정을 내려야 하는 이유와, 한 여인이 이런 기법을 활용해서 어떻게 전국 포커 대회에서 우승할 수 있었는지에 대해 살펴보았다. 또 실리콘밸리의 몇몇 우수 기업이 어려운 상황에서도 직원들을 지원하는 '헌신 문화'를 구축함으로써 거대 기업으로 성장해 간 과정에 대해서도 살펴보았다.

이런 여덟 가지 개념을 연결해 보면 한 가지 핵심 원칙을 발견하게 된다. 생산성은 더 많이 일하거나 더 많은 땀을 흘린다고 얻어지는 것이 아니고, 책상 앞에서 더 오랜 시간을 일하거나 더 큰 희생을 한다고 얻어지는 것도 아니라는 점이다.

생산성은 여러 선택의 결과물이다. 우리가 자신을 평가하는 방식, 크고 작은 결정을 내리는 기준, 동료들에게 건네는 이야기들, 쉽게 성취할 수 있지만 금세 잊어버리는 소소한 목표들, 팀원들 사이에 형성되는 공동체 의식, 리더의 위치에서 만들어 가는 창의적인 문화 등 수많은 선택이 모여 그저 바쁘기만 한 삶과 진정으로 생산적인 삶의 차이를 만든다.

오늘날 우리는 동료들과 언제라도 커뮤니케이션을 할 수 있고, 스마트폰으로 언제 어디서든 중요한 자료에 접근할 수 있으며, 순식간에 어떤 사실이라도 확인할 수 있고, 어떤 상품이라도 24시간 이내에 집 앞까지 배달되는 세상에 살고 있다. 기업들은 캘리포니아에서 새로운 상품을 설계하고, 바르셀로나의 고객들로부터 주문을 받고, 선전의 공장에 메일로 작업 일정표를 보낸다. 여기에서 제작되어 발송된 상품의 위치는 세계 어디에 있더라도 캘리포니아의 본사에서 추적할 수 있다. 부모는 자녀의 일정표를 자동으로 확인하고, 침대에 누워 온라인으로 공과금을 납부하며, 단골로 다니던 동네 식료품점 대신 온라인 쇼핑몰에서 장을 보고, 자녀들이 귀가 시간을 넘기면 1분도 안 돼 그들의 위치를 확인할 수 있다. 지금 우리는 과거의 농업 혁명이나 산업 혁명만큼이나 모든 면에서 엄청난 변화를 불러일으키는 경제적·사회적 혁명의 시대에 살고 있다.

통신 수단과 정보 기술의 발전은 우리 삶을 더 편하게 해 주어야 한다. 하지만 이상하게도 할 일이 더 많아졌고, 스트레스도 더 심해졌다.

대체 그 이유는 무엇일까? 우리가 기술 혁신을 제대로 이용하지 못하고 있기 때문이다. 지금까지 우리는 생산성 향상을 위한 수단에만 집착해 왔다. 일거리를 기록하는 애플리케이션과 복잡한 분류 시스템 같은 것들은 일을 해결해 주지 않는다. 정작 그런 기술이 우리에게 가르쳐 주려는 본질을 놓치고 있는 것이다.

그런데 지금처럼 변화무쌍한 세상에서 일을 완벽하게 지배하는 법을 알아낸 사람들이 있다. 또 세상의 빠른 변화를 오히려 유리하게 이용하는 법을 알아낸 기업들이 있다.

이들 덕분에 생산성이 실제로 어떻게 작동하는지를 알게 되었다. 어떤 선택이 가장 중요하고, 어떤 선택이 짧은 시간에 적은 노력으로도 원하는 것을 얻게 하는지 이해하게 되었다. 대담하면서도 성취 가능한 목표를 설정하는 방법, 문제를 인식하는 데 그치지 않고 숨어 있는 기회까지 찾아낼 수 있도록 상황을 재구성하는 방법, 낯설지만 창의적인 사람들에게 마음의 문을 여는 방법, 전례 없는 속도로 우리를 스쳐 지나가는 자료들을 분석함으로써 더 빨리 학습하는 방법도 배울 수 있었다.

이 책은 진정한 생산성으로 이어지는 선택들을 알아보는 방법을 다루고 있다. 또한 우리 삶을 바꿔 놓을 만한 기술과 전략 및 기회의 안내서이기도 하다. 힘을 덜 들이고 성공하는 법을 알아낸 사람들이 있다. 자원을 상대적으로 덜 쓰면서도 놀라운 혁신을 이루어 내는 기업들이 있다. 또한 주변 사람을 변화시키는 리더들도 있다.

한마디로 이 책은 당신이 무엇을 하든 간에 더 스마트하게, 더 빠르게, 더 완벽하게 해내는 법을 알려 주는 책이다.

MOTIVATION
동기 부여

▼

언젠가부터 일할 의욕을 잃어버린 사람들에게

—

무슨 일이든 재미있게 할 수 있는 방법이 있다

1. 어느 날 갑자기 모든 의욕을 잃어버린 사람들

환갑을 맞은 로버트는 아내 비올라와 함께 29일 동안 남아메리카를 여행할 계획이었다. 브라질과 칠레를 먼저 방문하고, 안데스 산맥을 넘어 볼리비아에 들어간 후 페루와 베네수엘라를 차례로 둘러보는 여정이었다. 잉카 유적지 방문, 티티카카 호수에서의 유람선 관광 등이 일정에 포함되어 있었다. 수공예품 시장도 방문하고 수만 마리 새 떼가 만들어 내는 장관도 구경할 생각이었다.

여행을 떠나기 전 친구들에게 농담처럼 말했듯이 로버트는 그처럼 장기간의 휴식이 무척 불안했다. 비서에게 전화하며 날릴 돈을 생각하니 머리가 지끈거릴 정도였다. 거의 반세기 동안, 로버트 필리프는 루이지애나의 시골에 있는 자그마한 주유소를 자동차 부품의 제국으로 키워 냈다. 그의 근면함과 카리스마 및 정력적인 활동이 빚어낸 결과물이었다. 로버트는 화학 회사와 종이 공급 회사 및 부동산 회사까지 소유한 재력가였다. 어느덧 환갑을 넘기자 로버트는 아내의 설득에 못 이겨 한 달 동안 남아메리카를 여행하기로 했다. 그는 루이지애나 주립 대학교 풋볼 팀과 미시시피 대학교 풋볼 팀 간의 라이벌 경기를 중계해 주는 채널이 없을까 봐 걱정했다.

로버트는 멕시코 만 연안 지역에는 비포장도로도 없고 뒷골목도 없다고 말하곤 했지만, 사업을 하면서 그 지역을 자동차로 다녀 본 적은 없다. 필리프 주식회사가 어느 정도 성장하자, 로버트 필리프는 뉴올리언스와 애틀랜타 같은 대도시 사업가들을 허름한 술집으로 데려가 갈빗살을 깨끗이 먹어 치우고 술병이 바닥날 때까지 꼼짝하지 못하게 붙들어 두는 걸로 유명해졌다. 이튿날 아침 모두 숙취로 고생했지만, 그 와중에 로버트는 그들을 설득해서 수십억 원짜리 계약서에 서명하게 만들었다. 바텐더들은 로버트가 자신의 잔은 음료수로 채우면서도 대도시 사업가들에게는 독한 칵테일을 권한다는 걸 알고 있었다. 사실 로버트는 사업을 일으키는 동안 술을 입에 대지도 않았다.

로버트 필리프는 콜럼버스 기사 수도회 회원이었고, 상공 회의소에도 가입했다. 또 루이지애나 자동차 도매상 협회와 배턴루지 항구 위원회 회장 및 지역 은행 이사장을 지냈고, 그에게 영업 허가권을 허락할 가능성이 높은 정당에 아낌없이 후원금을 보냈다. 그의 딸 록산은 나에게 "우리 아버지처럼 일을 사랑하는 사람은 못 봤습니다"라고 말했다.

로버트와 비올라의 남아메리카 여행은 몇 개월 전부터 계획된 것이었다. 하지만 볼리비아의 수도인 라파스 공항에 내리자마자 로버트가 이상한 행동을 하기 시작했다. 비올라는 남편이 술에 취한 것이라 생각했다. 로버트는 비틀거리며 제대로 걷지 못했고, 결국 짐을 찾는 곳에서는 털썩 주저앉아 숨을 헐떡였다. 꼬마들이 다가와 동전을 요구하자, 그는 녀석들 발끝에 동전을 던져 주고는 히죽히죽 웃었다. 호텔로 가는 버스 안에서도 로버트는 지금까지 방문한 나라에 대해서, 또 그곳 여인들의 매력에 대해서 혼잣말로 중얼거렸다. 비올라는 일종의 고산병이라 생각했다. 하기야 해발 3658미터 고지에 있는 라파스는 세계에서 가장 높은 곳에 위치한 도시 중 하나이지 않은가.

호텔에 도착해 짐을 풀고 나서 비올라는 남편에게 잠시 눈을 붙이라고 충고했지만, 로버트는 잠이 오지 않는다며 나가자고 했다. 그래서 1시간 동안 시내를 돌아다니며 자질구레한 기념품을 샀다. 그는 지역민이 영어를 알아듣지 못할 때마다 분통을 터뜨렸다. 결국 로버트는 비올라의 간청에 호텔로 돌아가 잠자리에 들었다. 하지만 밤새 계속 잠을 깼고 그때마다 토했다. 이튿날 아침, 로버트는 기운이 없다고 말하면서도 비올라가 쉬라고 말하면 화를 버럭 냈다. 사흘째 되는 날 그는 침대에서 일어나지 못했다. 그 다음 날 비올라는 여행을 계속할 수 없다고 판단하고 중단하기로 했다.

루이지애나 집으로 돌아오자 로버트는 건강을 약간 되찾은 것 같았다. 혼미하던 의식이 조금씩 돌아오고 횡설수설하는 횟수도 줄어들었다. 하지만 비올라와 자식들은 여전히 걱정을 떨쳐 내지 못했다. 로버트는 무기력한 상태를 완전히 벗어나지 못해 급한 경우가 아니면 집 밖으로 나가지 않았다. 비올라는 남편이 귀국하면 곧바로 사무실에 출근할 거라고 생각했다. 그런데 귀국하고 나흘이 지났는데도 그는 비서에게 귀국했다는 연락조차 하지 않았다.

로버트가 가장 좋아하는 취미는 사슴 사냥이었다. 20년 넘게 단 한 해도 거른 적이 없었다. 비올라가 사슴 사냥 시즌이 다가오고 있다며 사냥 면허를 받아야 하지 않겠느냐고 물었다. 로버트는 그해에는 사슴 사냥을 건너뛸 생각이라고 대답했다. 결국 비올라는 의사에게 전화를 걸었고, 남편을 데리고 뉴올리언스의 오슈너 클리닉으로 향했다.[1]

신경과 과장 리처드 스트러브 박사는 로버트에게 많은 검사를 실시했다. 호흡과 체온, 심장 박동 등 활력 징후는 모두 정상이었다. 혈액 검사에서도 특이한 징후는 전혀 없었다. 감염과 당뇨, 심근 경색이나 뇌졸중에 관련된 지표들도 모두 정상이었다. 로버트는 그날 신문에 실린 모든 기사를 완벽하게 이해했을 뿐 아니라, 어린 시절 일을 작년에 있던 사건만큼이나 또렷하게 기억하기도 했다. 짧막한 이야기를 정확히 이해했고, 웩슬러 성인 지능 검사(Wechsler Adult Intelligence Scale)에서도 높은 점수를 받았다.

"어떤 사업을 하는지 말씀해 주시겠습니까?"

스트러브 박사가 묻자 로버트는 회사의 조직 구조와 얼마 전 체결한 몇몇 계약에 대해서 자세히 설명했다.

"그런데 부인 말씀으로는 최근에 행동이 달라졌다고 하던데요."

스트러브 박사가 다시 묻자 로버트가 고개를 끄덕였다.

"그렇습니다. 옛날만큼 척척 움직여지지 않는 것 같습니다."

훗날 스트러브 박사는 나에게 이렇게 말했다.

"그런데 로버트는 그 문제를 별로 신경 쓰지 않는 듯했어요. 기후가 그렇듯이 성격도 당연히 변하는 것이라는 식으로 말했습니다. 솔직히 말해서, 그의 부인에게 아무런 말도 듣지 못했다면 나는 로버트가 예전에 남들과 어울리는 걸 좋아하는 외향적인 사람이었다는 사실을 짐작조차 못했을 겁니다."

스트러브 박사는 로버트의 의료 기록에서 특별한 질병이나 상처의 징후를 전혀 찾아낼 수 없었다. 하지만 그가 매사에 갑자기 무관심해진 것은 분명했다. 스트러브 박사는 비올라에게 로버트의 성격이 자연스럽게 돌아올 수도 있으니 서너 주 지켜보자고 말했다. 하지만 한 달이 지난 후에도 로버트는 전혀 달라지지 않았다. 그는 옛 친구를 만나려고도 하지 않았고, 신문이나 책도 읽지 않았다.

비올라는 전에는 로버트와 함께 텔레비전을 보려면 솟아오르는 짜증을 참아야 했다. 더 재미있는 프로그램을 찾는다며 계속해서 채널을 돌렸기 때문이다. 그런데 이제는 어떤 방송을 하든 상관없이 채널을 바꾸지 않고 화면만 뚫어지게 쳐다볼 뿐이었다. 아내가 설득해 사무실에 출근하기는 했지만, 비서의 말에 따르면 책상에 앉아 멍하니 허공을 쳐다보며 시간을 보냈다. 스트러브 박사가 로버트에게 물었다.

"기분이 울적하거나 불편한 데가 있습니까?"

"그렇지 않습니다. 기분은 썩 좋습니다."

"어제는 어떻게 지내셨나요?"

로버트는 텔레비전을 보며 하루를 보냈다고 대답했다.

"부인 말로는 회사에 제대로 출근하지 않아서 직원들이 걱정한다고 하던데요."

"요즘엔 회사 일보다 다른 게 더 재미있는 것 같습니다."

"어떤 일요?"

"글쎄, 잘 모르겠습니다."

로버트는 그 말을 끝으로 입을 꼭 다물고 벽을 멍하니 바라보았다.

스트러브 박사는 호르몬 불균형과 주의력 장애를 바로잡는 약물 등 다양한 처방을 해 보았지만, 어떤 처방도 효과가 없었다. 우울증으로 고생하는 사람이라면 불행하다고 투덜대며 절망적인 생각을 한없이 늘어놓을 것이다. 하지만 로버트는 자신의 삶에 만족한다고 말했다. 생각지도 못하게 성격이 변했다는 걸 인정했지만 그 때문에 속상해하지도 않았다.

스트러브 박사는 MRI로 로버트의 두개골 내부를 검사했다. 두개골 안쪽으로 가운데쯤에 자그마한 음영이 눈에 띄었다. 혈관이 터지면서 소량의 피가 대뇌의 선조체 부분에 일시적으로 고였다는 증거였다. 무척 드문 사례였지만, 이런 상처는 뇌 손상이나 감정 기복의 원인이 될 수 있다. 그러나 로버트의 행동에서는 무관심을 제외하면, 신경학적 문제가 있다는 걸 확실하게 보여 주는 증거는 없었다.

1년 후 스트러브 박사는 《신경학회지》에 논문을 발표했다.[2] 그는 이 논문에 다음과 같이 적었다.

'로버트의 행동 변화를 한마디로 정리하면 무관심과 동기 부여의 결여였다. 그는 모든 취미 활동을 포기했고, 사업에서도 적시에 결정을 내리지 못했다. 그는 사업을 제대로 꾸려 가려면 어떤 행동이 필요한지 정확히 알고 있지만, 모든 행동을 차일피일 미루고 세세한 부분을 무심히 넘

기기 일쑤였다. 우울증 증세는 전혀 없었다.'

스트러브 박사는 로버트가 매사에 무관심하게 변한 이유는 볼리비아의 높은 고도로 인해 작은 뇌 손상이 발생했기 때문이라고 판단했지만, 이 판단도 확실한 것은 아니었다.

'뇌 손상이 우연히 일어났을 수도 있다. 높은 고도가 뇌 손상에 생리학적으로 아무런 영향을 주지 않았을 가능성도 배제할 수 없다.'

스트러브 박사는 로버트의 사례는 흥미롭지만 어떤 확실한 결론도 내리기 힘든 경우라고 했다.

• • •

그 후 20년 동안 의학 전문 학술지에 발표된 유사한 사례는 손으로 꼽을 정도였지만 워낙 특이한 사례다 보니 큰 주목을 받았다. 그중 하나는 어느 날 갑자기 '관심의 상실'을 경험한 사례였다. 사례의 주인공인 어느 교수는 종종 새벽 3시에 일어나 원고를 집필할 정도로 투철한 책임감을 지닌 학자였다. 그런데 어느 날 갑자기 모든 일에 의욕을 잃고 주치의에게 하소연했다.

"이제 기력이 없습니다. 에너지가 바닥난 기분이에요. 아침에 일어나는 것도 싫어 억지로 일어나야 합니다."[3]

또 불의의 사고로 일산화탄소에 노출되어 잠깐 무의식 상태에 빠졌다가 깨어난 열아홉 살의 소녀도 있었다. 그녀는 그 후 모든 일에 의욕을 상실했다. 외부 자극이 없으면 하루 종일 꼼짝도 하지 않았다. 말 그대로 손가락 하나 까딱할 만한 의욕도 없었던 것이다. 이 사례를 처음 소개한 신경학자는 논문에 이렇게 적었다.

'3~4시간 전 우산을 펼쳐 놓고 누웠던 그 자리에서 꼼짝하지 않아 딸이 햇볕에 화상을 입을 정도로 빨갛게 익어 버린 것을 보고서야 아버지는 비로소 딸을 혼자 내버려 두어서는 안 된다는 걸 깨달았다. 그녀는 해가 넘어가며 그림자 위치가 바뀌었는데도 극심한 무력증 때문에 자세를 바꾸지 않았던 것이다.'

은퇴한 경찰관의 사례도 있었다.

'아침에 늦게 일어나 아내가 말하지 않으면 씻지도 않았다. 하지만 아내가 씻으라고 말하면 곧바로 고분고분 따랐다. 그 후에는 안락의자에 앉아 꼼짝하지 않았다.'

말벌에게 쏘이고 나서 얼마 지나지 않아 동료들과는 물론이고 아내나 자식과 교감하려는 욕구까지 완전히 상실해 버린 중년 남자의 사례도 있었다.

1980년대 말, 프랑스 마르세유의 미셸 아비브라는 신경과 전문의가 이런 사례에 대한 소문을 듣고 연구를 시작했다. 그는 비슷한 사례를 찾아 학술지와 문헌을 뒤지기 시작했다. 그런 사례가 아주 많지는 않았고, 내용은 거의 비슷했다. 보호자가 환자를 데려와서 환자의 행동이 매사에 소극적으로 변했다고 하소연했지만 의사들은 의학적으로 잘못된 부분을 전혀 찾아내지 못했다는 식이었다. 심지어 정신 질환 가능성도 검사해 보았으나 검사 결과는 언제나 정상이었다. 지능 지수는 평균 이상이었고, 신체적으로도 이상이 없었다. 우울증을 호소하거나 자신의 무관심을 푸념하는 환자는 한 사람도 없었다.

아비브는 이런 환자들을 진료한 의사들을 접촉해 MRI를 보여 달라고 요청했다. 환자들의 MRI를 면밀히 검토한 그는 또 하나의 공통점을 찾아냈다. 모든 환자의 선조체에 눈에 잘 띄지 않을 만큼 작은, 혈관이 터진 흔적이 있었다. 로버트의 두개골 안쪽에서 발견된 작은 음영과 정확히 같은 위치였다.

선조체는 대뇌에서 일종의 중앙 발송 장치에 해당한다. 결정이 이루어지는 전전두 피질에서 받은 명령을 운동과 감정, 동기 부여가 일어나는 기저핵까지 전달하는 것이다.[4] 신경학자들은 선조체가 결정을 행동으로 옮기고 감정을 조절하는 데 중요한 역할을 한다고 생각한다.[5] 아비브 박사의 동료들이 주장했듯이 무관심증에 빠진 환자의 혈관 파열로 선조체에 생긴 손상은 지극히 작기 때문에 그로 인해 행동 변화가 일어났다고 설명하기는 힘들다. 하지만 아비브는 그 작은 혈흔 외에 환자들이 의욕을 상실한 이유를 설명할 만한 다른 근거를 찾아낼 수 없었다.[6]

신경학자들이 선조체 손상에 오래전부터 관심을 가졌던 이유는 선조체가 파킨슨병과 관계가 있기 때문이었다.[7] 그러나 파킨슨병은 떨림 증상과 신체 통제력 상실 및 우울증을 유발하는 경우가 많기 때문에, 아비브가 연구 대상으로 삼은 환자들이 의욕을 상실한 것처럼 보였을 수 있다. 아비브는 이렇게 설명했다.

"파킨슨병 환자들은 운동 능력을 보여 주는 데 곤란을 겪지만 무관심증에 빠진 환자들은 운동 능력에 전혀 문제가 없었습니다. 그들은 움직이고 싶어 하지 않을 뿐이었지요."

하루 종일 꼼짝도 하지 않던 그 열아홉 살 소녀는 어머니가 부탁하면 자기 방을 깨끗이 청소하고 설거지를 하고 세탁물을 정리하고 요리까지 너끈히 해냈다. 하지만 시키지 않으면 하루 종일 꼼짝도 하지 않았다. 어

머니가 저녁에 무엇을 먹고 싶으냐고 물어도 먹고 싶은 게 없다고 대답
했다.

무관심증에 빠진 노교수는 의사에게 진료를 받을 때 '의사 앞에 앉아
움직이지도 않고 말도 없이 의사의 질문을 기다렸다'고 한다. 하지만 어
떤 일을 하는지 설명해 달라는 질문에는 복잡한 개념까지 들먹이며 자신
의 논문을 인용하기도 했다. 그러고는 다시 깊은 침묵에 빠져서는 다음
질문을 기다렸다.

아비브가 연구한 환자들은 누구도 약물에 호전되는 반응을 보이지 않
았고, 심리 상담으로도 나아지지 않았다. 아비브는 논문에서 '정상적이
라면 긍정적으로든 부정적으로든 감정적인 반응을 자극했을 만한 사건
에도 환자들은 철저히 무관심한 모습을 보여 주었다'라고 묘사했다. 아
비브는 이 부분에 대해서 자세히 설명해 주었다.

"대뇌에서 의욕과 관련된 부분, 즉 삶의 활력이 저장되는 부분이 완전
히 사라진 것 같았어요. 부정적인 생각도 없었고 긍정적인 생각도 없었
습니다. 생각이란 게 아예 없었지요. 그렇다고 그들의 지능이 갑자기 떨
어진 것도 아니었고, 세상에 대한 인지 능력이 떨어진 것도 아니었습니
다. 과거의 성격은 내면에 그대로 존재했지만 충동적 욕구나 추진력이
전혀 없었어요. 한마디로 의욕이 완전히 사라지고 없었습니다."

2. 세상에서 가장 지루한 게임을 재미있다고 하는 사람들

뇌 실험이 진행 중인 피츠버그 대학교 심리학과 실험실에는 기능성 자기
공명 영상(fMRI : functional Magnetic Resonance Imaging) 장치와 컴퓨터 모

니터가 설치되어 있었다. 늘 웃는 얼굴이 인상적인 책임 연구원 모리시오 델가도는 무척 젊어 보였지만 박사 학위 소지자였다. 실험 참가자들은 따뜻한 환대를 받았다. 장신구를 비롯해 모든 금속 물질을 꺼내 놓고 플라스틱 테이블에 누워 달라는 요구를 받았다. 실험 참가자들이 눕자 플라스틱 테이블이 소리 없이 fMRI 기계 장치 안으로 미끄러져 들어갔다.

실험 참가자들은 누운 상태에서 컴퓨터 모니터를 쳐다봤다.[8] 델가도는 모니터에 1과 9 사이의 어떤 수가 나타날 것이라고 참가자들에게 말해 주었다. 참가자들은 숫자가 나타나기 전 그 숫자가 5보다 큰 숫자일지 작은 숫자일지 예측해 버튼을 눌러야 했다. 델가도는 참가자들에게 이 실험에는 특별한 능력이 필요한 것이 아니며, 어떤 능력을 테스트하기 위한 실험도 아니라고 말했다. 참가자들에게 말하지는 않았지만, 델가도는 이 실험이 현존하는 가장 따분한 게임일 거라고 생각했다. 이 실험을 그처럼 따분하게 설계한 사람은 바로 그 자신이었다. 어떤 목적이 있었기 때문이다.

모리시오 델가도는 실험 참가자들의 예측이 맞는지 틀리는지에 대해서는 전혀 관심이 없었다. 사람들이 지독히 따분한 게임을 할 때 대뇌의 어떤 부분이 활성화되는지 알고 싶을 뿐이었다. fMRI는 참가자들이 뭔가를 추측할 때 두개골 안에서 일어나는 활동을 기록했다. 델가도는 흥분감과 기대감이 신경학적으로 어디에서 기원하는지 알아내고 싶었다. 그는 참가자들에게 언제라도 실험을 중단하고 떠나도 상관없다고 말해 주었다. 그런데 실험 참가자들은 자신의 추측이 맞았는지 틀렸는지 확인하고 싶은 기대감 때문에 대부분 실험을 중단하지 않았다. 몇 시간이고 실험을 계속하는 사람도 있었다.

실험 참가자들은 fMRI 기계 장치 안에 누운 채 모니터를 쳐다보며 단추를 누르는 추측 게임을 계속했다. 추측이 맞으면 환호성을 올렸고, 틀리면 한숨을 내쉬었다. 델가도는 참가자들 두개골 안에서 일어나는 활동을 관찰했다. 그 과정에서 추측의 결과에 상관없이 참가자가 추측을 할 때마다 선조체(중앙 발송 장치)가 활성화되어 반짝인다는 걸 확인했다. 델가도는 선조체의 이런 활성화는 기대감 및 흥분감과 관련이 있다고 판단했다.[9]

실험이 끝나자 어느 참가자가 이 게임을 집에서 하고 싶다며 파일을 보내 줄 수 있느냐고 물었다. 델가도는 힘들 것 같다고 말하며 이 게임 프로그램은 실험실 컴퓨터에만 설치된 것이라고 설명했다. 또 이 게임은 사실 조작이라는 비밀까지 알려 주었다.

사실 이 게임은 모든 참가자에게 똑같은 패턴이 적용되도록 참가자가 숫자를 추측한 후 컴퓨터가 숫자를 선택하도록 프로그램 되어 있었다. 미리 정해진 패턴에 따라 모든 참가자가 1회전에서는 승리, 2회전에서는 패배, 3회전에서는 승리, 4회전에서는 승리했다. 한마디로 모든 참가자의 결과가 미리 정해져 있었던 것이다. 앞뒤가 모두 같은 동전에 베팅을 하는 것과 다를 바 없었다.

그런데도 그 참가자는 "그래도 괜찮습니다. 난 재미있기만 하던데요"라고 말했다.

훗날 델가도는 나에게 이렇게 말했다.

"정말 이상했습니다. 게임이 조작된 걸 알고도 계속하고 싶어 할 이유는 전혀 없으니까요. 아니, 조작된 게임이 어떻게 재미있겠습니까? 어떤 선택을 해도 승패는 이미 결정돼 있잖아요. 진실을 말해 줘도 계속 프로그램을 달라는 거예요. 포기시키는 데 5분이나 걸렸습니다."

그 후 며칠 동안 그 참가자가 델가도의 머리에서 떠나지 않았다. 왜 그는 그 게임을 그처럼 재미있게 생각했을까? 정말 재미있는 게임이라면, 다른 참가자들은 왜 그렇게 생각하지 않았을까? 델가도는 실험 자료를 분석해 참가자들이 추측 게임을 할 때 대뇌의 어떤 부분이 활성화되는지 확인할 수 있었다. 하지만 그 자료로는 참가자들이 처음에는 추측 게임에 의욕을 보였던 이유까지 설명할 수 없었다.

몇 년 후 델가도는 다른 실험을 준비했고, 새로운 참가자들을 모집했다. 예전 실험과 마찬가지로 이번에도 추측 게임이었다. 하지만 중요한 차이가 있었다. 참가자들 중 절반만 직접 추측할 수 있게 했고, 나머지 절반은 컴퓨터가 추측해 주는 것을 선택해야 했다.[10]

참가자들이 게임을 시작하자 델가도는 선조체가 어떻게 활성화되는지 유심히 관찰했다. 자신이 직접 선택할 기회를 가진 참가자들은 예전 실험에서처럼 대뇌 부분이 반짝거렸다. 기대감과 즐거움, 실망이나 후회와 관련된 신경학적 반응을 나타낸 것이었다. 그러나 추측할 권한이 없는 참가자들의 선조체는 아무런 반응도 보이지 않았다. 그들의 대뇌는 실험 자체에 아무런 관심도 없는 듯한 모습이었다.

델가도와 동료 연구자들은 '참가자들에게 추측할 기회가 주어지는 경우에만 미상핵이 활성화되었다. 선택에 따른 기대감으로 피질 선조체 영역, 특히 정서와 동기 부여 과정에 관여하는 배 쪽 선조체가 활성화된 것이 분명했다'라고 주장했다.

실험이 끝난 후 델가도는 참가자들에게 실험에 대한 소감을 물었다. 선택권이 있었던 참가자들은 이구동성으로 게임의 승패가 궁금해서 재미있었다고 대답했다. 컴퓨터가 골라 준 것을 선택한 사람들은 대체로 실험이 숙제처럼 느껴져서 지루했고 빨리 끝내고 싶었다고 말했다.

델가도는 이런 반응의 차이가 선뜻 이해되지 않았다. 참가자와 컴퓨터 중 누가 선택하든 승패의 확률은 똑같았다. 컴퓨터가 대신 선택해 주든, 자신들이 직접 선택하든 게임 결과가 달라질 가능성은 전혀 없었다. 단순하게 생각하면 두 경우의 신경학적 반응이 똑같아야 마땅했다. 그러나 참가자들이 선택권을 갖게 되면 게임이 어떤 이유에서인지 흥미롭게 변했다. 실험이 따분한 숙제가 아니라 흥미진진한 도전거리가 된 것이다. 자신들이 선택권을 갖게 되었다는 이유만으로 실험에 더욱 적극적으로 참여하는 동기를 부여 받았다.[11]

3. 동기 부여 능력을 강화하기 위해 알아야 할 것

지난 수십 년 동안 경제 상황이 달라지고 평생 고용을 보장하던 대기업에서도 비정규직과 자유 계약직 비율이 높게 증가하면서 동기 부여에 대한 이해가 더욱더 중요해졌다. 1980년만 해도 미국 노동자 90% 이상이 상관의 지시를 받고 일했다.[12] 하지만 오늘날에는 미국 노동자의 3분의 1 이상이 프리랜서이거나 자유 계약자, 혹은 비정규직 노동자다.[13] 이런 새로운 경제 형태에서 성공을 거둔 노동자들은 자신에게 허용된 시간을 어떻게 보내고 에너지를 어디에 쓸지 스스로 결정하는 방법을 알고 있는 사람들이다.[14] 그들은 목표를 설정하고 일의 우선순위를 정하고 필요한 프로젝트를 선택하는 방법을 정확히 알고 있다. 이처럼 자신에게 동기를 부여하는 방법을 알고 그것을 제대로 활용하는 사람은 동료보다 돈을 더 많이 벌고, 더 행복하며, 가족과 직업 및 삶의 전반적인 만족도가 더 높다는 것이 다수의 연구에서 밝혀졌다.

자기 계발과 리더십을 다룬 책에서 자발적 동기 부여는 성격상의 특징 혹은 뇌가 '노력 대 보상'을 비교하고 계산한 결과로 설명된다. 그러나 미셸 아비브와 모리시오 델가도 같은 과학자들은 자발적 동기 부여는 그보다 훨씬 복잡한 것이라며 학습되고 다듬어질 수 있는 능력과 유사하다고 주장한다. 독서나 글쓰기 능력과 비슷하다는 것이다. 적절한 방법으로 연습하면 자발적 동기 부여 능력이 향상된다는 것이 과학자들 연구에서 밝혀졌다. 동기 부여를 위한 전제 조건은 행동과 주변 환경에 대한 지배권을 자신이 갖고 있다는 믿음이다. 그러므로 자신과 주변 사람들에게 동기 부여를 하려면 스스로 통제권을 쥐고 있다는 확신을 심어 주어야 한다.

컬럼비아 대학교 심리학자들은 2010년 국제 학술지 《인지 과학의 경향》에 발표한 논문에서 '지배 욕구는 생존에 필요한 생물학적인 욕구'라고 주장했다.[15] 인간은 자신이 통제권을 쥐고 있다고 생각할 때 더 열심히 일하고 노력하는 성향이 있다. 그리고 자신감이 더 강해지고 역경도 더 빠른 속도로 이겨 낸다.[16] 자신을 직접 통제한다고 믿는 사람이 그렇지 않은 사람보다 장수할 확률도 훨씬 높다.[17] 뇌가 발달하는 과정에서 이런 지배 본능이 중심적인 위치를 차지한다. 어린아이가 혼자 식사하는 방법을 깨우친 후에는 어른들이 먹여 주려는 지배 시도에 저항하는 것도 이 때문이다. 어른들에게 순종하면 음식을 입에 넣을 가능성이 훨씬 높다는 것을 알면서도 말이다.[18]

우리가 지배권을 쥐고 있음을 입증하는 방법 중 하나가 의사 결정권을 행사하는 것이다. 컬럼비아 대학교 심리학자들은 '아무리 작더라도 선택권을 행사할 때마다 지배와 자기 효능감에 대한 인식이 강화된다'라고 했다. 자기 효능감은 자기 능력에 대한 자신의 평가를 의미한다. 의사 결정권을 행사해서 어떤 이익을 누리지 못하더라도 사람들은 여전히 선택의 자유를 원한다.[19]

델가도는 2011년 학술지 《심리 과학》에 발표한 논문에서 '짐승과 인간은 직접 선택할 수 없는 상황보다 직접 선택할 수 있는 상황을 더 선호한다. 선택권을 갖는다고 해서 추가적인 보상이 보장되지 않는 경우도 마찬가지다'라고 주장했다.[20]

이런 통찰을 바탕으로 동기 부여 이론이 탄생했다. 동기 부여 이론은 '의욕을 높이는 첫 단계는 사람들에게 선택권을 제공함으로써 자주성과 자기 결정권이 보장된 듯한 분위기를 조성하는 것'이라고 말한다.[21] 실험에서도 과제로 명령을 받는 경우보다 의사 결정을 내려야 할 때 실험 참가자들은 까다로운 일을 어떻게든 해내려는 동기가 더욱 강해졌다. 케이블 텔레비전 회사가 고객을 모집할 때 끝없이 질문하는 것도 이 때문이다. 종이 명세서를 받겠느냐 메일 명세서를 받겠느냐, 지로를 받겠느냐 자동 이체를 하겠느냐, 기본 서비스를 이용하겠느냐 프리미엄 서비스를 이용하겠느냐, 쇼타임을 보겠느냐 HBO를 보겠느냐 등에 대해 질문을 받으면, 시청료를 적극적으로 납부할 가능성이 더 높아진다. 이렇듯 자신이 주도권을 쥐고 있다고 느끼면 상대방에게 기꺼이 협조할 확률이 크다.

델가도는 이런 심리적 특성을 비유로 설명했다.

"고속 도로에서 교통이 정체되었을 때 출구가 보이면 먼 길을 돌아 집에 가게 되더라도 그 출구로 빠져나가고 싶지 않은가요? 이처럼 우리 대뇌는 지배권을 행사할 수 있는 가능성에도 자극을 받습니다. 집에 더 빨리 가지 못할 수도 있지만, 자기가 결정권을 갖고 있다는 생각만으로도 기분이 나아지죠."

자신이나 다른 사람에게 동기를 부여하고 싶은 사람이라면 반드시 알아 두어야 할 교훈이다. 결정권을 행사할 수 있는 일을 찾아내면 행동하려는 의지를 쉽게 불러일으킬 수 있기 때문이다. 만약 따분한 메일 수십 통에 기계적으로 답장을 쓰느라 진땀을 흘리고 있다면, 받은편지함에서 아무 편지나 무작위로 선택해서 답장을 해 보라. 또 숙제를 시작해야 할 처지라면 결론을 먼저 쓰거나 이미지를 먼저 편집하는 등 가장 재미있게 생각하는 부분부터 시작해 보라. 무례하기 짝이 없는 직원을 상대하는 일을 해야 하는데 어떻게든 동기를 부여 받고 싶다면, 그 직원을 만날 장소라도 당신이 선택해 보라. 따분한 영업 회의를 의미 있는 시간으로 만들고 싶다면 회의 시작 전에 어떤 질문부터 할지 먼저 마음속으로 상황을 그려 보라.

선택권을 행사하며 지배권을 쥐고 있다는 게 입증되면 자연스럽게 동기 부여가 일어난다. 동기 부여에는 무엇을 선택하느냐 하는 것보다 독자성 확보가 더 중요하다. 직접 결정할 수 있다는 생각이 우리를 흥분시킨다. 이런 이유에서 델가도의 실험에 참가한 사람들은 뭔가 책임을 떠맡은 것처럼 기꺼이 반복해서 게임을 했던 것이다.

그렇다고 동기 부여가 항상 쉽게 이루어진다는 뜻은 아니다. 선택권을 갖는 것만으로는 충분하지 않은 경우도 많다. 진정으로 자신에게 동기를 부여하기 위해서는 때로 그 이상의 것이 필요하다.

4. 미국 해병대는 어떻게 약해 빠진 젊은이들을
세계 최정예 군인으로 변화시켰을까?

에릭 퀸타니야가 미국 해병대 지원서에 서명하자 모병 담당자가 악수를 하면서 그의 눈을 똑바로 쳐다보고 올바른 선택을 한 거라고 말했다.

"내 의지대로 결정한 유일한 선택입니다!"

퀸타니야는 용감하고 자신감 있게 보이려고 그렇게 말했지만, 목소리는 가볍게 떨리고 손바닥은 땀으로 흥건했다. 손바닥을 바지에 문지르며 땀을 닦아 낼 정도였다.

당시 퀸타니야는 스물세 살이었다. 5년 전 그는 시카고에서 남쪽으로 1시간쯤 떨어진 작은 마을의 고등학교를 졸업했다. 대학에 진학할 생각도 했지만 무엇을 전공해야 할지 확신이 없었고, 대학을 졸업한 후에도 특별히 어떤 일을 해야 할지 몰랐다. 솔직히 말하면, 어떤 것에도 확신이 없었다. 그래서 집에서 가까운 곳에 있는 전문 대학에 들어가 준학사 학위를 받았다. 전문 대학을 나오면 쇼핑센터 휴대폰 매장에는 쉽게 취직할 수 있으리라 생각했다. 하지만 일은 생각대로 풀리지 않았다.

"정확히는 모르지만 열 군데 이상 지원서를 썼을 겁니다. 하지만 한 군데에서도 답장을 받지 못했어요."

결국 퀸타니야는 취미 용품점에서 시간제로 일했고, 때때로 정규직 직원이 아프거나 결근하면 냉동 트럭을 운전하기도 했다. 밤에는 '월드 오브 워크래프트(World of Warcraft)'라는 게임에 푹 빠져 지냈다. 그러나 이런 삶은 퀸타니야가 꿈꾸던 것이 아니었다. 더 나은 삶을 살고 싶었다. 그러던 중 고등학교 시절부터 사귀던 여자 친구와 결혼을 했다. 결혼식은 환상적이었지만 그뿐이었다. 결혼을 했어도 그의 처지는 달라지지 않았다.

얼마 지나지 않아 아내가 아이를 갖게 되었다. 퀸타니야는 뭐라도 해야겠다 싶어 여러 곳의 휴대폰 매장에 지원서를 보냈다. 마침내 한 곳에서 면접을 보러 오라는 연락을 받았다. 면접이 있기 전날 아내와 함께 면접 예행연습까지 했다.

"여보, 그들에게 당신을 고용해야만 하는 이유를 설득력 있게 설명해야 해요. 당신이 무엇을 잘하는지 분명히 말하세요."

아내가 다정하게 격려해 주었다.

다음 날 휴대폰 매장 관리자가 티모바일(유럽과 북미에서 이동 통신 서비스를 제공하는 독일의 통신 회사) 휴대폰을 팔고 싶은 이유가 무엇이냐고 물었을 때 퀸타니야는 아무 대답도 못한 채 얼어붙고 말았다. 결국 그는 "모르겠습니다"라고 대답하고 말았다. 그 말은 진심이었다. 그는 휴대폰을 팔려는 이유를 한 번도 생각해 본 적이 없었다.

그로부터 몇 주 후 퀸타니야는 어느 파티에 참석했다가 옛 친구를 만났다. 기초 군사 훈련을 마치고 갓 귀향한 그 친구는 체중이 10킬로그램이나 줄었지만 근육이 불끈거렸고 자신감 넘치는 모습이었다. 그는 여자들에게 서슴없이 농담을 던지며 수작을 걸었다. 이튿날 아침, 퀸타니야는 아내에게 해병대 입대를 진지하게 고려해 봐야겠다고 말했다. 아내는 그 생각을 달갑게 여기지 않았고, 어머니도 반대했다. 그러나 퀸타니야는 그때부터 해병대 입대 외에는 다른 일을 생각할 수 없었다.

어느 날 밤, 그는 식탁에 앉아 종이 하나를 꺼내 놓고 중앙에 선을 쭉 그었다. 그리고 왼쪽에는 '해병대'라 쓰고, 오른쪽에는 다른 진로를 써 보려고 했다. 그가 생각해 낼 수 있었던 유일한 가능성은 '취미 용품점에서의 승진'이었다.

5개월 후 그는 한밤중에 샌디에이고 해병대 교육대에 도착해 80명의 다른 청년들과 함께 어느 방으로 들어갔다. 그곳에서 머리를 깎고 혈액 검사를 받았다. 그러고는 전투복으로 갈아입고 새로운 삶을 시작했다.[22]

해병으로 입대하면 13주간의 기초 군사 훈련을 받는다. 이 기간에 평범한 일반인들이 최정예 해병대원으로 탈바꿈한다. 퀸타니야가 입대한 2010년은 235년 역사를 지닌 미국 해병대가 새로운 훈련 프로그램을 시도한 때였다. 당시 해병대 교육대는 일종의 실험장이었다. 그 전까지 해병대의 기초 군사 훈련 프로그램은 싸움을 좋아하는 10대 소년을 규율 잡힌 군인으로 바꾸는 데 초점을 맞춘 것이었다.

퀸타니야가 입대하기 15년 전, 당시 쉰세 살이던 찰스 크룰라크 장군이 해병대 총사령관이 되었다. 크룰라크 사령관은 기초 군사 훈련에 변화가 필요하다고 굳게 믿었다. 그는 나에게 당시 상황을 설명해 주었다.

"지원자들이 한심할 정도로 약했습니다. 체력적인 훈련도 당연히 필요했지만 무엇보다 정신 무장이 절실했지요. 대부분의 지원자가 스포츠 팀에 속해 본 적이 없었고, 실질적인 직업을 가져 본 적도 없었습니다. 한마디로 아무것도 해 본 적이 없는 아이들이었지요. 야망이나 책임감 같은 것을 가슴에 품어 본 적이 없는 아이들이었어요. 그때까지 평생 다른 사람의 지시를 따르기만 했던 아이들이었습니다."[23]

해병대는 자주적으로 결정을 내릴 수 있는 군인들이 필요했기 때문에 지원자들이 점점 더 수동적이 되어 가는 현상은 큰 문제였다. 해병대원이 자랑스럽게 말하듯이 해병대는 일반 보병이나 선원들과 다르다.

"우리는 가장 먼저 도착해서 가장 나중에 떠나는 군인입니다. 자발적으로 행동하는 사람이 절실하게 필요하지요."

크룰라크 장군의 말을 현실적으로 이해하면 해병대에는 규칙과 전술이 예측할 수 없을 정도로 바뀌는 소말리아와 바그다드 같은 곳에서도 작전을 수행할 수 있는 군인이 필요하다는 뜻이다. 한마디로 해병대는 행동 방침을 즉각적이고 독자적으로 결정할 수 있어야 한다는 것이다.[24] 크룰라크 장군은 덧붙여 말했다.

"나는 심리학자들 및 정신 의학자들과 함께 시간을 보내며, 훈련병들에게 혼자 힘으로 생각하는 방법을 가르치려면 어떤 방법이 가장 효과적인지 알아내려고 애썼습니다. 간혹 뛰어난 병사들이 입대하기도 했지만 그들에게서도 지휘 능력이나 추진력을 찾아보기는 힘들었지요. 가장 기본적인 것을 해내는 수준에 불과했습니다. 젖은 양말처럼 열의 없는 녀석들을 훈련시키는 기분이었어요. 하지만 해병대가 젖은 양말일 수는 없잖습니까!"

크룰라크 장군은 자발적 동기 부여와 관련된 연구들을 살펴보기 시작했다. 그러다 몇 년 전 해병대가 시행한 한 연구에 커다란 흥미를 느꼈다. 탁월한 성과를 거둔 해병대원은 강력한 '내적 통제 소재'를 지닌 사람이라는 결론을 보여 주는 연구였다. 통제 소재는 통제력의 위치를 의미한다. 통제력이 자신 내부에 있다면 내적 통제 소재, 외부에 있다면 외적 통제 소재라고 한다. 내적 통제 소재가 강한 사람은 자신이 내린 선택을 통해 어떠한 사건이나 운명에 영향을 미칠 수 있다고 생각한다.

통제 소재는 1950년대 이후 심리학의 주된 연구 과제였다.[25] 많은 연구자가 밝혀냈듯이, 내적 통제 소재를 지닌 사람들은 성공과 실패를 자신의 영향권 밖에 있는 것에 책임을 돌리지 않고 자신의 능력이나 잘못으로 생각하는 경향을 띤다. 강력한 내적 통제 소재를 지닌 학생은 성적이 잘 나왔을 때 머리가 좋아서가 아니라 열심히 공부한 덕분이라 생각한다. 또 내적 통제 소재를 지닌 판매원은 실적이 떨어지면, 시장 상황이나 운을 탓하지 않고 노력이 부족했기 때문이라고 생각한다.

한 심리학 연구 팀은 2012년 《경영의 문제와 전망》에 기고한 논문에 다음과 같이 적었다.

'내적 통제 소재는 학문적 성과, 상대적으로 높은 자발적 동기 부여 및 사회적 성숙도와 밀접한 관계가 있었다. 내적 통제 소재를 지닌 사람들은 스트레스와 우울증 지수는 낮은 반면, 수명은 더 길었다.'[26]

뿐만 아니라 내적 통제 소재를 지닌 사람들은 소득 수준이 상대적으로 더 높고, 친구가 더 많으며, 결혼 생활을 더 오랫동안 지속하고, 직업인으로서의 성공률과 만족도도 더 높다. 반면에 자신의 삶이 통제할 수 없는 외적 요인에 영향을 많이 받는다고 생각하는 '외적 통제 소재'를 지닌 사람들은 상대적으로 스트레스 지수가 높았다. 그 이유는 '주변 상황을 자신의 능력으로 감당할 수 없는 수준으로 인식하기 때문'이라고 그 심리학 연구 팀은 진단했다.

많은 연구에서 밝혀진 바에 따르면, 통제 소재는 훈련과 피드백에 영향을 받는다. 1998년 실시한 한 실험에서 5학년 학생 128명에게 까다로운 수수께끼 몇 문제를 풀게 했다.[27] 모든 학생에게 성적이 좋았다고 말해 주었는데, 그중 절반에게는 '문제를 참 열심히 풀었더구나!'라는 칭찬을 해 주었다. 5학년 학생에게 열심히 문제를 풀었다고 칭찬하는 행위는 내적 통제 소재를 자극하는 효과가 있었다. 열심히 일하거나 공부하는 행위는 우리가 의지적으로 결정해야 하는 행위이다. 누군가에게 근면하다고 칭찬하면 그에게 자신과 주변 환경을 통제하는 힘을 지녔다는 믿음을 강화해 주는 효과가 있다.

한편 나머지 절반에게는 '머리가 좋은 게 분명하다!'라고 칭찬했다. 학생에게 근면하다고 칭찬하는 대신 머리가 좋다고 칭찬하는 것은 외적 통제 소재를 강화하는 결과를 낳는다. 5학년 정도가 되면 대부분 지능이 선천적인 능력이라는 것을 알기 때문에 마음대로 조절할 수 없다고 생각한다. 그래서 똑똑하고 머리가 좋다고 칭찬하면 성공과 실패가 자신이 통제할 수 없는 외적 요인에 달려 있다고 믿는다.

그 후 모든 학생에게 난이도가 다른 3개의 수수께끼를 더 풀게 했다. 머리가 좋다고 칭찬받은 학생들, 즉 스스로 영향력을 행사할 수 있는 게 없다고 생각하는 학생들은 상대적으로 쉬운 문제에 집중했다. 똑똑하다고 칭찬받은 게 무색할 지경이었다. 까다로운 문제에 도전하려는 의욕은 거의 보이지 않았다. 나중에 그들은 실험이 그다지 재미있지 않았다고 말했다.

반면에 근면하다고 칭찬받은 학생들, 즉 자기 결정으로 환경을 바꿀 수 있다고 격려받은 학생들 상당수는 까다로운 수수께끼에 도전했다. 그들은 더 오랫동안 끈질기게 수수께끼를 풀었고, 성적도 더 좋았다. 나중에 그들은 수수께끼를 푸는 게 재미있었다고 말했다.

이 연구를 지원한 스탠퍼드 대학교 심리학자 캐럴 드웩은 '내적 통제 소재는 학습되는 능력'이라며 다음과 같이 덧붙였다.[28]

"대부분은 이 능력을 어린 시절에 배웁니다. 하지만 성장 과정을 어떻게 겪느냐에 따라 많은 사람이 자기 결정력을 억누르며 지내지요. 그러다가 결국에는 그런 억제가 자신의 삶에 엄청난 영향을 미칠 수 있다는 걸 잊어버립니다. 이런 경우에는 훈련이 도움이 돼요. 상황별 훈련을 통해 무엇이든 할 수 있다는 자신감을 되찾는다면, 다시 말해서 내적 통제 소재가 다시 일깨워진다면, 삶을 스스로 통제할 수 있다고 확신하는 습관이 다시 생깁니다. 그런 습관이 몸에 배면 스스로 결정할 수 있다는 자신감도 되찾게 되지요."[29]

크룰라크 장군은 이런 연구에 훈련병들에게 자발적 동기 부여를 가르치는 중요한 열쇠가 숨어 있다고 생각했다. 훈련병들이 스스로 선택하고 결정하는 방향으로 군사 훈련을 재설계하면 그런 자극이 결국에는 훈련병들의 무의식적인 반응을 불러일으킬 수 있지 않을까 생각했다는 것이다.

"그래서 요즘 우린 '행동 지향적 성향'을 가르친다고 말합니다. 일단 훈련병들이 상황을 직접 통제하는 경험을 몇 번 하게 되면 그때의 뿌듯한 기분을 알게 되지요. 우리는 누구에게도 리더는 타고난다고 말하지 않습니다. 타고난, 혹은 천부적이란 표현은 리더십이 통제할 수 있는 범위 밖에 있다는 뜻이니까요. 그 대신 훈련병들에게 리더십은 학습되는 것이고, 순전히 노력의 산물이라고 가르칩니다. 훈련병들에게 상황을 장악하는 짜릿한 기분, 모든 것을 자신이 책임질 때의 설렘을 맛보라고 부추깁니다. 그런 기분을 한두 번 만끽하면 이제 막 들어온 훈련병들도 그 즐거움에 중독됩니다."

퀸타니야가 해병대 교육대에 입소한 직후 이 훈련 프로그램이 본격적으로 가동되었다. 처음에는 지루한 행군과 끝없는 윗몸 일으키기, 고통스러운 팔 굽혀 펴기, 따분한 제식 훈련의 연속이었다. 교관들은 퀸타니야를 비롯한 훈련병들에게 끊임없이 고함을 질러 댔다. 크룰라크는 "훈련소 교관들 이미지를 바꿀 생각은 없습니다"라고 말했다. 이런 전통적인 훈련 외에, 퀸타니야는 스스로 결정을 내려야 하는 다양한 상황에도 끊임없이 맞닥뜨렸다.

4주 차 훈련을 맞았을 때 퀸타니야가 속한 소대는 식당을 청소하라는 명령을 받았다. 그 전까지 식당 청소에 대한 어떤 정보도 없었기 때문에 소대원들은 우왕좌왕했다. 청소 도구가 어디에 보관되어 있는지도 몰랐고, 대형 식기세척기를 어떻게 작동하는지도 몰랐다. 점심 식사가 막 끝난 뒤여서 남은 음식이 있었는데 이 음식을 따로 저장해야 하는지 아니면 버려야 하는지도 알 길이 없었다. 누군가 훈련 교관을 찾아가 조언을 구했다. 교관은 아무 대꾸 없이 매서운 눈으로 쏘아볼 뿐이었다.

결국 소대원들은 하나씩 직접 결정을 내리기 시작했다. 감자 샐러드는 쓰레기통에 버렸고, 남은 햄버거는 냉장고에 보관했다. 식기세척기에는 세제를 얼마나 많이 넣었는지 비누 거품이 식기세척기를 뚫고 나와 바닥을 뒤덮었다. 비누 거품을 닦아 낸 시간까지 포함해서 퀸타니야의 소대가 식당 청소를 끝내는 데는 꼬박 3시간 30분이 걸렸다. 그 와중에 먹을 수 있는 음식을 버리고, 아이스크림을 보관한 냉동고의 전원을 끄고, 약 30개의 포크를 엉뚱한 위치에 놓는 등 크고 작은 실수를 저질렀다.

그들이 청소를 끝내자 훈련 교관이 소대원 중에서도 몸집이 가장 작고 수줍음도 많이 타는 훈련병에게 다가갔다. 케첩을 어디에 놓을지 결정할 때 그 훈련병이 단호한 결정을 내리는 걸 눈여겨봤다며 칭찬했다. 케첩 병만 줄줄이 늘어선 커다란 선반이 있었기 때문에 누가 봐도 그렇게 대단한 일은 아니었다.[30] 하지만 수줍음을 많이 타던 그 훈련병은 칭찬을 받자 함박웃음을 지었다.

내가 해병대 교육대를 견학하는 동안 안내를 맡아 준 훈련 교관 데니스 조이 병장은 훈련병들에게 공포의 존재였다. 하지만 의외로 그는 칭찬을 가장 중요시한다고 했다.

"나는 칭찬을 자주 합니다. 아무 기준 없이 하는 것은 아니고 전혀 예상하지 못한 행동에 대해서만 칭찬합니다. 쉽게 해낸 일로 칭찬을 받을 수는 없습니다. 육상 선수 출신이 입소해서 누구보다 빨리 달렸다고 칭찬하지는 않습니다. 하지만 왜소한 훈련병이 꼴찌로 들어와도 전보다 빨리 달렸다면 아낌없이 칭찬해 줍니다. 평소에 수줍음을 타던 훈련병이 리더 역할을 해내면 미숙한 점이 보이더라도 칭찬을 퍼붓습니다. 본인에게 어려운 일을 해낸 훈련병들을 칭찬하는 것입니다. 그런 경험을 통해 훈련병들은 어려운 일도 해낼 수 있다는 걸 배워 갑니다."

◆ ◆ ◆

크룰라크 사령관이 재설계한 기초 군사 훈련에서 가장 중요한 과정은 훈련 기간 후반부에 사흘 동안 진행되는 '지옥의 용광로'라는 프로그램이었다. 퀸타니야는 지옥의 용광로에 관한 무시무시한 이야기를 듣고 시작하기 전부터 겁을 먹고 있었다. 그와 동료 훈련병들은 밤마다 지옥의 용광로에 대한 이야기를 조용히 주고받았다. 온갖 섬뜩한 소문과 억측이 나돌았다. 지난해에는 한 훈련병이 훈련 중 팔을 잃었다는 소문도 있었다.

어느 화요일 새벽 2시, 퀸타니야 소대 전원이 기상했다. 마침내 지옥의 용광로가 시작된 것이었다. 소대원들은 총 80킬로미터에 달하는 장애물 훈련장을 완주할 채비를 했다.[31] 걷고, 뛰고, 기고, 헤엄치고, 언덕을 오르는 험난한 여정이 그들을 기다리고 있었다. 모든 소대원이 15킬로그램 정도 되는 군장을 착용했다. 두 끼분의 전투 식량이 포함되어 있었다. 앞으로 54시간을 이걸로 버텨야 했다. 잠도 3~4시간밖에 잘 수 없다. 혹독한 훈련이니만큼 크고 작은 부상을 피할 수 없다. 하지만 움직이지 못하거나 뒤처지는 훈련병은 해병대 훈련소를 떠나야 한다는 경고가 떨어졌다.

악명 높은 지옥의 용광로 과정 중에서도 하이라이트는 '팀머맨 병장의 탱크'라는 프로그램이었다. 어느 교관이 축구장 크기의 커다란 웅덩이를 가리키며 소리쳤다.

"적들이 저 지역을 화학 무기로 오염시켰다. 완전 군장을 하고 방독면을 쓴 채로 저곳을 지나가야 한다. 몸이 바닥에 닿으면 처음부터 다시 시작한다. 웅덩이에서 60분 이상 지체해도 실패한 것으로 간주해 처음부터 다시 시작한다. 모든 소대원은 팀 리더의 구두 지시에 따라야 한다. 반복한다! 팀 리더의 구두 명령 없이는 움직이지 마라. 명령을 받은 후 행동하라! 이 지시를 한 사람이라도 어기면 실패한 것이므로 처음부터 다시 시작한다."

퀸타니야 팀은 둥그렇게 서서 기초 훈련에서 배웠던 기법을 활용하기 시작했다.

한 훈련병이 말했다.

"우리 목표가 뭐지?"

누군가 대답했다.

"웅덩이를 건너는 것."

다른 훈련병이 웅덩이 가장자리에 밧줄로 묶여 있는 나무판자들을 가리키며 말했다.

"저 나무판들을 이용할 수 있지 않을까?"

누군가 대답했다.

"나무판자들 끝을 이어 붙일 수 있을 것 같은데."

팀 리더가 명령을 내리자 팀원들은 곧바로 웅덩이 가장자리로 가서 그 아이디어를 시험하기 시작했다. 그들은 맨 앞에 있는 나무판자 위에 올라서서 다음 나무판을 발 앞쪽으로 끌어당겼다. 하지만 모두 균형을 잡지 못하고 쓰러졌다. 팀원들이 다시 둥그렇게 모였다. 한 훈련병이 의견을 제시했다.

"밧줄을 이용하면 되지 않을까?"

"밧줄을 잡고 나무판을 들어 올려 보자고!"

다른 훈련병이 여기에 아이디어를 보탰다. 양발을 동시에 나무판 위에 올리고 서서, 스키를 타듯이 밧줄을 이용해 나무판을 한 쪽씩 박자에 맞추어 들어 올리며 이동하자는 것이었다.

리더를 필두로 모두 방독면을 쓰고 나무판 위에 올라섰다. 리더가 '왼발!'이라고 소리치면 모두 왼쪽 나무판을 살짝 들어 앞으로 당겼다. '오른발!', '왼발!' 하며 웅덩이를 조금씩 넘어가기 시작했다. 하지만 10분쯤 지나자 그 방법도 큰 효과가 없는 듯했다. 어떤 훈련병은 나무판을 너무 빨리 들어 올렸고, 어떤 훈련병은 나무판을 지나치게 멀리까지 밀어냈다. 방독면 때문에 리더의 명령을 제대로 들을 수 없었다. 이미 상당한 거리를 왔기 때문에 돌아가고 싶지 않았다. 하지만 그런 속도로 웅덩이를 건너려면 3~4시간이 걸릴 게 뻔했다. 소대원들이 멈추라고 고함을 지르기 시작했다.

마침내 리더가 잠시 정지하라고 명령했다. 그러고는 돌아서서 바로 뒤의 훈련병에게 크게 소리쳤다.

"내 어깨를 봐!"

리더는 왼쪽 어깨와 오른쪽 어깨를 차례로 들썩였다. 리더가 어깨를 들썩이는 박자에 따라 뒤의 훈련병은 나무판을 들어 올리는 속도를 조절할 수 있었다. 이 아이디어의 유일한 문제라면 기본 규칙 중 하나를 어긴다는 것이었다. 소대원들은 리더의 구두 명령을 들은 후 움직이라는 지시를 받은 터였다. 하지만 방독면을 쓰고 있었던 까닭에 누구도 리더의 명령을 들을 수 없었다. 그러나 웅덩이를 지나려면 다른 방법이 없었다. 팀 리더는 목청이 터져라 명령을 내리는 동시에 두 팔을 휘두르며 어깨를 들썩이기 시작했다. 처음에는 누구도 리더의 몸짓을 파악하지 못했다. 그러자 리더가 장거리 행군을 할 때 배운 군가를 목청껏 부르기 시작했다. 몇 사람 뒤에 서 있던 소대원도 리더가 노래하는 이유를 이해하고 함께 군가를 불렀고, 그의 뒷사람도 똑같이 따라 했다. 마침내 모든 소대원이 입을 모아 군가를 불렀고, 박자에 맞추어 어깨를 들썩였다. 그들은 28분 만에 웅덩이를 건넜다.

나중에 훈련 교관은 나에게 그들을 합격시킨 이유를 설명해 주었다.

"엄밀히 따져서 그들에게 처음부터 다시 시작하라고 할 수도 있었습니다. 팀원들이 리더의 구두 명령을 듣지 않고 움직였으니까요."

그러면서 다음과 같이 덧붙였다.

"하지만 그 훈련의 목적은 거기에 있었습니다. 훈련병들이 방독면을 쓰고 있어서 소리를 잘 듣지 못한다는 걸 이미 알고 있습니다. 웅덩이를 건너는 유일한 방법은 제2의 해결책을 생각해 내는 것입니다. 리더의 명령대로 움직이는 척하는 편법을 생각해 내는 겁니다. 우리는 훈련병들에게 명령대로만 움직일 수 없다는 걸 가르치려고 노력합니다. 때로는 혼자 힘으로 상황을 통제하는 방법을 생각해 낼 수 있어야 한다고 가르칩니다."

그 후 24시간 동안 퀸타니야 소대는 열두 곳의 다른 장애물을 통과했다. 그리고 마침내 지옥의 용광로 마지막 과제 앞에 집결했다. '죽음의 신'이라는 별명이 붙은, 낭떠러지에 가까운 가파른 언덕을 오르는 훈련이었다. 크룰라크 장군이 죽음의 신 훈련에 대해 설명해 주었다.

"죽음의 신을 넘을 때는 훈련병들이 서로 도울 필요가 없습니다. 새로운 훈련법을 도입하기 전에는 실제로 훈련병들이 서로 돕지 않았습니다. 쓰러지는 훈련병이 많았지만 그들을 돕는 전우가 없었습니다. 쓰러진 훈련병들은 당연히 뒤처질 수밖에 없습니다."

죽음의 신을 앞둔 퀸타니야와 소대원들은 이틀 동안 4시간도 못 자고 행군한 터라 서 있는 것도 힘든 상태였다. 물이 가득 든 무거운 통을 짊어지고 건너야 했던 장애물이 많아서 두 손은 물집과 상처로 뒤덮여 있었고, 얼굴에는 감각이 없었다. 훗날 퀸타니야가 나에게 이 훈련에 대해 말해 주었다.

"죽음의 신에서 나뒹구는 동료가 많았습니다. 한 동료는 팔이 부러져서 삼각건으로 팔을 동여매고 올랐습니다."

소대원들이 언덕을 올라가기 시작했다. 지칠 대로 지친 까닭에 슬로모션으로 움직이는 것 같았다. 대부분 중심을 잡지 못하고 계속 비틀거렸다. 그들은 이번에도 해결책을 생각해 냈다. 서로 팔짱을 끼고 몸을 연결하기 시작한 것이다. 비탈에서 미끄러져 내려가는 문제를 그런 식으로 예방했다.

"왜 이렇게 힘든 훈련을 견디는 거지?"

퀸타니야와 친하게 지내던 한 동료가 숨을 헐떡이며 물었다. 불만을 뜻하는 말이 아니었다. 그들은 행군을 하는 동안 극한의 순간이 오면 '질문과 대답'이란 과정을 자동적으로 시작했다. 교관들에게 최악의 상황에 처했을 때 서로 '왜'로 시작되는 질문을 주고받아야 한다고 훈련 받았기 때문이다.

"해병이 되어 내 가족에게 더 나은 삶을 선물하고 싶어서!"

퀸타니야가 대답했다.

퀸타니야는 아내가 1주일 전에 딸 조이를 낳았다는 소식을 전해 들었다. 아내가 해산한 후 5분 동안 통화하는 것을 허락 받았다. 거의 두 달 만에 처음으로 바깥세상과 접촉한 셈이었다. 지옥의 용광로를 끝내면 사랑하는 아내와 갓 태어난 딸을 만날 수 있을 터였다.

"힘든 과제를 너희가 소중히 생각하는 것과 연결시킬 수 있다면 그 과제를 더 쉽게 해낼 수 있다!"

훈련 교관들이 퀸타니야에게 가르쳐 준 요령이었다. 이런 이유 때문에 훈련병들은 '왜'로 시작되는 질문을 서로 주고받았다. 힘들고 따분한 일을 의미 있는 결정으로 바꿔 놓으면 자연스럽게 자발적 동기 부여가 이루어진다.

태양이 산마루에 걸렸을 즈음 퀸타니야 소대는 마지막 봉우리에 올랐고, 깃발이 세워진 공터를 향해 비틀거리며 걸어갔다. 모두 조용해졌다. 완전히 녹초가 되어 환호성을 지를 힘조차 남아 있지 않았다. 그렇게 지옥의 용광로는 끝났다. 훈련 교관이 그들에게 다가왔다. 한 사람 한 사람 앞에 잠시 멈추어 서서 독수리, 지구본, 닻이 그려진 해병대의 공식 휘장을 손에 쥐어 주었다. 마침내 정식으로 해병이 된 것이었다.

훗날 퀸타니야는 이렇게 말했다.

"해병대 훈련소는 온통 비명과 싸움질로 뒤범벅이라 생각하실 겁니다. 하지만 전혀 그렇지 않습니다. 전에는 해낼 수 없을 거라고 생각했던 것을 해내는 방법을 배우는 공간입니다. 정말 마음을 뒤흔들어 놓는 감동이 있는 곳입니다."

혹독한 해병대 기초 훈련을 통과했다고 해서 물질적 보상이 큰 것은 아니다. 해병의 초봉은 연간 1만 7616달러(2114만 원)에 불과하다. 하지만 해병대가 매년 대략 4만 명에게 제공하는 훈련 덕분에 퀸타니야처럼 자신의 삶을 자주적으로 끌어가는 데 필요한 동기 부여와 자기 결정력이 부족한 수많은 사람의 삶이 달라졌다. 크룰라크의 훈련 개혁 이후 해병대의 모병률과 실적이 20% 이상 향상되었다. 또한 여러 조사 결과에 따르면, 훈련병의 내적 통제 소재가 기초 훈련을 받는 동안 눈에 띄게 향상되었다. 개혁 전에 실시된 평가에 비해 세 배 정도 높은 수치를 기록한 것이다.[32]

모리시오 델가도의 실험이 동기 부여를 올바로 이해하기 위한 첫걸음이었다면, 해병대는 스스로 결정하는 능력을 키우지 못한 사람들에게 자기 결정력을 가르치는 방법을 구체적으로 제시해 주었다. 동기 부여에 대한 지식을 현실에 적용하는 법을 가르쳐 준 것이다.

결정권이나 선택권을 행사하는 기회를 부여 받으면 우리는 의지력을 행사하는 방법을 터득함으로써 완전히 다른 사람이 될 수 있다. 이처럼 직접 결정하는 선택을 습관화하는 방법을 알게 되면 동기 부여가 자연스럽게 형성된다.

자발적 동기 부여를 더 쉽게 해내는 방법을 몸에 익히려면, 자신이 행하는 선택이 통제력의 표현인 동시에 가치관과 목적에 대한 확신이라고 생각하는 법을 배워야 한다. 훈련병들이 서로 '왜'라고 물었던 이유가 바로 여기에 있다. 이런 질문을 통해 훈련병들이 작은 과제를 더 큰 열망과 관련시키는 방법을 조금씩 배워 가기 때문이다.

이런 통찰력의 중요성은 1990년대 양로원에서 진행된 몇몇 연구에서도 확인된다. 학자들은 똑같은 시설에서 건강하게 잘 지내는 노인이 있는 반면에 심신의 기능이 급속히 떨어지는 노인이 있는 이유에 관심을 두었다. 연구자들은 두 집단의 중대한 차이를 찾아냈다. 건강하게 지내는 노인들은 융통성 없는 일정표와 일률적인 식단 및 양로원이 그들에게 강요하는 엄격한 규칙에 반발하는 성향이 강했다.[33]

이런 노인들은 기존 체제에 대한 반발이 심했기 때문에 몇몇 연구자는 그들을 '파괴 분자'라고 칭했다. 애리조나 주 산타페의 어느 양로원에서는 일부 노인들이 일률적으로 주어지는 식판을 그대로 받아들이지 않고, 식판에 놓인 음식을 서로 교환해서 자기 나름대로 꾸민 후 식사를 시작했다. 심지어 어떤 노인은 케이크를 좋아하지만, 질이 떨어지더라도 본인이 직접 선택한 식사를 하고 싶어서 케이크를 항상 남에게 준다고 연구원에게 말했다.

아칸소 주 리틀록의 한 양로원에서는 가구를 각자의 취향에 맞게 재배치하는 노인들이 있었다. 이는 양로원의 규칙을 어기는 행위였다. 모든 방에는 벽에 고정된 붙박이 옷장이 있었는데 이들은 쇠지렛대를 사용해서 선반을 떼어 냈다. 쇠지렛대는 연장 창고에서 몰래 훔친 것이었다. 관리자는 회의를 소집해서 가구 위치를 바꿀 때는 힘들게 직접 하지 말고 직원에게 요청하면 언제라도 도와주겠다고 말했다. 하지만 노인들은 관리자에게 어떤 도움도 필요 없고, 허락 받고 싶지도 않으며, 필요한 것은 무엇이든 직접 할 생각이라고 대답했다.

큰 틀에서 보면 이런 저항은 상대적으로 사소한 반발에 불과하다. 그러나 연구자들은 파괴 분자들은 삶에 대한 사소한 저항을 자신이 여전히 삶을 지배하는 증거로 여기기 때문에 심리적으로 건강한 것이라고 결론지었다. 실제로 그들은 양로원의 순종적인 노인들에 비해 평균 두 배의 거리를 걸었고, 3분의 1가량을 더 먹었다. 또한 의사의 지시에 따라 행동하고, 약을 섭취하는 데도 능동적이었으며, 체육관에도 열심히 나왔고, 가족이나 친구와의 관계도 원만하게 유지했다. 그들도 양로원에 들어올 때는 다른 노인들과 마찬가지로 많은 건강상의 문제가 있었지만, 일단 자리를 잡은 후에는 상대적으로 행복 지수가 높았고, 더 오래 살았으며, 육체적으로나 지적으로 무척 적극적인 편이었다.

미네소타 대학교의 노인학자 로절리 케인은 이 현상을 다음과 같이 분석했다.

"여전히 자신의 삶을 지배한다는 증거로서 직접 결정을 내리는 행위와 그저 죽음만을 기다리는 마음가짐 사이에는 큰 차이가 있습니다. 당신이 케이크를 먹느냐 먹지 않느냐는 그다지 중요하지 않아요. 하지만 양로원이 일방적으로 제공하는 케이크를 거절한다면 당신은 아직 자신의 삶을 지배하고 있다는 점을 스스로에게 입증한 것입니다."

파괴 분자들은 자기 결정권을 행사하는 방법을 알았던 까닭에 상대적으로 건강하게 지낸 것이다. 그 방법은 퀸타니야의 부대가 지옥의 용광로 훈련 과정에서 규칙을 독자적으로 해석함으로써 웅덩이를 파격적으로 건넌 방법과 다를 바 없다.

동기를 부여하는 데 가장 효과적인 방법은 '통제권을 갖고 있다는 확신을 심어 줄 만한 결정'이나 '당사자의 행동에 더 큰 의미를 부여하는 결정'을 내릴 권한을 주는 것이다. 어떤 산을 오르겠다는 결정은 딸을 향한 사랑의 표현일 수 있고, 양로원의 규칙을 위반하겠다는 결정은 자신이 아직 살아 있다는 증거가 될 수 있다. 우리가 자신의 삶에 대한 지배권을 주장하고 반복되는 자질구레한 일을 '의미 있는 선택'으로 바꿔 가는 습관을 들이면 내적 통제 소재가 생겨난다.

퀸타니야는 2010년 해병대 교육대를 졸업하고, 3년 동안 해병으로 복무한 후 제대했다. 마침내 사회생활에 맞닥뜨릴 준비가 된 듯한 기분이었다. 그는 휴대폰 회사에 일자리를 얻었지만 판매원들 사이에 동료애가 없는 것에 실망했다. 탁월한 실적을 올리겠다는 의지를 보이는 사람도 없었다. 결국 2015년 그는 다시 해병대에 입대했다.

"내가 무엇이든 할 수 있다는 걸 끊임없이 떠올려 주던 동기 부여 문화가 그리웠습니다. 나에게 더 나은 선택을 하라고 밀어붙이던 사람들이 그리웠습니다."

5. 의사도 포기한 로버트는 어떻게 의욕을 되찾았을까?

한때 루이지애나 자동차 부품계의 거물이던 로버트 필리프의 아내 비올라 필리프는 남편과 함께 남아메리카를 여행하기 전에도 이미 동기 부여에 대한 상당한 전문가였다. 비올라는 태어날 때부터 백색증 환자였다. 멜라닌 색소를 형성하는 데 중요한 역할을 하는 티로시나아제라는 효소를 선천적으로 만들어 내지 못하는 까닭에 비올라의 피부, 머리카락, 눈동자에는 색소가 없고, 시력도 좋지 않았다. 얼굴을 종이에 바싹 붙이고도 돋보기를 사용해야만 글을 읽을 수 있었기 때문에 법적으로는 맹인이었다. 그녀의 딸 록산은 그런 어머니를 존경했다.

"우리 어머니만큼 의지가 굳은 사람은 아마 없을 겁니다. 어머니는 무엇이든 할 수 있었어요."

비올라가 학교에 들어갈 나이가 되었을 무렵 그녀의 두뇌에는 아무런 문제가 없었다. 하지만 교육청은 시력을 문제 삼아 그녀를 정상 학급에서 학업 부진아 반으로 재배치하려고 했다. 비올라는 그동안 친해진 친구들을 떠나고 싶지 않았다. 두 팔로 책상을 꼭 껴안고 하루 종일 꼼짝하지 않았다. 결국 교육청이 그녀의 고집에 손을 들었다. 고등학교를 졸업한 후 비올라는 루이지애나 주립 대학교에 진학했다. 학교 측에 그녀를 위해 교과서를 소리 내 읽어 줄 사람을 구해 달라고 요구했고, 학교 측은 요구를 받아들였다. 비올라는 2학년 때 로버트를 만났다. 그 직후 로버트는 학교를 중퇴하고 포드 자동차 판매상 밑에서 자동차를 닦고 기름칠하는 일을 시작했다. 로버트는 비올라에게도 학교를 그만두고 같이 일하자고 꼬드겼지만, 그녀는 그의 제안을 점잖게 거절하고 학위를 마쳤다.

그녀가 졸업하고 넉 달 후인 1950년 12월 그들은 결혼을 했다.

두 사람은 연거푸 여섯 아이를 낳았다. 로버트가 자기만의 제국을 세워 가는 동안 비올라는 집안일을 도맡아 했다. 아침마다 가족 모임이 있었다. 아이들도 일과표에 쓰인 대로 각자에게 주어진 일을 끝낸 후에야 식사를 할 수 있었다. 금요일 밤에는 모두 모여 그 다음 주에 할 일을 정리해 발표하는 시간을 가졌다. 록산은 당시를 이렇게 기억했다.

"두 분은 정말 똑같았어요. 모두 의욕이 넘치는 분이었지요. 어머니는 장애를 핑계 삼아 빈둥거리지 않았습니다. 그래서 아버지가 변했을 때 어머니가 더 힘들었을 겁니다."

로버트가 매사에 무관심한 모습을 보이던 초기에 비올라는 남편을 보살피는 데 전력을 다했다. 간호사를 고용해서 남편이 운동하는 걸 돕게 했고, 남편 동생과 손잡고 위원회를 조직해 남편이 평생 일군 기업들을 운영했지만 나중에는 헐값에 팔아 버렸다. 처음에는 온갖 노력을 다했으나 시간이 지나자 남편을 위해 할 수 있는 일도 바닥나고 말았다. 비올라가 결혼한 남자는 삶을 즐길 줄 아는 유쾌한 남자, 길에서 마주치는 사람들과 일일이 인사를 나누고 수다를 떠느라 식료품점에 가는 것조차 힘들던 남자였다. 그런데 그 남자가 이제 하루 종일 텔레비전 앞에 앉아 꼼짝도 하지 않았다. 비올라는 하늘이 무너져 내리는 듯한 심정이었다. 로버트의 신경학적 손상으로 가족들이 보험금 소송을 제기했을 때 비올라는 법정에서 자신의 처지를 호소했다.

"남편은 말도 걸지 않았습니다. 내가 어떤 일을 하든 조금도 관심을 보이지 않았어요. 예, 나는 그저 남편의 세 끼 식사를 챙겨 주는 사람일 뿐이었습니다. 간병인이나 다를 바 없었어요. 여러분도 나를 간병인으로 생각했을 겁니다."

한동안 비올라는 자신의 신세를 한탄하며 시간을 보냈다. 분노가 치밀었지만 다시 마음을 잡았다. 남편 스스로 삶의 의욕을 찾는 게 불가능하다면, 자신이 되찾게 해 줘야겠다고 다짐했다. 비올라의 작전은 남편에게 끊임없이 질문을 해 대는 것이었다. 점심 식사를 준비하면서 남편에게 어떤 것을 선택할지 하나하나 물었다. 샌드위치를 먹을래요, 수프를 먹을래요? 상추를 넣을까요, 토마토를 넣을까요? 햄이 좋아요, 칠면조 고기가 좋아요? 마요네즈를 뿌릴까요, 케첩을 뿌릴까요? 얼음물을 줄까요, 주스를 줄까요? 처음에는 별다른 목적 없이 질문을 퍼부었다. 남편의 무기력한 모습에 좌절한 까닭에 어떻게든 남편이 말을 하도록 유도하고 싶었을 뿐이다.

그런 식으로 남편을 닦달하기 시작하고 몇 달이 지났다. 비올라가 결정을 내리라고 압박할 때마다 로버트가 조금씩 반응을 하는 것처럼 보였다. 잠깐이었지만 로버트는 비올라와 정감 어린 농담을 주고받거나, 조금 전 텔레비전에서 본 프로그램에 대해 말을 하기도 했다. 어느 날 밤, 로버트는 비올라의 등쌀에 못 이겨 어떤 의자에 앉아 무엇을 먹고 어떤 음악을 들어야 하는지 등등 수많은 선택을 했다. 그러고는 곧 재미있는 기억이 떠오른다며 비올라에게 말을 걸었다. 그들이 결혼하고 얼마 지나지 않아 폭풍우 때문에 밖에서 맴돌며 집에 들어가지 못하던 때의 이야기였다. 로버트는 갑자기 그 기억을 떠올렸고, 쇠지렛대로 창문을 열려고 하지 않았느냐며 껄껄대고 웃었다. 그야말로 몇 년 만에 듣는 남편의 웃음소리였다. 잠깐이었지만 과거의 로버트가 되돌아온 듯했다. 그러나 곧 로버트는 텔레비전을 향해 돌아앉더니 다시 긴 침묵에 빠졌다.

그래도 비올라는 남편에게 의욕을 되찾게 해 주겠다는 결심을 꺾지 않았다. 시간이 지나자 과거의 로버트가 점점 자주 나타나기 시작했다. 남편이 옛 모습을 보여 줄 때마다 비올라는 남편을 추어올리며 칭찬을 아끼지 않았다. 로버트는 본래의 느릿한 성격처럼 변화도 아주 천천히 나타났다. 로버트가 남아메리카를 여행하고 나서 7년 동안 매년 그를 검진한 뉴올리언스 신경과 의사 리처드 스트러브도 그런 차이를 확인했다.

"로버트는 간호사들에게 인사말을 건넸고, 아이의 안부까지 물을 만큼 나아졌어요. 나에게도 먼저 말을 걸었고, 내 취미에 대해서도 물었지요. 집으로 돌아갈 때 어떤 길로 가겠다는 의견도 분명하게 밝혔고요. 물론 보통 사람이었다면 특별한 현상이 아니겠지만 그의 경우는 달랐습니다. 누군가 다시 꺼진 불을 켜고 있는 것 같았지요."

신경학자들은 동기 부여가 우리 뇌에서 어떻게 기능하는지 연구를 계속함에 따라, 로버트 같은 사람들이 자발적 동기 부여 능력을 상실했기 때문에 의욕을 잃은 것은 아니라고 확신하기에 이르렀다. 오히려 그런 사람들의 무관심은 '감정의 기능 장애'에서 비롯되는 듯했다. 프랑스의 신경학자 아비브가 연구 대상으로 삼은 환자들에게서 찾아낸 공통된 현상은 '감정적 분리'였다. 감정적 분리는 감정을 느낄 수 없는 상태, 혹은 감정을 느낄 만한 상황을 피하려는 경향을 의미하는 심리학 용어다.

어떤 여인은 아버지가 세상을 떠났을 때도 무덤덤했다고 말했고, 어떤 남자는 성격이 수동적이고 소극적인 까닭에 아내와 자식을 껴안아 주고 싶은 마음조차 없다고 증언했다. 아비브가 그런 환자들에게 슬픔이 밀려오면 삶이 어떻게 달라지느냐고 묻자 그들은 달라지는 게 전혀 없다고 이구동성으로 대답했다. 그들에게는 감정이란 게 아예 없었다.[34]

일부 신경학자는 무관심증에 빠진 환자들이 동기 부여를 전혀 느끼지 못하는 이유는 이런 감정적 무감각에 원인이 있다고 주장한다. 아비브 환자들의 경우에는 선조체의 상처로 인해 지배권 행사에서 비롯되는 만족감을 갖지 못했다. 선택권을 행사할 때 만끽할 수 있는 즐거움을 잊었기 때문에 자발적 동기 부여 능력을 상실한 것이다.

자발적 동기 부여 능력을 상실한 또 다른 상황으로는 선택권이 거의 허용되지 않는 환경에서 자라 직접 결정을 내릴 때의 기분이 어떤 것인지 아예 배운 적이 없는 경우도 있고, 양로원에 들어와 자주적 결정을 내릴 때 뒤따르는 보상이 어떤 것인지 잊어버린 경우도 생각해 볼 수 있을 것이다.

이 이론에 따르면 내적 통제 소재를 다양한 방법으로 강화할 수 있다. 진취적인 결단력을 보상해 주고, 자발적 동기 부여 능력이 강한 사람에게 박수를 보내고, 어린아이가 혼자 밥을 먹으려고 할 때 칭찬하면 된다. 심지어 반항적이고 독선적인 고집을 보이는 아이, 규칙을 위반해서라도 과제를 완수하려는 학생도 칭찬해야 한다.

물론 이론적으로 말하기는 쉽지만 행동으로 실천하기는 어렵다. 이제 막 걸음마를 배운 아기가 신발 신는 걸 거부하고, 10대가 규칙을 무시하고, 노인이 벽에서 서랍장을 뜯어내더라도 그런 행위는 자발적 동기 부여 행위이기 때문에 칭찬해야 한다. 이상하게 들리겠지만, 이렇게 할 때 내적 통제 소재가 한층 강화된다. 이런 과정을 통해 우리는 자기 결정력을 배우고, 자기 결정권을 행사할 때의 만족감을 마음속에 새긴다. 자기 결정권을 행사할 기회를 얻지 못하거나 자기주장에 따른 감정적 보상을 받지 못하면 자발적 동기 부여 능력도 약해지고 사라질 수 있다.

자신의 선택이 의미 있는 것이란 사실을 스스로에게 입증하는 과정도 필요하다. 새로운 과제를 시작하거나 재미없고 따분한 일을 떠맡게 되면 '왜'라고 자문하는 시간을 가져야 한다. 왜 이 산을 힘들게 올라가야 하지? 왜 텔레비전을 멀리 떨어져 시청해야 하는 걸까? 왜 중요하지도 않은 메일에 답장을 하고 그런 메일을 보내는 동료와 함께 일해야 하지?

이렇게 '왜'라고 자문하기 시작하면 지극히 사소한 일들도 중요한 가치를 지닌 계획과 목표라는 거대한 성운(星雲)의 일부가 된다. 우리가 의미 있는 결정을 내리고 우리 삶을 실질적으로 통제하고 있다는 것이 그런 사소한 일들을 통해 입증된다. 이를 통해 하찮고 따분한 일에서도 커다란 감정적 보상을 얻을 수 있다는 걸 깨닫게 되고 자발적 동기 부여 능력도 크게 확대된다. 메일에 답장을 하고 동료를 돕는 행위는 그 자체로는 그다지 중요하지 않을 수도 있다. 하지만 어떻게든 이루어 내겠다는 마음으로 스스로 '선택'한 원대한 프로젝트의 일부라고 의식하는 순간, 모든 것이 달라진다. 자발적 동기 부여는 우리 스스로 선택하고 결정하게 만드는 힘이다. 해야 할 일을 단순히 처리해야 할 눈앞의 과제로 보는 것이 아니라, 감정적 보상이 약속된 원대한 프로젝트의 일부라고 인식하는 것이 자발적 동기 부여의 출발점이다.

비올라는 남편과 함께 남아메리카 여행을 다녀오고 22년이 지난 2010년 난소암 진단을 받았다. 그리고 2년 후 세상을 떠났다. 그녀가 암과 싸우는 2년 동안 놀랍게도 로버트는 비올라가 침대에서 일어나는 걸 도왔고, 비올라가 약 먹는 걸 잊지 않도록 옆에서 챙겨 주었다. 비올라가 통증에 시달리면 온갖 질문을 퍼부어 대며 잠깐이라도 통증을 잊도록 최선을 다했다. 비올라가 혼자 식사조차 못하는 지경에 이르렀을 때는 자진해서 식사를 도왔다. 비올라가 세상을 떠난 후에도 로버트는 며칠 동안 빈 침대를 떠나지 못했다. 아버지가 다시 무관심증으로 되돌아갈까 염려한 자식들은 뉴올리언스의 신경과 의사 리처드 스트러브에게 아버지를 데려갔다. 스트러브 박사는 로버트가 다시 무관심증으로 되돌아가는 걸 방지하기 위해 어떤 조치를 취해야 했을까?

로버트는 어떤 조치도 필요 없다고 대답했다. 그가 빈 침대를 지켰던 것은 무관심증 때문이 아니었다. 62년간의 결혼 생활을 반추하는 시간이 필요했던 것이다. 처음부터 로버트는 비올라의 도움을 받아 회사를 일으켰다. 그 후 모든 것에 대한 의욕을 잃었을 때도 비올라의 도움을 받아 다시 삶의 의미를 되찾았다. 뉴올리언스 병원을 다녀온 후 로버트는 자식들에게 며칠 동안 쉬면서 어머니와 보냈던 시간을 기억하고 싶다고 말했다. 1주일 후 그는 브런치를 먹겠다며 외출했다. 집으로 돌아와서는 손자들을 돌보기 시작했다. 그로부터 24개월 후인 2014년 로버트는 세상을 떠났다. 그의 죽음을 알리는 부고에는 로버트가 죽음을 맞는 순간까지 적극적이고 활동적이었다고 적혀 있었다.

TEAMS
팀

▼

최고의 팀에서 일하고 싶은 사람들에게

—

구글이 4년 간의 연구 끝에 찾아낸 탁월한 팀들의 공통점

1. 완벽한 팀을 만들기 위한 구글의 아리스토텔레스 프로젝트

당시 줄리아 로조브스키는 스물여섯 살이었다. 변화를 시도할 때가 되었다는 건 알았지만 무엇을 해야 할지 확신이 없었다. 미국 동부 보스턴에 있는 터프츠 대학교에서 수학과 경제학으로 학사 학위를 받은 후 컨설팅 회사에서 일한 적은 있는데 성취감을 갖지는 못했다. 회사를 그만두고 하버드 대학교에서 두 교수의 연구원으로 일하며 그런대로 재미를 느꼈으나, 장기적으로 할 만한 직업은 아니었다.

줄리아는 이런저런 생각에 마음을 선뜻 정하지 못했다. 대기업에 취직해야 할까? 학자가 되는 것은 어떨까? 첨단 신생 기업에 들어가야 하는 것은 아닐까? 줄리아는 머릿속이 복잡했다. 결국 직접 결정할 필요가 없는 방향을 선택했다. 경영 대학원에 진학하기로 마음먹고 2010년 예일 대학교 경영 대학원에 입학한 것이다.

줄리아는 동급생들과 유대 관계를 단단히 맺겠다는 각오를 다지며 뉴헤이븐에 발을 내디뎠다. 경영 대학원의 모든 신입생이 그렇듯이 그녀도 어느 연구반에 배정되었다. 그녀는 그 연구반이 향후의 교육에서 중요한 역할을 할 것이라 생각했다. 또한 연구반원들은 곧 절친한 친구가 되고, 함께 공부하며 중요한 쟁점을 토론하고, 서로 도움을 주는 과정에서 팀원들이 자신에게 갖는 의미를 깨달아 갈 것이라고도 생각했다.

연구반은 대부분의 경영 대학원 교육에서 일종의 통과 의례다. 모든 학생이 팀의 일원이 되어 일하는 방법을 연습한다. 예일 대학교 경영 대학원 웹사이트에는 연구반을 다음과 같이 설명해 놓았다.

'각 연구반은 동일한 수업 시간표를 공유하며 과제를 공동으로 작업한다. 다양한 배경을 가진 학생들이 하나로 화합할 수 있도록 각 연구반은 직업과 경력, 문화 등을 고려해 신중하게 짜였다.'[1]

줄리아를 비롯해 같은 연구반에 속한 4명의 팀원은 매일 점심시간이나 저녁 식사 후 모여 과제를 논의하며 스프레드시트를 비교했고, 임박한 시험을 위한 전략을 세우고 강의 노트를 교환했다. 사실, 연구반원들의 배경은 학교 설명과는 달리 그다지 다르지 않았다. 두 사람은 줄리아처럼 경영 컨설턴트로 일한 적이 있었고, 한 사람은 신생 기업에서 일한 적이 있었다. 모두 똑똑하고 외향적이며 호기심이 많았다. 줄리아는 이런 유사함이 팀원들을 더욱 결속시키는 요인이 되기를 바랐다.

"경영 대학원 선배들은 연구반에서 만난 사람들과 가장 친한 친구가 된다고 하는데, 안타깝게도 내 경우에는 그렇지 않았어요."

그녀는 처음부터 연구반에서 스트레스를 받았다고 말했다.

"좀처럼 편하게 느껴지지 않았어요. 내 능력을 매일 입증해야 하는 곳이었습니다."

그녀를 벼랑 끝으로 내몬 힘의 역학 관계가 곧 나타났다. 모두 리더십을 과시하려고 암투를 벌였다. 교수가 연구반에 공동 과제를 주면 리더의 자리를 서로 차지하려는 미묘한 눈치 싸움이 일었다. 줄리아는 이때 인간의 속성을 새롭게 깨달았다고 했다.

"인간은 남보다 더 큰 목소리로 말하거나 다른 사람의 의견에 반박함으로써 자신의 권위를 드러내려고 해요."

프로젝트를 위한 과제를 분배해야 할 때 한 팀원이 먼저 역할을 배정하면, 거의 언제나 다른 팀원들이 그런 분배를 비판하고 나섰다. 또 어떤 팀원이 해당 프로젝트의 어떤 부분에 대한 경험을 내세우면 다른 팀원들도 서둘러 자신에게 적합한 부분을 선점하려고 나섰다. 줄리아는 당시를 이렇게 회상했다.

"나 혼자만의 불안감이었을지 모르지만, 그들 앞에서 실수할까 봐 늘 불안했어요. 우리는 서로 상대에게 비판적이었지만 마치 농담을 주고받는 것처럼 꾸몄지요. 우리 연구반은 수동적 공격성을 띠었던 셈입니다. 나는 연구반원들과 정말 친해지고 싶었는데 짜증만 났습니다. 우리는 손발이 맞지 않았어요."[2]

줄리아는 가능하다면 다른 연구반으로 옮기고 싶었다. 그러면서도 팀원들과 친해지는 방법을 고민하기 시작했다. 그때 한 친구에게서 몇몇 학생이 '사례 경연 대회'에 참석하려고 팀을 꾸리고 있다는 이야기를 들었다. 경영 대학원 학생들이 현실 세계 문제에 대한 혁신적 해결책을 제시하는 대회였다. 대회에 참가한 팀들이 현실적인 사례를 제시 받고 몇 주 동안 경영 계획을 작성한 후 심사를 맡은 해당 회사 고위 경영진과 교수들에게 이를 제출한다. 그러면 심사 위원들이 제출된 방안 중에서 가장 뛰어난 해결책을 제시한 팀을 선정하는 방식이었다. 많은 기업이 이런 경연 대회를 후원했고, 우승한 팀에는 상금만이 아니라 일자리를 제안하는 경우도 많았다. 줄리아도 경연 대회에 참여하기로 했다.

예일 대학교 경영 대학원이 주최한 경연 대회에는 12개 팀이 참여했다. 줄리아가 포함된 팀에는 전직 육군 장교와 싱크탱크 연구원, 비영리 건강 교육 기관 관리자와 난민 프로그램 관리자 등이 들어 있었다. 연구반과 달리, 경연 대회 팀 구성원의 배경은 무척 다양했다. 그런데 신기하게도 처음부터 팀원들끼리 손발이 척척 맞았다. 새로운 과제가 주어질 때마다 그들은 도서관에 모여 문제 해결을 위한 행동에 돌입했다. 또 시간에 구애받지 않고 온갖 가능성을 따져 보았으며, 연구 과제를 적절히 배정하고 문서를 작성하는 과제도 공평하게 나누었다. 그들은 시시때때로 만났다.

"우리가 가장 멋지게 해낸 과제 중 하나로 예일 대학교에 관련된 문제가 있었어요. 원래 학생 단체가 운영하던 구내 상점이 있었는데 학교 당국이 음식 판매를 관리하게 되었지요. 그래서 경영 대학원이 그 상점을 최적으로 운영하는 방법을 경연 대회 과제로 출제했습니다."

줄리아는 경연 대회 팀에서 완전히 새로운 경험을 했다.

"우리는 1주일 내내 매일 밤 만났습니다. 나는 그 상점을 낮잠용 침대로 채워야 한다고 제안했지만 어떤 팀원은 전자오락실로 꾸미는 게 나을 거라고 제안했어요. 때로는 밤을 꼬박 새우며 아이디어를 주고받기도 했습니다. 한마디로 기발한 생각들을 마음껏 풀어냈지요."

누구도 상대의 제안을 비난하지 않았다. 당연히 낮잠용 침대를 놓자는 제안도 비난받지 않았다. 물론 연구반에서도 브레인스토밍을 하기는 했지만 분위기는 완전히 달랐다.

"연구반에서 낮잠용 침대라는 아이디어를 언급했더라면 십중팔구 누군가 눈알을 굴리며 그 아이디어가 어리석은 생각인 이유를 16개쯤 나열했을 거예요. 내가 생각해도 말이 안 되는 아이디어였지요. 하지만 경연 대회 팀은 그런 아이디어마저 좋아했습니다. 우리는 팀원이 제시하는 그 어떤 아이디어, 설령 바보 같은 아이디어라도 열린 마음으로 받아들였어요. 낮잠용 침대로 돈을 벌 수도 있다면서 귀마개 같은 액세서리를 함께 팔면 어떻겠느냐는 식의 아이디어를 내며 1시간쯤 토론을 하기도 했습니다."

줄리아의 경연 대회 팀은 구내 상점을 소형 체육관으로 개조해 운동 기구를 몇 개 설치하고 운동 교습까지 제공하자는 아이디어를 최종적으로 선택했다. 그 후에는 적정 가격을 조사하고 운동 기구 제작자들을 접촉하며 3~4주를 보냈다. 결국 줄리아의 팀이 경연 대회에서 우승을 차지했고, 그렇게 마련된 소형 체육관은 지금도 그 자리를 차지하고 있다. 같은 해, 줄리아의 경연 대회 팀은 친환경 편의점 프랜차이즈를 노스캐롤라이나까지 확대하는 방법을 연구하며 다시 한 달을 보냈다.

"우리는 거의 스무 가지가 넘는 계획안을 검토했어요. 대다수의 계획이 터무니없는 것으로 밝혀졌지만요."

경연 대회 팀은 동부에 있는 뉴헤이븐에서 5000킬로미터 떨어진 서부의 오리건 주 포틀랜드까지 날아가 친환경 건강식품이란 점을 고려한 저성장 정책을 제안함으로써 전국 1위를 차지했다.[3]

두 번째 학기 때 줄리아의 연구반은 결국 해체되었다. 한 사람씩 모습을 드러내지 않더니 결국에는 아무도 연구반에 얼굴을 내밀지 않았다. 반면에 경연 대회 팀은 점점 번성해 새로운 팀원으로 가입할 수 있는지 묻는 학생이 적지 않았다. 줄리아를 비롯한 4명의 핵심 팀원은 예일 대학교 경영 대학원에 재학하는 기간 내내 함께했다.[4] 몇 년이 지난 지금도 줄리아에게 가장 절친한 친구들로 남아 있다. 그들은 서로의 결혼식에도 참석하고, 누군가 일하는 도시에 방문할 일이 생기면 어김없이 만나서 시간을 보낸다. 또한 일에 관련된 조언이나 좋은 일자리에 관한 정보를 주고받기도 한다.

줄리아에게는 두 팀이 너무 다르게 느껴졌다. 연구반원들은 항상 리더십을 두고 다투고 상대의 의견을 비판하는 데 열을 올렸기 때문에 연구반에 참석하는 것 자체가 스트레스였다. 반면에 경연 대회 팀은 항상 서로 도움을 주고 격려하는 분위기여서 언제나 흥미진진했다. 두 팀의 구성원은 기본적으로 같은 유형의 사람이었다. 모두 똑똑하고 영리했으며, 팀이란 굴레를 벗어나면 친절했다. 연구반 분위기가 치열하고 경쟁적이어야 할 이유도 없었고, 경연 대회 팀 문화가 느긋하고 편안해야 할 이유도 없었다.

"두 팀의 분위기가 그처럼 달랐던 이유를 이해할 수 없었어요. 두 팀이 그처럼 다른 식으로 운영돼야 할 이유가 없었거든요."

• • •

경영 대학원을 졸업한 줄리아는 구글에 취직해 인력 분석부에 배치되었다. 인력 분석부는 직원들이 시간을 어떻게 보내는지를 거의 모든 면에서 자세히 연구하는 업무를 담당했다.[5] 그녀가 평생 종사해야 할 직업은 데이터를 활용해 사람들이 어떤 특정한 방식으로 행동하는 이유를 알아내는 것으로 결정된 듯했다.

구글은 《포천》이 선정하는 미국에서 가장 일하기 좋은 직장 중 하나로 여섯 번 뽑혔다.[6] 대학생 2명이 세운 구글은 20년이 채 되기 전에 5만 3000명의 직원을 둔 대기업으로 성장했다. 구글의 경영진들은 직원들의 행동과 생산성을 연구하는 데 엄청난 자원을 투자한 덕분에 그런 성과를 거둔 것으로 평가한다.

구글 인력 자원국의 기본적인 목표는 구글 직원들이 직장에서의 삶을 조금이라도 더 행복하고 생산적으로 꾸려 가도록 유도하는 것이었다. 그곳의 분석가들은 경영진이 승진 대상자를 선정하는 데 도움을 주었다. 또한 지나치게 빨리 승진하는 직원에 대해서도 경영진에게 알려 주었다. 한편 인력 자원국의 주요 임무 중에는 채용과 해고의 결정을 지원하는 일도 있었다. 인력 자원국은 산모의 퇴직 빈도를 50%가량 줄일 수 있다는 컴퓨터 모델의 분석을 받아들여 유급 출산 휴가를 12주에서 18주로 확대하는 정책을 성공적으로 추진하기도 했다.

인력 자원국에 속한 인력 분석부는 직원들이 상관이나 동료들과 함께 일하는 것을 만족스러워하는지, 혹사당하지는 않는지, 동료나 상관에게 지적 자극을 받는지, 금전적으로 적정한 대우를 받는다고 생각하는지,

일과 삶의 균형이 제대로 이루어지고 있는지 등 수백 가지의 변수를 조사하고 분석하는 일을 한다. 인력 분석부는 충분한 자료만 확보하면 어떤 수수께끼 같은 행동도 풀어낼 수 있다고 믿었다. 줄리아가 구글에 취직하기 몇 년 전 인력 분석부는 구직자를 네 번 정도 면접하면 86%의 신뢰 수준으로 올바른 채용인지 아닌지 예측할 수 있다는 결론을 내렸다.

인력 분석부는 얼마 전 '산소 프로젝트'라는 이름의 대형 프로젝트를 성공적으로 끝마쳤다. 이 프로젝트의 목적은 일부 관리자가 남들보다 효과적으로 일하는 이유가 무엇인지를 밝히는 것이었다. 산소 프로젝트에 참여한 연구자들은 여덟 가지의 중요한 업무 기술을 찾아냈다.* 구글 인력 분석부를 지휘하는 애비어 더비는 이 프로젝트에 대해 이렇게 말했다.

"산소 프로젝트는 성공작이었어요. 이 프로젝트를 통해 훌륭한 관리자가 남들과 어떤 점에서 다른지 파악할 수 있었고, 직원들의 능력을 향상시키는 데도 큰 도움을 받았습니다."

산소 프로젝트가 상당히 유용했다고 판단한 구글은 줄리아를 채용했을 즈음 '아리스토텔레스 프로젝트'라는 또 하나의 원대한 프로젝트를 시작했다.

더비와 팀원들은 사내 설문 조사에서 많은 구글 직원이 팀의 중요성을 일관되게 언급한다는 사실에 주목했다. 더비는 아리스토텔레스 프로젝트가 산소 프로젝트의 빈 부분을 채우는 것이라고 설명했다.

"구글러(구글 직원)들은 '팀장의 능력은 대단히 뛰어나지만 우리 팀은

---

* 산소 프로젝트가 찾아낸 결론에 따르면 훌륭한 관리자는 훌륭한 코치이고, 권한을 위임하고 시시콜콜한 문제를 따지지 않으며, 부하 직원의 성공과 행복에 관심을 드러내고, 결과를 중시하며, 정보를 경청하고 공유하며, 경력 개발을 지원하고, 분명한 비전과 전략을 직원들에게 제시하며, 해당 비즈니스에 대한 중요한 핵심 능력을 지니고 있다.

손발이 맞지 않는다' 혹은 '팀장의 능력이 환상적이지는 않지만 팀워크가 끈끈해서 아무 문제가 없다'라고 말하는 것 같았습니다. 새로운 사실을 발견한 기분이었지요. 산소 프로젝트는 리더십을 집중적으로 조사한 연구였을 뿐 팀이 어떻게 운영되는지에 초점을 맞춘 게 아니었거든요. 다양한 배경을 지닌 사람들을 어떻게 결합해야 최적의 결과를 끌어낼 수 있는지에 대한 연구가 아니었습니다."

더비와 그의 동료들은 완벽한 팀을 구성하는 방법을 알아내고 싶었다. 줄리아는 그 프로젝트를 진행하는 연구 팀의 일원이 되었다.[7]

아리스토텔레스 프로젝트는 학문적 문헌을 포괄적으로 조사하는 것으로 시작되었다. 일부 학자들의 연구에 따르면, 비슷한 성향의 사람들로 구성된 팀이 최적의 능력을 발휘했다. 반면에 어느 한쪽으로 치우치지 않는 성격의 사람들이 모인 팀이 성공한다는 연구 결과도 적지 않았다. 팀원들이 비슷한 취향과 취미를 갖는 게 중요하다고 지적한 연구가 있는가 하면, 정반대로 팀원의 다양성을 역설한 연구도 있었다. 또 효율적인 팀이 되기 위해서는 팀원들 간의 협력을 강조한 연구가 있는 반면, 팀원들 간에 건강한 경쟁심이 있어야 팀이 성공한다고 주장한 연구도 있었다. 한마디로 효율적인 팀의 구성법에 대한 문헌은 넘쳐흘렀고 저마다 주장하는 내용이 달랐다.

아리스토텔레스 프로젝트 연구자들은 150시간 이상을 투자해서 구글 직원들에게 효율적인 팀을 만들기 위해 반드시 필요한 요소가 무엇이라 생각하는지 물었다.[8] 더비는 이 조사에서 중요한 사실을 발견했다.

"조사를 통해 팀에 대한 평가가 관찰자의 관점에 따라 상당히 다르다는 걸 알아냈습니다. 외부에서 보기엔 무척 원만하게 굴러가는 팀이지만 내부적으로는 모든 팀원이 불만투성이인 경우도 있을 수 있어요."

프로젝트 팀은 외적인 요인(영업 목표 달성)과 내적인 변수(팀원이 느끼는 생산성 수준)를 모두 고려해 팀의 효율성을 평가하는 기준을 마련했다. 그 후 아리스토텔레스 프로젝트 팀은 수집할 수 있는 모든 것을 측정하기 시작했다. 팀원들이 업무 외에 얼마나 자주 만나고 업무를 어떻게 분할하는지 등을 조사했다. 여러 팀에서 활동하는 직원들 현황을 도표로 그렸고, 그 직원들이 어떤 팀에서 일할 때 부서의 목표를 초과 달성했는지에 대해서도 분석했다. 또한 팀들이 얼마나 오랫동안 유지되었고, 성별 균형이 효율성에 영향을 미치는지 그렇지 않은지에 대해서도 연구했다.

하지만 자료들을 어떤 식으로 분석해도 일정한 패턴을 찾아낼 수 없었다. 팀의 구성 방법이 팀의 성공 여부와 상관관계가 있다는 증거를 찾아내지 못했던 것이다. 애비어 더비는 이렇게 말했다.

"우리는 회사 내에 조직된 180개의 팀을 조사했습니다. 자료는 충분했지만, 특정한 성격 유형이나 재능 혹은 배경의 적절한 혼합이 차이를 만들어 낸다는 증거를 전혀 찾아낼 수 없었지요. 성공 방정식에서 '누구'라는 측면은 전혀 중요하지 않은 듯했습니다."

팀원들이 업무 외에 함께 야외 운동을 즐기며 가깝게 지내는 팀이 생산적인 경우도 있었지만, 회의실을 떠나는 순간 남남처럼 지내는 팀이 높은 생산성을 발휘하는 경우도 있었다. 또 강력한 카리스마를 지닌 리더를 선호하는 직원이 있는가 하면, 반대로 계급 구조가 없는 팀을 원하는 직원도 있었다. 하지만 무엇보다 당혹스러운 사례는 팀원들의 학력과 배경, 성격, 활동 분야 등이 거의 똑같은 두 팀의 효율성이 현격하게 차이가 나는 경우였다. 더비는 이 결과가 많이 당황스러웠다.

"우리는 구글에서도 패턴을 가장 잘 찾아내는 전문가였습니다. 하지만 이 점에서는 뚜렷한 패턴이 보이지 않았어요."

그래서 아리스토텔레스 프로젝트 팀은 접근 방향을 바꾸었다. 학술 연구에는 이른바 '집단 규범'에 초점을 맞춘 또 하나의 접근 방법이 있었다. 한 심리학 연구 팀이 《스포츠 사회학 저널》에 발표한 논문에서 밝힌 것처럼 '시간이 지나면 어떤 집단이든 적절한 행동에 대한 집단 규범이 형성'되기 마련이다.[9] 규범은 전통이며, 행동의 기준이 된다. 한마디로 우리가 행동하는 방법을 결정하는 불문율이다. 어떤 팀에 의견 충돌을 피하는 것이 시끄러운 논쟁보다 낫다는 무언의 합의가 있다면, 그 팀에는 그런 규범이 작용한다는 뜻이다. 반대로 어떤 팀에 의견 차이를 권장하고 순응적인 집단 사고를 멀리하는 문화가 있다면, 역시 그런 규범이 그 팀을 지배한다는 뜻이다. 누구나 개인적으로는 권위에 반발하고 독자적으로 일하는 걸 좋아할 수 있지만, 팀의 일원이 되면 개인적인 기호보다는 팀을 더 중시하며 팀워크를 강조하는 일련의 규범을 따르게 된다.[10]

아리스토텔레스 프로젝트 연구원들은 원래의 자료로 돌아가 집단 규범을 중심으로 다시 분석하기 시작했다. 팀원들이 상대의 말을 끊고 나서는 걸 자유롭게 허용하는 팀이 있는 반면, 발언 순서를 철저하게 지키는 팀도 있었다. 또 팀원의 생일을 축하해 주고 회의를 시작하기 전 잠깐 사소한 이야기를 나누는 팀이 있는가 하면, 곧바로 본론으로 들어가는 팀도 있었다. 외향적인 팀원들까지도 회의가 시작되면 엄숙해야 한다는 집단 규범을 따르는 팀이 있는 반면, 회의가 시작되면 내향적인 팀원까지 알을 깨고 나오는 팀도 있었다.

자료를 철저히 분석한 결과, 팀의 높은 효율성과 상관관계가 있는 몇 가지 규범을 찾아낼 수 있었다. 한 엔지니어는 연구원들에게 자신이 속한 팀에 대해 이렇게 말했다.

"우리 팀장은 단도직입적이고 솔직합니다. 덕분에 우리가 위험 부담이 큰 일을 할 때도 충분한 안전 공간을 미리 확보할 수 있지요. 또 우리 팀장은 시시때때로 건강 상태를 물어보고, 우리를 도와주고 지원할 방법을 찾아내려 애씁니다."

이 엔지니어가 속한 팀은 구글에서도 성과가 뛰어난 팀 중 하나였다.

한편 다른 엔지니어는 이렇게 말했다.

"우리 팀장은 감정 조절이 미숙한 편입니다. 사소한 문제에도 안절부절못하며 모든 것을 통제하려 합니다. 특히 그가 조수석에 앉으면 운전하는 게 정말 악몽입니다. 걸핏하면 운전대를 잡고 자기가 운전하려고 하니까요. 한번은 큰 사고를 낼 뻔했습니다."

그 팀의 성과는 그다지 좋지 않았다.

무엇보다 직원들이 가장 자주 언급한 표현은 '팀에서 받는 느낌'이었다. 줄리아는 이 말을 듣고 대학원 시절을 떠올렸다.

"나는 그 대답에 주목했습니다. 내가 예일에서 겪은 경험 때문이에요. 온몸의 기운을 빼앗는 팀도 경험했지만, 거꾸로 활력을 북돋워 주는 팀도 경험했거든요."

집단 규범이 팀원들의 감정 상태에 중요한 역할을 한다는 증거는 얼마든지 있다. 예일 대학교와 하버드 대학교, 버클리 대학교와 오리건 대학교 등의 심리학자들로 구성된 합동 연구 팀은 개인이 팀원들로부터 안전을 느끼고 활력이나 자극을 얻는지, 아니면 위협을 받는 듯하고 무력감과 좌절감을 받는지를 결정하는 요인은 집단 규범이라고 분석했다.[11] 줄리아가 예일 대학교 연구반에서 피로를 느낀 이유는 적대적인 집단 규범(리더십을 차지하려는 암투, 전문성을 입증해야 한다는 압박감, 상대를 비판하는 성향) 때문에 잠시도 경계심을 내려놓지 못해서였다.[12] 반면에 경연 대회 팀집단 규범은 상대방의 아이디어를 존중하고 비판을 억제하며 개인적인 욕심을 자제하고 리더의 역할을 양보했기 때문에 팀원 모두 격의 없이 사이좋게 지낼 수 있었고, 협력하기도 쉬웠다.

아리스토텔레스 프로젝트 연구 팀은 구글에 존재하는 팀들의 효율성 개선을 위한 답은 집단 규범에 있다는 결론을 내렸다. 더비는 이렇게 덧붙였다.

"그제야 자료에 담긴 뜻을 제대로 찾아낼 수 있었어요. 중요한 것은 팀을 '어떻게' 운영하느냐는 것이지, '누가' 팀원인지가 아니었습니다."

하지만 어떤 규범이 가장 바람직하느냐에 대해서는 명확한 결론을 내릴 수가 없었다. 구글 연구 팀은 중요해 보이는 수십 개의 규범을 찾아냈다. 하지만 효율적인 팀이라도 각자 지향하는 집단 규범이 전혀 다른 경우도 있었다.[13] 팀원 모두 자유롭게 발언하도록 내버려 두는 편이 나을까, 아니면 강력한 리더가 토론의 방향을 잡아 주는 게 나을까? 팀원들이 상대의 의견에 공개적으로 반박하는 편이 효율적일까, 개인적으로 조용히 말해서 갈등 상황을 만들지 않는 게 나을까? 도대체 어떤 규범이 가장 중요한 걸까?

2. 팀워크가 좋은 병원에서 의료 사고가 더 많이 일어나는 이유

1991년 박사 과정 1년 차인 에이미 에드먼슨은 좋은 팀워크와 훌륭한 의료 서비스 사이에 상관관계가 있다는 가설을 입증하기 위해 여러 종합 병원 병동을 방문해 자료를 수집했다. 그러나 수집한 자료들은 끊임없이 그녀의 생각이 틀렸다고 말해 주었다.

당시 에드먼슨은 하버드 대학교에서 조직 행동에 관해 연구하고 있었다. 의료 과실에 대한 연구를 진행하던 한 교수가 그녀에게 함께 일하자고 요청했다. 박사 학위 논문 주제를 찾아다니던 에드먼슨은 보스턴의 두 종합 병원 회복실을 찾아가 간호사들과 이런저런 이야기를 나누며 과실 보고서를 들척거리기 시작했다.[14] 한 심장 병동에서는 간호사가 환자에게 혈액 응고를 방지하는 헤라핀을 주사해야 하는데 실수로 리도카인 정맥 주사와 마취제를 주사한 사례를 찾아냈다. 정형외과 병동에서는 환자가 아스피린 대신 마약류로 분류되는 암페타민을 처방 받은 사례도 있었다. 에드먼슨은 이때 큰 충격을 받았다고 했다.

"매일 얼마나 많은 의료 사고가 일어나는지 알면 놀라실 겁니다. 무능해서 그런 사고가 일어나는 게 아니에요. 병원이 정말 복잡한 곳이기 때문이지요. 환자 한 사람을 치료하는 데 간호사, 영상 의학 전문가, 의사 등 20명 이상으로 꾸려진 팀이 필요합니다. 틈새를 빠져나갈 만한 것들이 한둘이 아닙니다."[15]

에드먼슨이 방문한 병원들에서도 상대적으로 사고가 잦은 병동이 있는 듯했다. 정형외과 병동에서는 평균 3주에 한 번꼴로 의료 과실이 보고되었지만, 심장 병동에서는 의료 사고가 거의 2년에 한 번 정도밖에 일어나지 않았다. 또 에드먼슨은 병동마다 문화가 무척 다르다는 것도 확인할 수 있었다. 심장 병동 간호사들은 수다스럽고 격식에 얽매이지 않았다. 간호사들이 복도에서 허물없이 사적인 이야기를 주고받았고 벽에 아이들 사진을 붙여 두기도 했다. 반면에 정형외과 병동은 차분하고 조용한 편이었고, 간호 관리자들이 수술복보다 정장을 입었으며, 공유 지역에서 개인적인 사담을 나누는 게 금지되어 있었다. 에드먼슨은 다양한 팀 문화를 연구하면, 팀 문화가 의료 사고율과 상관관계가 있는지 확인할 수 있을 거라고 생각했다.

에이미 에드먼슨은 한 동료와 함께 여러 병동을 대상으로 팀 응집력을 측정하는 조사를 진행했다. 그녀는 간호사들에게 얼마나 자주 팀 리더가 명확한 목표를 제시하는지, 팀원들이 갈등을 터놓고 논의하는지 아니면 어색한 대화를 일부러 피하는지를 물었다. 또 여러 팀의 만족도와 행복감 및 자발적 동기 부여를 측정했고, 보조원을 고용해 두 달 동안 병동을 면밀히 관찰하기도 했다.

"나는 결과가 상당히 간단할 거라고 생각했습니다. 팀워크가 좋은 병동이 과실률도 낮을 거라고 예상했지요."

하지만 자료를 정리한 결과는 에드먼슨의 예상과는 정반대였다. 팀 응집력이 강한 병동이 훨씬 잦은 실수를 저질렀다. 그녀는 자료를 다시 점검했지만 결과는 마찬가지였다. 응집력이 좋은 팀이 더 많은 실수를 범하는 이유는 무엇일까?

그처럼 당혹스러운 결과가 나타나자, 에드먼슨은 그 이유를 밝혀내기 위해 각 질문에 대한 간호사들의 대답을 면밀히 분석하는 동시에 실수율까지 조사하기로 마음먹었다. 그녀가 간호사들에게 제시한 설문지에는 과실에 따른 개인적인 불이익에 관해 묻는 질문이 있었다. 에드먼슨은 간호사들에게 '팀의 일원으로서 실수를 범하면 그에 따른 개인적인 불이익이 있어야 한다'라는 말에 동의하는지를 물었다. 이 질문에 대한 대답과 과실률을 비교하자 실마리가 풀렸다. 강력한 팀을 보유한 병동에서 더 많은 실수가 일어나는 것은 아니었다. 오히려 강력한 팀에 소속된 간호사들이 상대적으로 편안하게 자신의 실수를 상관에게 보고하는 경향을 보였다. 간호사가 실수를 하더라도 정직하게 보고하면 실수에 대해 개인적인 책임을 묻지 않는 특별한 규범이 있다는 뜻이었다.

에드먼슨은 1996년《응용 행동 과학 저널》에 발표한 논문에 다음과 같이 썼다.

'(리더의 역할로) 개방적인 분위기가 정착된 팀에서는 실수를 쉽게 털어놓을 수 있었고, 그로 인해 외적으로 과실률이 더 높게 나타난 듯하다.'

하지만 자료를 면밀하게 분석하자 상황이 생각보다 훨씬 복잡했다. 결론적으로 말하면, 강력한 팀은 커뮤니케이션이 활발한 반면에 약한 팀은 커뮤니케이션이 부족하다는 등식이 성립하지는 않았다. 물론 팀원들에게 대담하게 실수를 인정하라고 독려하는 강력한 팀이 많았다. 하지만 같은 정도의 강력한 팀이라도 간호사들이 실수를 쉽게 밝히지 못하는 경우도 적지 않았다. 결국 문제는 팀의 응집력이 아니라 각 팀에 구축된 문화였다.

'어떤 병동의 강력한 팀에 소속된 간호사들의 리더(수간호사)는 적극적으로 질문하고 관심을 표명하는 실천적인 관리자였다. 인터뷰에서 그 수간호사는 일정한 정도의 실수는 일어나는 법이라며 그런 실수를 생산적으로 처리하기 위해서는 비징벌적 환경이 극히 중요하다고 역설했다.'

실제로 이 팀의 한 간호사는 에드먼슨의 조사 보조원에게 이렇게 말했다고 한다.

"우리 팀에는 서로 돕고 서로 점검해야 한다는 불문율이 있어요. 또 실수를 숨김없이 인정하는 게 낫다고 생각해요. 수간호사가 우리를 도와줄 테니까요."

다른 병동에도 똑같은 정도로 강력한 팀이 있었다. 그 팀의 한 간호사는 채혈하는 과정에서 환자에게 실수했다는 걸 인정했을 때 수간호사의 매서운 질책에 재판을 받는 기분이었다고 말했다. 또 다른 간호사는 '내가 실수라도 하면 의사가 내 머리를 물어뜯을 것'이라고 투덜거렸다. 하지만 이 병동의 팀 응집력 측정 결과는 무척 높았다. 한 간호사는 조사 보조원에게 이런 말을 했다.

"우리 병동의 깨끗하고 반듯하게 정돈된 모습은 정말 자랑할 만합니다. 프로다운 모습이지요."

이 병동의 간호 관리자는 항상 정장 차림이었고, 누군가를 나무랄 때도 밀폐된 곳에서 정중하게 했다. 간호사들도 수간호사의 전문성을 높이 평가하고, 함께 일하는 걸 자랑스럽게 생각하며 강력한 일체감을 가졌다. 에드먼슨의 판단에도 팀원들이 진정으로 서로 좋아하고 존중하는 것 같았다. 하지만 그들도 인정했듯이 팀 문화 때문에 실수를 했다고 고백하는 게 쉽지는 않았다.

결국 얼마나 많은 실수가 보고되느냐를 결정하는 요인은 팀의 응집력이 아니라, 팀 문화와 관련된 집단 규범이었다.

박사 논문을 쓰는 동안 에드먼슨은 많은 첨단 기업과 작업 현장을 찾아다니며 직원들에게 팀원들의 행동 방식에 중대한 영향을 미치는 불문율에 대해 물었다.[16] 성과가 뛰어난 팀의 구성원들은 대략 다음과 같이 이야기했다.

"내가 지금껏 일한 팀 중 최고입니다. 단기적 목표에 연연할 필요가 없거든요. 어떤 아이디어든 마음껏 제시할 수 있습니다."

이런 팀들에서는 열정과 지원이란 규범이 확고히 구축되어 모든 팀원이 자신의 목소리를 낼 수 있고 과감히 도전하는 권한을 부여 받고 있다고 확신한다는 뜻이다. 반면에 다르게 말하는 팀도 있었다.

"우리 팀은 서로에게 정말 헌신적입니다. 그래서 외출할 때도 감독관에게 먼저 허락을 구하려고 합니다."

"우리는 모든 면에서 철저하게 협력하고 있습니다. 그래서 효과가 있다는 확신이 서지 않으면 어떤 아이디어도 섣불리 제시하지 않습니다."

이런 팀의 경우에는 충성심이란 규범이 확고해서 팀원들에게 개인적인 의견을 제시하고 과감하게 도전하는 적극성이 부족했다.

열정과 충성심은 모두 바람직한 규범이다. 열정과 충성심이 팀원들 행동에 무척 다른 영향을 미친다는 게 관리자들에게서 분명히 드러나지는 않았지만, 실제로는 완전히 다른 결과를 낳는다. 적어도 에드먼슨이 조사한 범위 내에서 열정이란 규범은 팀의 효율성을 높였지만, 충성심이란 규범은 팀의 생산성을 떨어뜨렸다. 에드먼슨은 이 결과를 다음과 같이 해석했다.

"어떤 관리자도 나쁜 규범을 일부러 구축하지는 않습니다. 그런데 팀원들에게 아이디어를 불쑥 내뱉지 말고 구체화한 후 제시하라고 말하는 사람들이 있어요. 이 말은 논리적인 것처럼 보이지만 결국에는 팀원의 능력을 떨어뜨리는 것입니다. 이런 식으로 나쁜 규범이 알게 모르게 자리를 잡아 가는 경우가 많습니다."

연구를 계속한 에드먼슨은 상대적으로 높은 생산성을 끌어내는 듯한 규범들을 적잖이 찾아냈다. 리더들은 팀원들에게 자신의 생각을 자유롭게 말하라고 독려하고, 팀원들은 자신의 약점까지도 숨김없이 드러낼 수 있다고 생각하며 반박과 경멸이 있을까 두려워하지 않고 어떤 아이디어라도 제시할 수 있으며, 가혹한 비판을 자제하는 문화가 형성되어 있다. 이렇게 찾아낸 좋은 규범이 점점 늘어났지만 그 규범들에서 공통된 속성 하나가 에드먼슨 눈에 들어오기 시작했다. 모든 규범이 유대감을 조성하는 동시에 팀원들에게 무엇이든 과감하게 시도해 보라고 독려하는 행위였다.

에드먼슨은 그 공통된 속성을 '심리적 안전감'이라 칭했다. 그녀는 1999년 발표한 논문에서, 심리적 안전감을 '위험한 것을 시도할 수 있는 안전한 공간이자 팀원이 공유하는 믿음'이라 정의하고, 심리적 안전감의 효과를 설명했다.

'이런 자신감과 신뢰를 바탕으로 팀원은 자신의 의견을 거리낌 없이 발표하고, 다른 팀원의 발언에 대해 빈정대거나 비웃지 않는다. 심리적 안전감은 상호 신뢰와 상호 존중으로 요약되는 팀 문화의 특징이다. 요컨대 팀원들이 자신의 본래 모습대로 편안하게 행동할 수 있는 팀 문화를 뜻한다.'[17]

줄리아와 구글의 동료들은 집단 규범을 조사하는 과정에서 에드먼슨의 논문을 발견했다.[18] 그들이 분석한 구글의 팀들에서도 생산성과 관련된 가장 중요한 요인이 심리적 안전감이란 개념인 듯했다. '실패해도 그에 따른 징계가 없도록 하라', '엉뚱한 의견도 존중하라', '상대의 결정에 거리낌 없이 의문을 제기하지만 상대를 폄하하는 게 아니라는 믿음을 심어 주어라' 등 구글의 팀들을 조사해서 얻은 가장 효과적인 규범들도 한결같이 심리적인 안전감이 바탕에 깔린 것이었다. 줄리아는 프로젝트는 이제부터가 시작이라고 했다.

"어떤 규범이 더 중요한가를 결정하는 데 심리적 안전감이 핵심적인 요인이라는 것만은 분명했습니다. 하지만 심리적 안전감을 구글 직원들에게 어떻게 심어 줄 것인가에 대한 명쾌한 방법이 떠오르지 않았어요. 이곳 직원들은 정말 바쁩니다. 구글의 존재를 위해 무엇보다 중요한 문화, 즉 기발한 아이디어를 중시하고 토론하는 문화를 해치지 않으면서 심리적 안전감을 조성할 수 있는 명확한 지침이 필요했습니다."

직원들이 관습적인 것에 과감히 의문을 제기하면서도 심리적 안전감을 가질 수 있게 하는 확실한 방법은 무엇일까?

에드먼슨은 이 질문에 관련해 이렇게 대답했다.

"오랫동안 이 질문은 반드시 답을 찾아내야 할 무척 중요한 것이었습니다. 팀원들이 서로 마음을 터놓을 수 있어야 하고, 설령 틀리더라도 자신의 생각을 거리낌 없이 발표할 수 있는 분위기가 중요하다는 정도는 알고 있었지요. 하지만 팀원들 간의 사이를 틀어지게 할 수 있는 듯한 행동이 중요한 요인으로 거론되는 경우도 있었습니다. 또 어떤 팀은 사사건건 충돌하면서도 심리적 안전감을 유지하는 반면, 한 번의 갈등으로 모든 것이 무너지는 팀도 있었어요. 도무지 그 이유를 알 수 없었습니다."

3. 서로 죽일 듯이 싸우는 팀원들이 만든 미국 역사상 최고의 쇼 프로그램

미국 NBC 방송국의 대표 오락 프로그램 〈새터데이 나이트 라이브〉가 첫 방송을 앞두고 있었다. 1975년 10월 '토요일 밤(NBC's Saturday Night)'이라는 제목으로 처음 방송된 〈새터데이 나이트 라이브〉는 현재까지 40시즌 이상 방영되고 있는 미국 최장수 프로그램 중 하나다. 에미상 후보로 156회 지명되어 최다 지명 기록을 세웠고, 그중 42회를 수상했다. 한국을 비롯해 이탈리아, 스페인, 캐나다, 브라질, 일본 등 여러 나라에 포맷을 수출하기도 했다. 2000년 미국 방송 협회 명예의 전당에 이름을 올렸고, 시사 주간지 《타임》이 선정한 '미국 역사상 최고의 방송 100'에도 뽑히는 등 미국 방송사를 다시 쓴 전설적인 프로그램이다.

〈새터데이 나이트 라이브〉 출연진을 뽑기 위한 오디션 첫날 배우들이 매 시간 한 사람씩 무대에 올랐다. 오디션은 도무지 끝날 것 같지 않았다.[19] 매년 연례행사처럼 닥치는 기상 이변에 대비하는 중서부 지역 가정주부의 모습을 풍자한 2명의 여성이 있었고, 여성 해방 운동의 주제가인 헬렌 레디의 〈나는 여자다〉를 〈나는 개다〉로 바꾸어 부른 가수도 있었다. 인상적인 롤러스케이팅 솜씨로 모두를 즐겁게 해 준 출연자도 있었다. 훗날 8000만 장이 넘는 앨범 판매고를 기록한 가수 미트 로프도 무명 가수로 오디션 무대에 올랐다. 그 밖에도 4명의 마술사와 5명의 무언극 배우 및 배우 모건 프리먼과 훗날 1990년대 최고의 시트콤 〈사인필드〉를 제작한 코미디언 래리 데이비드도 오디션 신청자 명단에 있었다.

거의 탈진 상태로 오디션을 지켜보던 심사 위원들은 보스턴과 워싱턴 D.C. 사이에서 활동하는 모든 코미디언과 길거리 공연자가 출연을 신청한 것처럼 느껴졌다. 당시 서른 살이던 〈새터데이 나이트 라이브〉의 기획자이자 제작자인 론 마이클스가 원한 것이 바로 그것이었다. 그보다 9개월 전 마이클스는 미국 서쪽 끝에 있는 뱅고어부터 동쪽 끝에 있는 샌디에이고까지 여행하며 수백 곳의 코미디 클럽 공연을 보았다. 텔레비전과 라디오 프로그램 및 온갖 잡지의 유머란을 담당하는 작가들과도 이야기를 나누었다. 훗날 그가 밝힌 바에 따르면, '북아메리카에서 가장 재미있는 사람'을 찾아내는 게 목적이었다.

둘째 날 정오 무렵, 한 남자가 문을 벌컥 열고 들어와 무대로 오르더니 지금 당장 오디션을 보게 해 달라고 제작자들에게 부탁하는 바람에 오전 오디션 마감이 약간 미루어졌다. 콧수염을 깔끔하게 다듬고 조끼까지 정장을 갖춰 입은 남자였다. 접는 우산과 서류 가방을 손에 쥐고 있었다. 그는 무대 위를 성큼성큼 가로지르며 소리쳤다.

"밖에서 3시간이나 기다렸습니다. 더는 기다리지 못하겠습니다!"

하지만 무대에 오르자마자 "아이고, 비행기를 놓치겠습니다! 안타깝지만 끝났습니다. 여러분의 운이 여기까지인 걸 어떻게 하겠습니까? 안녕히 계십시오!"라는 말을 내뱉고 벼락같이 뛰쳐나갔다.

"저 사람 뭐죠?"

한 제작자가 어리둥절한 표정으로 물었다.

"대니 애크로이드예요."

마이클스가 대답했다. 그가 토론토에서 즉흥극을 가르칠 때 애크로이드가 학생이어서 두 사람은 서로 아는 사이였다.

"아마 이번 쇼에 출연하게 될 겁니다."

마이클스가 덧붙여 말했다.

그 후 한 달 동안 이런 식의 오디션이 날마다 반복되었다. 마이클스는 〈새터데이 나이트 라이브〉에 출연할 배우들을 차근차근 결정했다. 그는 오디션에 참가한 수백 명의 후보자 말고도 개인적으로 알고 있거나 동료들에게 추천 받은 코미디언들도 고용했다. 마이클스는 캐나다 출신인 애크로이드를 알고 있었고, 애크로이드는 시카고에서 만난 존 벨루시란 사내에게 흠뻑 빠져 있었다. 또 벨루시는 텔레비전을 멍청한 영상 매체라 생각한 까닭에 그때까지 한 번도 텔레비전에 출연한 적이 없지만 〈내셔널 램푼 쇼〉에 함께 출연했던 코미디언 길다 래드너를 추천했다(벨루시가 추천하기 전 래드너는 마이클스가 이미 고용한 상태였는데, 그 둘은 1971년 브로드웨이에서 공연을 시작한 뮤지컬 〈갓스펠〉을 통해 알던 사이였다). 〈내셔널 램푼 쇼〉는 마이클 오도너휴가 창간한 잡지 《내셔널 램푼》과 밀접한 관계가 있었다. 오도너휴의 부인도 유명한 코미디 작가인 앤 비츠였다.

지금까지 언급된 사람들이 모두 〈새터데이 나이트 라이브〉 시즌 1 제작에 참여했다. 한편 음악 감독 하워드 쇼어는 마이클스와 함께 여름휴가를 즐기던 동료였고, 총무 역할을 했던 닐 레비는 마이클스의 사촌이었다. 코미디언 체비 체이스는 마이클스가 할리우드에서 〈몬티 파이선의 성배〉를 보려고 줄을 서 있는 동안 만난 사람이었다. 또 다른 작가 톰 실러는 마이클스와 함께 마약 버섯을 먹으려고 캘리포니아 주 남부의 조슈아 트리 국립 공원까지 여행을 다니던 사이였다. 마이클스는 실러의 아버지가 아끼던 제자였다. 실러 아버지는 당시 할리우드의 유명한 시나리오 작가였다.

〈새터데이 나이트 라이브〉 시즌 1에 관계한 출연진과 작가들은 주로 캐나다와 시카고, 로스앤젤레스에서 활동하고 있었지만, 방송을 앞둔 1975년에 모두 뉴욕으로 이주했다. 마이클스가 로스앤젤레스에서 코미디 프로그램인 〈릴리 톰린 스페셜〉을 공동으로 작업한 후 고용한 코미디 작가 매릴린 수잰 밀러는 뉴욕으로 이사하는 게 못마땅했다. 그녀는 당시 스물다섯 살로 앤 비츠, 로지 슈스터와 함께 시즌 1에 참여했던 3명의 여성 스태프 중 한 사람이었다.

"당시 맨해튼은 쇼 비즈니스의 황무지였어요. 마치 론이 우리를 화성에 내려놓은 듯한 기분이었지요."

대부분의 제작진이 뉴욕에 도착했지만 뉴욕에서 그들을 알아주는 사람은 어디에도 없었다. 그들은 반자본주의자나 반전 운동가를 자처했지만 사회 운동가와의 공통점은 기분 전환용 약물을 즐기는 것뿐이었다. 그런 사람들이 양복을 깔끔하게 차려입은 사람들과 함께 엘리베이터를 타고 〈새터데이 나이트 라이브〉 스튜디오 공사가 한창 진행 중이던 30록 펠러 센터(현재는 'GE 빌딩'을 거쳐 '컴캐스트 빌딩'으로 바뀌었다)를 올라갔다. 톰 실러는 당시 기분을 이렇게 묘사했다.

"우리는 모두 스물한두 살이었습니다. 돈도 없고 특별히 할 일도 없어 서로 웃으면서 시간을 보냈지요. 또 날마다 세 끼 식사를 함께했고, 밤이면 똑같은 술집으로 몰려다녔습니다. 한 사람만 안 보여도 다시는 만나지 못할까 봐 전전긍긍했답니다."[20]

그 후 〈새터데이 나이트 라이브〉가 40시즌 넘게 방영되며 큰 인기를 끌고 텔레비전 역사상 최장수 프로그램 중 하나가 되자, 일종의 신화가 탄생했다. 언론인이자 작가인 맬컴 글래드웰은 2002년에 발표한 글에서 이 프로그램의 성공 요인을 다음과 같이 정리했다.

'〈새터데이 나이트 라이브〉 초기에는 제작진이 서로 속속들이 알았고, 모두 상대의 일에 서슴없이 간섭할 수 있었다. 이런 환경이 초기 참여자들의 특별한 화학적 결합을 설명하는 데 상당한 도움이 된다.'[21]

존 벨루시가 한밤중에 동료 출연자 아파트에 몰래 들어가 스파게티를 만들어 먹었다거나 손님방에서 지내며 마리화나를 피우다가 불을 냈다는 이야기, 작가들이 가구를 접착제로 천장에 붙여 놓았다는 이야기, 서로 상대의 사무실에 경쟁하듯 장난 전화를 했다는 이야기, 심지어 새로운 사무실이 문을 열면 그곳 이름으로 피자 30판을 주문한 후 보안 요원처럼 차려입고 아래층으로 내려가 피자를 중간에 가로채고는 계산서만 그 사무실에 떠넘겼다는 일화 등을 소개하는 책이 한두 권이 아니다. 〈새터데이 나이트 라이브〉에 출연한 누가 누구와 잠자리를 함께했는가를 일목요연하게 정리한 관계도까지 있을 정도다. 그 표는 시간이 지날수록 점점 복잡해졌다. 마이클스는 작가 로지 슈스터와 결혼했고, 로지 슈스터는 결국 대니 애크로이드를 선택했고, 애크로이드는 길다 래드너와 데이트했지만, 래드너는 앨런 즈웨이벨을 사랑했던 것으로 모두 의심했다. 훗날 즈웨이벨은 그들이 사랑했다고 인정했지만 둘 사이에 어떤 일도 없었다고 항변하는 책을 쓰기도 했다. 래드너는 나중에 〈새터데이 나이트 라이브〉에서 음악을 담당한 연주자와 결혼했다. 밀러는 "1970년대였습니다. 섹스는 누구나 하는 것이었습니다"라고 당시 상황을 변명했다.

〈새터데이 나이트 라이브〉는 위대한 팀의 전형적인 역학 관계를 보여 준다고 여겨졌다. 적절한 조건이 갖추어지고 팀원 간의 응집력이 끈끈할 때 팀이 이루어 낼 수 있는 궁극적인 성과의 본보기로 대학 교재에 인용되기도 했다.[22]

일반적인 이론이 말하듯이, 공동체 문화가 개인의 욕구를 대체한 덕분에 〈새터데이 나이트 라이브〉 제작 팀은 성공적으로 하나가 되었다. 공통된 경험(작가 앤 비츠 : "우리 모두 고등학교 시절까지는 별다른 주목을 받지 못했다"), 공통된 사회 연결망(작가 브루스 매콜 : "론 마이클스는 일종의 교주였다. 통일교도처럼 그 팀에 충성하면 먹고사는 데는 문제가 없었다"), 집단의 요구가 개인의 자아보다 우선한다(앨런 즈웨이벨 : "물론 그처럼 고약하게 행동하지는 않았지만, 우리는 30록펠러 센터 17층을 차지한 가이아나 인민 사원의 신도들과 비슷했다. 그야말로 그곳은 포로수용소였다") 등의 공동체 문화가 있었다.[23]

그러나 〈새터데이 나이트 라이브〉 시즌 1에 참여한 사람들로 제한하면 '공동체 문화가 개인의 욕구를 대체하면 무엇이든 이루어 낼 수 있다'라는 이론은 한층 더 복잡해진다. 시즌 1의 작가들과 배우들이 엄청난 시간을 함께 보내며 강력한 일체감을 쌓았다는 건 부인할 수 없는 사실이다. 하지만 공통된 과거를 지녔기 때문이거나, 그들이 서로 유난히 좋아했기 때문에 강력한 공동체 문화를 형성했던 것은 아니다. 엄격히 말하면, 〈새터데이 나이트 라이브〉의 집단 규범은 강점만큼이나 많은 갈등을 빚어냈다. 앤 비츠는 사이가 좋을 때보다 싸울 때가 더 많았다고 말했다.

"말로 표현하기 힘들 정도로 치열한 경쟁과 내분이 있었어요. 그때만 해도 우리는 어린 나이였고, 누구도 감정을 억제하는 방법을 몰랐으니까요. 그래서 우리는 늘 싸웠습니다."

어느 날 밤 작가실에서 앤 비츠는 농담조로 히틀러가 유대 인을 600만 명이나 죽이지 않았다면 누구도 뉴욕 시에서 아파트를 구하지 못했을 거라며 그들에게는 무척 다행스러운 만행이었다고 말했다. 앤 비츠는 아무 생각 없이 던진 농담이었으나 매릴린 밀러는 크게 화를 냈다.

"그날 이후로 보름 동안 매릴린 밀러가 나한테 말을 걸지 않았어요. 매릴린은 히틀러에 대한 농담에 무척 예민하게 반응했지요. 당시만 해도 매릴린이 나를 미워한다고 생각했어요. 그래서 몇 시간 동안 서로 노려보기도 했습니다."

질투와 라이벌 의식, 마이클스의 사랑을 차지하려는 암투, 방송 분량을 더 많이 확보하려는 경쟁도 있었다. 비츠는 이렇게 말했다.

"누구나 자신의 대본이 방송에 나가기를 바랐어요. 그 말은 다른 작가의 대본은 편집되어야 한다는 뜻이에요. 내가 성공하면 다른 사람은 실패할 수밖에 없는 구조였으니까요."[24]

작가 앨런 즈웨이벨과 배우 길다 래드너처럼 무척 가까운 사이에도 경쟁은 피할 수 없었다. 즈웨이벨은 당시를 회상하며 다음과 같은 일화를 전해 주었다.

"길다와 나는 함께 머리를 맞대고 로잔 로제나다나라는 등장인물을 만들어 냈습니다. 금요일에 사무실에서 밤을 하얗게 새우며 일고여덟 쪽의 대본을 썼지요. 그런데 길다가 토요일 점심 때쯤 사무실에 들어오더니 붉은 펜을 쥐고는 선생님이라도 된 것처럼 줄을 죽죽 그어 대기 시작했어요. 머리끝까지 화가 났습니다. 그래서 내 작업실로 돌아와 대본을 다시 썼는데 길다는 새로 쓴 대본에도 줄을 그었습니다. 우리는 녹화가 시작될 때까지 한마디도 나누지 않았어요. 길다를 위해 쓰던 대본을 3주 동안이나 중단했고, 내가 최고라고 생각하던 작품을 일부러 다른 배우에게 주기도 했습니다."[25]

〈새터데이 나이트 라이브〉의 팀원들이 함께 시간을 보내는 걸 좋아했다는 것도 전적으로 맞는 말은 아니다. 시즌 1의 유일한 흑인 배우이던 개릿 모리스는 항상 따돌림을 받는다는 생각에 적당히 돈을 벌다가 떠나야겠다는 계획을 세웠을 정도다. 프로그램에 대한 반응이 좋지 않은 주에는 또 다른 출연자 제인 커틴이 말도 없이 남편과 함께 여행을 떠나기도 했다. 한마디로 제작진과 출연진은 뭉쳤다가 싸우고 다시 다른 식으로 뭉치는 과정을 끝없이 반복했다. 시즌 2부터 작가로 참여한 브루스 매콜은 적응하기가 너무 어려웠다고 한다.

"모두 이런저런 식으로 파벌을 형성했고, 파벌 구성원이 매번 달라졌을 정도예요. 한마디로 숨이 턱턱 막히는 곳이었지요."

한편 〈새터데이 나이트 라이브〉 팀원들이 어떤 점에서는 손발이 맞았던 것으로 보인다. 나중에 밝혀졌지만 마이클스가 선택한 인물들은 한결같이 개성이 뚜렷했다. 즈웨이벨은 적재적소에 촌철살인의 한 문장을 만들어 내는 전문가였고, 마이클 오도너휴는 존 F. 케네디 암살 사건 같은 묵직한 주제를 음울하고 통렬하게 풍자하는 데 뛰어난 솜씨를 보였다. 엘비스 프레슬리가 죽었다는 소식을 듣고 어느 직원이 거의 실성한 목소리로 오도너휴에게 그가 죽었다고 전하자 오도너휴는 담담하게 "직장을 잘 바꾸었군"이라고 말했을 만큼 그는 독특한 개성을 지니고 있었다. 톰 실러는 언젠가 예술 영화를 찍고 싶다는 꿈을 가지고 있었다. 그래서 감수성이 충돌할 때는 모두 준열한 비평가로 변했다. 언젠가 오도너휴는 개릿 모리스가 몇 주 동안 낑낑대며 쓴 대본을 슬쩍 훑어보고 "잘 썼어, 개릿!"이라고 말하고는 대본을 쓰레기통에 던져 버렸다. 그러고는 아무렇지도 않게 "정말 괜찮았어"라고 말했다.

톰 실러는 당시를 이렇게 회상했다.

"코미디 작가들은 화를 잘 내는 편입니다. 우리는 정말 서로에게 잔인했습니다. 시청자들이 재미있다고 생각하는 대본이라도 다른 작가들이 재미없다고 하면 완전히 난도질을 당했지요."[26]

이런 갈등과 내분에도 불구하고 〈새터데이 나이트 라이브〉의 제작진이 효율적이고 생산적인 팀으로 거듭날 수 있었던 이유는 무엇일까? 그들이 많은 시간을 함께 보냈다거나 그들의 집단 규범이 개인적인 욕심보다 집단의 이익을 우선시하는 것이었다는 말은 정확한 답이 아닌 듯하다.

〈새터데이 나이트 라이브〉 제작진의 손발이 척척 맞았던 이유는 팀원들이 끊임없이 새로운 농담과 아이디어를 툭툭 던질 수 있을 정도로 서로를 편안하게 느꼈기 때문이다. 작가들과 배우들은 상대의 아이디어를 비판하고 상처를 주며 방송 분량을 두고 치열하게 다투었지만, 언제라도 엉뚱한 아이디어를 제시할 수 있고, 위험 부담이 큰 기획에 도전할 수 있으며, 서로 자신의 감정을 솔직하게 드러낼 수 있게 해 주는 규범 아래에서 작업했다.

마이클스는 나에게 이렇게 말했다.

"흔히 '팀에 나는 없다'라고 말하지요? 내 목표는 정반대였습니다. 내가 원한 것은 많은 '나'였습니다. 모두 상대의 말을 경청하기를 바랐지만 누구도 팀에 묻혀 사라지지 않기를 바랐습니다."

바로 여기서 심리적 안전감이 생겨났다.

4. 탁월한 팀에는 예외 없이 존재하는 두 가지 공통점

다음에 소개하는 두 팀 중 한 팀에 초대를 받았다고 상상해 보자.

팀 A

8명의 남자와 2명의 여자로 구성된 팀이다. 구성원 모두 무척 영리하고 성공한 사람들이며 해당 분야에서 인정받는 전문가다. 그들이 함께 일하는 모습을 담은 비디오를 보면, 구성원이 차례로 발언권을 얻어 무척 공손하고 예의 바르게 자신의 의견을 표현한다. 어느 시점에 의문이 제기되면, 십중팔구 해당 분야의 전문가인 듯한 사람이 상세히 설명하고 다른 구성원들은 차분히 경청한다. 도중에 말을 끊고 나서는 사람은 없다. 누군가 주제에서 벗어난 발언을 하면, 동료가 점잖게 본래의 안건을 상기시키며 대화를 제자리로 되돌린다. 그래서 팀이 효율적으로 운영되고, 회의는 예정된 시간에 정확히 끝난다.

팀 B

남녀 비율이 반반이다. 일부는 성공한 경영자지만 일부는 눈에 띄는 업적이 별로 없는 중간 관리자들이다. 역시 그들이 함께 일하는 모습을 담은 비디오를 보면, 팀원들이 토론 중에 닥치는 대로 끼어들었다 치고 빠진다. 또 장황하게 발언하는 사람이 있는 반면, 퉁명스럽게 요점만 말하는 사람도 있다. 수시로 다른 사람의 발언을 끊고 끼어드는 사람이 많아서 대화를 따라가는 것도 힘들 지경이다. 한 팀원이 갑자기 주제를 바꾸거나 논점에서 벗어나면, 모두 원래의 안건을 잊은 듯 새로운 주제에 관심을 보인다. 회의는 끝이 났지만 엄격히 말하면 끝난 것이 아니다. 모두 둥그렇게 둘러앉아 사사로운 이야기를 계속한다.

당신이라면 어느 팀에 들어가겠는가?

결정을 내리기 전 당신에게 다음과 같은 정보가 추가로 주어진다고 상상해 보자.

두 팀이 결성되었을 때 모든 팀원에게 '눈으로 마음을 읽는 테스트'로 알려진 검사를 치르도록 했다. 사람의 눈을 찍은 36장의 사진을 보여 주며 주인공의 감정을 가장 적합하게 표현한 단어를 찾는 테스트였다. 공

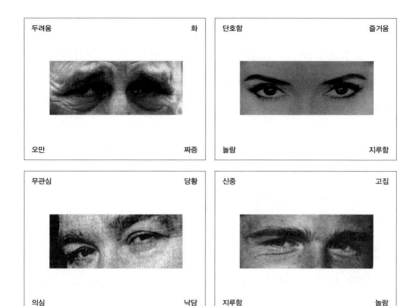

감 능력을 측정하는 이 테스트에서 팀 A 팀원들이 적절한 감정을 선택한 비율은 평균 49%였고, 팀 B의 경우에는 58%였다.[27]

이 정보를 들으니 생각이 달라졌는가?

2008년 카네기멜론 대학교와 매사추세츠 공과 대학교 심리학자들로 이루어진 합동 연구 팀은 어떤 유형의 팀이 상대적으로 우월한지 판별하는 기준들을 추적해 봤다. 그들은 2010년《사이언스》에 발표한 논문에서 팀의 역할이 커졌음에도 팀의 성과에 대한 연구는 부족하다는 점을 지적했다.

'연구와 경영 및 많은 부문이 대면으로든 가상 세계로든 팀으로 이루어지는 현상이 점점 두드러지기 때문에 집단 성과를 결정하는 요인들에 대한 이해가 더 중요해졌다.'

이를 위해 집단 지능을 측정하는 법을 개발해야 할 필요성을 느꼈다.

'지난 세기에 심리학자들은 개인의 지능을 규명하고 체계적으로 측정하는 데 상당한 진전을 이루어 냈다. 그들이 개인의 지능을 측정하려고 개발해 낸 통계적 접근법을 사용해 우리는 집단 지능을 체계적으로 측정해 보았다.'[28]

연구원들은 각 구성원의 지능과는 별개로 팀 자체에 형성되는 집단 지성이란 것이 존재하는지 알아내고 싶었다.

이 숙제를 풀기 위해 연구원들은 699명을 모집해 152개의 팀으로 나누고, 각 팀에 다양한 수준의 협력이 필요한 일련의 과제를 주었다. 10분 동안 벽돌 하나의 활용도를 최대한 생각해 내는 과제로 시작되었고, 독특한 아이디어 하나에 1점을 줬다. 다음으로는 자동차 한 대를 공동으로 사용하는 동거인이 되어 쇼핑 계획을 짜라는 과제가 주어졌다. 각 팀원이 구매해야 할 식료품 목록이 달랐고, 식료품점마다 식료품 값도 달랐다. 또 팀이 점수를 최대로 얻는 유일한 방법은 각 팀원이 팀 전체를 위한 물건을 구매하는 대가로 자신이 간절히 원하는 물건 하나를 포기하는 것이었다. 세 번째로는 대학 농구 선수가 교수를 매수한 사건에 대해 적절한 판결을 내리라는 과제가 주어졌다. 일부 팀원은 교수진의 이익을 대변하고, 일부 팀원은 체육부를 변호해야 했다. 양쪽의 이익을 극대화하는 판결을 내렸을 때 많은 점수가 주어졌다.

어떤 과제에나 모든 팀원이 참여해야 했고, 과제마다 요구되는 협력의 수준이 조금씩 달랐다. 팀들이 과제를 해결하는 과정을 관찰한 연구자들은 다양한 역학 관계가 나타나는 걸 확인할 수 있었다. 벽돌을 활용하는 수십 가지의 기발한 방법을 생각해 내고 양쪽 모두 만족할 만한 판결을 내리며 쇼핑 목록을 팀원들에게 쉽게 분배하는 팀이 있는 반면, 벽돌을 이용하는 똑같은 방법을 다른 말로 고집스럽게 표현하고 한쪽에 소외감을 안겨 주는 판결을 내리며 누구도 양보하지 않아 결국 아이스크림과 시리얼밖에 사지 못한 팀도 있었다. 흥미로운 점은 하나의 과제를 훌륭하게 해낸 팀이 다른 과제들도 원만하게 해낸다는 것이었다. 반대로 하나의 과제에 실패한 팀은 모든 과제를 제대로 해내지 못했다.

'훌륭한 팀'이 성공하는 이유는 팀원들이 상대적으로 똑똑하기 때문이라고, 즉 집단 지성은 팀을 구성하는 개개인의 지능에 불과하다고 가정하고 싶은 사람도 있을 것이다. 그러나 연구자들은 테스트를 시작하기 전 참가자들의 지능 지수를 검사했고, 개개인의 지능은 팀의 성과와 아무런 상관관계가 없다는 걸 밝혀냈다. 10명의 똑똑한 사람을 같은 방에 집어넣는다고 그들이 문제를 더 똑똑하게 해결해 낸다는 뜻은 아니다. 지능 검사에서는 더 낮은 점수를 받았지만 팀원으로서는 발군의 능력을 보이는 사람들로 구성된 팀이, 개인적으로 똑똑한 사람들로 이루어진 팀보다 더 나은 성과를 올리는 경우가 적지 않았다.

한편, 훌륭한 팀에는 결단력 있는 리더가 있다고 주장하고 싶은 사람도 있을 것이다. 그러나 연구 결과에 따르면 이런 주장도 맞지 않았다.

연구자들이 최종적으로 내린 결론이 맞는다면, 훌륭한 팀이 성공하는 이유는 팀원들의 타고난 자질 덕분이 아니라 팀원들이 서로 협력하며 일하는 방식 덕분이었다. 탁월한 성공을 거둔 팀에는 팀원들을 톱니바퀴처럼 완벽하게 맞물리게 하는 규범이 있었다.

연구자들은 《사이언스》에 발표한 논문에서 집단 지성의 특징을 다음과 같이 정리했다.

'어떤 팀이 다양한 과제에서 상당한 성과를 내는 이유를 설명하는 요인으로 집단 지성이 존재한다는 강력한 증거를 찾아냈다. 그런 집단 지성은 팀 자체의 속성일 뿐 팀을 구성하는 팀원들의 속성은 아니었다.'[29]

팀을 똑똑하게 만드는 요인은 팀원이 아니라 규범이란 뜻이었다. 적절한 규범이 있으면, 평범한 사람들로 구성된 팀의 집단 지성을 높일 수 있다는 의미다. 반면에 규범이 잘못되면, 개별적으로는 탁월하기 이를 데 없는 사람들로 구성된 팀도 허우적대며 기대에 못 미칠 수 있다.

그러나 훌륭한 팀이 함께 일하는 모습을 담은 비디오를 면밀히 분석한 연구자들은 모든 규범이 똑같이 적용되는 건 아니라는 사실을 확인할 수 있었다. 《사이언스》에 발표한 논문의 주 저자인 애니타 울리는 훌륭한 팀의 공통점을 찾기가 어려웠다고 털어놓았다.

'일부 팀은 행동하는 방식이 완전히 다르다는 게 분명히 눈에 들어왔다. 일을 공평하게 분배하는 방법을 기막히게 찾아내는 똑똑한 사람들이 포함된 팀도 있었지만, 개별적으로는 지극히 평범하나 주변 사람의 상대적인 강점을 이용하는 방법을 꿰뚫고 있는 사람들로 구성된 팀도 있었다. 한 사람의 강력한 리더가 끌어가는 팀이 있는 반면, 모두 리더 역할을 하면서도 무리 없이 운영되는 팀도 있었다.'

하지만 훌륭한 팀에는 두 가지 공통점이 어김없이 존재했다.

첫째, 모든 팀원이 거의 같은 비율로 발언한다는 특징이었다. 연구자들은 이 특징에 '대화 차례 분배의 균등성'이란 이름을 붙였다. 팀원들이 각자의 일을 진행하며 자유롭게 발언하는 팀이 있었고, 어떤 팀은 대화를 과제별로 진행했지만 하루가 마무리될 즈음에 계산한 발언량은 모두 엇비슷했다.

울리는 이 부분에 대해 이렇게 결론지었다.

'누구에게나 발언권이 보장된 팀은 원만하게 굴러갔다. 그러나 한 사람이나 한 팀이 발언권을 독점하는 경우에는 집단 지성의 힘이 쇠락하는 모습을 보였다. 대화에서 발언량이 매번 똑같을 필요는 없지만, 전체적으로 계산하면 균형이 잡혀야 했다.'

둘째, 팀원들의 사회적 감수성이 평균적으로 높다는 점이었다. 그들은 목소리와 말투 및 몸짓과 얼굴 표정을 보고 상대의 기분을 직관적으로 헤아리는 능력이 뛰어났다.

사회적 감수성을 쉽게 측정할 수 있는 방법 중 하나는, 눈 주위를 찍은 사진을 보여 주며 그 사람이 어떤 기분이고 어떤 생각을 하고 있는지 설명해 달라고 요청하는 것이다. 앞에서 언급한 공감 능력 검사와 유사한 것이라 생각하면 된다. '눈으로 마음을 읽는 테스트'를 창안해 낸 케임브리지 대학교의 사이먼 배런-코언은 이 테스트를 '참여자가 상대 입장이 되어 그의 마음 상태에 자신을 얼마나 잘 맞추는가 하는 테스트'라고 설명한다.[30] 평균적으로 남성은 사진 속 인물의 감정 상태를 52%의 정확성으로 추측하지만, 여성은 61%까지 정확히 추측한다.

울리의 실험에서 훌륭한 팀에 속한 사람들은 '눈으로 마음을 읽는 테스트'에서 평균보다 높은 점수를 받았다. 그들은 상대가 언제 당황하거나 소외감을 갖는지 아는 것 같았다. 그들은 각자의 생각에 대해 서로 의견을 주고받으며 많은 시간을 보냈다. 훌륭한 팀에는 상대적으로 여성의 수가 많았다.

이제 당신은 팀 A와 팀 B 중 어떤 팀을 선택하겠는가? 신중한 전문가로 구성된 팀 A와 격식에 얽매이지 않고 자연스러운 흐름을 따라가는 팀 B, 둘 중 하나를 선택해야 하는 문제로 다시 돌아가면, 팀 B를 선택하는 편이 낫다. 팀 A를 구성하는 개개인은 똑똑하고 유능하다. 개인적으로 그들은 모두 성공할 가능성이 높다. 그러나 팀의 일원이 된 후에도 그들은 여전히 개인처럼 행동하는 경향을 띤다. 그런 사람들로 팀이 구성되면 모두 동등한 정도의 목소리를 내고 팀원의 감정과 욕구에 예민하게 반응한다는 증거가 거의 없기 때문에 그들로부터 집단 지성을 기대하기는 힘들 듯하다.

반면에 팀 B는 어수선하게 보인다. 팀원들이 먼저 발언하려고 목소리를 높이고, 안건에 집중하지 못한 채 걸핏하면 주제에서 벗어나 옆길로 빠진다. 하지만 모두 말하고 싶은 걸 원 없이 말할 수 있다. 모두가 똑같은 정도로 발언하고, 서로 상대의 몸짓 언어와 표정을 이해한다고 생각하며, 상대가 어떻게 반응할지 예측해서 행동하고 말하려 애쓴다. 팀 B에는 개인적으로는 뛰어난 사람이 없을 수 있지만, 그들이 하나의 팀으로 뭉쳐지면 '전체는 부분의 합보다 훨씬 크다'라는 격언이 입증된다.

5. 40년간 정상을 유지한 〈새터데이 나이트 라이브〉 팀 리더의 특별한 능력

〈새터데이 나이트 라이브〉 시즌 1을 제작한 팀에게 그 프로그램이 대성공을 거둔 이유를 묻는다면, 모두 한목소리로 론 마이클스를 거론할 것이다. 그들은 마이클스의 리더십에는 모든 것을 하나로 묶는 특별한 것이 있었다고 대답할 것이다. 누구에게나 자신의 말이 경청되고 있다는 느낌을 전해 주는 능력, 지극히 자기중심적인 배우와 작가조차 상대에게 관심을 갖도록 이끌어 가는 재주가 그에게 있었다. 또 재주꾼을 알아보는 안목은 연예계에서 지난 40년 동안 거의 독보적이었다.

그런데 마이클스가 냉담한 성격이어서 사교성이 떨어지고 자존심이 강하며 시샘도 많다고 평가하는 사람도 적지 않다. 그가 누군가를 해고하기로 마음먹으면 인연 자체를 완전히 끊어 버린다고 말하는 사람도 있다. 그러나 〈새터데이 나이트 라이브〉의 리더로서 마이클스는 경이로운 작품을 창조해 냈다. 지독히 자기중심적인 코미디언들이 1주간의 연습을 끝내고 텔레비전 생방송을 진행하는 중에는 각자의 광기를 접어 두도록 연간 스무 번씩 무려 40년 동안 성공적으로 유도한 덕분에 〈새터데이 나이트 라이브〉는 역사상 최장수 프로그램 중 하나가 되었다.

지금도 〈새터데이 나이트 라이브〉의 제작 책임자로 활동하고 있는 마이클스는 이 프로그램이 성공한 이유는 모두를 팀의 일원으로 만든 덕분이라고 밝혔다. 개성이 강한 사람들을 그렇게 만들 수 있던 비결은 무엇일까? 이 질문에 그는 모두에게 자유롭게 말할 수 있는 권리를 주고 상대의 말에 귀를 기울이는 감성을 갖도록 유도한 것이라고 대답했다.

코미디 작가 매릴린 밀러는 이렇게 말했다.

"론은 누구에게나 자유롭게 자신의 아이디어를 발표할 기회를 주려고 노력했어요. 그래서 '이번 주에는 여자들이 좋아할 만한 작품이 있나요?', '한동안 보이지 않는 사람이 있는 것 같은데요?'라고 묻곤 했지요."

앨런 즈웨이벨도 론 마이클스에 대해 다음과 같이 증언했다.

"론에게는 누구든 자신에게 끌어당기는 초자연적인 능력이 있어요. 순전히 론 덕분에 그 프로그램이 40년 동안 계속된 것 같아요. 모든 대본의 위쪽에는 그 작품의 창작에 참여한 사람들의 머리글자가 쓰여 있습니다. 론은 머리글자가 많이 보일수록 행복하다고 입버릇처럼 말했지요."[31]

마이클스는 사회적 감수성을 거의 과시하듯 드러내는 편이며, 배우들과 작가들도 자신을 흉내 내기를 바란다. 실제로 초창기에 그는 피곤에 지친 작가가 사무실에 엎드려 울고 있으면 위로의 말을 건넨 유일한 사람이었다. 한편 마이클스는 예행연습이나 대본 읽기를 도중에 끊고, 문제의 배우를 조용히 한쪽으로 데려가 사생활에 문제가 있는지 물었던 것으로도 유명했다. 언젠가 마이클 오도너휴가 상업 광고를 외설적으로 풍자한 작품을 과도할 정도로 만족스럽게 생각했다. 모두가 그 작품이 너무 외설적이라 방송에 못 나간다는 걸 알고 있었지만 마이클스는 무려 18회나 연습하도록 지시했다.

"지금도 생생하게 기억해요. 언젠가 론 마이클스에게 '멋진 아이디어가 떠올랐어요. 여자아이들이 첫 번째 파자마 파티를 하려고 모여서 섹스를 어떻게 하는 건지 이야기를 나누는 거예요'라고 말했어요. 그랬더니 그가 아무런 질문도 하지 않고 '당장 써 보세요!'라고 하더군요. 그러고는 색인 카드를 꺼내 다음 회에 공연할 작품 목록에 그 아이디어를 올렸어요."

1976년 5월 8일 방영된 〈새터데이 나이트 라이브〉의 한 꼭지로 소개된 그 작품은 지금까지 이 프로그램에서 방영된 가장 유명한 작품 중 하나가 되었다. 매릴린 밀러가 당시를 회상하며 말했다.

"온 세상이 내 발밑에 있는 기분이었어요. 그는 초감각적 사회적 감수성을 지닌 듯해요. 상대에게 세상에서 가장 중요한 사람이란 자부심을 심어 주는 비결이 무엇인지 정확히 알고 있는 것 같아요."

〈새터데이 나이트 라이브〉 시즌 1에 참여한 배우들과 작가들은 사이 좋게 지내기 쉬운 사람들이 아니었다. 그들이 순순히 인정하듯이 지금도 그들은 전투적이고 수다스러우며 지독히 이기적이기도 하다. 하지만 함께 힘을 합해 일할 때는 상대의 감정을 신중히 헤아리는 사람으로 돌변했다. 마이클 오도너휴는 개릿 모리스의 대본을 쓰레기통에 던져 버렸지만 나중에 장난친 것이라고 사과했고, 우울한 동화와 관련된 아이디어를 모리스가 제안하자 그는 그 생각을 더욱 발전시켜 《넌 할 수 있어, 꼬마 기관차》를 풍자한 〈죽어 버린 꼬마 기관차〉라는 작품을 창조해 냈다("그래, 알아! 난 할 수 있어! 그래, 난 할 수 있어! 헉헉! 헉헉! 아이코, 심장이야! 너무 아파!").[32] 〈새터데이 나이트 라이브〉 제작 팀은 가능하면 서로 다투는 걸 피했다. 앤 비츠는 히틀러 농담 사건의 숨은 의미를 내게 말해 주었다.

"내가 히틀러로 농담을 했을 때 매릴린이 나한테 말도 걸지 않았어요. 하지만 그게 중요했어요. 매릴린은 말을 하지 않음으로써 사건을 크게 확대시키지 않았던 겁니다."

그들은 서로 상대의 아이디어를 거침없이 비판했지만 그런 비판이 일정한 경계선을 넘지 않도록 조심했다. 또 그들은 의견이 달라 걸핏하면 충돌했지만 대본 읽기를 할 때는 누구에게나 충분한 발언권이 보장되었고, 치열하게 경쟁하며 비판을 서슴지 않았지만 이상하게도 서로를 보호하고 지켜 주려 애썼다. 1970년대와 1980년대에 방영된 〈새터데이 나이트 라이브〉에서 작가로 활동하는 동시에 기도 사르두치 신부의 역할을 맡았던 돈 노벨로는 이렇게 말했다.

"모두 서로 좋아했어요. 적어도 모두를 좋아하는 척하려고 열심히 애썼지요. 이상하게 들리겠지만 우리는 정말 서로를 믿었습니다."

팀에 심리적 안전감이 자리 잡기 위해 팀원들이 반드시 절친한 친구가 되어야 할 필요는 없다. 하지만 팀원들이 사회적으로 예민하게 행동하며 상대에게 보살핌을 받는다는 확신을 안겨 줄 수 있어야 한다. 어느덧 하버드 경영 대학원 교수가 된 에이미 에드먼슨은 이렇게 정리해 주었다.

"심리적 안전감을 구축하는 최상의 방법은 팀 리더의 실천적인 행동입니다. 리더가 팀원들에게 보살핌을 받고 있다는 확신을 심어 주려고 노력한다면, '내가 놓친 부분이 있을 수 있으니 내가 실수하지 않는지 여러분 모두 감시해 주십시오'라고 부탁하거나 '짐, 자네는 한동안 발언을 하지 않았는데, 자네 생각은 어떤가?'라고 묻는다면 엄청난 차이를 만들어낼 수 있을 것입니다."

에드먼슨의 병원 연구에서 밝혀졌듯이, 최고 수준의 심리적 안전감을 팀원들에게 안겨 주는 팀에는 경청과 사회적 감수성의 본보기로 삼을 만한 리더가 있었다. 그 리더들은 팀원들에게 각자의 의견을 거리낌 없이 발표하도록 독려했고, 자신의 감정에 대해서도 숨김없이 털어놓았다. 물론 팀원의 발언을 도중에 끊지도 않았다. 하지만 누군가 걱정에 사로잡히거나 불안에 시달리면, 팀원 전체에게 개입하는 게 좋겠다는 신호를 보냈다. 또 리더들은 팀원이 어떻게 반응할지 예측하려 애썼고, 팀원의 반응에 부응하려고 노력했다. 훌륭한 리더라면 이처럼 팀원들에게 의견이 충돌하더라도 서로 정직하라고 독려해야 한다. 팀원 모두에게 동등한 발언권을 보장하고 팀원들 간의 사회적 감수성을 독려할 때 심리적 안전감이 자리 잡기 때문이다.

마이클스는 규범의 본보기로 행동하는 게 자신에게 주어진 가장 중요한 의무라고 내게 말했다.

"우리 프로그램에 참여하는 사람들은 하나같이 개성이 뚜렷합니다. 그렇기 때문에 개개인에게서 고유한 재능을 끌어내려면, 내가 그들을 각각 다른 식으로 대하고 있다는 걸 모두에게 보여 줘야 합니다."

마이클스는 수많은 문제가 있었지만 결국 모두의 개성이 조화를 이루었던 점이 〈새터데이 나이트 라이브〉의 성공 비결이라고 생각했다.

"모든 것이 충돌하면서도 맞물리는 식으로 대본이 쓰이고 공연이 이루어질 경우에만 〈새터데이 나이트 라이브〉는 생명력을 갖습니다. 팀원 개개인의 고유한 목소리를 보호하면서도 그 목소리들이 조화롭게 어울리도록 유도하는 게 내 역할이지요. 나는 누구라도 우리 프로그램에 참여하기 전 지녔던 고유한 재능을 그대로 유지하기를 바랍니다. 하지만 모두 모난 부분을 원만하게 다듬어 상대의 입장을 이해하는 사회적 감수성을 지니도록 돕고 싶기도 합니다. 이런 두 가지 조건이 갖추어져야 매주 공연이 끝날 때마다 서로를 죽이고 싶은 충동을 이겨 내고 다음 주에 방영할 새로운 프로그램을 만들어 낼 수 있으니까요."

6. 구글이 직원들에게 공개한 최고의 팀을 만드는 다섯 가지 방법

2015년 여름, 아리스토텔레스 프로젝트의 구글 연구진은 거의 2년째 설문 조사와 인터뷰를 진행하고 회귀 분석을 시도하며 통계 자료를 분석하고 있었다. 그때까지 그들은 일반적인 경향을 분석하기 위해 수만 건의 자료를 세밀히 검토했고, 관련된 소프트웨어 프로그램도 적잖이 개발했다. 마침내 그들은 연구 결과를 구글 직원들에게 발표할 준비를 끝내 가고 있었다.

그들은 마운틴뷰에 있는 본사를 발표장으로 선택했다. 수천 명의 직원이 참석했고, 그보다 훨씬 많은 직원이 비디오 스트리밍을 통해 지켜보았다. 구글 인력 자원국 책임자 라즐로 복이 연단에 올라가 모두에게 감사의 말을 전했다.

"이번 연구에서 여러분이 배워야 할 가장 큰 교훈은 팀이 '어떻게' 운영되는지가 팀에 '누가' 있는지보다 더 중요하다는 것입니다."

라즐로 복은 연단에 오르기 전에 나에게 이렇게 말했다.

"우리 모두 잘못 생각하던 것이 있습니다. 우리는 성공하려면 슈퍼스타가 필요하다고 생각해 왔지요. 하지만 우리 연구진이 밝혀낸 바에 따르면 그런 생각은 근거 없는 신화에 불과합니다. 평균 수준의 성과자들로 팀을 구성하더라도 그들에게 적절히 상호 작용하는 방법을 가르치면, 어떤 슈퍼스타도 이루어 낼 수 없는 일을 해낼 수 있습니다. 영업 팀은 기술 팀과는 다른 식으로 운영되어야 하고, 최고의 팀이 되려면 팀원들이 거의 모든 면에서 의견 일치를 이루어야 하며, 성취도가 높은 팀에게는 집중력을 계속 유지할 수 있도록 많은 업무량을 맡겨야 하고, 팀원들은 물리적으로 함께 있는 편이 낫다는 신화들도 있습니다. 하지만 이제 우리는 이 모든 믿음이 잘못된 한낱 신화에 불과하다고 말할 수 있어요. 우리 연구진은 많은 자료를 분석한 끝에 훌륭한 팀이 성공하는 보편적인 법칙을 찾아냈습니다. 팀원 모두에게 발언권을 보장 받고 있다는 확신을 안겨 주는 게 중요하다는 점입니다. 그들이 실제로 결정에 참여하느냐 그렇지 않느냐는 그다지 중요하지 않은 것으로 밝혀졌어요. 업무량이나 물리적인 공간도 크게 중요하지 않습니다. 중요한 것은 발언권과 사회적 감수성입니다."

연단에 오른 라즐로 복은 슬라이드를 차례로 화면에 띄우며 직원들에게 말했다.

"중요한 것은 다섯 가지 핵심 규범입니다."

첫째, 팀원들은 자신에게 주어진 일이 중요하다고 굳게 믿어야 한다.

둘째, 팀원들은 자신에게 주어진 일이 조직 전체에는 물론 팀원 개개인에게도 중요하다고 믿어야 한다.

셋째, 팀원들에게 팀의 분명한 목표와 개개인의 명확한 역할이 주어져야 한다.

넷째, 팀원들은 서로 신뢰할 수 있어야 한다.

마지막으로, 가장 중요한 규범은 팀에 심리적 안전감이 있어야 한다는 것이다.

심리적 안전감을 조성하려면 팀 리더가 적절한 행동의 본보기가 되어야 한다. 구글이 설계한 체크 리스트에 따르면, 리더는 다음과 같은 사항들을 점검해야 한다.

첫째, 리더는 팀원의 말을 도중에 끊지 말아야 한다.

둘째, 리더는 팀원이 발언을 끝내면 그 내용을 요약함으로써 귀담아듣고 있다는 사실을 입증해 보여야 한다.

셋째, 리더는 모르는 것을 모른다고 흔쾌히 인정해야 한다.

넷째, 리더는 회의에서 모든 팀원에게 적어도 한 번 이상의 발언 기회를 주어야 한다.

다섯째, 리더는 곤경에 빠진 팀원에게 좌절감을 털어놓도록 독려하고, 팀원들에게는 개인적인 비판을 삼가도록 유도해야 한다.

여섯째, 리더는 팀 내의 갈등을 공개적인 토론을 통해 해소해야 한다.

구글의 체크 리스트에는 그 밖에도 수십 가지의 전략과 전술이 있지

사회적 감수성

심리적 안전감

동등한 발언권

만, 그 모든 것이 두 가지 일반적인 원칙으로 정리된다. 첫째, 모든 팀원이 자신의 생각을 솔직히 말할 수 있다는 확신을 가질 것. 둘째, 팀원들이 서로 상대의 감정을 헤아리는 감성적인 면을 보여 줄 것.

애비어 더비가 나에게 말했다.

"사소한 일이지만 리더가 할 수 있는 일이 많습니다. 회의 중에 리더가 팀원의 발언을 끊더라도 '잠깐, 그 발언에 문제가 있는 것 같은데 질문을 해도 괜찮을까?'라고 즉각적으로 끼어들어야 할까요, 아니면 그 팀원이 발언을 끝낼 때까지 기다려야 할까요? 어떤 팀원이 곤경에 빠지면 리더가 어떻게 행동해야 할까요? 미묘한 문제들이지만 리더가 어떻게 행동하느냐에 따라 결과가 크게 달라집니다. 팀마다 고유한 색깔이 있습니다. 구글처럼 큰 기업에서는 엔지니어와 영업자가 각자의 신념을 바탕으로 다투는 경우가 적지 않지요. 그런 다툼이 파괴적인 결과가 아니라 생산적인 결과로 이어지도록 유도하는 적절한 규범이 필요합니다. 그렇지 않으면 어떤 팀도 결코 강해질 수 없습니다."

그 후 석 달 동안 아리스토텔레스 프로젝트는 여러 부서를 순회하며 연구 결과를 설명하고 팀 리더들에게 관련된 기법을 가르쳤다. 구글의 최고 경영진은 어떤 팀이든 팀원들이 심리적 안전감을 갖는지 평가하는 데 사용할 수 있는 도구만이 아니라, 리더와 팀원들이 각자의 점수를 높이는 데 활용할 수 있는 매뉴얼도 만들었다.

구글 웹 분석 서비스 구글 애널리틱스(Google Analytics)의 수석 엔지니어로 구글에서 가장 규모가 큰 팀 중 하나를 맡고 있는 새그닉 낸디는 자신이 많이 바뀌었다고 말했다.

"나는 계량적인 학문을 공부한 사람입니다. 나를 설득하려면, 그 주장을 뒷받침하는 자료를 제시해야 하지요. 어떤 자료가 제시되느냐에 따라 내 결정이 달라집니다. 엔지니어는 컴퓨터 프로그램에서 오류를 찾아내 제거하는 걸 좋아합니다. 약간만 수정해도 효율성이 10% 이상 향상된다는 걸 알고 있으니까요. 하지만 우리는 인간의 상호 관계에서 오류를 찾아내는 데는 관심을 가진 적이 없습니다. 뛰어난 인재들을 모아 놓고 좋은 결과가 있기를 기대할 뿐이지요. 때로는 좋은 결과를 얻지만 그렇지 못한 경우도 많습니다. 하지만 대부분 성공하고 실패하는 이유를 몰랐어요. 그런데 아리스토텔레스 프로젝트 덕분에 팀원들의 오류를 수정할 수 있게 됐고, 내가 회의를 진행하는 방법도 완전히 달라졌지요. 요즘에는 내가 경청하는 모습을 보여 주는지, 팀원들 말을 도중에 끊지는 않는지, 또 팀원 모두에게 발언할 기회를 주려고 독려하는지 의식하며 회의를 진행하고 있습니다."

아리스토텔레스 프로젝트는 그 프로젝트를 진행한 팀에도 큰 영향을 주었다. 줄리아 로조브스키가 얼마 전에 있었던 일을 말해 주었다.

"2개월 전 우리가 가진 회의에서 내가 실수를 범했어요. 대단한 것은 아니었지만 쑥스러운 실수였지요. 그래서 나중에 나는 무엇이 잘못되었고, 왜 그런 실수가 있었는지 해명하며, 그 실수를 만회하기 위해 우리가 무엇을 해야 하는지 설명하는 문자 메시지를 팀원들에게 보냈습니다. 그러자 곧바로 한 팀원이 답장을 보내왔어요. 그런데 답장에는 '아야!'라는 말밖에 없었습니다."

그러고는 다음의 말을 덧붙였다.

"한 방 얻어맞은 기분이었어요. 실수를 저지른 탓에 기분이 별로 좋지 않았는데 그 답장 때문에 내 마음이 더욱 무거워졌지요. 하지만 우리가 함께 완성해 낸 프로젝트 덕분에 나는 그 팀원에게 곧바로 '오늘 아침 아야!라는 말이 심리적 안전감을 완전히 박살 내는군!'이라는 답장을 보낼 수 있었어요. 그랬더니 그가 '당신 회복 탄력성을 시험 중이야'라는 답장을 보내왔습니다. 다른 사람에게는 그 대답이 상처가 됐을지 모르지만, 당시 나에게는 절실히 필요한 말이란 걸 그는 알고 있었던 겁니다. 그렇게 30초 동안 문자 메시지를 주고받는 동안 우리는 갈등을 해소할 수 있었지요. 팀으로 작업하며 팀의 효율성에 대한 프로젝트를 진행해서 상당히 재미있었습니다. 작업을 진행하며 알아낸 것을 직접 시험해 볼 수 있었으니까요. 내가 아리스토텔레스 프로젝트를 진행하며 깨달은 바를 한마디로 요약하면 '당신 팀에서는 누구나 자유롭게 발언할 수 있고 팀원들이 당신의 발언을 경청하는 모습을 보여 준다면, 팀원 모두 당신의 든든한 후원자라고 생각하게 된다'라는 것입니다."

지난 20년 동안 미국의 업무 현장은 더욱더 팀 중심으로 변했다. 요즘 일반 근로자는 영업 팀과 단위 관리자 팀, 미래의 상품을 기획하는 특별 팀, 휴일 파티를 감독하는 팀 등 다양한 팀에 속해 있을 가능성이 크다. 한편 경영자는 보상과 전략, 고용과 해고 등을 감독하는 팀, 인사 정책을 승인하거나 비용을 절감하는 방법을 고민하는 팀에 속해 있는 경우가 많다. 이런 팀들은 매일 직접 만나거나 메일 혹은 원격 통신을 통해 세계 전역의 팀원들과 의견을 주고받는다. 일반 기업과 대기업, 정부 기관과 교육 기관 등에서 팀은 이제 조직의 기본 단위다.

팀의 성패를 좌우하는 불문율은 어디에서나 똑같다는 게 입증되었다. 물론 투자 상담사들이 협력하는 방법과 정형외과 간호사들이 업무를 분담하는 방법은 다를 수 있다. 업무 환경에 따라 집단 규범은 다를 수 있다. 그러나 한 가지는 분명하다. 어떤 환경에서나 탁월한 성과를 내는 팀은 팀원들에게 심리적 안전감을 준다는 것이다. 팀원들이 서로 신뢰할수 있고, 회의 시간에 솔직하게 발언해도 응징을 받지 않을 거라고 확신할 때 그 팀은 성공한다. 성공하는 팀의 경우 팀원들이 대략적으로 동등한 발언권을 지니며, 상대의 감정을 헤아리는 감성적인 면을 보여 준다.

심리적 안전감 구축은 일반적으로 팀 리더의 솔선수범에서 시작된다. 직장 동료로 구성된 팀이든 스포츠 팀이든 혹은 교회 모임이든 가족 모임이든 당신이 어떤 팀의 리더라면, 당신의 선택이 팀원들에게 어떤 메시지를 전달하는지 생각해 보라. 동등한 발언 기회를 주고 있는가, 혹은 목소리가 큰 사람에게 더 많은 기회를 주고 있지는 않은가? 팀원들의 발언을 경청하는 본보기를 보여 주고 있는가? 팀원들의 생각과 기분을 헤아리는 감수성을 보여 주고 있는가? 세심하게 배려하지 못하는 부주의의 평계로 과단성 있는 리더십을 내세우고 있지는 않은가?

심리적 안전감을 해치는 행동을 선택하는 데도 충분한 이유가 있기는 하다. 토론을 중단시키고 신속하게 결정을 내리는 편이 더 효과적일 때도 있다. 또 상황을 가장 정확히 파악하는 팀원에게 발언권을 주고 다른 팀원들에게는 입을 다물고 있으라고 지시하는 게 더 효과적인 경우도 있다. 하지만 어떤 팀이나 시간이 지나면 좋은 방향으로든 나쁜 방향으로든 내부 문화를 점점 뚜렷이 드러내기 마련이다. 그런데 많은 연구에서 밝혀졌듯이, 심리적 안전감은 단기적으로는 효율성을 떨어뜨릴 수 있지만 장기적으로는 더 생산적이다.

개개인에게 스스로 상황을 통제하고 있다는 확신을 주면 동기가 부여된다. 통제력을 확보하려면 자기 결정권만으로는 부족하다. 팀의 리더가 아니라면 반항자가 되어야 통제력을 행사한다는 만족감을 얻을 수 있다. 그러나 팀으로 일하는 경우, 때때로 다른 팀원에게 통제권을 넘길 필요가 있다. 여기서 '개개인은 팀원에게 통제 수단을 기꺼이 양도한다'라는 팀의 규범이 결국 완성된다. 하지만 이 규범이 효과를 발휘하고 성공하려면, 팀원들이 서로 신뢰하며 심리적 안전감을 가질 수 있어야만 한다. 심리적 안전감은 개인이 팀의 일원으로 일할 때 반드시 확보해야 하는 감정이다.

팀의 리더는 팀원들에게 통제권을 행사하고 있다는 기분을 만끽하게 해 주는 게 중요하다. 구글의 경우, 몇몇 리더는 누군가 발언할 때마다 그 사람 이름 옆에 표식을 하고, 그 표식이 거의 똑같아진 후에야 회의를 끝낸다. 한편 팀원들은 진지하게 상대의 발언을 경청하는 모습을 보여줌으로써, 그가 말한 내용을 요약해 되풀이하거나 상대의 지적에 대응함으로써, 혹은 누군가 당황해서 갈팡질팡할 때 잘못된 것이 전혀 없는 것처럼 행동하지 않고 오히려 적극적으로 대응하며 우리도 함께 걱정하고 있다는 모습을 보여 줌으로써, 통제권을 공유하게 된다. 또 우리가 다른 팀원의 판단을 따르고, 다른 팀원의 걱정거리를 자신의 걱정거리로 받아들이면 통제권을 팀 자체에 넘기는 것이 되며, 이때 심리적 안전감이 확고히 자리 잡는다.

론 마이클스는 이렇게 말했다.

"내가 가장 좋아하는 거요? 배우들이 어떤 꼭지를 완벽하게 연기해 내고, 그 꼭지를 쓴 작가들이 모니터 옆에 서서 서로 손바닥을 마주 치며 축하하고, 다음 차례를 기다리던 배우들도 깔깔대고 웃는 모습을 보면 정말 즐겁습니다. 다음번에는 등장인물들을 더 재미있게 꾸미는 방법을 고민하는 팀이 눈에 띄면 더더욱 즐겁지요."

그러고는 다음 말로 인터뷰를 마무리했다.

"팀 전체가 똑같은 것에서 일종의 영감을 받아 즐거워하면 모든 것이 제대로 돌아가고 있다는 뜻입니다. 그때는 팀원 전체가 서로 응원하고 팀원 개개인이 주인공이 된 듯한 기분일 테니까요."

FOCUS
집중력

▼

집중력이 부족해 늘 시간에 쫓기는 사람들에게

—

심리학에서 찾은 집중력 훈련의 힘

1. 228명의 생명을 앗아 간 에어 프랑스 447편 추락 사고의 의미

마침내 대서양 한가운데에서 비행기 잔해가 발견되었다. 여객기가 추락한 후에도 재앙이 코앞에 닥쳤다는 사실을 깨달은 희생자는 거의 없던 게 분명했다. 승객들이 최후의 수단으로 안전벨트를 맸다거나 식판을 미친 듯이 머리에 뒤집어썼다는 증거는 전혀 없었다. 산소마스크도 천장판에 고스란히 들어 있었다. 해저에 가라앉은 비행기 잔해를 조사하던 잠수함은 모래에 파묻힌 채 다시 이륙하기를 기다리는 듯한 좌석들을 찾아냈다.

거의 2년이 지난 후에야 그 항공기의 비행 기록 장치인 블랙박스를 찾아냈고, 자료를 복원하면 사고의 원인을 마침내 명백히 밝혀낼 수 있으리란 기대도 높아졌다. 하지만 처음에는 블랙박스에서 별다른 단서를 찾아내지 못했다. 블랙박스에 기록된 자료에 따르면, 항공기 컴퓨터들이 오작동을 일으켰다는 증거는 물론 기계적 결함이나 전기적 결함이 있었다는 징후도 전혀 없었다. 조사관들이 조종실 음성 녹음을 듣게 된 후에야 사고의 원인을 조금씩 찾아내기 시작했다. 당시까지 가장 크고 정교했던 항공기, 자동으로 오류를 교정하도록 설계된 최첨단 항공기였던 에어 프랑스 447편이 바다에 추락한 이유는 기계 결함이 아니라 주의력 부족 때문이었다.

• • •

그보다 23개월 전인 2009년 5월 31일, 파리행 에어 프랑스 447편이 228명의 승객을 태우고 리우데자네이루 국제공항을 이륙했을 때 밤하늘은 무척 맑았다.[1] 승객 중에는 신혼부부가 적지 않았고, 워싱턴 내셔널 오페라의 전 지휘자와 저명한 군축 운동가가 있었다. 또 기숙 학교로 돌아가는 열한 살 소년도 있었다. 그 항공기 조종사 중 한 사람은 아내를 리우까지 데려와 코파카바나 해변에서 사흘간의 휴가를 즐기기도 했다. 당시 그녀는 고향으로 향하는 거대한 항공기 뒤편에 앉아 있었고, 그녀의 남편과 두 동료는 조종실에서 근무 중이었다.[2]

항공기를 이륙하며 관제탑과 무선 교신을 했지만, 이륙하는 과정에서 일반적으로 주고받는 관례적인 대화에 불과했다. 활주로를 이륙하고 5

분 후 오른쪽 좌석에 앉은 조종사(부조종사)가 자동 항법 장치를 작동시켰다. 그 후 예정대로 모든 것이 순조롭다면 항공기는 10시간 30분 동안 자동으로 비행할 예정이었다.

20년 전만 해도 리우데자네이루에서 파리까지 비행하는 임무는 무척 힘들고 부담스러운 일이었다. 1990년대에 조종실의 자동 조종 장치가 발전하기 전까지는 조종사들이 비행하는 동안 항공기의 속도, 연료 소비량, 방향, 최적 순항 고도 등 수많은 변수를 직접 계산해야 했고, 그 와중에도 기상 변화와 항공기 위치를 점검하고 항공 관제소와 교신해야 했다. 항공기 조종은 무척 까다롭고 고도의 집중이 필요했기 때문에 조종사는 자주 교대로 일했다.[3]

조종사라면 누구나 약간의 방심이 대형 사고로 이어진다는 걸 알고 있었다. 1987년 디트로이트 공항에서 한 조종사가 이륙하는 과정에서 지나치게 긴장했는지 날개의 양력 장치를 조작하는 걸 순간적으로 잊었다. 그로 인해 그 항공기는 이륙하자마자 추락해서 154명의 승객이 목숨을 잃었다.[4]

그보다 15년 전에는 마이애미 근처를 비행하던 조종사들이 착륙 장치와 관련된 전구의 불량에 신경을 쓰느라 항공기 고도를 조금씩 낮추고 있다는 걸 깜빡 잊어버렸다. 항공기는 에버글레이즈 습지에 곤두박질쳤고 101명의 승객이 사망했다.[5,6] 자동 항법 장치가 발명되기 전에는 매년 항공기 사고 사망자가 1000명을 훨씬 넘는 경우가 적지 않았고, 주된 이유는 조종사 주의력 부족을 비롯한 인간의 실수였다.[7]

하지만 리우를 이륙해 파리로 향하던 에어버스는 조종사가 직접 내려야 할 결정 사항들을 대폭 줄임으로써 그런 실수를 방지하도록 설계된 비행기였다. 에어버스 A330은 그야말로 최첨단 기술의 집약체였다. 문제가 발생하면 컴퓨터가 자동으로 개입해 해결책을 찾아 모니터로 조종사에게 알려 주고, 화면에 지시된 사항에 조종사의 주의력을 유도할 수 있었다. 조종사는 착륙하고 이륙하는 8분가량만 정신을 집중하면 충분했다. A330 같은 항공기 등장으로 조종사라는 직업이 능동형 직업에서 반응형 직업으로 완전히 바뀌었다. 결과적으로 비행도 한결 쉬워졌고 사고율도 크게 떨어졌다. 적은 수의 승무원으로 더 많은 승객을 실어 나를 수 있어 항공사 수익성도 좋아졌다. 과거에는 큰 바다를 넘나드는 비행에 6명의 조종사가 필요했다. 하지만 자동화 덕분에 에어 프랑스는 447편 항공기 조종실에 기장 외에 2명의 조종사만을 배치했다.

이륙해서 4시간이 지났을 무렵 447편 항공기는 브라질과 세네갈 사이의 적도를 지나고 있었다. 대부분의 승객이 잠자고 있었을 것이다. 열대성 태풍으로 생긴 구름이 멀리에 있었다. 두 조종사는 앞 유리창을 가로지르며 춤을 추는 듯한 정전기에 대해 이야기를 나누었다. '코로나 방전'이라 일컬어지는 현상이었다.

"바깥이 보이도록 실내조명을 좀 낮출까요?"

조종사 피에르 세드릭 보냉이 기장에게 물었다. 보냉의 아내가 마침 이 비행기에 타고 있었다.

"그렇게 하게."

기장이 대답했다. 조종실 뒤쪽의 작은 공간에서는 또 다른 조종사가 잠을 자고 있었다. 기장은 교대를 위해 그를 부른 뒤 두 하급 조종사에게 조종을 맡기고 휴식을 취하러 갔다. 비행기는 약 9750미터 상공을 전자동으로 순조롭게 비행하고 있었다.

20분 후 난기류로 인한 약간의 요동이 있었다.

"승객들에게 안전벨트를 매라고 방송해 주세요."

보냉이 인터폰으로 승무원에게 지시했다. 조종실 주변 공기가 차가워지자, 항공기 동체에서 돌출된 3개의 금속 실린더가 빙정(氷晶)으로 막혔다. 이 실린더는 유입되는 공기압으로 속도를 측정하는 피토관(기체나 액체의 흐르는 속도를 구하는 장치)이었다. 피토관을 막는 얼음은 거의 100년 동안 비행사들을 괴롭힌 문제였지만, 그만큼 적응된 문젯거리이기도 했다. 대부분의 조종사는 속도가 갑자기 떨어지면 피토관이 막혔기 때문이라 생각했고, 실제로도 그랬다. 447편 항공기 피토관도 완전히 얼음으로 뒤덮여 컴퓨터가 속도를 측정할 데이터를 얻을 수 없게 되자, 프로그램된 대로 자동 비행 시스템이 꺼졌다.

경보가 울렸다.

"내가 조종할게."

보냉이 침착하게 말했다.

"알았어."

동료 조종사가 대답했다.

그때 조종사들이 아무것도 하지 않았다면 비행기는 계속 안전하게 비행했을 것이고 피토관도 결국 녹았을 것이다. 그러나 보냉은 경보에 민감하게 반응했다. 멈춰 버린 자동 항법 장치를 대신하려고 조종간을 약간 뒤로 잡아당겼다. 그러자 비행기 앞부분이 올라가며 비행기는 곧 고도를 되찾았다. 1분 만에 비행기는 914미터가량 상승했다.[8]

447편 항공기 앞부분이 약간 위쪽으로 향하면서 항공기 역학 관계가 바뀌기 시작했다. 그 고도에서는 대기가 희박한 까닭에 항공기 상승이 날개 위를 자연스럽게 지나는 공기의 흐름을 방해했다. 항공기 '양력'(날개의 아래쪽보다 위쪽의 압력이 낮기 때문에 항공기를 공중으로 끌어올리는 기본적인 물리 법칙)이 뒤틀리기 시작했다. 극단적인 조건에서 이런 현상은 항공기가 양력을 상실하는 '공기 역학적 실속(失速)'을 유발할 수 있다. 이처럼 항공기가 양력을 상실하면 엔진이 최대 출력으로 가동되고 앞쪽이 하늘을 향하고 있어도 항공기 추락이 시작되기 때문에 무척 위험하다. 실속은 초기 단계에서는 쉽게 해결된다. 앞부분을 낮추면 공기가 날개 위를 자연스럽게 흐르기 시작하며 실속 현상이 멈춘다. 그러나 앞부분이 계속 위쪽을 향하고 있으면 실속 현상은 더욱 악화되고 결국 항공기는 우물에 던진 돌멩이처럼 추락한다.

447편 항공기가 희박한 대기를 뚫고 상승하자 조종실에 경보음이 요란하게 울리며 녹음된 목소리가 흘러나왔다.

"실속! 실속! 실속! 실속!"

항공기 앞부분이 너무 위쪽을 가리키고 있다는 표시가 화면에 떴다.

"어떻게 된 거야?"

동료 조종사가 물었다.

"속도계…… 속도계가 이상해."

보냉이 대답했다. 피토관은 여전히 얼음으로 막혀 있어 계기판에는 속도가 나타나지 않았다.

"속도계를 잘 봐."

동료 조종사가 말했다.

"알았어, 알았어. 고도를 낮추어야지."

보냉이 대답했다.

"계기판에는 비행기가 상승하고 있다고 나와. 고도를 낮추라고."

동료 조종사가 말했다.

"알았어."

보냉이 말했다.[9]

그러나 보냉은 고도를 낮추지 않았다. 그가 수평으로라도 비행했다면 항공기는 안전하게 계속 날아갔을 것이다. 하지만 보냉은 조종간을 계속 뒤로 잡아당기고 있었고 항공기 앞쪽은 더욱더 하늘을 향해 상승하고 있었다.

• • •

오늘날 자동화는 우리 삶의 거의 모든 부분에 파고들었다. 우리가 운전하는 자동차가 미끄러운 얼음판을 만나면, 자동차에 설치된 컴퓨터가 자동으로 브레이크를 구동하며 전달되는 동력을 떨어뜨린다. 이 과정이 무척 섬세하게 진행되기 때문에 자동차가 운전자 행동을 예측해서 움직인다는 걸 눈치채지 못한다. 또 고객들이 회사에 전화를 걸면 컴퓨터화한 전화 시스템을 통해 관련 부서로 안내되고, 책상을 벗어나면 메일이 자동으로 전달되며, 주가나 통화의 등락에 따라 은행 계좌가 자동으로 보호되기도 한다. 스마트폰 등장으로 우리는 말을 하지 않고도 끊임없이 커뮤니케이션을 한다. 이런 최신 도구의 도움이 없더라도 인간은 이른바 '어림법'으로 알려진 '인지 자동화'를 활용하며 동시에 여러 가지 업무를 처리할 수 있다. 그 덕분에 우리는 배우자와 채팅을 하는 동시에 아이들을 지켜보며 베이비시터에게 메일을 보낼 수 있다.[10] 한편 '심적 자동화'

를 통해 무의식적으로 관심을 가져야 할 것과 무시해도 괜찮은 것을 구분한다.

자동화 시스템이 등장하면서 공장이 과거보다 안전해졌고, 사무실의 효율성은 향상되었으며, 자동차 사고는 줄어들었고, 경제는 더욱 안정되었다. 한 연구에 따르면, 개인과 조직 모두에서 과거 두 세기 동안 누적된 생산성 향상보다 지난 50년 동안의 생산성 향상이 더 높았다. 그 대부분이 자동화 덕분에 가능한 것이었다.[11]

그러나 장점만 있는 것은 아니었다. 자동화가 확대된 이후 주의 집중 범위가 축소되는 위험성이 증가한 것은 사실이다. 예일 대학교와 하버드 대학교, UCLA와 UC버클리, 미국 항공 우주국과 미국 국립 보건원 등이 실시한 연구에서 밝혀졌듯이, 우리가 자동화에 의존하는 경우와 의식적으로 집중해야 하는 경우를 교대로 반복할 때 실수를 범할 가능성이 커진다.[12] 항공기와 자동차처럼 작은 실수가 비극으로 발전할 수 있는 기계에 자동화 시스템이 적용되면 무척 위험하다는 것도 여러 연구에서 밝혀졌다.[13] 자동화 시대를 맞이 했기 때문에 집중력을 유지하는 방법이 그 어느 때보다 중요하게 되었다.[14]

보냉이 447편 항공기를 어쩔 수 없이 조종하게 되었을 때 어떤 생각이었을지 상상해 보자. 그가 하강해야 한다는 동료 조종사 의견에 동의한 후에도 항공기를 계속 위쪽으로 유도한 이유는 불분명하다. 멀리 보이는 먹구름 위로 올라가고 싶었던 것일까? 갑작스러운 충격에 놀라 무의식적으로 그렇게 반응했을 수도 있다. 실속이란 경고음이 울린 후에도 보냉이 조종간을 중립으로 되돌리지 않은 이유는 누구도 모르지만, 그가 '인지 통로화'로 알려진 현상에 사로잡혔다는 증거는 있다. 인지 통로화는 우리 뇌가 느긋한 자동화 상태에서 갑자기 정신을 집중해야 하는 상태로 변할 때 중요한 정보를 제대로 탐지하지 못하는 현상을 가리킨다.[15] 운전을 하고 있는데 갑자기 앞 차가 급브레이크를 밟는다든지, 어떤 과제의 마감 시간이 임박했다든지, 낯선 곳에서 길을 잃었다든지 하는 상황에서 자주 일어난다.

유타 대학교 인지 심리학자 데이비드 스트레이어에게 인지 통로화에 대한 설명을 들어 보자.

"우리 뇌의 주의 집중 범위는 넓게 확산되거나 한곳에 집중되는 스포트라이트에 비교할 수 있습니다."

주의 집중 범위는 우리 의도에 따라 달라진다. 우리는 보통 주의력을 한곳에 집중하거나 느슨하게 풀어 놓는다. 그런데 컴퓨터나 자동 항법 장치 같은 자동화 시스템이 집중력과 주의력을 대신하면, 뇌는 스포트라이트 밝기를 낮추고 아무 곳이나 편한 대로 비추게 한다. 이런 반응은 뇌가 에너지를 아끼려는 노력의 일환이다. 이렇게 긴장을 풀고 휴식을 취하는 능력 덕분에 우리는 커다란 이점을 누린다. 잠재의식적으로 스트레스를 관리하고, 자유로운 토론으로 창의적인 아이디어를 끌어내는 데도 도움을 받는다. 또한 주변을 끊임없이 감시할 필요가 없고, 중대한 인지 과제를 준비하는 데도 도움이 된다. 이처럼 우리 뇌는 접속을 끊고 휴식을 취할 기회를 자동적으로 찾아낸다.

스트레이어 박사가 설명을 이어 나갔다.

"하지만 일종의 응급 상황이 닥칠 경우, 예컨대 예상치 않은 메일을 받거나 회의 시간에 중요한 질문을 받으면 머릿속 스포트라이트가 순간적으로 불을 환히 밝혀야 합니다. 처음에는 불빛을 어디에 비추어야 하는지 모릅니다. 뇌는 본능적으로 바로 앞에 무엇이 있든 가장 확실한 자극체에 최대한 밝은 빛을 비추게 되지요. 물론 그것이 최선의 선택이 아닐 수도 있습니다. 이는 인지 통로화의 주된 영향 때문입니다."

인지 통로화가 일어나면 눈앞에 있는 것에 과도하게 집중하거나 당면한 과제에 몰두하게 된다. 어린아이가 서럽게 울면서도 핸드폰을 손에서 놓지 않는 현상, 우리가 인도를 걸을 때 다른 사람과 부닥치지 않으려고 방향을 바꾸는 현상, 운전자가 붉은 신호등을 보고 브레이크를 밟는 현상 등도 인지 통로화 영향 때문이다.[16] 인지 통로에 들어서면 집중력의 방향을 조절하는 능력을 상실한다. 일반적인 상식마저 무시하며 가장 쉬운 방향을 선택해 가장 확실한 자극에 반응하는 것이다.[17]

◆ ◆ ◆

피토관이 얼음으로 막히고 경고음이 울리자 보냉은 인지 통로화 현상에 빠졌다. 그의 집중력은 지난 4시간 동안 이완된 상태였다. 그런데 갑자기 불빛이 번쩍이고 경고음이 울리자 그의 주의력은 뭔가 집중할 곳을 찾아 나섰다. 가장 확실한 것은 눈앞의 영상 계기판이었다.

에어버스 A330 조종실은 미니멀리즘의 걸작이다. 계기와 조종에 관련된 장치의 숫자를 적정화하고 화면의 숫자도 줄임으로써 집중력을 방해하는 요인을 최소화하는 방향으로 설계된 공간이다.[18] 가장 눈에 띄는 화면은 각 조종사의 정면 시선과 일치하는 곳에 위치한 주 비행 상태 표시창이다. 이 화면에서 중앙선은 하늘과 지상의 경계를 가리키는데, 이 선을 가로지르는 굵은 선이 있다. 이 선의 맨 위에 항공기를 가리키는 작은

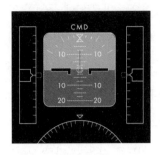

주 비행 상태 표시창

표지가 떠 있다. 항공기가 비행하는 동안 좌우로 흔들리면 이 표지가 비스듬하게 기울기 때문에 조종사는 날개가 지상과 평행하지 않다는 걸 알게 된다.

보냉이 경고음을 듣고 계기판으로 눈을 돌렸다면 당연히 주 비행 상태 표시창을 보았을 것이다. 그 화면에서 항공기를 가리키는 표지는 약간 오른쪽으로 기울어져 있었다. 정상적인 상황이었다면 그런 상태도 별 문제가 아니었을 것이다. 항공기는 비행하는 동안 약간씩 좌우로 흔들리며 쉽게 정상으로 복원된다. 하지만 자동 항법 장치가 꺼진 상황에서 갑자기 집중하라는 압력이 밀려오자 보냉 머릿속의 스포트라이트가 약간 옆으로 기울어진 표지를 환히 밝혔다. 블랙박스 기록에 따르면, 보냉은 그 표지의 날개를 화면의 중앙과 평평하게 맞추는 데 집중했다. 이처럼 좌우로의 요동을 교정하는 데 집중한 까닭에 그는 자신이 여전히 조종간을 뒤로 당기며 항공기 앞쪽을 들어 올리고 있다는 사실을 전혀 의식하지 못했다.

보냉이 조종간을 뒤쪽으로 잡아당긴 까닭에 항공기 앞쪽은 점점 더 높아졌다. 이때 또 하나의 인지 통로화 현상이 일어났다. 이번에는 동료 조종사의 머릿속이었다. 왼쪽에 앉아 있던 동료 조종사의 이름은 다비드 로베르였고 공식적인 지위는 계기 담당 조종사, 즉 부조종사였다. 그의 역할은 보냉을 보좌하며, 조종간을 잡은 주 조종사가 갈팡질팡할 때 조언하는 것이었다. 최악의 상황에서는 로베르가 항공기를 조종할 수도 있었다. 하지만 당시 경보음이 요란하게 울리자 로베르도 그런 상황에서 가장 자연스러운 반응을 보이며, 가장 확실한 자극에 집중했다. 그의 옆에 위치한 화면에 항공기가 새로운 정보를 기초로 새로운 지시를 문자 형태로 쏟아 내고 있었다. 로베르는 보냉에게서 눈을 떼고 화면에 나타나는 메시지를 보며 큰 소리로 읽어 댔다.

"평형을 회복해야 해! 고도를 낮추라고!"

화면에 집중한 까닭에 로베르는 보냉이 조종간을 뒤로 당기고 있는 걸 보지 못했다. 또 조종을 맡은 보냉이 하강해야 한다는 로베르의 조언에 동의하고서도 고도를 계속 높이고 있다는 점을 알아채지 못했다. 로베르가 다른 계기판들을 살펴보았다는 증거는 없었다. 그는 항공기 컴퓨터가 메시지를 자동으로 쏟아 내는 화면에서 눈을 떼지 못했다. 그 메시지의 지시를 따랐더라면 좋았겠지만, 보냉은 눈앞의 항공기 표지에 온 정신을 집중하고 있어서 동료 조종사가 무슨 말을 했더라도 귀에 들리지 않았을 것이다.

에어 프랑스 447편은 1만 670미터 상공까지 올라갔다. 최대 고도에 위험할 정도로 근접한 셈이었다. 당시 항공기 상승 각도는 12도였다.

로베르가 마침내 화면에서 눈을 떼고 계기판을 가리키며 소리쳤다.

"계기판에는 계속 올라가고 있어! 당장 고도를 낮춰!"

"알았어."

보냉이 대답했다.

보냉이 조종간을 앞쪽으로 밀어내자 항공기 앞쪽이 강제로 약간 내려 갔다. 조종사들에게 가해지는 중력이 3분의 1쯤 줄어들며 순간적으로 무 중력 상태가 느껴졌다. 로베르가 소리쳤다.

"천천히!"

경보음에 시달리고 무중력 상태를 경험한 데다 동료의 질책까지 쏟아 지자 보냉은 그에 따른 스트레스를 견디지 못하고 손을 뒤쪽으로 홱 잡 아당겼다. 그 바람에 항공기 하강이 중단되었고, 항공기는 여전히 위쪽 으로 6도가량 들린 상태였다. 이때 조종실 스피커에서 다시 커다란 경 보음이 울렸고, 몇 초 후 항공기가 흔들리기 시작했다. 이른바 '버피팅 (buffeting)' 현상이었다. 이는 심각한 공기 역학적 실속의 초기 단계에 난 기류가 날개들을 지나갈 때 일어나는 진동 현상을 뜻한다.

"그런데 지금 우리가 올라가고 있는 것 같은데?"

보냉이 말했다.

그 후 약 10초 동안 두 조종사는 아무 말이 없었다. 항공기는 최대 고 도인 1만 1430미터보다 위에 있었다. 공중에 떠 있기 위해서라도 447편 항공기는 하강해야 했다. 보냉이 항공기 앞부분을 낮추기만 했더라면 모 든 문제가 원만하게 해결되었을 것이다.

조종사들이 화면에 신경을 집중하고 있는 사이에 피토관을 막고 있던 얼음들이 녹았고, 컴퓨터가 다시 속도에 대한 정확한 정보를 받기 시작 했다. 그때부터 추락할 때까지 항공기의 모든 센서가 정확히 기능했다.[19] 컴퓨터는 정확한 지시를 토해 내며 조종사들에게 실속 현상을 해결하는 방법을 전달하기 시작했다. 계기판들도 항공기를 정상 상태로 되돌리는 데 필요한 모든 정보를 조종사들에게 보여 주었다. 하지만 조종사들은 어디에 눈길을 두어야 할지 몰랐다. 유익한 정보가 전해지고 있었지만 보냉과 로베르는 어디에 집중해야 할지 정신을 차리지 못했다.

실속을 경고하는 음이 다시 울렸다. 조종사들이 어떤 경우에도 무시하지 못하도록 날카롭고 높은 고음으로 설계되어 흔히 '귀뚜라미'라 불리는 경고음이 요란하게 울리기 시작했다.

로베르는 소리쳤다.

"빌어먹을!"

기장에게 이미 긴급 사항이라고 알렸지만 그는 나타나지 않았다. 로베르가 다시 보냉에게 말했다.

"기장은 대체 어디 있는 거야? 일단 가로 방향 조종간을 최대한 조금씩 조종해 봐."

"알았어. 이륙/복행(TO/GA) 스위치를 올려야겠지?"

보냉이 대답했다.

훗날 조사관이 내린 결론에 따르면, 이때 에어 프랑스 447편에 탑승한 228명의 목숨은 끝난 것이었다. TO/GA는 'Take off, Go around'의 약어로, 조종사가 착륙에 실패하고 활주로를 선회하며 재시도를 위해 방향을 잡을 때 사용하는 조절판이다. 항공기 앞쪽이 들려 있으면 TO/GA는 항공기 추진력을 최대한으로 높인다. 모든 비행사는 응급 상황에 대비해 TO/GA와 관련된 일련의 동작들을 수백 번씩 연습한다. 낮은 고도에서 TO/GA는 상당한 효과가 있다. 지구 표면에서 가까워 공기 밀도가 높다. 그래서 추진력을 높이고 앞부분을 들어 올리면 항공기가 더 빨리 더 높이 올라가기 때문에 조종사가 안전하게 착륙을 시도할 수 있다.

그러나 1만 1582미터 상공에서는 공기가 극히 희박해 TO/GA가 제대로 기능하지 못한다. 그 고도에서는 항공기가 추가적인 추진력을 끌어낼 수 없기 때문에 앞부분을 치켜들면 실속 현상이 더욱 악화될 뿐이다. 그 고도에서 올바른 선택은 앞부분을 낮추는 것뿐이다. 하지만 공황 상태에 빠진 보냉은 또다시 실수를 저질렀다. 인지 통로화의 사촌이라 할 수 있는 정신적 혼란 때문에 보냉은 머릿속 스포트라이트를 익숙한 것에 비추려고 애썼다. 응급 상황에 대비해 끊임없이 반복해서 훈련했던 일련의 동작들로 반응했다. 심리학자들이 '반응적 사고'라 일컫는 현상에 빠져든 것이다.[20]

반응적 사고는 우리가 주의력을 할당하는 과정에 반드시 필요한 조건이다. 많은 경우에 반응적 사고는 엄청나게 중요한 자산이다. 운동선수들은 어떤 동작을 반복해 훈련한다. 그래서 경기 중에 특정한 상황이 되면 생각하지 않고 반응적으로 행동하며 상대보다 더 신속하게 움직일 수 있다. 반응적 사고는 우리가 습관을 길들이는 방법이기도 하다. 할 일을 정리한 목록과 알림 신호는 무척 도움이 된다. 반응적 본능을 이용하면 매번 다음 할 일을 결정하는 수고를 하지 않고도 자동적으로 다음 일을 진행할 수 있기 때문이다. 어떤 의미에서 반응적 사고는 동기를 부여하는 선택권과 통제권을 외부에 맡기는 것이다.

그러나 습관과 반응이 거의 무의식적인 수준까지 발전하면 판단력을 압도하게 된다는 것이 반응적 사고의 단점이다. 동기 부여가 외부에 주어지면 우리는 그저 반응할 뿐이다. 인지 심리학자 데이비드 스트레이어는 2009년 시행한 연구에서, 운전자가 도로 상황에 덜 집중해도 되도록 정속 주행 장치와 자동 브레이크 시스템을 자동차에 갖추면 운전자 행동이 어떻게 달라지는지 살펴보았다.[21] 스트레이어는 이런 장치들이 오히려 더 위험할 수 있다고 경고했다.

'이런 기술은 원래 운전의 안전도를 높이기 위한 것들이어서, 실제로 안전도가 상당히 향상된 것은 사실이다. 하지만 이런 기계 장치들 덕분에 반응적 사고도 쉬워졌다. 자동차가 미끄러지거나 돌발적인 상황에서 갑자기 브레이크를 밟아야 할 때 몸에 밴 대로 습관적으로 반응하며 브레이크 페달을 밟거나 핸들을 꺾는다. 머리로 생각하지 않고 몸으로 반응하는 것이다. 그 반응이 적절한 것이 아닌 경우 당연히 고약한 결과가 빚어진다.'

◆ ◆ ◆

경고음이 울리고 '귀뚜라미'가 쨱쨱거릴 뿐 조종실의 두 조종사는 깊은 침묵에 빠졌다. 부조종사 역할을 하던 로베르는 자기만의 생각에 빠졌는지 "TO/GA 스위치를 올려야겠지?"라는 보냉의 중요한 질문에 대답하지 않았다. 하지만 여전히 휴식을 취하고 있던 기장을 부르려고 다시 시도했다. 보냉이 숨을 가다듬으며, 공기가 희박한 높은 지역에 있고, 실속 경고음이 계속 울렸으며, 항공기가 더는 상승할 수 없다는 점 등 기본적 사실들을 점검했더라면, 항공기 앞부분을 낮추어야 한다는 걸 즉시 깨달았을 것이다. 하지만 보냉은 수백 번씩 반복해 연습한 행동에 의지하며 조종간을 뒤로 잡아당겼다. 항공기 앞부분 각도가 18도로 올라갔고, 그때 보냉이 조절판을 열었다. 당연히 항공기는 더 높이 올라갔고, 결국 최대 고도까지 올라간 후 추락하기 시작했지만 앞부분은 여전히 위를 향한 상태였고, 엔진 출력도 최대였다. 버피팅이 더욱 뚜렷해지며 조종실이 흔들리기 시작했고, 항공기는 급속히 추락하고 있었다. 로베르가 다급한 목소리로 물었다.

"어떻게 된 거야? 대체 어떻게 된 거야?"

"비행기가 조종이 안 돼! 전혀 조종할 수가 없어!"

보냉이 절규하듯 소리쳤다.

객실의 승객들은 무엇이 잘못되고 있는지 전혀 알지 못했다. 조종실을 가득 메우는 경고음이 그들에게는 들리지 않았다. 버피팅도 일반적인 난기류 정도로 생각한 듯하다. 조종사들이 당시 상황에 대해 전혀 알려 주지 않았으니까.[22]

마침내 기장이 조종실로 들어왔다.

"지금 뭣들 하고 있는 거야?"

"대체 왜 이러는지 모르겠습니다."

"비행기가 조종이 전혀 되지 않습니다!"

로베르와 보냉이 거의 동시에 소리쳤다.

"그렇습니다. 비행기가 전혀 조종되지 않습니다. 전혀 이해가 되지 않습니다. 온갖 시도를 다 해 보았습니다."

로베르가 덧붙여 말했다.

당시 에어 프랑스 447편은 분당 3048미터의 속도로 추락하고 있었다.[23] 기장은 두 조종사 뒤에 선 채 계기판에서 뭔가를 보았는지 욕설을 내뱉고는 41초 동안 아무 말도 하지 않았다.

보냉이 두려움에 사로잡힌 목소리로 말했다.

"이상합니다. 제대로 작동하는 계기판이 하나도 없습니다."

실제로는 그렇지 않았다. 계기판 화면에 표시된 숫자와 영상은 정확한 정보를 전달했고 뚜렷이 보였다. 그러나 보냉은 두려움에 사로잡혀 어떤 것에도 집중하지 못했다.

"지금 우리는 미친 듯이 빨리 비행하고 있는 것 같습니다."

보냉은 이렇게 말했지만, 사실 당시 항공기는 무척 느리게 움직이고 있었다.

"기장님은 어떻게 생각하십니까?"

보냉은 이렇게 묻고는 속도를 떨어뜨리려는 듯 스피드 브레이크를 올리는 레버로 손을 뻗었다.

"안 돼! 브레이크를 올리면 안 돼!"

로베르가 소리쳤다.

"알았어."

보냉이 대답했다.

로베르가 기장에게 물었다.

"어떻게 해야 합니까? 해결 방법이 없겠습니까?"

기장이 대답했다.

"나도 모르겠네. 비행기가 추락하고 있어."

그 후 35초 동안 조종사들은 질문을 쏟아 내며 해결책을 모색했고, 항공기는 다시 2743미터가량 떨어졌다.

"지금 추락하고 있는 거지요?"

보냉이 물었다. 그의 앞에 위치한 계기판에서 그 질문에 대한 대답을 쉽게 구할 수 있었다.

"그래. 계속 추락하고 있어."

로베르가 말했다.

"기수를 좀 올려야겠어."

보냉이 말했다.

"안 돼, 멈춰!"

기장이 소리쳤다.

"기수를 올리지 마!"

항공기 아래 3048미터도 안 되는 곳에 대서양이 있었다.

"나한테 조종을 넘겨! 조종간을 나한테 넘기라니까!"

로베르가 소리쳤다.

보냉이 마침내 조종간에서 손을 떼며 말했다.

"그렇게 해. 네가 조종해. 아직 TO/GA 상태에 있는 건가?"

로베르가 조종간을 넘겨받았을 때 항공기는 대서양으로부터 1829미터 위에 있었다.

"조심해! 앞머리가 올라가고 있어."

기장이 말했다.

"기수를 올리고 있다고요?"

로베르가 되물었다.

"그래, 기수가 올라가고 있어"

기장이 말했다.

"기수를 올려야 합니다! 지금 겨우 1219미터 상공입니다!"

당시 447편이 충분한 속도를 되찾을 수 있는 유일한 방법은 앞머리를 급격히 낮추어 더 많은 기류가 날개 위를 흐르도록 하는 것이었다. 그러나 항공기와 수면 사이의 거리가 너무 짧았던 까닭에 그런 극적인 묘기를 부릴 여지가 없었다.

지면 접근 경보 장치가 요란하게 울리기 시작했다.

"추락하고 있음! 기수를 올려라!"

조종실은 이런 기계음으로 꽉 채워졌다.

"기수를 올려!"

기장이 로베르에게 말했다.

"알겠습니다. 기수를 올려! 기수를 올려!"

보냉이 외쳤다.

조종사들은 한동안 아무 말도 하지 않았다.

"이럴 수가! 말도 안 돼!"

보냉이 말했다.

조종실 유리창으로 바다가 한눈에 들어왔다. 조종사들이 목을 길게 뽑았더라면 넘실거리는 파도를 보았을 것이다.

"이게 뭐야?"

보냉이 물었다.

그리고 2초 후 에어 프랑스 447편은 바다에 가라앉았다.

2. 심성 모형 : 놀라운 집중력을 가진 사람들은 무엇이 다른가?

1980년대 말, 클라인 어소시에이츠라는 컨설팅 회사의 심리학자들은 어수선한 환경에서도 침착성과 집중력을 유지하는 사람이 있는 반면, 당혹감에 휩싸여 갈팡질팡하는 사람이 있는 이유를 연구하기 시작했다. 클라인 어소시에이츠의 주된 업무는 기업들이 어떻게 의사 결정을 내려야 하는지 조언하는 것이었다. 대부분의 기업이, 일부 직원은 시간과 스트레스의 압력을 받으면서도 훌륭한 결정을 내리지만 많은 직원이 집중하지 못하고 산만해지는 이유를 알고 싶어 했다. 훈련을 통해 올바른 것에 집중하는 능력을 향상시킬 수 있는지도 궁금해했다.

클라인 어소시에이츠는 극단적인 상황에서 일하는 전문가들, 소방관과 군 지휘관 및 응급 구조원을 인터뷰하는 것으로 연구를 시작했다. 하지만 인터뷰에서 얻은 자료는 별 쓸모가 없었다. 소방관들은 불타는 계단을 보면 그 계단이 자신의 체중을 견딜 수 있을지 즉각 판단할 수 있고 건물의 어느 부분을 지속적으로 관찰하고 경고 신호에 어떻게 대응해야 하는지 잘 알고 있었지만, 어떻게 그렇게 해낼 수 있는지는 제대로 설명하지 못했다. 또 군인들은 전쟁터에서 적들이 잠복할 만한 곳을 어렵지 않게 찾아내고 매복의 징후를 찾으려면 어디에 집중해야 하는지 거침없이 설명하지만, 그렇게 결정하는 이유에 대해 질문하면 '직관'이란 단어를 언급할 뿐이었다.

연구 팀은 다른 곳으로 눈길을 돌렸다. 베스 크랜들이란 연구원이 데이턴 인근의 신생아 집중 치료실을 방문했다.[24] 중환자 집중 치료실이 그렇듯이, 신생아 집중 치료실도 끊임없이 삐삐거리는 의료 기계와 걸핏하면 날카롭게 울리는 경고음 때문에 혼란스럽기 그지없는 공간이지만 그런 혼란이 당연한 곳이기도 하다. 신생아 집중 치료실 아기들은 주로 완전한 건강을 되찾아가는 과정에 있다. 정상보다 일찍 태어난 아기, 출산 과정에서 약간의 상처를 입었지만 심각하지 않은 상태의 아기들이다. 물론 상태가 좋지 않아 지속적인 관찰이 필요한 아기들도 있다.

하지만 신생아 집중 치료실 간호사들을 특히 힘들게 하는 것은 어느 아기가 아프고 어느 아기가 건강한지 판단하기가 쉽지 않다는 점이다. 겉으로는 멀쩡해 보이는 조산아가 느닷없이 심각해지고, 시름시름 앓던 아기가 예상 외로 빨리 회복되기도 한다. 간호사들은 어디에 주의를 기울야야 하는지 끊임없이 선택해야 한다. 악을 쓰며 우는 아기에게서 눈을 떼지 않아야 할까, 아니면 조용히 잠자는 아기에게 신경을 곤두세워야 할까? 새로운 검사 결과를 믿어야 할까, 불길한 징조를 말하며 걱정하는 부모의 말에 더 무게를 두어야 할까? 더구나 심장 감시 장치와 자동 온도계, 혈압계와 산소 포화도 측정기 등 어떤 변화가 일어날 때마다 곧바로 경보음을 울리는 의료 기기들로부터 끊임없이 전달되는 정보의 바다에서 그런 선택을 해야 한다. 이런 의료 기술 혁신 덕분에 환자가 안전해지고, 소수의 간호사가 많은 신생아를 돌볼 수 있어 신생아 집중 치료실 생산성이 눈에 띄게 향상되었다. 그러나 신생아 집중 치료실이 한층 복잡해진 것도 부인할 수 없는 사실이다. 크랜들은 간호사들이 어떤 아기에게 더 주의해야 하는지를 어떻게 결정하고 더 중요한 현상에 집중하는 능력이 상대적으로 뛰어난 간호사는 어떤 면에서 다른지 알아내고 싶었다.

크랜들은 응급 상황을 맞아서도 침착성을 잃지 않는 간호사들과, 반대로 정신줄을 놓는 지경에까지 이르는 간호사들을 인터뷰했다. 하지만 아기가 언제 심각한 지경에 빠지는지 알아내는 데 탁월한 재능을 지닌 듯한 소수의 간호사들이 가장 흥미로운 인터뷰 대상이었다. 그들은 거의 모든 간호사가 간과하는 작은 징후를 근거로 아기의 향후 상태를 정확히 예측했다. 그들이 문제를 파악하기 위해 주목하는 단서들은 감지하기가 매우 힘들어, 그들 자신도 당시 무엇 때문에 그렇게 행동했는지 기억하지 못하는 경우가 적지 않았다. 크랜들이 나에게 말했다.

"그들은 남들이 보지 못하는 걸 보는 듯하고, 다른 식으로 생각하는 듯했습니다."

크랜들이 초기에 인터뷰한 간호사 중에는 달린이란 무척 유능한 간호사가 있었다. 달린은 크랜들에게 몇 년 전의 한 사례를 이야기해 주었다. 그날 달린은 한 인큐베이터 옆을 지나가며 안쪽의 아기를 힐끗 쳐다보았다. 아기와 연결된 모든 의료 기기는 아기의 활력 징후가 정상 범위에 있다는 걸 보여 주었다. 당시 신생아 집중 치료실에는 또 다른 간호사가 있었다. 그 간호사는 아기를 면밀하게 살폈지만 걱정할 만한 징후가 없다고 판단했다. 하지만 달린은 뭔가 이상하다는 느낌을 지울 수 없었다. 아기의 피부가 균일하게 분홍빛을 띠지 않고 약간 얼룩얼룩했고, 복부도 약간 불룩해 보였다. 얼마 전에 피를 뽑은 뒤꿈치의 바늘 자국을 덮은 반창고 위로도 진홍색 얼룩점이 보였다.

그런 현상이 특별히 이상하거나 걱정할 만한 것은 아니었다. 그 아기를 관찰한 간호사는 달린에게 아기가 잘 먹고 잠도 잘 잔다고 말했다. 심장 박동도 지극히 정상이었다. 개별적으로는 무시할 만한 현상이었지만 그 작은 현상들이 한꺼번에 일어났다는 사실에 달린은 좀처럼 안심할 수 없었다. 달린은 인큐베이터를 열고 아기를 면밀하게 살폈다. 아기는 의식이 있고 깨어 있었다. 달린이 건드리자 얼굴을 살짝 찡그렸지만 울지는 않았다. 명확한 증거는 없었지만, 달린이 보기에 그 아기는 정상이 아니었다.

달린은 담당 의사를 찾아가 아기에게 항생 물질 치료를 시작해야 한다고 말했다. 담당 의사는 달린의 직관적 판단을 받아들여 항생제 치료를 처방하고 일련의 검사를 실시했다. 놀랍게도 검사 결과에 따르면, 아기는 패혈증 초기 단계에 있었다. 패혈증은 감염으로 인해 전신에 염증을 일으키는 치명적인 질병인 데다 증상이 급속히 진행되기 때문에 그들이 조금만 더 지체했더라면 그 갓난아기는 사망하고 말았을 것이다. 다행히 일찍 치료를 시작해 아기는 완전히 회복되었다.

크랜들은 두 간호사의 차이를 다음과 같이 설명했다.

"달린과 또 한 간호사는 똑같은 징후를 보았지만, 그 똑같은 정보에서 달린만이 문제를 발견했다는 사실이 흥미롭게 느껴졌어요. 다른 간호사에게 얼룩진 피부와 피가 묻은 반창고는 경보를 울려야 할 정도로 심각한 징후는 아니었습니다. 하지만 달린은 모든 것을 종합했고 그림 전체를 보았지요."[25]

그 아기가 아프다는 걸 어떻게 알았는지 설명해 달라는 크랜들의 요구에 달린은 '육감'이었다고 대답했다. 하지만 크랜들이 더 집요하게 파고들며 깊고 넓게 질문하자, 또 하나의 해답이 드러났다. 달린은 건강한 아기라면 어떤 모습이어야 한다는 그림을 마음속에 항상 품고 있었다고 대답했다. 그런데 인큐베이터의 그 아기는 그 모습에 맞아떨어지지 않았다. 달린의 머릿속에 자리한 스포트라이트가 아기의 피부, 뒤꿈치의 핏자국, 불룩한 복부로 향했다. 스포트라이트 불빛이 지극히 사소한 부분들에 집중되며 달린의 경각심을 불러일으켰다. 한편 다른 간호사는 신생아 집중 치료실의 아기들에게 기대하는 뚜렷한 그림이 머릿속에 없었다. 그렇기 때문에 그의 스포트라이트는 가장 명확한 부분들에 집중되었다. 아기가 잘 먹고 울지 않으며 심장 박동이 정상이란 점 등 쉽게 관찰해 얻을 수 있는 정보에만 주의를 기울인 것이다.

이처럼 주의력을 관리하는 데 특별히 뛰어난 능력을 보이는 달린과 같은 사람들에게는 공통된 특징이 있다. 첫째는 어떤 대상으로부터 기대하는 모습을 머릿속에 그리는 능력이다. 또 그들은 어떤 변화가 있으면 그 것에 대해 머릿속으로 이야기를 꾸미고 자신의 경험을 머릿속에 담아 둔다. 그래서 질문에 답할 때도 단답형보다는 일화를 바탕으로 대답하는 경향을 띤다. 또 그들은 곧잘 공상에 잠기고는 미래에 있을 법한 대화를 상상해 본 것이라 말하며, 일과를 평범한 사람들보다 한층 구체적으로 시각화하는 능력을 지녔다.

심리학자들은 이런 유형의 특유한 예측 능력을 '심성 모형 만들기'라고 일컫는다.[26] 심성 모형은 앞으로 일어날 상황을 마음속으로 미리 그려 보는 것을 말한다. 마음속으로 모형을 만들어 보는 것이다. '심성 모형을 어떻게 만들어 가는가?'라는 의문을 풀려는 연구가 요즘 인지 심리학에서 가장 중요한 과제 중 하나가 되었다. 정도의 차이는 있지만 우리는 모두 심성 모형에 의존한다. 직접적으로 의식하든 그렇지 않든 우리는 세상이 어떻게 작동되는지에 대한 이야기를 어떤 식으로든 우리 자신에게 들려준다.

그러나 남들보다 강력한 심성 모형을 만드는 사람들이 있다. 잠시 나눌 대화를 구체적으로 상상하고 오후에 할 일을 머릿속에 그리면, 어디에 집중하고 무엇을 무시해야 할지 결정하는 데 한층 유리할 수 있다. 달린 같은 사람들은 항상 자신에게 뭔가를 이야기하는 습관이 있고, 끊임없이 예측하려 한다. 또 미래를 상상하며, 현실의 삶이 상상과 충돌하면 주의력이 한층 날카로워진다. 달린이 아기의 심각한 증세를 알아챈 이유가 여기에서 설명된다. 달린은 집중 치료실 아기들이 어떤 모습이어야 하는지 상상하는 습관이 있었다. 그 아기에게 눈길을 던졌을 때 피 묻은 반창고와 불룩하게 팽창한 복부 및 얼룩얼룩한 피부는 그녀가 머릿속에 그린 모습과 일치하지 않았다. 그녀 머릿속의 스포트라이트가 그 아기의 침대로 집중되었다.[27]

머릿속 스포트라이트가 아주 짧은 순간에 어두운 곳에서 밝은 곳으로 옮겨 갈 때 인지 통로화와 반응적 사고가 일어난다. 그러나 우리가 끊임 없이 자신에게 어떤 기준을 이야기하며 머릿속으로 그 기준에 해당되는 모습을 상상하면 그 빛이 결코 완전히 사그라들지 않고 항상 머릿속에서 펄쩍펄쩍 뛰어다닌다. 이에 관련된 훈련을 한다면, 그 빛이 현실 세계로 뛰쳐나와 활활 타오르더라도 그 강렬한 빛에 우리 눈이 멀지는 않을 것 이다.

• • •

에어 프랑스 447편 조종실의 음성 녹음을 분석하기 시작한 후에야 사 고 조사관들은 두 조종사 중 누구도 강력한 심성 모형을 지니지 못했다 는 증거를 찾아냈다.

첫 번째 실속 경고음이 울렸을 때 부조종사 다비드 로베르는 "어떻게 된 거야?"라고 물었다.

그때 보냉은 "속도계…… 속도계가 이상해. …… 그런데 지금 우리가 올라가고 있는 것 같은데?"라고 대답했다.

항공기의 위기 상황이 더욱 악화되고 있는데도 두 조종사는 계속 질문 을 주고받을 뿐이었다. 새로운 정보가 주어져도 그 정도를 처리하는 데 필요한 심성 모형을 지니고 있지 못했기 때문이다. 그들은 새로운 정보를 받을 때마다 더 큰 곤경에 빠져들었다. 여기서 보냉이 인지 통로화에 쉽게 빠진 이유가 설명된다. 보냉은 항공기가 비행할 때의 정상적인 모습이 머릿속에 없었다. 따라서 예기치 못한 사건이 닥쳤을 때 어디에 집중해야 할지를 몰랐다. 그래서 속도가 줄어들고 추락하기 시작했을 때도 보냉은 "지금 우리는 미친 듯이 빨리 비행하고 있는 것 같습니다. 기장님은 어떻게 생각하십니까?"라고 물었던 것이다.

보냉이 마침내 어떤 심성 모형을 찾아내고 "TO/GA 스위치를 올려야겠지?"라고 묻지만, 그 모형에 의문을 제기해야 한다는 사실은 철저하게 외면했다. 항공기가 바다에 추락하기 2분 전까지도 보냉은 "내가 고도를 올리고 있거든. 그래서 비행기가 추락하고 있는 거야"라고 말하며 자신의 말이 모순된다는 것도 의식하지 못했다. 게다가 보냉은 "알았어. TO/GA 상태에 있어. 그런데 어째서 비행기가 계속 추락하고 있는 거지?"라고도 말했다.

에어 프랑스 447편이 대서양을 때리기 몇 초 전에도 보냉은 "이럴 수가! 말도 안 돼!"라고 말했다. 항공기가 파도를 향해 돌진할 때도 보냉이 유용한 심성 모형을 여전히 찾고 있었다는 걸 고려하면 그가 마지막으로 남긴 말이 충분히 이해된다.

"이게 뭐야?"

물론 이런 문제는 에어 프랑스 447편 조종사들에게만 국한된 것은 아니다. 이런 사고는 언제 어디에서나 일어난다. 우리가 스마트폰을 만지작거리며 여러 작업을 동시에 처리하는 사무실에서는 물론이고 고속 도로에서도 흔히 일어난다. 에어 프랑스 447편을 비롯해 많은 유사한 사고를 연구한 미국 항공 우주국의 심리학자 스티븐 캐스너는 이 사건을 다음과 같이 진단했다.

"이처럼 상황이 엉망으로 뒤죽박죽된 것은 전적으로 우리 잘못입니다. 처음 시작할 때는 창의적이고 융통성 있으며 문제 해결 능력을 지닌 인간이 주역이었고, 벙어리와 다름없는 컴퓨터는 기억하고 반복하는 일을 무난하게 해냈기 때문에 검색과 관찰에 관련된 역할을 맡았습니다. 그런데 벙어리 컴퓨터가 항공기에 장착된 후 소설을 창작하고 과학적 이론을 제시하고 제트기를 조종하던 인간이 화분에 심은 식물처럼 컴퓨터 앞에 앉아 깜빡이는 불빛을 지켜보는 신세로 전락하고 말았지요. 그 후 집중하는 법을 터득하기가 어려워졌고, 지금은 훨씬 더 어렵습니다."[28]

3. MIT 연구 팀이 찾아 낸 슈퍼히어로급 인재들의 공통점

베스 크랜들이 신생아 집중 치료실 간호사들을 인터뷰하고 10년쯤 지났을 무렵 매사추세츠 공과 대학교 두 경제학자와 한 사회학자가 생산적인 사람들은 어떻게 심성 모형을 구축하는지에 대해 연구해 보기로 마음먹었다.[29] 이 연구를 위해 그들은 한 중견 인력 회사의 협조를 얻어 손익 자료와 직원들의 업무 일지 및 경영진이 이전 10개월 동안 보낸 12만 5000통의 메일 메시지를 분석했다.

연구자들은 자료를 샅샅이 훑기 시작했다. 오랜 시간이 지나지 않아 그들은 그 회사의 슈퍼스타들, 즉 상대적으로 생산성이 뛰어난 직원들에게서 상당수의 공통점을 찾아낼 수 있었다. 첫째는 그들이 동시에 다섯 가지 이상의 프로젝트를 진행하지 않는다는 것이었다. 그 정도는 정상적인 업무량이지 결코 과도한 업무량은 아니었다. 심지어 한번에 10~12개의 프로젝트를 진행하는 직원들도 있었지만, 생산성에서 그들은 슈퍼스타들에 비해 낮았다. 슈퍼스타들은 무엇보다 시간을 용의주도하게 분배했기 때문이다.

경제학자들은 슈퍼스타들이 예전의 업무와 유사한 과제를 구하려 할 것이기 때문에 성격이 상대적으로 까다로울 것이라 생각했다. 동일한 유형의 업무를 반복하면 생산성이 향상된다는 게 사회적 통념이다. 동일한 업무를 반복하면 새로운 과제에 필요한 새로운 능력을 개발할 필요가 없기 때문에 더 신속하고 효율적으로 해낼 수 있을 것이란 생각이 합리적이기는 하다. 그러나 경제학자들이 면밀히 분석한 결과에 따르면 정반대였다. 슈퍼스타들은 기존의 기량을 활용할 수 있는 과제를 선택하지 않았다![30] 오히려 그들은 새로운 동료를 구해야 하고 새로운 역량이 요구되는 프로젝트를 선호했다. 이런 이유에서 그들은 한 번에 다섯 가지 프로젝트에 집중했던 것이다. 새로운 사람을 만나고 새로운 역량을 개발하려면 추가로 많은 시간을 투자해야 했기 때문이다.

슈퍼스타들이 초기 단계에 있는 업무를 유난히 좋아하는 것도 흥미로운 공통점이었다. 태동 단계에 있는 프로젝트에 도전하려면 위험을 감수해야 하기 때문에 약간은 놀라운 선택이었다. 새로운 아이디어는 원만하고 치밀하게 집행되더라도 실패할 가능성이 높지 않은가. 가장 안전한 길은 현재 무리 없이 진행되는 프로젝트를 선택하는 것이다.

하지만 어떤 프로젝트든 초기에는 정보를 얻는 것이 많다. 슈퍼스타들은 신규 프로젝트에 참여함으로써 다른 경우에는 받지 못할 메일을 참조로 받아 보았다. 그 덕분에 어떤 중견 간부가 똑똑한지 알게 되었고, 젊은 직원들에게서 번뜩이는 아이디어를 얻었으며, 경쟁자들보다 먼저 신흥 시장을 접촉하고 디지털 경제를 경험할 수 있었다.

무엇보다 어떤 혁신적 개념이 성공작으로 평가받는 순간, 슈퍼스타들은 그 혁신적 개념이 잉태되던 순간을 함께했다는 이유만으로, 특허 분쟁을 벌이지 않고도 그 혁신에 대한 소유권을 주장할 수 있었다.[31]

끝으로 언급할 만한 슈퍼스타들의 공통점은 틱 장애에 가까운 특이한 행동이었다. 그들은 유난히 이론 만드는 걸 좋아했다. 어떤 설명이 성공하거나 실패하는 이유, 어떤 고객은 즐거워하고 어떤 고객은 투덜대는 이유, 경영 방식이 직원들에게 어떤 영향을 미치는지 등 온갖 주제에 대한 수많은 이론을 만들어 냈다. 또 슈퍼스타들은 자신들이 살아가는 방식으로 세상을 자신에게나 동료들에게 어떻게든 설명하려 애썼다.

슈퍼스타들은 자신들이 보고 들은 것을 그럴듯한 이야기로 꾸며 끊임없이 남들에게 전달했다. 그들은 심성 모형을 만들어 내는 성향이 강했으며, 회의 시간에는 많은 아이디어를 제시했다. 또 동료들에게 자신들이 앞으로 대화를 어떤 식으로 풀어 가야 좋을지 조언해 달라고 부탁하고, 광고를 구상하는 데 도움을 달라고 부탁하는 데도 거리낌이 없었다. 그들은 새로운 상품이 될 만한 개념을 곧잘 떠올렸고 그런 상품을 판매할 방법을 머릿속에 그리기도 했다. 과거의 대화에 관련된 일화들을 자주 화제에 올렸고, 약간은 억지스러운 확장 계획을 꿈꾸었다. 한마디로 그들은 심성 모형을 거의 끊임없이 만들고 있었다.

MIT 연구 팀 일원이던 마셜 반 앨스틴은 슈퍼스타들의 특징을 다음과 같이 정리한다.

"이런 유형에 속하는 사람들 중 다수가 자신이 방금 본 것에 대해 설명하고 또 설명하려 합니다. 그들은 당신과 방금 나눈 대화도 재구성하며 조금씩 분석하려 하지요. 그렇게 분석을 끝내면 당신에게 자신의 해석에 대해 반박해 보라고 요구합니다. 이런 식으로 그들은 정보가 어떻게 맞아떨어지는지 알아내려 합니다."

MIT 연구 팀의 계산에 따르면, 새로운 정보가 풍부하게 담긴 메일을 초기에 참조로 받고 심성 모형을 다듬어 감으로써 슈퍼스타들은 연간 평균 1만 달러(1200만 원)를 더 벌었다. 슈퍼스타들은 한 번에 5개의 프로젝트만을 진행했지만, 동료들보다 생산적인 방향으로 생각하는 습관 덕분에 훨씬 뛰어난 성과를 올렸다.

MIT 연구 팀은 많은 다른 연구에서도 유사한 결과를 찾아냈다. 주의력을 적절하게 관리하는 방법을 알고 강력한 심성 모형을 습관적으로 구축하는 사람이 평균적으로 더 많은 돈을 벌고 더 나은 성과를 거두었다. 심성 모형을 습관적으로 구축하는 방법은 누구나 배울 수 있다는 게 여러 실험에서 밝혀졌다. 우리는 주변에서 일어나는 사건에 대한 이야기를 꾸미는 습관을 개발함으로써 주의력을 집중해야 할 곳을 정확히 결정하는 방법을 배워 간다. 이처럼 이야기를 꾸미는 순간은 출근하는 동안 아침 회의를 머릿속에 그리는 것(회의가 어떻게 시작될 것이고, 상관이 전반적인 의견을 제시하라고 요구하면 어떤 문제점을 제기할 것이고, 동료들이 어떤 식으로 반박할 것인지 상상해 보려는 노력)만큼이나 사소할 수도 있지만, 간호사가 신생아 집중 치료실을 둘러볼 때 신생아는 어떤 모습이어야 한다고 자기만의 이야기를 꾸미는 시도만큼이나 거창할 수도 있다.

이제부터라도 당신의 일에서 지극히 사소한 것도 놓치고 싶지 않다면, 당신이 책상에 앉아 수행하려는 일을 가능한 한 구체적으로 상상하는 습관을 길러라. 그럼 당신이 머릿속에 그린 이야기와 현실의 작은 차이를 찾아내기가 쉬워진다. 예를 들어 설명해 보자. 당신이 아이들 말을 더 충실하게 경청하고 싶다면 식사를 함께하며 아이들이 했던 말로 이야기를 꾸며 보라. 당신이 지금 살고 있는 삶을 이야기로 꾸민다면 삶에서 겪은 경험들을 당신의 머릿속에 더 깊이 새겨 넣을 수 있을 것이다. 또 집중력을 향상하는 동시에 주의 산만증을 이겨 내는 법을 배우고 싶다면, 당신이 곧 시작하려는 일을 가능한 한 상세하게 시각화하는 시간, 즉 마음속에 그리는 시간을 가져 보라. 당신 머릿속에 잘 다듬어진 대본이 있다면 눈앞에 무엇이 있는지 더 쉽게 파악할 수 있기 때문이다.

어떤 유형의 환경에서나 이야기를 꾸미는 재능이 중요하다고 말하는 기업이 많다. 당신이 누구를 채용해야 하는지 결정해야 할 때도 그렇지만, 거꾸로 당신이 일자리에 지원할 때도 이런 재능은 중요한 역할을 한다. 이야기로 꾸며 말할 줄 아는 지원자는 어떤 기업에서든 환영받는다. 비디오 게임계의 거인인 일렉트로닉 아츠의 부사장 앤디 빌링스도 나에게 이렇게 말했다.

"우리는 자신의 경험을 이야기로 묘사하는 사람을 찾습니다. 점들을 연결해 세상이 보이지 않는 곳에서 어떻게 작동하는지 이해하는 재능을 타고난 사람이 있다는 말이 있지 않습니까. 그런 사람이라면 어떤 기업에서든 대환영일 겁니다."

4. 모든 엔진이 산산조각 난 콴타스 항공 32편의 위기

에어 프랑스 447편이 바다에 추락하고 1년이 지난 후 이번에는 콴타스 항공 소속의 에어버스가 싱가포르 공항 활주로로 이동해 이륙 허가를 받은 다음 아침 하늘로 올라가 시드니를 향한 8시간의 비행을 시작했다.[32]

그날 시드니로 향한 콴타스 항공 소속 항공기에는 1년 전 바다로 추락한 에어 프랑스 항공기와 똑같은 자동 항법 장치가 설치되어 있었다. 하지만 조종사들은 완전히 달랐다. 리처드 챔피언 드 크레스피니 기장은 콴타스 항공 32편에 탑승하기 전 승무원들에게 심성 모형을 주입하며, 위급한 상황이 닥치면 그 심성 모형을 사용하기를 바랐다.

드 크레스피니 기장은 페어몬트 호텔에서 싱가포르 창이 국제공항으로 가는 길에 부조종사들에게 물었다.

"문제가 발생하면 우리가 가장 먼저 해야 할 일을 머릿속에 그려 보게. 엔진이 고장 나면 가장 먼저 어디를 살펴봐야 하겠나?"

부조종사들은 어디에 눈을 두어야 할지를 차례로 대답했다. 드 크레스피니는 비행을 하기 전 이런 대화를 기계적으로 반복했고, 그와 함께하는 부조종사들은 그런 대화를 갖는 이유를 이해했다. 드 크레스피니는 부조종사들에게 응급 상황에 어떤 화면을 보아야 하고, 경보음이 울리면 손을 어디에 두어야 하며, 머리를 왼쪽으로 돌려야 하는지 아니면 정면을 보아야 하는지도 물었다. 순수한 크로커다일 던디와 단호한 패튼 장군을 뒤섞어 놓은 듯한 무뚝뚝한 오스트레일리아 인 드 크레스피니는 나에게 조종사가 하는 일을 이렇게 설명했다.

"현대 항공기는 약 25만 개의 센서와 컴퓨터로 이루어진 탓에 때로는 불필요한 정보와 반드시 필요한 정보를 구분하지 못합니다. 이런 이유에서 인간인 조종사가 필요하지요. 계기판에 나타난 표식대로만 움직이는 것이 아니라, 어떤 일이 닥쳤고 앞으로 닥칠 것인지 생각해 내는 게 우리

임무입니다."

승무원의 시각화 훈련을 끝낸 후 그는 몇 가지 규칙을 전달했다.

"내 결정에 이의가 있거나 내가 뭔가를 놓쳤다는 생각이 들면 지체 없이 말해 주게. 그게 자네들의 의무니까."

드 크레스피니는 부조종사를 가리키며 말했다.

"마크, 모두 아래를 보고 있다면 자네는 위쪽을 보기 바라네. 반대로 우리 모두 위를 보고 있다면, 자네는 아래를 보고! 이번 비행에 우리는 적어도 한 번의 실수를 하겠지. 우리 모두에게 그 실수를 찾아내 바로잡을 책임이 있네."

440명의 승객이 탑승을 준비하는 동안 조종사들은 조종실로 들어갔다. 콴타스 항공의 모든 조종사와 마찬가지로 드 크레스피니도 비행 능력에 대한 연례 점검을 받아야 했다. 그래서 그날 조종실에는 2명의 조종사가 추가로 탑승했다. 콴타스 항공에서 가장 노련한 조종사들인 그들은 정기 점검을 실시할 참관인들이었다. 정기 점검은 결코 형식적인 절차가 아니었다. 드 크레스피니는 아주 작은 실수라도 할 경우 조기 은퇴를 강요받을 수밖에 없었다.

조종사들이 각자의 자리에 앉자 한 참관인이 조종실 중앙 근처에 자리를 잡고 앉았다. 표준 운항 규정에 따르면 제2부조종사가 앉는 곳이었다. 드 크레스피니는 얼굴을 찌푸렸다. 그는 참관인이 한쪽으로 멀찌감치 비켜 앉기를 바랐다. 그 기준에서 조종실이 어떤 모습으로 배치되어야 하는지 머릿속으로 그려 둔 상태였기 때문이다.

드 크레스피니가 평가를 위해 탑승한 참관인을 바라보며 물었다.

"어디 앉으실래요?"

"여기 중간에 앉으려고 합니다."

참관인이 대답했다.

"그럼 문제가 좀 있겠는데요. 내 승무원 자리를 빼앗는 게 됩니다."

드 크레스피니가 말했다.

조종실에 순간적으로 적막감이 흘렀다. 기장과 참관인 사이의 그런 대립은 결코 바람직한 것이 아니었다.

"내가 마크의 자리에 앉지 않으면 당신을 볼 수 없습니다. 그럼 어떻게 당신 능력을 점검할 수 있겠습니까?"

참관인이 말했다.

"그건 당신 문제입니다. 나는 내 승무원들과 긴밀하게 일하고 싶습니다. 그러니까 마크가 지금 당신이 앉은 자리에 앉아야 한다는 겁니다."

"좀 억지를 부리는 것 같습니다."

다른 참관인이 참견하고 나섰다.

"이 항공기의 지휘권은 나에게 있습니다. 나는 내 승무원들과 손발을 맞춰 가며 비행하고 싶을 뿐입니다."

"알겠습니다. 그게 도움이 된다면, 내가 당신 지시에 따라 제2부조종사 역할을 하겠습니다."

평가를 맡은 참관인이 말했다.

드 크레스피니는 잠시 생각에 잠겼다. 그는 승무원들도 기장의 결정에 의문을 제기할 수 있다는 걸 경험적으로 보여 줄 수 있기를 바랐다. 또 그가 승무원들의 대답을 신중하게 듣고, 그들의 생각까지 읽어 내려 애쓴다는 걸 그들에게 보여 주고 싶기도 했다. 구글과 〈새터데이 나이트 라이브〉의 팀원들이 개인적인 징계나 보복을 두려워하지 않고 서로 비판할 수 있듯이, 드 크레스피니는 승무원들에게 언제라도 반론을 제기할 수 있다는 걸 깨닫게 해 주고 싶었다.

드 크레스피니는 평가를 맡은 참관인에게 말했다.

"좋습니다."

(나중에 드 크레스피니는 이 상황에 대해 "참관인이 제2부조종사 역할을 자진해서 떠맡았기 때문에 오히려 그런 상황이 내 계획에 더 완벽하게 맞아떨어졌습니다"라고 나에게 말했다.)[33]

그제야 드 크레스피니는 계기판 쪽으로 다시 돌아앉아 콴타스 항공 32편 항공기를 활주로 쪽으로 움직이기 시작했다.

항공기는 활주로를 맹렬한 속도로 달려서 공중으로 이륙했다. 610미터 상공에서 드 크레스피니는 자동 항법 장치를 켰다. 하늘은 구름 한 점 없이 맑았고, 모든 상황이 완벽했다.

2256미터 상공에서 드 크레스피니가 제1부조종사에게 안전벨트를 풀어도 좋다는 신호를 보내라고 지시를 내리려는 순간, 갑자기 쿵 하는 소리가 들렸다. 드 크레스피니는 고압 공기가 엔진에 갑자기 밀려들어 온 때문일 것이라 생각했다. 그런데 곧이어 다시 뭔가 부닥치는 소리가 들렸다. 이번에는 훨씬 더 컸고, 수천 개의 대리석 조각이 항공기 동체를 때리는 듯한 소리가 이어졌다.

드 크레스피니 앞의 계기판에서 붉은 경고등이 번쩍거렸고, 날카로운 경고음이 조종실 안에 요란하게 울렸다. 나중에 조사관들이 내린 결론에 따르면, 왼쪽 엔진 중 하나에 화재가 발생해 터빈디스크가 구동축으로부터 분리되며 세 조각이 났고, 사방으로 튕기며 엔진을 산산조각 냈다. 이 폭발로 인해 생긴 커다란 파편들 중 2개가 왼쪽 날개에 여러 개의 구멍을 냈는데, 특히 하나는 성인이 충분히 들락거릴 수 있을 정도로 상당히 컸다. 집속탄(하나의 폭탄 속에 여러 개의 소형 폭탄이 들어 있는 폭탄)처럼 폭발하며 산탄 된 수백 개의 작은 조각으로 인해 전선이 끊어졌고, 연료관과 연료통 및 고압유 펌프에 구멍이 났다. 날개의 아랫면은 마치 기관총에 흠씬 얻어맞은 듯한 모양이었다.

길쭉한 금속 조각이 왼쪽 날개에서 삐져나와 공기를 때렸다. 콴타스항공 32편 항공기는 급격히 흔들리기 시작했다. 드 크레스피니는 항공기 속도를 낮추려고 해당 버튼을 향해 손을 뻗었다. 그런 비상 상황에서는 당연히 조치였다. 그런데 버튼을 눌렀지만 자동 추력 장치가 반응을 보이지 않았다. 컴퓨터 표시창에는 경고 표시가 반복해서 나타나기 시작했다. 2번 엔진에 불이 붙고 3번 엔진이 손상되었다는 경고였다. 1번과 4번 엔진에 대한 정보는 전혀 없었다. 연료 펌프도 정상적으로 작동하지 않았다. 유압 장치, 공기 장치, 전기 시스템도 거의 작동하지 않았다. 연료는 왼쪽 날개에서 줄줄 새고 있었다. 훗날 밝혀진 바에 따르면, 현대 항공기가 하늘에서 맞닥뜨린 최악의 재앙 가운데 하나로 기록될 만한 사고였다.

드 크레스피니는 싱가포르 공항 교통관제 센터에 무전으로 연락을 취했다.

"여기는 콴타스 항공 32편. 2개의 엔진에 결함이 있는 듯함. 진행 방향 150도, 고도 2255미터를 유지하겠음. 계속 연락하겠음. 5분 후 다시 접촉을 시도하겠음."

첫 번째 충격음이 들리고 10초가 지나지 않아 취해진 조치였다. 드 크레스피니는 왼쪽 날개로 전달되는 동력을 끊고, 방화 조치를 시작했다.

항공기 진동이 잠시 멈추었다. 조종실 안에서는 경고음이 여전히 울려 댔으나 조종사들은 침착하게 대응했다.

한편 객실에서는 승객들이 공포에 사로잡혀 가까운 창가로 몰려들었고, 몇몇 승객은 각자의 좌석에 설치된 스크린을 주시했다. 안타깝게도 스크린에는 꼬리 날개에 장착된 카메라가 촬영한 손상된 날개 모습이 생생하게 방영되고 있었다.

조종사들은 컴퓨터가 보내는 메시지에 대응하며 짧고 의미가 분명한 문장으로 대화를 주고받았다. 드 크레스피니 기장은 계기판 등을 신속히 점검한 끝에, 항공기를 움직이는 24개의 주요 시스템 중 21개가 손상되거나 완전히 불능 상태에 빠진 것으로 판단했다. 그나마 기능하던 엔진들 상태도 급속히 악화되고 있었고, 왼쪽 날개의 유압 장치는 거의 유실되어 조종 자체가 불가능한 지경이었다. 몇 분 지나지 않아 콴타스 항공 32편은 추진력에 변화를 주고 항로를 조절하려면 지극히 조금씩 움직여야 할 실정이었다.

한 부조종사가 계기판에서 눈을 떼며 말했다.

"돌아가야만 합니다."

싱가포르 공항으로 돌아가기 위해 항공기 방향을 돌리려면 엄청난 위험을 감수해야 했다. 뿐만 아니라 당시 비행 방향에서는 매 순간 공항 활주로로부터 점점 멀어지고 있었다.

드 크레스피니는 관제 센터에 회항하겠다고 알렸다. 그러고는 천천히 커다랗게 반원을 그리면서 항공기의 방향을 돌리며 공항 관제 센터에 무전으로 말했다.

"3048미터로 상승 요청함."

"안 됩니다!"

부조종사들이 한목소리로 외쳤다.

곧이어 그들은 반대하는 이유를 신속하게 설명했다. 고도를 높이면 엔진에 과중한 부담이 가해지고 연료가 더 빨리 누출될 수 있다는 염려였다. 이런 이유를 근거로 부조종사들은 항공기 고도를 낮게 유지하고 수평으로 비행하기를 바랐다.

드 크레스피니는 조종사로서 1만 5000시간 이상을 비행하고, 이와 유사한 비상 상황을 모의실험 장치에서 수십 번씩 훈련한 숙련된 조종사였다. 그는 이런 상황을 수백 번씩 머릿속으로 상상하며 어떻게 대응해야 하는지 마음속에 그려 본 적도 있었다. 적어도 그의 생각에는 이런 상황에 고도를 높여야 선택할 수 있는 조치가 더 많았고, 그의 본능도 고도를 높이라고 말하고 있었다. 그러나 어떤 심성 모형에나 약간의 차이가 있는 법이고, 그 차이를 찾아내는 게 부조종사의 임무였다.

드 크레스피니는 지체 없이 무전으로 싱가포르 관제 센터에 연락했다.

"여기는 콴타스 항공 32편. 3048미터로의 상승 요청 포기! 현재 고도 2256미터를 유지할 것임."

• • •

그 후 20분 동안 조종사들은 끝없이 울려 대는 경보음과 응급 상황을 침착하게 처리했다. 항공기 컴퓨터는 문제가 발생할 때마다 단계적 해결책을 표시창에 띄웠는데, 이런저런 문제가 연이어 발생하자 수많은 지시가 걷잡을 수 없을 정도로 쏟아졌다. 누구도 무엇을 우선순위로 정하고 어디에 집중해야 한다고 자신 있게 말하지 못했다. 드 크레스피니는 인지 통로화에 말려드는 기분이었다. 그때 한 컴퓨터가 조종사들에게 오른쪽 날개에 있는 연료를 왼쪽 날개로 옮겨 항공기 무게 중심을 잡아야 한다고 지시했다. 한 부조종사가 컴퓨터 지시를 따르려고 기계를 조작하려는 순간, 드 크레스피니가 소리쳤다.

"잠깐! 연료를 멀쩡한 날개에서 누출되는 왼쪽 날개로 옮기면 어떻게 되겠나?"

그보다 10년 전, 토론토에서 항공기 승무원들이 무심코 연료를 새는 엔진으로 옮겼다가 추락할 뻔한 사건이 있었다. 결국 콴타스 항공 32편의 조종사들은 컴퓨터 지시를 무시하기로 합의를 보았다.

드 크레스피니는 의자에 푹 주저앉았다. 그는 손상의 정도와 그 영향을 머릿속에 그려 보려 애썼다. 상황이 점점 악화됨에 따라 선택할 수 있는 해결책도 줄어들었지만, 드 크레스피니는 그 해결책들을 하나씩 머릿속에서 추적하며 항공기 심성 모형을 그려 보려 애썼다. 위기가 닥친 이후 드 크레스피니 기장과 부조종사들은 각자 에어버스의 심성 모형을 머릿속에 끊임없이 그리고 있었다. 하지만 눈을 어디에 두든 또 하나의 시스템이 망가졌다는 경고 표시가 눈에 들어왔고, 위급한 상황을 경고하는 불빛이 깜빡거렸다. 드 크레스피니는 숨을 깊이 들이마시고 조종간에서 손을 떼어 무릎에 올려놓았다.

잠시 후 드 크레스피니 기장이 부조종사들에게 말했다.

"단순하게 생각해 보세. 연료를 옮길 수도 없고 버릴 수도 없네. 항공기 균형을 잡아 주는 연료가 꼬리 날개에 있으니까 균형을 잡으려고 연료를 옮기는 건 소용없는 짓일 것 같군. 그러니까 펌프도 잊고 다른 8개의 연료 탱크도 고려하지 말자고. 총연료량이 얼마인지도 일단 잊자고. 잘못된 것은 깨끗이 잊고, 제대로 작동하는 것에만 정신을 집중하자고!"

드 크레스피니 기장의 지시가 떨어지기가 무섭게 한 부조종사가 당시 제대로 작동하는 기계들을 점검하기 시작했다. 8개의 유압 펌프 중 2개가 여전히 작동했고, 왼쪽 날개에는 전기가 공급되지 않았지만 오른쪽 날개에는 동력이 전달되었다. 바퀴는 손상된 곳이 없었다. 부조종사들은 드 크레스피니 기장이 결국 실패하더라도 적어도 한 번쯤은 브레이크를 밟아 속도를 크게 줄일 수 있으리라 믿었다.

드 크레스피니가 처음 조종한 비행기는 세스나기(機)였다. 세스나기는 단발 엔진에 컴퓨터가 거의 사용되지 않은 경비행기로 비행 애호가들의 사랑을 받았다. 물론 에어버스에 비교하면 세스나기는 장난감에 불과하지만 모든 비행기는 기본적으로 연료 장치와 비행 제어 장치, 제동 장치와 착륙 장치로 이루어진다. 드 크레스피니는 문득 이런 생각이 들었다.

'이 비행기를 세스나기로 생각하지 못할 이유가 있는가? 만약 이 비행기가 세스나기라면 나는 어떻게 조종할까?'

미국 항공 우주국 연구 심리학자로 콴타스 항공 32편 항공기의 사고를 연구한 바버라 부리안은 이때가 정말 중대한 전환점이었다고 말했다.

"드 크레스피니는 컴퓨터 지시에 따르는 데 급급하지 않고 당시 상황에 적용할 만한 심성 모형을 만들어 지배하기로 결정했고, 그 순간 그의 마음가짐도 달라졌습니다. 다시 말하면, 컴퓨터 지시에 의존하지 않고 어디에 집중해야 할지를 직접 결정하기로 한 것입니다."

그러면서 응급 상황에서의 심성 모형에 대한 중요성을 언급했다.

"정보가 감당하기 힘들 정도로 너무 많이 유입되면 우리는 뭐가 뭔지 제대로 파악하지 못합니다. 이런 상황은 무척 위험하지요. 유능한 조종사는 '……라면 어떻게 되는가?'라는 훈련을 거듭하며 수많은 상황을 머릿속에 그려 봅니다. 그 결과 응급 상황이 닥칠 경우 그 상황에 적용할 수 있는 심성 모형을 적절하게 만들어 낼 수 있지요."[34]

이런 마음가짐의 변화(이 비행기를 세스나기로 생각하면 어떻게 될까?)가 안타깝게도 에어 프랑스 447편의 조종실에서는 없었다. 프랑스 조종사들은 눈앞에 닥친 상황을 설명할 만한 새로운 심성 모형을 만들어 내지 못했다. 그러나 새로운 응급 상황들이 걷잡을 수 없이 닥치며 에어버스의 심성 모형이 머릿속에서 무너지기 시작했을 때 드 크레스피니는 에어버스의 심성 모형을 새로운 심성 모형으로 대체하기로 결정하고 에어버스를 세스나기로 상상하기 시작했다. 그 결과 그는 어디에 집중하고 무엇을 무시해야 하는지 생각해 낼 수 있었다.

드 크레스피니는 부조종사에게 착륙에 필요한 활주로 길이가 얼마가 되어야 하는지 계산해 보라고 지시했다. 그와 동시에 대형 세스나기를 착륙시키는 장면을 머릿속에 그리기 시작했다. 그는 당시를 회상하며 이렇게 말했다.

"그렇게 머릿속에 그려 보자 상황을 단순화할 수 있었습니다. 내 머릿속에 기본적인 조건만을 갖춘 그림이 그려졌어요. 하지만 비행기를 착륙시키는 데 필요한 것은 모두 갖추어져 있었지요."[35]

부조종사가 계산한 결과에 따르면, 드 크레스피니가 완벽하게 운전할 경우 안전한 착륙을 위해서는 3900미터의 아스팔트 활주로가 필요했다. 싱가포르 창이 국제공항에서 가장 긴 활주로는 4000미터였다. 그 거리를 넘어서면 바퀴가 풀밭과 모래 언덕을 때리며 항공기가 충격을 받을

게 분명했다.

드 크레스피니가 말했다.

"그래도 해 봐야지!"

항공기는 싱가포르 창이 국제공항을 향해 하강하기 시작했다. 610미터 상공에서 드 크레스피니는 계기판에서 눈을 떼고 활주로를 응시하기 시작했다. 305미터 상공까지 내려오자 속도를 높이라는 경고음이 요란하게 울려 대기 시작했다.

"속도! 속도! 속도!"

항공기가 주 날개의 양력이 급격히 떨어지는 실속 상태에 빠지려 했다. 드 크레스피니는 활주로와 속도계를 번갈아 보았지만 머릿속으로는 세스나기의 날개를 생각하고 있었다. 그는 속도 조절판을 살짝 누르며 속도를 약간 올렸다. 경고음이 곧 멈추었다. 곧이어 드 크레스피니는 머릿속 그림이 지시하는 대로 항공기 앞부분을 약간 위로 올렸다.

"소방대를 준비해 주십시오."

부조종사가 관제 센터에 무선으로 연락했다.

"확인했음. 소방대 준비 완료."

관제 센터에서 응답했다.

항공기는 초속 4.3미터 속도로 하강하고 있었다. 착륙 장치가 흡수할 수 있는 최대 속도는 초속 3.6미터에 불과했다. 그러나 다른 선택권이 없었다.

컴퓨터 음성이 흘러나왔다.

"15미터 …… 12미터."

드 크레스피니는 조종간을 살짝 뒤로 잡아당겼다.

"9미터 …… 6미터."

갑자기 날카로운 금속음이 터져 나왔다.

"실속! 실속! 실속!"

드 크레스피니가 마음속으로 조종하던 세스나기는 활주로를 향해 내려가며 그가 과거에 수백 번씩 연습한 대로 착륙할 준비를 갖추었다. 항공기는 시동이 꺼진 게 아니었다. 그는 경고음을 무시했다. 에어버스의 뒷바퀴가 지상에 닿았고, 드 크레스피니는 조종간을 앞으로 밀며 앞바퀴를 강제로 활주로에 내렸다. 브레이크를 밟을 기회는 한 번밖에 없을 것 같았다. 그래서 드 크레스피니는 페달을 힘껏 누르고 그 상태를 유지했다. 1000미터 표지를 지날 때는 흐릿하게만 보였다. 2000미터 표지에 이르렀을 때 드 크레스피니 판단에는 속도가 줄어들고 있는 듯했다. 활주로 끝이 앞 유리를 뚫고 점점 가까이 다가왔고, 풀밭과 모래 언덕이 점점 더 크게 보였다. 활주로 끝에 거의 닿았을 무렵 금속음이 요란하게 울리기 시작했고, 바퀴들이 활주로 아스팔트에 타이어 자국을 길게 남겼다. 그러고는 항공기가 흔들리며 속도가 줄어들다 약 100미터를 남겨 두고 멈추어 섰다.

훗날 조사관들은 콴타스 항공 32편이 가장 심하게 손상된 상태에서도 안전하게 착륙한 에어버스 380이라고 평가했다. 많은 조종사가 모의실험 장치에서 드 크레스피니의 조종 능력을 재현해 보려 시도했지만 번번이 실패했다.[36]

콴타스 항공 32편이 성공적으로 멈추어 서자, 사무장은 기내 방송을 통해 다음과 같이 말했다.

"신사 숙녀 여러분, 싱가포르에 오신 걸 환영합니다. 현지 시각은 11월

4일 목요일 오전 11시 55분입니다. 여러분 모두 이번 착륙을 지금껏 경험한 최고의 착륙으로 손꼽는 데 이의가 없으실 거라고 생각합니다."

드 크레스피니 기장은 영웅이 되었다. 오늘날 콴타스 항공 32편은 비행 학교와 심리학 교실에서 위급한 상황에 어떻게 집중력을 유지해야 하는가에 대한 사례 연구로 가르쳐지고, 심성 모형이 최악의 상황까지 통제할 수 있다는 걸 보여 주는 적절한 사례의 하나로 인용되고 있다.

심성 모형은 끊임없이 휘몰아치는 정보의 소용돌이로부터 우리를 지켜 주는 기준점이라 할 수 있다. 또한 우리가 관심을 어디에 두어야 하는가를 결정하는 데 도움을 준다. 심성 모형이 머릿속에 있을 때 우리는 단순히 반응하는 데 그치지 않고 선제적으로 결정을 내릴 수 있다. 에어 프랑스 조종사들은 강력한 심성 모형을 갖지 못했다. 그 때문에 비극적인 사고가 닥쳤을 때 우왕좌왕하며 집중할 곳을 찾지 못했다. 반면에 드 크레스피니 기장과 그의 부조종사들은 항공기에 탑승하기 전 여러 상황을 머릿속에 그려 보며 대응책을 시험하고 수정했다. 덕분에 그들은 재앙이 닥쳤을 때 여유 있게 대처할 수 있었다.

물론 우리가 삶의 과정에서 맞닥뜨리는 상황이 항공기 조종실에서 일어나는 상황과 어떻게 유사하겠느냐고 반론을 제기할 사람도 있을 것이다. 그러나 우리가 매일 직면하는 압박감을 잠시 생각해 보자. 만약 회의 중에 최고 경영자가 당신에게 느닷없이 의견을 묻는다면, 당신의 정신은 수동적으로 듣던 상황에서 벗어나 적극적으로 개입하는 상황으로 전환되어야 한다. 이때 조심하지 않으면 인지 통로화 현상에 의해 당신은 나중에 후회할 말을 불쑥 내뱉을 수 있다. 다른 예로, 당신이 동시에 여러 사람과 대화하며 다수의 일을 처리하고 있는데 중요한 메일이 도착하면,

그 메일에 어떻게 대응해야 하는지 신중하게 생각하지 않고 반응적 사고로 성급하게 답장을 보내는 실수를 범할 수 있다.

이런 실수를 범하지 않으려면 어떻게 해야 할까? 인지 통로화와 반응적 사고에서 벗어나는 해결책은 무엇일까? 우리가 정말 중요한 것에 주의를 기울이고, 메일 등의 형태로 매일 끝없이 쏟아지는 정보에 압도되고 방해받지 않으려면, 결국 무엇에 집중하고 무엇을 무시해야 하는지 정확히 판단하려면, 우리 삶을 이야기로 꾸미는 습관을 들여야 한다. 뜻밖의 사건이 벌어지면 습관적으로 우리 삶을 이야기로 꾸며 전달할 수 있어야 한다. 그래야 상관이 갑자기 질문을 던지거나 화급하게 처리해야 할 숙제가 던져지고 응답할 시간이 몇 분밖에 주어지지 않더라도 머릿속 스포트라이트가 적절한 곳을 비출 것이다.

진정으로 생산적인 존재로 거듭나면 싶다면 자신의 주의력을 통제할 수 있어야 한다. 우리가 확고히 책임지는 심성 모형을 구축해야 한다. 자동차를 운전하며 출근할 때 일과를 머릿속에 그려 보라. 회의실에 앉아 있거나 점심 식사를 하려고 식당에 앉아 있는 동안에는 눈에 보이는 것을 구체적으로 묘사해 보고 그 의미까지 표현해 보라. 당신의 이론을 듣고 반박할 사람을 찾아보라. 다음에는 어떤 일이 닥칠지 예상하는 습관을 길러라. 부모 입장이라면, 자식이 저녁 식탁에서 무엇이라 말할지 예상해 보라. 그리고 무엇이 언급되지 않는지 혹은 경고 신호로 생각할 만한 뜻밖의 발언이 있는지를 살펴보라.

드 크레스피니는 결론적으로 나에게 이렇게 말했다.

"생각하는 힘은 남에게 위임할 수 없습니다. 컴퓨터도 고장 날 수 있고, 점검 사항 대조가 잘못될 수도 있지요. 어떤 것이든 잘못될 수 있습니다. 하지만 인간은 그렇지 않습니다. 궁극적으로 우리가 결정을 내려야 하지요. 무엇에 주의를 기울여야 하는지 결정하는 주체도 우리여야 합니다. 중요한 것은 생각하는 힘이지요. 우리가 생각하는 힘을 유지하는 한 절반은 성공한 것입니다."

GOAL SETTING
목표 설정

▼

항상 목표만 세우고
실행은 잘 못하는 사람들에게

—

놀라운 결과를 보장하는 목표 설정법

1. 이스라엘 군사 정보국 천재 국장의 자신감

1972년 10월, 이스라엘에서 가장 똑똑하다고 평가받던 마흔네 살의 장군 엘리 제이라가 군사 정보국 국장으로 취임했다. 이스라엘 군사 정보국은 적국의 동향을 파악해 국가 지도자들에게 알리는 역할을 맡고 있는 정부 기관이었다.[1]

제이라가 군사 정보국 국장에 임명된 때는 이스라엘이 전격적으로 선제공격을 가함으로써 시나이 반도와 골란 고원 및 이집트와 시리아, 요르단의 일부 영토를 점령했던 1967년의 6일 전쟁이 끝나고 5년이 지났을 무렵이다. 6일 전쟁으로 이스라엘은 군사적 우월성을 입증함과 동시에 영토를 두 배 이상 확대했고, 적국들에게 굴욕감을 안겨 주었다. 그러나 적국들이 언젠가 복수할 기회를 노릴 거라는 깊은 불안감이 이스라엘 국민에게 팽배했다.

이스라엘 국민이 그런 불안감을 품은 데는 타당한 이유가 있었다. 6일 전쟁이 끝난 후 이집트와 시리아 장군들이 잃어버린 영토를 되찾겠다는 위협을 계속했고, 아랍 지도자들도 유대 국가인 이스라엘을 바다에 수장시켜 버리겠다고 맹세하며 열변을 토해 냈기 때문이다. 적들이 점점 호전적으로 변해 가자, 이스라엘 국회 의원들은 적국의 공격 가능성에 대한 예측을 정기적으로 보고하도록 군부에 요청함으로써 국민의 불안감을 가라앉히려고 애썼다.

하지만 군사 정보국이 제공한 평가 보고서들은 모순되고 요령부득인 경우가 적지 않았다. 한마디로 종잡을 수 없는 수준의 위험을 경고하는 의견들이 뒤죽박죽된 보고서였다. 분석가들은 모순되는 보고서를 보냈고, 분석의 결과가 매주 달랐다. 국회 의원들은 군사 정보국으로부터 경계심을 늦추지 않아야 한다는 경고를 몇 주 동안 연속으로 받았지만, 아무 일도 일어나지 않았다. 정책 입안자들도 회의에 소집되어 위기가 구체화될 가능성이 크다는 경고를 받았지만, 누구도 확실한 근거를 제시하지는 못했다. 군부대에게도 적국의 공격에 대비하라는 명령이 전달되었지만, 그 명령이 별다른 설명도 없이 취소되기 일쑤였다.

이스라엘의 정치인과 국민들의 불만은 쌓여 갈 수밖에 없었다. 이스라엘 방위군, 특히 지상군의 80%가 예비군으로 이루어진 까닭에 수십만 명의 국민에게 즉시 가족을 버리고 전선으로 달려오라는 명령이 떨어질 거라는 초조함이 팽배했다. 이런 까닭에 전쟁의 위협이 정말로 존재하는 것인지, 그렇다면 얼마나 일찍 정보를 얻을 수 있는지 알고 싶은 게 당연했다.

엘리 제이라가 군사 정보국 국장으로 임명된 것도 부분적으로는 이런 불확실성을 해소하기 위한 조치였다. 낙하산병 출신인 제이라는 세련된 정치적 처신으로 유명했다. 그는 이스라엘 군부에서 고속 승진을 거듭했다. 6일 전쟁의 영웅인 모셰 다얀 장군 부관으로 몇 년 동안 일하기도 했다. 제이라는 군사 정보국 국장으로 취임하던 날 의회에 출석해 자신의 임무는 '최대한 명료하고 선명한 예측을 의사 결정자들에게 제공하는 것'이라며, 주된 목표는 전쟁의 위험이 실재할 경우에만 확실한 경보를 울리는 것이라고 밝혔다.[2]

제이라는 아랍의 의도를 평가하는 기준을 개발하는 데 참여한 적이 있는데, 그 기준은 정보원들 사이에서 '더 콘셉트(the concept)'로 알려지게 되었다. 제이라는 군 정보 분석가들에게 더 콘셉트라는 엄격한 공식을 활용해 아랍의 의도를 예측하라는 지시를 내렸다. 특히 6일 전쟁 동안 이스라엘이 과시한 막강한 공군력과 장거리 미사일 및 지상군의 위력에 적들이 큰 곤경을 겪었기 때문에 이스라엘 폭격기로부터 지상군을 보호할 수 있을 정도의 공군력과 텔아비브를 타격할 수 있는 스커드 미사일을 확보하지 않는 한 어떤 나라도 이스라엘을 감히 공격하려 들지 않을 거라고 제이라는 주장했다. 결국 이런 두 가지 조건이 갖추어지지 않으면 아랍 지도자들의 위협은 허장성세에 불과하다는 것이 제이라의 판단이었다.[3]

제이라가 군사 정보국 국장에 취임하고 6개월이 지난 후 이스라엘은 그의 콘셉트를 시험할 기회를 맞았다. 1973년 봄, 이집트 육군이 수에즈 운하를 따라 집결하기 시작했다. 당시 수에즈 운하는 이집트와 이스라엘이 점령한 시나이 반도 사이의 경계였다. 이스라엘 스파이들은 이집트가 5월 중순경 이스라엘을 침략할 계획이라고 연이어 경고를 보냈다.

4월 18일, 이스라엘 골다 메이어 수상은 수석 보좌관들을 소집해 비공개 회의를 가졌다. 군 참모 총장과 모사드 국장은 한목소리로 이집트의 공격이 실제로 가능하며, 이스라엘은 그 공격에 대비해야 한다고 말했다. 메이어 수상은 제이라를 바라보며 그의 의견을 물었다. 제이라는 동료들 판단에 동의하지 않는다며, 이집트가 아직 강력한 공군력을 확보하지 못했고 텔아비브를 타격할 만한 미사일을 보유하지 못한 사실을 근거로 내세웠다. 또 이집트 지도자들이 자국 국민을 설득하려고 허세를 부리는 것

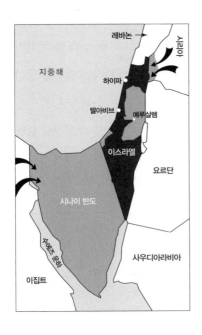

에 불과하다며 실제로 침략할 가능성은 '무척 낮다'고 결론지었다.

하지만 골다 메이어 수상은 군 참모 총장과 모사드의 의견을 받아들이며 군부에 방어 준비를 갖추라는 명령을 내렸다. 그 후 몇 개월 동안 육군은 착실히 전쟁에 대비하며, 약 160킬로미터에 달하는 수에즈 운하의 둑을 따라 벽을 쌓고 진지를 구축했으며 포대를 설치했다. 시리아와 경계를 이

룬 골란 고원에서는 포병대가 포격 훈련을 실시했고, 탱크 부대는 전투 대형을 갖추고 실전처럼 훈련하기도 했다. 수십억 원이 소요되었고, 수많은 병사가 휴가를 반납해야 했다. 그러나 적국의 공격은 없었다. 메이어 정부는 과민하게 반응한 것에 유감을 표명하며 대국민 성명을 취소했다. 그해 7월, 당시 국방 장관이던 모셰 다얀은 잡지 《타임》과의 인터뷰에서 향후 10년 내에 전쟁이 일어날 가능성은 무척 낮다고 말했다.[4] 역사학자 에이브러햄 라비노비치는 그 사건 이후 '제이라의 명성은 한층 높아졌고 자신감은 하늘을 찌를 것만 같았다'라고 평가했다.

라비노비치는 제이라의 첩보 능력에 관련해서 다음과 같이 말하기도 했다.

"전쟁 준비를 하는 내내 주변 사람 모두 국가의 운명이 위태로운 상황에 빠졌다며 경종을 울렸지만 제이라는 전쟁이 일어날 가능성은 낮은 정도가 아니라 '무척 낮다'고 냉정하게 주장했습니다. 또한 그는 국가의 혈압을 낮추고 경고음을 불필요하게 울리지 않는 게 자신의 책무라고 했습니다. 그렇지 않을 경우 예비군이 두 달마다 동원되어 국가 경제와 국민 사기에 파괴적인 영향을 미쳤을 것이라고 주장했지요."

1973년 여름, 제이라는 이스라엘에서 가장 영향력 있는 지도자 가운데 한 사람으로 입지를 굳혔다. 그는 군사 정보국 국장에 취임하며 불필요한 불안감을 줄이겠다는 목표를 제시했고, 절제된 접근으로 낭비적인 예측을 방지할 수 있다는 사실을 입증해 보였다. 이스라엘은 언제 닥칠지 모를 공격에 대한 불안감으로부터 해방되기를 바랐고, 제이라는 그런 바람을 충족시켜 주었다. 엘리 제이라가 더 높은 자리로 승진하는 것은 따 놓은 당상인 듯했다.

2. 섣부른 판단이 부른 이스라엘 최대의 위기

다음과 같은 의견을 비롯해 총 42개의 의견에 어느 정도나 동의하고 반대하는지를 대답해 달라는 설문지를 받았다고 해 보자.

나는 질서와 규율을 무척 중요한 특질이라 생각한다.
나는 일관된 습관이 있으면 삶을 더 즐겁게 살 수 있으리라 생각한다.
나는 예측할 수 없는 친구가 있으면 좋겠다.
나는 나와는 의견이 무척 다른 사람들과 교류하는 걸 좋아한다.
내가 개인적으로 사용하는 공간은 대체로 너더분하고 어수선하다.
단호히 결정을 내리지 못하는 사람의 말을 듣고 있으면 짜증스럽다.

메릴랜드 대학교 연구 팀이 이런 시험 결과를 1994년 처음 발표했고, 그 후 이 시험은 성격 검사의 표준이 되었다. 언뜻 보면, 앞의 질문들은 개인적으로 선호하는 삶의 방식과 대안적 관점에 대한 포용성을 측정할 목적에서 설계된 듯하다. 실제로 메릴랜드 대학교 연구 팀은 이 시험을 통해 상대적으로 결단력 있고 자신감 넘치는 사람을 찾아냈고, 일반적으로 이런 자질들이 삶의 성공과 상관관계가 있다는 것도 밝혀냈다. 단호하고 집중력이 뛰어난 사람은 더 열심히 일하고 과제를 더 신속하게 끝내는 경향을 띤다. 결혼 생활도 평균적으로 길고, 인맥도 넓고 깊다. 또한 연봉이 상대적으로 높은 직업에 종사하는 경우가 많다.

그러나 이 설문지는 개인적으로 선호하는 삶의 방식을 판단할 목적에서 구상된 것이 아니다. 오히려 '인지적 종결 욕구'로 알려진 성격 특성을 측정할 목적에서 설계된 것이다.[5] 심리학자들 정의에 따르면, 인지적 종결 욕구는 '어떤 쟁점에 대해 단호히 판단을 내리려는 욕구, 즉 혼동에 휩싸여 애매하게 넘어가지 않고 확실하게 판단하려는 욕구'를 뜻한다.[6] 한마디로 인지적 종결 욕구는 맞든 틀리든 확실히 결론을 내지 않으면 찜찜한 기분이 들기 때문에 어떻게든 결론을 내고 싶어 하는 마음을 뜻한다.

'종결 욕구 척도'라는 검사에 응한 사람들은 대부분 질서와 혼돈이 뒤섞인 삶의 상태를 선호하는 모습을 보여 준다. 그들은 질서 정연함을 높이 평가한다고 말하지만 자신들의 책상은 엉망진창인 걸 인정한다. 또 우유부단함을 달갑게 생각하지 않지만 결단력이 없는 사람을 친구로 사귄다. 그러나 조직적이고 단호하며 예측 가능한 삶에 대한 선호도가 평균보다 높은 사람들이 있다. 검사에 참여한 사람 중 대략 20%가 이 범주에 속하며, 대다수가 검사에 참여한 사람들 중에서도 기량이 뛰어난 사람들이다. 또한 변덕이 심한 친구들을 업신여기고, 애매한 상황을 달갑게 생각하지 않으며, 인지적 종결 욕구가 무척 높은 사람들이다.

인지적 종결 욕구는 대개 커다란 강점이 될 수 있다. 종결 욕구가 강한 사람은 절제력이 강한 까닭에 동료들에게 리더로 여겨진다. 판단을 내리고 그 판단을 고수하려는 본능이 있을 때 불필요한 예측과 쓸데없이 길어지는 논쟁이 미연에 방지된다. 유능한 체스 선수들은 대체로 강렬한 종결 욕구를 지니고 있다. 그 덕분에 스트레스를 심하게 받는 상황에서도 과거의 실수에 집착하지 않고 특정한 문제에 집중할 수 있다. 누구에게나 어느 정도까지는 종결 욕구가 있다. 삶이 적어도 기초적인 수준으로는 조직화되어야 성공을 기대할 수 있기 때문에 누구에게나 종결 욕구가 있다는 것은 바람직한 현상이라 할 수 있다. 당면한 과제에 대한 결정을 내리고 다음 과제로 옮겨 가면 생산적으로 일한다는 느낌이 들고 조금씩 발전해 가는 기분이 든다.

그러나 종결 욕구가 클수록 위험도 커진다. 종결 욕구가 큰 사람은 일을 잘하고 있을 때 침착함이나 자존감을 유지한다. 그런데 주객이 전도되어 침착함이나 자존감 같은 정서적 만족을 얻고 싶어서 일을 무리하게 진행하는 경우도 있다. 어떤 결정을 내릴 때 그에 대한 보상으로 정서적 만족을 열망하기 시작하면 성급한 결정을 내리려 하고 잘못된 선택을 하면서도 다시 생각하려 하지 않는다. 그렇기 때문에 종결 욕구가 오히려 해가 될 때가 있다.

2003년 《정치 심리학》에 발표된 한 논문은 '종결 욕구로 인해 편견이 판단 과정에 개입된다'[7]고 주장했다. 높은 종결 욕구가 편협함과 권위적인 충동을 유발하고, 협력보다 갈등을 촉발한다. 종결 욕구 척도라는 개념을 개발한 아리에 크루글란스키와 도나 웹스터는 1996년에 발표한 논문에서, 높은 종결 욕구를 지닌 사람들은 '인지적으로 상당한 조급성과 충동성'을 띤다며 그들의 특징을 다음과 같이 정리했다.

'그들은 확정적이지 않은 증거를 근거로 삼아 성급히 판단하고, 경직된 사고에서 벗어나지 못해 자신들의 견해와 다른 견해를 쉽게 인정하지 않는다.'[8]

단호한 성격은 일정한 수준까지는 상당한 강점을 지닌다. 하지만 뭔가를 이루어 냈다는 만족감을 주기 때문에 성급히 결정을 내리면 실수가 잦아지기 마련이다.

연구자들은 종결 욕구가 다양한 요소로 이루어진다고 설명한다. 목표를 '움켜잡으려는 욕구'도 있고, 일단 선택된 목표를 '동결하려는 욕구'도 있다.[9] 결단력이 뛰어난 사람들은 최소한 기준선을 넘어선 목표이면 본능적으로 움켜잡으려 한다. 이런 성향은 우리로 하여금 끝없이 의문을 제기하고, 예측과 추측을 반복하는 무력한 상태에 빠지지 않게 하며, 프로젝트에 진취적으로 뛰어들게 한다는 점에서 매우 유익한 충동이라 할 수 있다.

하지만 종결 욕구가 지나치게 강하면 목표를 '동결'하며, 상식에 어긋나더라도 생산성을 이루어 냈다는 만족감을 얻으려고 한다. 앞에서 언급한 《정치 심리학》에 발표된 논문의 저자들은 '인지적 종결 욕구가 강한 사람들은 목표의 동결을 이끌었던 자료와 모순되는 정보를 부인하거나 감추고 재해석하려는 경향을 띤다'고 주장했다. 결론적으로 우리가 생산성에 지나치게 집착하면, 잠시 숨을 고르며 진지하게 생각할 여유를 허락하지 않게 된다.

물론 목표를 완결하면 만족스럽고 기분이 좋아진다. 하지만 실수하고 있는 것이 명백할 때는 내키지 않더라도 그런 만족감을 포기할 수 있어야 한다.[10]

· · ·

1973년 10월 1일, 유대력에서 가장 신성한 날로 생각하는 '욤 키푸르', 즉 속죄일을 닷새 앞둔 날이었다. 엘리 제이라가 전쟁 가능성이 '무척 낮다'고 예측한 지 6개월 정도가 지난 시점이었다. 빈야민 시만토브라는 젊은 정보 장교가 시나이 반도에 주둔한 첩보원들로부터 상당수의 이집트군이 밤을 틈타 바다 건너편에 집결했다는 보고를 받고 텔아비브 지휘관들에게 급히 그 정보를 알렸다. 이집트군이 국경에 따라 설치한 지뢰를 제거했다는 정보도 있었다. 운하를 안전하게 건너려는 조치인 게 분명했다. 운하를 건너기 위한 선박과 부교 시설도 이집트 국경 쪽으로 준비된 상태였다. 당시 전선에 파견된 군인들이 보기에는 최대 규모의 전쟁 준비였다.

제이라는 그 전에도 유사한 보고를 받았지만 크게 걱정하지는 않았다. 그는 부관들에게 '콘셉트'를 기억하라고 충고하며, 이집트가 이스라엘을 물리칠 만한 전투기나 미사일을 아직 확보하지 못했다는 점을 강조했다. 제이라는 콘셉트의 중요성을 역설하는 동시에 군사 정보국의 문화를 바꿔 가는 데도 주력했다. 위협을 분석하는 방법을 재편하는 와중에도 그는 결론도 없이 끝없이 반복되는 토론 문화를 정보국에서 지워 가고 있었다. 제이라는 정보 장교들에게 정보의 명확성을 평가 기준으로 삼겠다고 선언했다. 역사학자 유리 바르 요세프와 에이브러햄 라비노비치는 이때의 상황을 다음과 같이 묘사했다.

'제이라와 그의 수석 부관은 지루하게 계속되는 열린 토론을 참고 기다려 줄 만한 인내심이 없었고, 그런 토론을 쓸데없는 시간 낭비라 생각했다. 심지어 제이라는 자신이 판단하기에 아무런 준비도 없이 회의에 참석한 장교들에게 모욕감을 주기도 했다. 1973년 봄에 전쟁 가능성을 예측한 장교들은 승진을 기대하지도 말아야 한다는 소문까지 떠돌았다.'[11]

내부적 논쟁이 어느 정도까지는 용납되었지만 '어떤 결론이 내려지면 모두 그 결론에 충실해야 했고, 다른 결론을 언급하는 것은 누구에게도 허용되지 않다'.[12]

제이라는 군사 정보국이 모범을 보여야 한다고 부하들에게 강조했다. 그들은 토론을 지루하게 계속하라고 정보 장교에 임명된 게 아니었다. 올바른 대답을 제시하는 게 그들의 임무였다. 한번은 그의 부관 한 사람이 이집트 군부대 이동에 관련된 보고서를 보고 크게 걱정하며 상황을 분석하는 데 도움을 받으려고 약간의 예비군을 동원해 달라는 요청서를 제이라에게 보냈다. 제이라는 그 부관에게 전화를 걸었다.

"잘 듣게. 정보국의 임무는 국민에게 불안감을 심어 주는 게 아니라 불안감을 조금이라도 덜어 주는 거네."

그 요청은 당연히 거부되었다.

1973년 10월 2일과 3일, 이집트군 이동이 눈에 띄게 증가했다. 시리아와 국경을 맞댄 지역에서도 움직임이 있다는 보고서가 올라왔다. 골다 메이어 수상은 깜짝 놀라 회의를 소집했다. 이번에도 제이라는 크게 걱정할 이유가 없다고 조언했다. 이집트와 시리아 공군력이 약하고, 텔아비브를 때릴 만한 미사일이 없다는 게 이유였다. 6개월 전만 해도 제이라의 의견에 반박했던 군사 전문가들이 이번에는 그의 판단을 따랐다. 한 장군은 메이어 수상에게 단언했다.

"구체적인 위험이 가까운 장래에는 없을 겁니다."

메이어 수상은 훗날 회고록에서, 회의 전에는 불안하기 그지없었지만 정보국의 추정에 마음을 놓았다고 말했다. 메이어 수상은 정부에 정말 필요한 위안을 주는 관리들을 적절하게 잘 선택한 덕분이라 안심했던 것이다.

그런데 빈야민 시만토브가 보고서를 제출하고 72시간이 지난 후 이스라엘 정보 분석가들은 소련 정부가 소련 고문관들과 그 가족들을 긴급 수송기로 이집트와 시리아로부터 실어 나르기 시작한 것을 알게 되었다. 러시아 가족들이 주고받은 전화를 도청한 결과에 따르면, 그들에게 신속히 공항에 집결하라는 지시가 떨어진 게 분명했다. 항공 사진에도 수에즈 운하 주변, 그리고 시리아 지배 아래 있던 골란 고원에 탱크와 포대 및 대공포가 집결해 있는 것이 분명히 드러났다.

10월 5일 금요일 아침, 즉 시만토브의 보고가 있은 지 나흘 후 엘리 제이라를 비롯해 이스라엘군 최고 지휘들관이 모셰 다얀 국방 장관 집무실에 모였다. 6월 전쟁의 영웅 다얀 장관은 몹시 혼란스러웠다. 공중 정찰로 밝혀진 바에 따르면, 이집트군이 수에즈 운하를 따라 1100문의 대포를 이미 설치했고 엄청난 수의 보병도 집결해 있었다. 다얀 국방 장관이 경고했다.

"아랍군의 동태를 예의 주시해야 할 겁니다."

이스라엘 방위군 참모 총장도 다얀의 지적에 동의하며, 1967년 이후 최고 비상경계령을 군에 내렸다고 대답했다.

그러나 제이라는 이집트군의 이동을 다른 식으로 설명했다. 이스라엘군이 침략할 경우를 대비해 이집트군이 방어 훈련을 하는 것이라며, 이집트에는 전투기도 없고 스커드 미사일도 없다는 종전의 입장을 되풀이했다. 또 이스라엘을 공격하는 건 자살행위임을 아랍군 지도자들이 잘 알고 있다며 단호하게 주장했다.

"이집트군이나 시리아군이 공격할 가능성은 없습니다."

이 회의는 수상 집무실로 자리를 옮겨 가며 계속되었다. 메이어 수상이 최신 정보를 요구했다. 군 참모 총장은 유대력에서 가장 신성한 휴일에 예비군을 동원하면 엄청난 비난이 빗발칠 것이라는 생각에 모호하게 대답했다.

"적군이 가까운 시일 내에 공격할 거라고는 생각하지 않지만, 확실한 정보는 없습니다."

다음 차례로 제이라가 발언권을 얻어, 이집트군과 시리아군 공격 가능성에 대한 염려는 어불성설이라고 덧붙였다. 또 소련군 고문들이 갑자기 이집트를 떠난 이유도 나름대로 논리적으로 설명했다. 러시아 인들이 아랍 인을 잘 모르기 때문에 아랍군이 곧 공격할 거라고 생각했다는 것이다. 이스라엘은 지리적으로 인접해 있기 때문에 러시아보다 아랍 인을 더 잘 알고 있다고 자신 있게 말했다. 그날 늦게, 이스라엘군 장성들은 골다 메이어 내각에 브리핑하는 시간을 가졌다. 이때도 제이라는 전쟁 확률이 무척 낮다는 말을 되풀이했다. 그들의 눈에 보이는 것은 방어 준비나 군사 훈련에 불과하며, 아랍 지도자들도 무모하지 않다는 게 그의 주장이었다.

이집트와 시리아는 자신들이 승리할 수 없음을 알기 때문에 공격하지 않을 것이라고 이미 결론을 내려 놓았기 때문에 제이라는 그 가능성 자체를 재고해 보려고도 하지 않았다. 엄격한 원칙 아래 내린 결정이란 목표가 충족된 탓도 있었다.

이튿날 아침은 욤 키푸르의 첫째 날이었다.

여명이 밝기 전 모사드 국장이 동료들에게 전화를 걸어 유력한 정보원으로부터 이집트가 해거름에 침략할 거라는 정보를 전달 받았다고 알렸다. 그 메시지는 곧바로 수상과 다얀 장관 및 군 참모 총장에게 전해졌다. 해가 뜨기도 전에 그들 모두 각자의 집무실로 달려갔다. 그들은 전쟁이 일어날 확률이 갑자기 높아졌다고 판단했다.

욤 키푸르 기도가 시작되어 이스라엘 길거리는 조용했다. 모두 집이나 시너고그(유대교 회당)에 모여 있었다. 10시가 지난 직후, 정확히 말해서 적군들이 국경 너머에서 집결하기 시작하고 만 6일이 지난 후에야, 군부는 마침내 부분적으로 예비군 소집령을 내렸다. 시너고그에서 예배를 집전하던 랍비들이 전달 받은 명단을 황급히 읽어 내려갔다. 예비군으로 동원된 사람들 이름이 적힌 명단이었다. 당시 이집트군과 시리아군은 탱크와 포대를 이미 몇 주 전 공격 대형으로 갖추고 있었지만, 양측의 충돌이 임박했다는 공공연한 징조가 노골적으로 불거진 것은 그때가 처음이었다. 당시 이스라엘 국경 양쪽에는 언제라도 공격할 준비를 갖춘 15만 명의 적군이 주둔해 있었고, 그 뒤로는 그들을 뒷받침할 50만 명의 병사가 대기하고 있었다. 이집트와 시리아는 몇 개월 전부터 침략 계획을 조율해 오던 터였다. 수십 년이 지난 후 공개된 당시의 기밀문서에서도 확인되듯이, 이집트 대통령은 이스라엘이 이집트의 움직임을 훤히 알고 있을 것이라 추정했다. 하기야 병사와 군수 물자가 국경으로 이동하는 현상을 달리 어떻게 해석할 수 있었겠는가.

골다 메이어 수상은 정오경 긴급 국무 회의를 소집했다. 온라인 신문인 〈타임스 오브 이스라엘〉은 그날을 재구성하며 이렇게 적었다.

'메이어 수상의 얼굴은 창백했고 눈빛에는 힘이 없었다. 평소에는 깔끔하게 빗어 뒤로 넘겼던 머리칼도 부스스해서 뜬눈으로 밤을 하얗게 새운 듯한 모습이었다. …… 메이어 수상은 지난 며칠 동안의 보고서를 하나씩 되짚기 시작했다. 국경에서 갑작스럽게 불길한 기운을 띠기 시작한 아랍군의 배치, 이집트와 시리아를 황급히 떠난 소련군 고문들과 그 가족들, 항공 사진 등을 짚어 봤다. 예사롭지 않은 증거가 쌓여 가는데도 전쟁

은 없을 거라는 군 정보국의 일관
된 주장도 곰곰이 생각해 봤다.'

메이어 수상은 곧 최종 결론을
내렸다. 이스라엘은 6시간 내에
공격을 받게 될 것이라고!

그 후 이스라엘 정부는 긴박하
게 돌아갔다. 〈타임스 오브 이스
라엘〉은 당시 상황을 이렇게 묘사
했다.

'장관들은 망연자실할 수밖에
없었다. 그들은 아랍군의 군사력

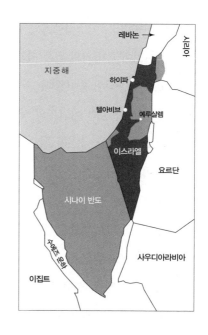

증강에 대해 보고 받은 적이 없었다. 최악의 상황에서도 전쟁이 일어나
기 48시간 전 군 정보국이 예비군의 동원령을 내리라는 정보를 전달할
것이란 이야기를 귀에 딱지가 앉도록 들어오지 않았는가!'[13]

그런데 양쪽의 전선에서 6시간 내에 전쟁이 터질 거라는 통지를 그제
야 받고 있었다. 예비군도 부분적으로 동원되었고, 휴일이었던 까닭에
병력이 신속하게 전선으로 이동할 수 있을지도 확실하지 않았다.

아랍군 공격은 메이어 수상의 예상보다 더 일찍 시작되었다. 국무 회
의가 시작되고 2시간 후 이집트 포병대가 시나이 반도에 포탄을 우박처
럼 떨어뜨리기 시작했다. 오후 4시에는 2만 3000명의 이집트군이 수에
즈 운하를 넘어 밀물처럼 공격을 해 왔다. 그날이 저물어 갈 무렵, 이집
트군은 이스라엘 영토를 3.2킬로미터까지 파고들었다. 500명의 이스라
엘 병사가 전사했다. 이집트군은 여세를 몰아 야미트와 압살롬을 향해

신속히 진격했고, 이스라엘 공군 기지까지 위협했다. 한편 반대편 국경에서는 시리아군이 거의 같은 시간에 보병과 탱크 및 전투기까지 동원해 골란 고원을 공격해 들어왔다.

그 후 24시간 동안 이집트와 시리아는 시나이 반도와 골란 고원을 깊숙이 파고들었지만 이스라엘은 허둥대며 제대로 대응하지 못했다. 결국 10만 명이 넘는 적군이 이스라엘 영토에 있게 되었다. 이집트군의 진격을 멈추는 데는 사흘이 걸렸고, 시리아군에 반격을 가할 때까지는 이틀이 걸렸다. 이렇게 전열을 정비하자 이스라엘의 월등한 화력이 확연히 드러났다. 이스라엘군은 시리아군을 다시 국경까지 밀어냈고, 그 과정에서 시리아군은 탱크 1500대 중 1000대를 잃었다. 며칠 후 이스라엘 방위군은 다마스쿠스 외곽을 포격하기 시작했다.

한편 이집트 대통령 안와르 사다트는 시나이 반도에서 더 많은 영토를 되찾는 동시에 반도 안쪽의 두 전략적 요충지를 차지하려고 위험한 공격을 감행했지만, 그 도박은 실패하고 말았다. 이스라엘군의 거센 반격에 이집트군은 후퇴할 수밖에 없었다. 10월 15일, 즉 이집트가 침략하고 9일이 지난 후 이번에는 이스라엘이 수에즈 운하를 넘어가 이집트 영토를 유린하기 시작했다. 수에즈 운하를 따라 주둔해 있던 이집트 제3군은 그 주 내내 이스라엘군에게 포위되어 군수품을 전혀 지원 받지 못했다. 북쪽에 있던 제2군도 거의 포위당한 상태였다. 이렇게 패전에 직면하자 사다트 대통령은 휴전을 제안했고, 미국과 소련의 지도자들에게 압력을 받은 이스라엘은 휴전 제안을 받아들였다. 전투는 10월 말에 멈추었지만, 전쟁은 공식적으로 1974년 1월 18일에 종결되었다. 이스라엘은 침략을 물리쳤지만 호된 대가를 치러야 했다. 1만 명 이상의 병사가 전사하거나 부상했다.[14] 한편 이집트와 시리아에서는 약 3만 명이 사망한 것으로 추정된다.

이스라엘의 한 언론은 전쟁 1주기를 맞아 다음과 같은 논평을 냈다.

'작년 속죄일에 우리는 소중한 것들을 잃었다. 국가는 다행히 파멸을 면했지만 우리 믿음은 무너졌고 신뢰는 훼손되었다. 우리 마음은 깊은 상처를 입었고, 한 세대를 거의 잃을 뻔했다.'[15]

한편 자와할랄 네루 대학교 역사학자 쿠마라스와미는 이렇게 말했다.

"4반세기가 지난 지금까지도 욤 키푸르 전쟁은 이스라엘 역사에서 가장 충격적인 사건으로 여겨집니다."[16]

그 침략이 남긴 심리적 상처가 너무 깊어 여전히 아물지 않았다는 뜻이다.

제이라는 국민의 불안감을 덜어 주겠다는 목표로 시작했고, 정부는 그의 조언을 믿고 따랐다. 그러나 확실한 대답을 제공하고 단호히 판단을 내리며 애매한 결정을 피해야 한다는 강박증 때문에 이스라엘 지도자들은 하마터면 이스라엘 자체를 잃을 뻔했다.

3. SMART 목표 : 있는지도 몰랐던 잠재 능력을 끌어내는 목표 설정법

그로부터 15년 후 지구 반대편에서 제너럴 일렉트릭(GE) 경영진은 생산성과 관련된 완전히 다른 유형의 목표가 존재할 것이라 생각하며, 서던 캘리포니아 대학교 조직 심리학자에게 몇몇 공장이 실패하는 이유를 파악하는 데 도움을 요청하는 계약을 맺었다.

그때가 1980년대 말이었고, 당시 GE는 미국에서 엑손의 뒤를 이어 두 번째로 시가 총액이 높은 기업이었다. GE는 전구부터 제트 엔진까지, 또 냉장고부터 철도 차량까지 거의 모든 것을 생산했고, NBC 방송국의 대주주로서 〈치어스〉, 〈코스비 가족 만세〉, 〈엘에이 로〉 등 미국을 대표하는 프로그램을 수백만 가정에 보급하고 있었다. GE에서 일하는 직원도 22만 명이 넘어 웬만한 미국 도시의 주민 수보다 많았다. GE의 경영진은 GE가 성공한 수많은 이유 중 하나로 목표 선정의 탁월함을 손꼽았다.[17]

1940년대 GE는 회사 차원의 목표 설정 시스템을 구축했고, 훗날 이 시스템은 전 세계의 표본이 되었다. 1960년대에는 GE의 전 직원이 그해의 목표를 편지 형식으로 작성해 직속상관에게 제출해야 했다. 하버드 경영대학원 학자들은 2011년 발표한 논문에서 '전 직원이 다음 단계의 목표가 무엇이고, 그 목표를 어떻게 달성할 것이며, 어느 정도의 수준을 기대할 수 있는지에 대해 언급한 편지를 상관에게 보내야 했다. 여러 번의 논의와 수정을 거친 후 상관이 그 편지를 받아들이면 그 편지가 일종의 노동 계약서가 되었다'라고 적었다.[18]

1980년대 들어 이 시스템은 이른바 '스마트 목표(SMART goals)'라는 시스템으로 발전해 모든 부서와 관리자가 분기마다 새롭게 목표를 설정해야 했다. 이 목표는 구체적이고(Specific), 측정 가능하며(Measurable), 성취할 수 있고(Attainable), 현실적이며(Realistic), 시간 계획표(Timeline)를 지켜야 했다. 한마디로 스마트 목표는 능력 범위 내에 있어야 하고, 실현하기 위한 구체적인 계획이 있어야 했다.

스마트 기준에 맞지 않는 목표가 하나라도 있을 경우 관리자는 고위 경영진의 승인을 받을 때까지 목적을 세부 사항까지 자세히 설명한 보고서를 몇 번이고 다시 제출해야 했다. 2007년 GE의 최고 인사 책임자로

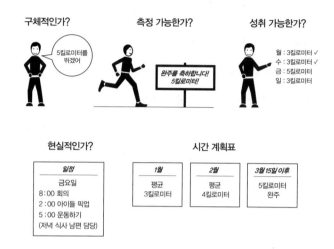

스마트 목표

구체적인가?
5킬로미터를 뛰겠어

측정 가능한가?
완주를 축합니다!
5킬로미터!

성취 가능한가?
월 : 3킬로미터 ✓
수 : 3킬로미터 ✓
금 : 5킬로미터
일 : 3킬로미터

현실적인가?

일정
금요일
8 : 00 회의
2 : 00 아이들 픽업
5 : 00 운동하기
(저녁 식사 남편 담당)

시간 계획표

1월	2월	3월 15일 이후
평균 3킬로미터	평균 4킬로미터	5킬로미터 완주

은퇴한 윌리엄 코너티는 스마트 목표를 다음과 같이 설명했다.

'구체화하는 과정이라 생각하면 된다. 상관인 관리자는 항상 이렇게 물었다. 구체적인 목표가 무엇인가? 목표를 성취하기 위한 시간표는 어떻게 되는가? 이 목표가 현실적이라는 걸 나에게 증명해 보라. 이런 과정을 거치고 나면 그 일이 어떻게 진행될 것인지 그런대로 뚜렷하게 머릿속에 그려지기 때문에 이 시스템에 효과가 있었던 것이다.'

스마트 목표라는 사고방식은 GE의 문화 전체에 스며들었다. 중간 관리자가 월별 목표를 설정하고 개인적인 목표를 실행에 옮기기 위한 스마트 작업 계획표를 작성하는 데 유익하게 활용할 수 있는 스마트 차트도 있었다. 스마트 목표가 확실한 효과를 거둘 것이란 GE의 믿음은 객관적인 과학에 근거한 것이었다.

1970년대 에드윈 로크와 게리 레이섬이란 두 심리학자는 목표를 설정하는 가장 효과적인 방법을 찾아내려는 실험을 통해 스마트 기준을 개발하는 데 도움을 주었다.[19] 레이섬이 1975년 시행한 실험에서, 연구자들은 한 대기업에서 가장 숙련되고 생산적인 타이피스트 45명을 선정해 문서를 얼마나 신속하게 타이핑하는지 측정했다.[20] 선정된 타이피스트들은 자신들이 회사에서 가장 뛰어난 타이피스트라는 걸 알았지만 얼마나 신속하게 타이핑하는지 측정해 본 적은 없었다. 실험 결과에 따르면, 그들은 평균적으로 시간당 95줄을 타이핑했다.

그 후 연구자들은 각 타이피스트에게 시간당 98줄이라는 구체적인 목표를 제시하고 시간당 기록을 직접 측정할 수 있는 방법을 알려 주었다. 또 연구자들은 타이피스트들과 일일이 대화하며 목표가 현실적이고, 굳이 필요하다면 목표를 재조정할 수 있다는 것도 알려 주었으며, 목표를 성취하려면 무엇이 필요한지에 대해서도 의견을 나누었다. 또한 각 타이피스트에게 목표 달성에 필요한 시간표도 작성해 주었다. 개인당 대화 시간은 15분 남짓으로 오래 걸리지 않았지만, 실험이 끝난 후 타이피스트들은 대화를 통해 무엇을 해야 하고 성과를 어떻게 측정하는지 충분히 알 수 있었다고 대답했다. 45명의 타이피스트가 각자 자신에게 적합한 스마트 목표를 갖게 된 것이다.

연구자들의 동료들은 스마트 목표가 타이피스트 성과에 영향을 미칠 거라고 생각하지 않는다며, 그렇게 생각하는 이유로 실험에 참가한 타이피스트들이 모두 오랜 경험을 지닌 전문가이기 때문이라고 말했다. 또 15분의 대화로는 20년 동안 매일 8시간씩 타이핑해 온 사람들에게 큰 차이를 만들어 내지 못할 것이란 의견도 있었다.

그러나 1주일 후 타이핑 속도를 다시 측정했을 때 타이피스트들 평균 속도는 시간당 103줄로 향상되었고, 1주일이 또 지난 후에는 112줄로 향상되었다. 대부분의 타이피스트가 처음에 설정한 목표를 가뿐히 뛰어넘었다. 연구자들은 타이피스트들이 그들을 놀라게 해 주려고 능력 이상으로 노력했을지도 모른다고 생각하고 석 달 후 모든 타이피스트의 타이핑 속도를 은밀히 다시 측정했다. 그 결과, 모두 똑같은 속도를 유지했고 일부는 훨씬 더 빨라진 솜씨를 과시했다.

2006년 로크와 레이섬은 목표 설정에 대한 연구들을 검토한 논문에서 구체적인 목표의 힘에 대해 다음과 같이 설명했다.

'실험실과 현장에서 실시한 400여 차례의 연구로 밝혀진 바에 따르면, 부담스럽더라도 구체적인 목표가 단순히 최선을 다하라는 식으로 권고하는 막연하고 추상적인 쉬운 목표보다 실행률이 더 높다.'

특히 스마트 목표 같은 목표는 우리가 보유하고 있는지조차 몰랐던 잠재력을 발휘하게 해 준다. 그 이유는 무엇일까? 스마트 시스템처럼 목표를 구체적으로 설정하는 과정은 우리에게 막연한 열망을 구체적인 계획으로 바꿔 보라고 강력히 요구하기 때문이다. 목표를 구체화하고 그 목표를 성취할 수 있다는 걸 증명하려면, 목표를 성취하는 과정에 필요한 단계들을 생각해 내야 한다. 처음에 세운 목표가 비현실적인 것이라 판명 나면 목표를 조금씩 수정해야 한다. 또 목표를 성취하기 위한 시간표와 성과를 측정하는 방법을 찾아내면, 좋은 의도만으로는 충분하지 않은 성공의 과정에 절제력을 더할 수 있다.

레이섬이 나에게 말했다.

"어떤 목표를 '스마트(SMART)'하게 분해한다는 것은 어떤 목표가 실현되기를 바라는 마음과 그 목표를 성취하는 방법을 생각해 내는 과정을 구분한다는 뜻입니다."[21]

GE의 최고 경영자 잭 웰치는 GE의 주가가 8년 만에 세 배 이상 상승한 데는 여러 이유가 있지만 스마트 목표를 집요하게 강조한 것도 주된 이유 중 하나라고 오래전부터 주장해 왔다. 그러나 직원들이 경영진의 요구를 받아들여 목표를 구체적으로 세웠다고 GE의 모든 부문이 순조롭게 운영되었던 것은 아니다. 스마트 목표를 완벽하게 세웠지만 눈에 띄는 성과를 거두지 못하는 부서가 여전히 많았다. 순이익을 남기던 부서가 한순간에 순손실을 기록했고, 나날이 성장하는 듯하던 부서가 하루아침에 무너져 내리기도 했다. 1980년대 말 GE의 경영진에게는 두 부서가 커다란 걱정거리였다. 한 곳은 노스캐롤라이나에 있는 원자력 발전 설비 공장이었고, 다른 한 곳은 매사추세츠에 있는 제트 엔진 공장이었다. 한때 GE에서 최고의 성과를 올리던 두 공장이 당시에는 근근이 명맥을 유지하는 수준이었다.

처음에 경영진은 이 공장들에 명확히 규정된 목표가 필요하다고 진단했다. 그래서 공장 관리자들에게 구체적인 목표를 준비하라 요구했고, 보고서를 몇 번씩 주고받은 끝에 구체적이고 명확하며 현실적인 목표를 찾아냈다. 스마트 목표의 모든 기준을 완벽하게 충족시키는 목표였다.

하지만 두 공장의 수익률은 여전히 뚝뚝 떨어졌다.

GE의 내부 컨설턴트들이 노스캐롤라이나 윌밍턴에 있는 원자력 발전 설비 공장을 방문했다. 그들은 직원들에게 주간 목표, 월간 목표, 분기 목표를 알려 달라고 요청했다. 한 공장 관리자는 반핵 시위가 공장 노동자의 사기를 떨어뜨린다고 생각했기 때문에 반핵 시위자들이 출근하는 직원들을 괴롭히는 걸 예방하는 것을 자신의 스마트 목표로 정했고, 그 목표를 달성하기 위해 울타리를 세우기로 했다고 대답했다. 구체적이고 합리적인 목표였고(울타리 길이는 약 15미터, 높이는 2.7미터였다), 명확한 시간 계획표도 있었으며(2월까지 완성하는 계획), 성취 가능한 목표였다(외부 하청 업체와 계약을 끝내 작업이 곧 시작될 예정이었다).

컨설턴트들은 매사추세츠의 린에 있는 제트 엔진 공장도 방문해서 여러 관련자를 면담했다. 한 총무과 직원은 자신의 스마트 목표가 공장 사무 용품을 주문하는 것이라며, 성취할 수 있고 현실적이며 측정 가능하고(6월까지), 명확한 시간 계획표(2월 1일 주문, 3월 15일 재주문 요청)까지 확정된 구체적인 목표(스테이플러, 볼펜, 탁상용 달력을 주문할 것)가 쓰인 스마트 차트를 그들에게 보여 주었다.

컨설턴트들이 두 공장에서 확인한 스마트 목표들은 아주 사소한 것들이었다. 직원들은 모든 스마트 기준을 만족시키는 방향으로 각자의 목표를 세우려고 노력하는 반면, 그 목표가 추구할 만한 가치가 있는지에 대해서는 거의 고민하지 않았다. 원자력 발전 설비 공장의 보안 요원들은 도난 방지라는 목표에 대해 광범위한 보고서를 작성했지만, 그 목표를 성취하기 위해 생각해 낸 계획이 공장을 출입하는 전 직원의 가방을 검색하는 것이어서 엄청난 시간이 걸렸다. 당시 컨설턴트로 활동한 브라이언 버틀러는 이렇게 지적했다.

'그 계획으로 도난은 사라졌을지 모르지만 공장의 생산성은 암담할 정도로 떨어졌다. 모두 늦지 않게 귀가하려고 과거보다 일찍 퇴근 준비를 서둘렀기 때문이다.'

컨설턴트들이 찾아낸 결과에 따르면, 두 공장의 고위 책임자들도 대수롭지 않더라도 성취 가능한 목표에 집착하며 야심만만한 원대한 계획보다 중요하지 않은 단기적 목표에 중점을 두었다.

컨설턴트들은 직원들에게 스마트 목표를 강조하는 GE의 경영 철학을 어떻게 생각하느냐고 물으면 성가신 관료주의를 불평하는 대답을 듣게 될 거라고 예상했다. 또 직원들이 '크게' 생각하고 싶지만 스마트 목표의 기준 때문에 끊임없이 방해받는다고 대답할 거라고 예상했다. 하지만 그런 예상은 완전히 빗나갔다. 직원들은 한결같이 스마트 시스템이 마음에 든다고 대답했다. 사무 용품을 주문하는 목표를 세운 총무과 직원은 그 목표를 이루어 낼 때마다 짜릿한 성취감을 맛본다고 대답했다. 이미 완결한 과제에 대한 스마트 보고서를 작성해 '완료' 서류철에 정리할 때마다 기분이 좋아진다고도 덧붙였다.

스마트 목표 등 목표를 결정하는 구조적인 방법을 연구한 학자들은 이런 현상이 특이한 것은 아니라고 말한다. 스마트 목표라는 시스템이 유용한 것은 분명하지만, 때로는 우리의 종결 욕구를 비생산적인 방향으로 자극할 수 있다. 실제로 로크와 레이섬은 1990년 발표한 논문에서 다음과 같이 밝혔다.

'(스마트 목표와 같은 목표들은) 우리 시야를 좁히고 즉각적인 결과를 얻는 데 더 많은 시간을 할애하도록 유도할 수 있다.'[22]

여러 실험에서 밝혀졌듯이, 스마트 목표를 세운 사람들은 상대적으로 쉬운 과제를 선택하고 프로젝트를 어떻게든 마무리해야 한다는 강박증에 시달릴 가능성이 크다. 또 목표가 일단 설정되면 업무의 우선순위를 동결할 가능성도 높다. 이런 이유에서 레이섬은 스마트 목표에 치명적인 단점이 있다고 말한다.

'(스마트 목표에 집착하면) 완료한 일을 업무 목록에서 지워 내는 것이 내가 올바른 방향으로 일하고 있는지 의문을 품는 것보다 더 중요하다고 생각하는 사고방식에 길들여진다.'[23]

GE는 내부 컨설턴트들의 조사에도 불구하고, 원자력 발전 설비 공장과 제트 엔진 공장의 생산성을 끌어올릴 확실한 방법을 찾을 수 없었다. 1989년 GE 경영진은 당시 서던 캘리포니아 대학교 경영 대학원 학장이던 스티브 커 교수에게 도움을 요청했다.[24] 심리학자인 커는 목표 설정 분야의 전문가였다. 그는 원자력 발전 설비 공장 직원들을 면담하는 것으로 작업을 시작했다. 커는 당시를 다음과 같이 회상했다.

"실제로 많은 직원의 사기가 꺾여 있었어요. 그들이 원자력 관련 회사에 입사한 이유는 세상을 변화시키고 싶었기 때문입니다. 그런데 스리마일 섬과 체르노빌에서 대규모의 방사능 누출 사고가 일어났고, 원자력 산업이 매일 언론의 도마에 올라 철저하게 난도질당하고 있었지요."

공장 노동자들과 관리자들이 커에게 단기적인 목표를 세우고 그 목표를 성취하는 것이 공장에서 얻는 몇 안 되는 작은 즐거움 중 하나라고 말했을 정도다.

커의 판단에, 원자력 발전 설비 공장의 생산성을 높이는 유일한 방법은 직원들에게 충격을 주어 단기적인 목표에 집착하는 마음가짐을 떨쳐내는 것이었다. 당시 GE가 고위 관리자들 사이에 시작한 일련의 회의는 직원들에게 더 크게 생각하고 장기적인 계획을 세우라고 독려할 목적에서 구상된 것으로 '워크아웃(work-out)'이라 불렀다.[25] 커는 이 회의를 두 공장의 평직원들에게도 확대하는 데 도움을 주었다.

워크아웃 규칙은 무척 간단했다. GE 직원이면 누구라도 GE가 마땅히 추구해야 한다고 생각하는 목표를 제안할 수 있다는 것이었다. 그 목표를 제안할 때 스마트 차트나 스마트 보고서 따위는 필요하지 않았다. 커의 표현을 빌리면, '논의될 수 없는 것은 없다!'라는 게 핵심 개념이었다. 관리자들은 어떤 제안이든 신속하게, 때로는 그 즉시 가부간에 결정을 내려 줘야 했다. 커가 당시를 회상하며 내게 말했다.

"우리는 관리자가 어떤 제안이라도 흔쾌히 인정해 주는 분위기를 조성하고 싶었습니다. 직원들로 하여금 먼저 목표를 원대하게 세우고 계획은 나중에 구체화하도록 유도하면 결국에는 더 크게 생각하지 않을까 여긴 겁니다."

직원들이 설익은 아이디어를 성급히 제안하더라도 관리자는 이런 식으로 말해야 했다.

"좋아! 그 제안이 지금 자네가 맡고 있는 프로젝트보다 크게 나을 것은 없지만 우리 팀의 지원이 더해진다면 대단한 계획으로 발전할 수 있을 거야."[26]

이렇게 어떤 목표가 승인되면, 팀원 모두 달려들어 그 목표를 스마트 기준에 따라 성취할 수 있는 방법을 결정하기 위한 과정을 공식적으로 시작했다.[27]

한편 매사추세츠 제트 엔진 공장이 시행한 워크아웃에서는 한 노동자가 상관들에게 연마기 보호막 설치를 외부에 위탁하고 있다며, 자체 제작하면 절반 비용으로 충분하다고 지적했다. 그러고는 대략적으로 그린 설계도를 펼쳐 보였다. 그의 제안에는 '스마트'한 면이 전혀 없었다. 그 제안이 현실적인지, 성취 가능한지, 또 성과를 객관적으로 측정할 만한 기준이 있는지도 불분명했다. 그러나 그 공장의 공장장은 설계도를 살펴보더니 생각을 바꿨다.

"시도해 볼 만한 제안이군."

그로부터 넉 달 후 설계도가 전문가에 의해 다시 그려졌고 대략적인 계획이 일련의 스마트 목표로 재조정된 끝에 마침내 첫 견본이 설치되었다. 제작하는 데 투자된 비용은 외부에 의뢰한 경우보다 80%나 적은 비용이었다. 그해 공장은 워크아웃에서 제안된 이런저런 아이디어 덕분에 20만 달러(2억 4000만 원)를 절약할 수 있었다. 당시 제트 엔진 공장에서 팀장으로 근무했던 빌 디마이오는 그때의 느낌을 잊을 수 없다고 했다.

"모두 아드레날린이 용솟음치는 기분을 느꼈습니다. 직원들이 제안한 아이디어들은 모두에게 용기와 힘을 북돋워 주었어요. 믿기지 않을 정도였습니다. 모두 신나게 일했고, 그들의 아이디어는 편견 없이 채택되었습니다."[28]

그 후 스티브 커는 워크아웃 프로그램을 GE 전체로 확대하는 데 큰 역할을 했다. 1994년 무렵까지 GE의 모든 직원이 적어도 한 번 이상 워크아웃 프로그램에 참여했다. 그로 인해 GE의 이익과 생산성이 증가하자, 다른 기업들의 경영진도 워크아웃을 모방한 프로그램을 도입하기 시작했다. 1995년 무렵에는 워크아웃을 시행하는 기업이 수백 곳에 달했다. 결국 커는 1994년 GE 정식 직원이 되었고, 나중에는 '최고 학습 관리자'로 승진했다. 커는 워크아웃 의미를 이렇게 설명했다.

"워크아웃은 직원들에게 더 크게 생각하는 자유를 부여함으로써 즉각적인 목표에 따른 심리적 영향을 상쇄했고 그 덕분에 성공할 수 있었습니다. 그 점이 주효했지요. 인간은 주변의 조건에 반응하는 법입니다. 당신이 성취 가능한 결과에 집중하라는 말을 반복해 듣는다면 성취 가능한 목표만을 생각할 것이고, 큰 꿈을 꾸지 않을 것입니다."

하지만 워크아웃도 완벽하지는 않았다. 워크아웃 프로그램에 참여하면 하루가 꼬박 걸린다는 단점이 있었다. 어떤 부서의 전 직원이 회의에 참석하면 공장이 생산을 늦추어야 한다는 뜻이다. 그래서 부서 단위나 공장 단위로 1년에 기껏해야 한두 번밖에 실시하지 못했다. 또한 워크아웃이 직원들을 자극하며 변화 욕구를 일깨워 주기는 했지만 그 효과가 단기간에 그치는 경우가 많았다. 1주일이 지나면 모두 과거의 습성이나 사고방식으로 되돌아갔다.

스티브 커와 그의 동료들은 직원들이 큰 꿈을 항구적으로 유지하는 분위기를 조성하고 싶었다. 어떻게 해야 항상 대범하게 생각하도록 직원들을 유도할 수 있을까?

4. 실현 불가능해 보이는 목표를 세워야 하는 이유

1993년, 정확히 말하면 GE의 최고 경영자로 승진하고 12년이 지난 후 잭 웰치는 도쿄로 출장을 떠났다. 그곳에서 의료용 검사 장비를 제작하는 공장을 방문한 그는 일본 철도 시스템에 대한 이야기를 들었다.[29]

1950년대, 제2차 세계 대전의 참상으로부터 힘겹게 벗어나는 동안 일본은 국가 경제 성장에 전력을 기울였다. 대다수 국민이 도쿄와 오사카 및 철로로 515킬로미터밖에 떨어지지 않은 두 도시 사이에 거주했고, 매일 수만 명의 주민이 두 도시를 왕복했다. 또한 엄청난 양의 산업재가 철로로 운송되었다. 그러나 일본은 지형적으로 산이 많은 데다 철도 시스템이 상당히 낡아 두 도시 사이를 여행하는 데 거의 20시간이 걸렸다. 그래서 1955년 일본 철도청장은 일본 최고의 공학자들에게 '더 빠른 기차

를 발명하라'는 도전 의식을 고취하는 과제를 던졌다.[30]

6개월 후 한 연구 팀이 시속 105킬로미터로 달릴 수 있는 기관차를 공개했다. 시속 105킬로미터는 여객 열차로는 당시 세계에서 가장 빠른 속도였지만, 일본 철도청장은 그 정도로는 충분하지 않다고 말했다. 그는 시속 190킬로미터 이상으로 달리는 기관차를 원했다.[31]

공학자들은 그 목표가 현실적이지 않다며, 기차가 그 속도로 급커브를 틀면 원심력 때문에 탈선할 수밖에 없다고 주장했다. 시속 110킬로미터가 그나마 현실적이었고, 120킬로미터까지는 그런대로 고려할 만한 목표였다. 그보다 빠른 속도로 달리면 기차가 탈선할 가능성이 컸다.

하지만 철도청장이 의문을 제기했다. 기차가 꼭 커브를 틀어야 할 이유가 있는가?

공학자들은 두 도시 사이에 산이 많기 때문이라고 대답했다.

그럼 터널을 뚫으면 되지 않는가?

산악 지역에 터널을 뚫을 때 요구되는 노동비는 제2차 세계 대전 후 도쿄를 재건하는 데 필요한 비용과 엇비슷했다.

다시 3개월 후 공학자들은 시속 120킬로미터로 달릴 수 있는 기관차를 선보였다. 철도청장은 시속 120킬로미터로는 일본을 전혀 바꿔 놓을 수 없다고 공학자들을 호되게 질책했다. 꾸준한 경제 성장을 뒷받침하려면 수송 체계의 점진적인 개선이 필수라는 게 철도청장의 생각이었고, 국가 수송 체계를 획기적으로 바꾸는 유일한 방법은 철도 운영 방식을 전면적으로 재편하는 것이었다.

그 후 2년 동안 공학자들은 실험을 거듭했다. 그들은 차량마다 자체 엔진을 지닌 열차를 설계했고, 마찰력을 최소화하며 맞물리는 전동 장치를 개발하기도 했다. 또 새롭게 개발한 철도 차량이 일본의 기존 궤도에는 너무 무겁다는 게 밝혀지자 철도를 강화해 안전성을 더했지만 차량 속도에는 시속 1킬로미터 남짓을 더할 뿐이었다. 이처럼 크고 작은 수많은 혁신이 있었고, 그때마다 기차는 전보다 조금씩 빨라졌다.

1964년 세계 최초의 초고속 열차 도카이도 신칸센이 도쿄를 출발했다. 일본 산악 지대를 관통한 터널을 지나 신오사카 역까지 연결된 장대 레일을 따라 달린 신칸센은 첫 운항을 3시간 58분 만에 끝냈다. 평균 속도가 시속 193킬로미터였다. 수백 명의 구경꾼이 오사카에 도착하는 신칸센을 보려고 전날 밤부터 기다리고 있었다. 곧이어 다른 초고속 열차들이 다른 도시들을 달리며 일본의 눈부신 경제 성장을 뒷받침했다. 2014년 발표된 한 연구에 따르면, 1980년대 일본의 경제 성장을 이끄는 데 초고속 열차 개발이 큰 역할을 한 것으로 밝혀졌다.[32] 일본에서 초고속 열차가 개발되고 10년이 지난 후 프랑스와 독일, 오스트레일리아가 초고속 열차 프로젝트를 시작했고, 그때부터 세계 전역에서 산업의 지형이 혁명적으로 바뀌었다.

잭 웰치에게 신칸센 이야기는 일종의 계시였다. 그는 일본 출장을 끝내고 미국으로 돌아오자마자 스티브 커에게 GE에도 유사한 도전 정신, 즉 대담한 목표를 향한 범기업 차원의 헌신적 도전이 필요하다고 말했다. 모든 부서와 경영진이 한 발짝이라도 앞으로 나아가려면 구체적이고 성취 가능하며 시의적절한 목표를 설정하는 데 그치지 않고 도전적인 목표를 찾아낼 수 있어야 했다. 도전적인 목표는 처음에는 어떻게 성취해야 할지 모를 정도로 야심적인 목표를 뜻한다. 웰치는 GE 직원이면 누구나 '초고속 열차 사고방식'에 동참해야 한다고 말했다.[33]

1993년 잭 웰치는 주주들에게 편지를 썼다.

'도전적인 목표는 GE에서 3~4년 전만 하더라도 비웃음까지는 아니어도 헛웃음을 자아냈던 개념입니다. 어떻게 실현할지에 대한 구체적인 계획도 없이 꿈을 비즈니스 목표로 삼겠다는 뜻이니까요. 하지만 그 목표를 어떻게 성취할 수 있는가를 알고 있다면 그것은 도전적인 목표가 아닙니다.'

웰치가 일본에 다녀오고 6개월이 지난 후 GE의 모든 부서가 도전적인 목표를 설정했다. 항공 엔진을 제작하는 부서는 완성된 엔진에서 결함의 수를 25% 줄이겠다는 목표를 세웠다. 그 부서 관리자들은 그 정도는 쉽게 달성할 수 있으리라 생각했다. 그들이 그때까지 엔진에서 찾아낸 결함들은 약간 어긋난 전선이나 별로 중요하지 않은 긁힌 흔적 등 주로 외적인 문제에 불과했기 때문이다. 그보다 중대한 결함들은 엔진이 출하되기 전에 거의 완벽하게 수정되었다. 관리자들은 양질의 검품 전문가를 고용하면 크게 힘들이지 않고도 외적인 결함을 줄일 수 있으리라 생각했던 것이다.

웰치는 결함을 줄이겠다는 목표를 현명한 목표라 칭찬하며, 그들에게 불량률을 70% 줄이라고 지시했다.

관리자들은 말도 안 되는 과도한 목표라고 반발했다. 엔진은 하나의 무게가 5톤에 달하고 1만 개 이상의 부품으로 이루어지기 때문에 엔진 제작은 무척 복잡한 작업이었다. 단번에 불량률을 70% 줄인다는 것은 거의 불가능한 일이었다.

하지만 웰치는 그들에게 3년의 시간을 주겠다고 대답할 뿐이었다.

부서 관리자들은 공황 상태에 빠졌지만, 곧 정신을 가다듬고 이전 12

개월 동안 발견된 모든 오류를 분석하기 시작했다. 곧 그들은 양질의 검품 전문가를 고용하는 것만으로는 큰 효과를 기대할 수 없다는 걸 깨달았다. 오류를 70%까지 줄이려면 직원 모두 최고의 품질 관리자가 되는 수밖에 없었다. 모두 결함을 찾아내는 책임자가 되어야 한다는 뜻이었다. 그러나 대부분의 공장 노동자는 작은 결함을 빠짐없이 찾아낼 정도로 엔진에 대해 많은 것을 알지 못했다. 그렇다면 유일한 해결책은 대대적인 재교육이었다.

하지만 재교육도 실질적인 효과는 없었다. 9개월간의 재교육이 있은 후에도 불량률은 50% 정도밖에 떨어지지 않았다. 관리자들은 엔진에 관련된 전문 지식을 지닌 직원들, 즉 엔진이 어떻게 작동되는지 알기 때문에 잘못된 곳을 상대적으로 쉽게 찾아낼 수 있는 직원들을 채용하기 시작했다. 노스캐롤라이나 더럼에 있는 CF6 엔진 공장은 엔진 제작에 관련된 연방 항공청 자격증을 취득한 후보자 중에서만 직원을 선발하겠다는 결정을 내렸다. 하지만 그런 노동자를 원하는 공장은 어디에나 많았다. 그들을 GE 공장으로 데려오려면 그들에게 더 많은 자율권을 주겠다고 약속하는 수밖에 없었다. 출퇴근 시간을 마음대로 정하고, 그들이 원하는 방식으로 팀을 꾸릴 수 있는 권한까지 주었다. 그 때문에 공장은 중앙에서 작업 시간을 관리하는 방법을 포기해야 했고, 팀들이 자주적으로 작업 시간을 결정해야 했다.[34]

잭 웰치가 항공 엔진 제작 부서에 요구한 목표, 즉 불량률을 70% 줄이라는 도전적인 목표는 꿈과 같은 것이었다. 그 목표를 성취하려면 노동자들을 교육시키는 방법, 직원을 채용하는 방법, 공장을 운영하는 방법 등 거의 모든 것을 바꿔야 했다. 결국 더럼 공장 관리자들은 조직표를 없애고 업무 배분 방식을 개편하는 등 모든 것을 바꿔 갔다. 또한 더럼 공장에 필요한 사람은 팀원으로서 협력을 중시하고 유연한 사고방식을 지녀야 했기 때문에 직원을 채용하는 방법까지 바꾸었다. 웰치가 제시한 도전적인 목표가 연쇄 반응을 일으키며, 전에는 상상조차 하지 못한 방식으로 엔진을 제작하게 되었다. 1999년 무렵 엔진당 결함 수는 75% 떨어졌고, 더럼 공장은 38개월 동안 단 한 건의 인도도 연기하지 않는 신기록을 세웠다. 더구나 제작 비용도 매년 10% 낮추었다. 스마트 목표로는 결코 이루어 낼 수 없는 성과였다.[35]

도전적인 목표의 효과에 대해서는 학문적으로도 많은 연구가 진행되었고, 겉으로는 능력 범위를 넘어선 듯한 야심적인 목표에 매진하면 혁신과 생산성에서 큰 도약을 이루어 낼 수 있다는 게 입증되었다. 1997년 모토롤라의 사례를 연구한 결과에서도 회사가 도전적인 목표를 전 직원에게 내린 후 새로운 제품을 개발하는 시간이 10분의 1로 줄어들었다는 게 확인되었다.[36] 3M의 경우에는 도전적인 목표가 스카치테이프와 신슐레이트(3M이 개발한 단열 소재) 같은 혁신적인 발명품 개발에 큰 역할을 해냈다.[37] 도전적인 목표는 그 밖에도 유니언 퍼시픽 철도 회사와 텍사스 인스트루먼트, 워싱턴과 로스앤젤레스 공립 학교들을 탈바꿈시키는 데도 주도적인 역할을 했다. 체중을 크게 줄이거나 말년에 아마추어 마라톤 선수로 변신하는 데 성공한 사람들을 조사한 결과에서도 도전적인 목표가 그들의 성공에 중대한 역할을 했다는 게 확인되었다.

2011년 《경영 아카데미 리뷰》에 발표된 한 논문은 도전적인 목표를 '현실 안주를 거부하고 새로운 사고방식을 고취하는 방향으로 당사자들에게 충격을 주는 사건'이라고 정의하며 이렇게 주장했다.

'도전적인 목표는 집단의 열망을 인위적으로 크게 높임으로써 눈높이를 새로운 미래에 맞추게 하며 조직의 에너지를 극단적으로 끌어올릴 수 있다. 또한 도전적인 목표는 실험과 혁신, 폭넓은 조사와 신명 나는 업무를 통해 탐색 학습을 유도할 수 있다.'[38]

하지만 도전적인 목표에도 주의할 점이 있다. 몇몇 연구에서 밝혀졌듯이, 도전적인 목표가 독창적이고 대담하면 혁신을 불러일으킬 수 있다. 하지만 목표가 지나치게 거창하면 조직원들을 공황 상태에 몰아넣으며 성공이 불가능하다는 확신을 심어 줄 수 있다. 놀라운 결과를 빚어내겠다는 야심을 조직원들에게 불어넣는 목표와 오히려 사기를 꺾어 놓는 목표가 분명하게 구분되지는 않는다. 그래서 도전적인 목표가 조직원들에게 용기를 북돋워 주려면 때로는 스마트 목표와 병행될 필요가 있다.

도전적인 목표와 스마트 목표, 둘 다 필요한 이유는 무엇일까? 대담하고 독창적인 목표는 그 자체로 두려움의 대상이 될 수 있기 때문이다. 또 도전적인 목표는 어떻게 시작해야 하는지 분명하지 않을 때도 많다. 도전적인 목표가 단순한 열망을 넘어서려면, 아득한 목표를 일련의 현실적인 단기적 목적들로 변환하는 방법을 조직원들에게 보여 주는 절제된 태도와 마음가짐이 필요하다. 스마트 목표를 세우는 방법을 아는 사람이라면 원대한 목표를 관리 가능한 부문으로 분해하는 문화에도 익숙한 사람일 가능성이 크다. 그들은 겉보기에 감당하기 힘들 듯한 목표가 주어질 때 그 목표에 어떻게 접근해야 하는지를 알고 있다. 도전적인 목표는 스마트 목표와 관련된 사고방식과 짝을 맺을 때 불가능한 것도 성취 가능한 범위 안으로 끌어올 수 있다.

듀크 대학교 연구진이 시행한 실험을 예로 들어 보자. 연구진은 운동

선수들에게 트랙을 한 바퀴 달리되 결승선을 200미터쯤 남겨 놓은 곳에서 신호가 떨어지면 전력 질주해 10초 내에 들어와 달라고 요구했다. 실험에 참가한 선수들은 전력 질주해야 할 거리를 멀리에서 보는 것만으로도 그 목표가 터무니없다는 걸 알고 있었다. 200여 미터를 10초 안팎으로 달리는 선수는 세상 어디에도 없다. 운동선수들은 첫 실험에서 전력 질주해 10초 동안 평균 59.6미터를 달렸다.

며칠 후 똑같은 참가자들에게 똑같은 과제를 주었지만 이번에는 결승선을 100미터쯤 남겨 놓은 곳에서 신호를 보내기로 했다. 그 목표도 여전히 호기로운 수준이었지만 가능한 범위 내에 있었다(우사인 볼트가 2009년 100미터를 9.58초에 뛰었다는 사실을 기억해 보라!). 이번 실험에서 선수들은 10초 동안 전력 질주해 평균 63.1미터를 뛰었다. 연구자들 표현대로 '육상 기록을 기준으로 하면 엄청난 발전'이었다.

이처럼 눈에 띄는 향상이 일어난 이유는 무엇일까? 100미터로 짧아졌지만 여전히 도전 의식을 고취하는 목표가, 노련한 운동선수들이 흔히 사용하는 심성 모형과 체계적인 계획 수립으로 이어졌기 때문이다. 목표 거리가 짧아진 덕분에 운동선수들은 운동할 때처럼 도전적인 목표를 성취 가능한 스마트 목표들로 분해할 수 있었다. 연구자들의 지적대로 '실험에 참여한 선수들이 항상 규칙적으로 운동하고 있었기 때문에' 100미터를 10초 안에 뛰어야 한다는 과제가 주어졌을 때 그들은 그 과제를 어떻게 해결해야 하는지 알았다.[39] 그들은 그 과제를 여러 조각으로 분해하고, 단거리선수처럼 그 과제에 접근했다. 처음에는 힘껏 출발했고, 중간쯤에는 다른 선수들과 보조를 맞추었으며, 마지막 몇 초를 남겨 두고는 혼신의 힘을 다해 질주했다. 하지만 200미터를 10초 안에 달려야 하는 과제가 주어졌을 때는 그 과제를 현실적으로 해결할 방법이 없었다. 그 문제를 관리 가능한 부분들로 분해할 방법이 없었다. 적용할 만한 스마트 기준이 없었던 것이다. 한마디로 그 과제는 원천적으로 실현 불가능한 것이었다.

워털루 대학교,[40] 멜버른 대학교[41] 등 적잖은 대학교에서 시행한 실험들에서도 유사한 결과가 도출되었다. 도전적인 목표는 놀랄 만한 혁신을 유발할 수 있지만, 그 목표를 구체적인 계획들로 분해하는 시스템을 갖추고 있어야만 가능하다.

이 결과는 우리 삶에서 가장 일상적인 부문에도 적용된다. 할 일을 적은 목록을 예로 들어 보자. 캐나다 칼턴 대학교 심리학자 티머시 피첼은 나에게 말했다.

"할 일을 적은 목록을 제대로 사용한다면 엄청난 효과를 기대할 수 있습니다. 하지만 '때때로 나는 쉽게 해낼 수 있는 일들을 적는다. 하나씩 지워 가면 기분이 좋아지기 때문이다'라는 생각으로 그런 목록을 이용한다면 전적으로 잘못된 것입니다. 생산적으로 일하기 위해서가 아니라 기분 회복 목적으로 그 목록을 사용한다는 뜻이니까요."

일련의 단기적 목표만을 목록에 적는다면 과제 하나를 끝낼 때마다 얻는 만족감에 뇌가 길들어진다. 과제 목록 문제점이 바로 여기에 있다. 우리에게는 종결 욕구가 있어서 어떤 목표가 적절한지 의문을 품지도 않고 그 목표를 동결하는 경향을 띤다. 그래서 원대하고 많은 생각이 필요한 보고서를 작성하는 대신 사소하고 하찮은 메일에 답장하며 많은 시간을 보내게 된다. 그렇게 하면 받은편지함을 깨끗하게 처리했다는 만족감을 얻기 때문이다.[42]

언뜻 생각하면, 과제 목록을 도전적인 목표로 가득 채우면 그 문제가 해결될 듯하다. 하지만 원대한 꿈을 목표로 쓴다고 그 꿈의 성취가 보장되는 것은 아니다. 실제로 많은 연구에서 밝혀졌듯이, 원대한 목표만 잔뜩 나열된 목록이 눈앞에 주어지면 대부분 지레 겁을 먹고 시도조차 하지 않고 포기해 버린다.

이때는 도전적인 목표와 스마트 목표를 병행하는 목록을 작성하는 방법이 하나의 해결책일 수 있다. 당신이 꿈꾸는 원대한 야심들을 떠올려 보라. 크게 꿈을 꾸고 마음껏 상상해 보라. 나만의 사업으로 성공하겠다거나 마라톤을 완주하겠다는 목표, 즉 언뜻 생각하면 불가능하게 여겨지는 목표를 세워 보라.

다음에는 하나의 목표를 선택해 단기적으로 어떤 단계를 거쳐야 하는지 분해해 보라. 예를 들어 다음과 같은 질문을 자신에게 던져 보라. 당장 내일, 혹은 다음 주나 다음 달까지 현실적으로 어느 정도나 발전을 이룰 수 있을까? 3주 후에는 현실적으로 몇 킬로미터나 달릴 수 있을까? 더 큰 성공을 이루어 내기 위해 구체적으로 어떤 단기적 단계를 거쳐야 하는가? 어떻게 시간표를 작성해야 합리적인가? 6개월이나 1년 후 창업할 수 있을까? 어느 정도 발전하고 성장했는지 어떻게 측정할 것인가? 심리학에서 이런 작은 목표는 '근접 목표'라 일컬어진다. 원대한 꿈을 근접 목표로 분해하면 크나큰 목표를 성취할 가능성이 더욱 높아진다는 게 많은 연구에서 입증되었다.

과제 목록을 작성할 때 도전적인 목표를 가장 위에 쓰고(신경학과 정신의학의 접점을 찾겠다는 목표를 설명하는 연구 시행), 그 아래에는 도전적인 목표를 성취하기 위해 어떻게 해야 하는지를 명확히 알려 주는 작은 과제

목표 설정 절차

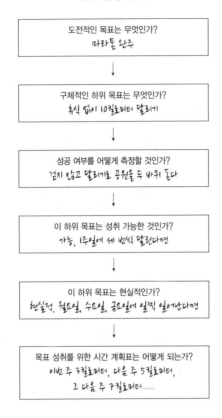

들을 하나씩 기록해 보라(구체적인 목표 : 연구 보조금 신청서를 다운로드 한다. 시간표 : 내일까지). 이에 대해 피첼은 다음과 같이 말했다.

"이런 식으로 나는 다음에 무엇을 해야 하는지를 끊임없이 파악하지만, 더 큰 목표를 항상 기억해 두고 있어요. 단지 작은 만족감을 얻으려는 목적으로 사소한 것들을 행하는 데 급급하지 않습니다."

우리에게는 도전적인 목표와 스마트 목표, 둘 다 필요하다. 그런 크고 작은 목표를 어떤 이름으로 칭하느냐는 그다지 중요하지 않다. 또 당신의 근접 목표가 모든 스마트 기준을 충족하느냐 그렇지 않느냐도 중요하지 않다. 중요한 것은 원대한 꿈을 품고, 그 꿈을 현실적이고 구체적인 계획으로 환원하는 방법을 찾아내는 시스템을 갖추는 것이다. 이런 조건이 갖추어지면 과제 목록에서 작은 과제들을 하나씩 지워 갈 때 당신은 정말 중요한 것에 점점 가까이 다가가게 된다. 그렇기 때문에 포괄적이면서도 '스마트'한 것에서 눈을 떼지 말아야 한다.

스티브 커는 목표 연구가 오로지 GE만을 위한 것이었다고 했다.

"우리 연구가 GE 밖의 조직과 사람들에게도 큰 영향을 미칠 거라고는 생각하지 못했습니다."

스마트 목표와 도전적인 목표를 동시에 받아들인 GE의 방식은 학문적으로도 분석되었을 뿐 아니라 심리학 교과서에서도 다루어졌고, 미국 경제계 전체로도 확대되었다.[43] 커는 이런 현상에 대해 다음과 같은 결론을 내렸다.

"목표를 다른 식으로 생각해 보라고 요구하는 것만으로도 조직원 행동 방식을 바꿀 수 있다는 게 입증된 셈이지요. 목표를 다르게 생각하는 법을 알아내면 거의 모든 것을 이루어 낼 수 있을 것입니다."

5. 생각의 힘 : 놀라운 성공을 위한 마지막 조건

욤 키푸르 전쟁(제4차 중동 전쟁)의 마지막 전투가 있고 27일이 지난 후 이스라엘 의회는 거의 무방비 상태로 적의 공격을 받았던 이유를 조사하기 위한 조사 위원회를 구성했다. 조사 위원들은 140회의 회의를 가졌고, 골다 메이어 수상과 모셰 다얀 국방 장관 및 엘리 제이라 군사 정보국 국장을 비롯해 모두 58명의 증인으로부터 증언을 들었다.

조사 위원회는 사태를 냉정하게 판단했다.

'욤 키푸르 전쟁이 있기 전 군사 정보국 조사과는 많은 경고 신호를 받았다.'[44]

이스라엘이 방심해서 허를 찔렸다는 사실을 부인할 수 없었다. 제이라와 그의 동료들은 위험을 알리는 확실한 징조를 무시했고, 다른 리더들이 본능적으로 반응하려는 것을 막았다. 물론 조사 위원들 지적대로 악의에서 빚어진 실수는 아니었지만, 제이라와 그의 부관들은 불필요한 공포심을 차단하고 단호한 결정을 내려야 한다는 강박증에 사로잡혀 정작 가장 중요한 목표, 즉 이스라엘을 안전하게 지켜야 한다는 목표를 잊고 말았다.

이런 조사 보고서가 발표되고 1주일 후 골다 메이어 수상은 사임했다. 한때 영웅으로 추앙받던 모셰 다얀도 호된 비판에 시달렸고, 결국 6년 후 세상을 떠났다. 엘리 제이라도 군사 정보국 국장직을 내려놓았을 뿐만 아니라 공직에서도 완전히 물러나야 했다.

욤 키푸르 전쟁을 예측하지 못한 제이라의 실패에서, 목표가 우리 심리에 어떻게 영향을 미치는가에 대한 교훈이 재확인된다. 제이라는 도전적인 목표와 스마트 목표를 동시에 사용하며, 명백한 전쟁 신호까지 무시하도록 이스라엘 지도자들을 설득했다. 제이라에게는 이스라엘 국민을 괴롭히는 불안의 고리를 끊겠다는 분명하고 원대한 목표가 있었고, 끝없는 토론과 추측을 종식시키는 것도 그의 크나큰 목표의 하나였다. 이런 원대한 목표들을 작은 조각들로 분해하기 위해 제이라는 구체적이고 성취 가능하며 현실적인 근접 목표들, 또한 시간표에 따라 차근차근 완성해야 할 근접 목표들을 찾아냈고, 이런 의도에서 정보국을 단계적으로 개편했다. 제이라는 레이섬과 로크 같은 심리학자들이 크고 작은 목표를 성취하기 위해 반드시 해야 한다고 말한 것들을 빠짐없이 해냈다.

하지만 종결 욕구만이 아니라 어떤 식으로든 해결된 의문은 다시 재론하지 않으려는 그의 편협성이 이스라엘이 적의 공격을 예측하는 데 실패한 결정적인 이유 중 하나였다. 이는 때로는 도전적 목표와 스마트 목표 자체만으로는 충분하지 않다는 걸 보여 준 좋은 예다. 대담한 야망과 철저한 계획을 갖추었더라도 우리는 매일 한 걸음쯤 옆으로 물러나 합당한 목표를 향해 다가가고 있는지 생각하는 시간을 가져야 한다. 확실한 것은 성공의 모든 조건을 갖추더라도 여전히 필요한 것은 '생각하는 힘'이라는 사실이다.

2013년 10월 6일, 욤 키푸르 전쟁 40주기를 맞아 엘리 제이라는 텔아비브에서 국가 안보를 전공하는 학자들을 앞에 두고 연설을 했다. 어느새 여든다섯 살 노인이 된 까닭인지 강연대로 올라서는 그의 걸음걸이가 약간 휘청거렸다. 제이라는 손으로 쓴 원고를 보며 띄엄띄엄 말했다. 그는 자신의 입장을 변호해 보려 강단에 선 것이라며, 이런저런 실수가 있었지만 전적으로 본인 잘못만은 아니라고 말했다. 모두 확신하는 태도를 조금만 줄이고 한층 신중해야 한다는 걸 알았지만 그렇게 행동하지 못했다며 모두의 잘못이라고 변명했다.[45]

청중석에 앉아 있던 옛 동료가 그를 힐난하기 시작했다.

"소설 쓰십니까? 거짓말하지 마십시오!"[46]

제이라가 대답했다.

"여기는 군사 법정이 아닙니다."

제이라는 자신만의 잘못으로 전쟁이 일어난 것은 아니라고 되풀이했다. 누구도 가장 겁내던 가능성, 즉 전면전의 가능성을 직시하지 않으려 했던 것이다.

그러나 곧이어 제이라는 반성하는 태도를 보이며 자신의 잘못을 인정했다. 외견상 불가능해 보이는 것을 무시하고, 자신의 직책에 걸맞게 모든 가능한 대안을 철저히 생각하고 분석하지 못한 잘못을 저질렀다고 시인했다.

제이라가 뜻밖의 말을 했다.

"나는 항상 주머니에 종이쪽지를 갖고 다녔습니다. 그 작은 종이쪽지에는 '만약 그렇지 않다면?'이라 쓰여 있었지요."

그 쪽지는 제이라에게 뭔가를 종결하고 단호하게 보이려는 욕망은 약점일 수 있다는 걸 떠올려 주는 부적이었다. 그 쪽지는 그에게 더 큰 의문을 던지라고 요구하는 자극제였다.

"욤 키푸르 전쟁이 일어나기 며칠 전부터 나는 그 작은 쪽지를 읽지 않았습니다. 그것이 큰 실수였습니다."

MANAGING OTHERS
회사

▼

**유능한 이들을
내 편으로 만들고 싶은 사람들에게**

—

FBI도 놀란 권한 위임의 효과

1. 아무도 쓰지 않는 FBI의 2040억 원짜리 수사 프로그램

프랭크 얀센이 자전거 타기를 끝내고 집으로 막 돌아온 직후였다. 느닷없이 현관문 두드리는 소리가 들렸다. 화창한 토요일 아침이었고, 몇 구역 떨어진 곳에서는 아이들이 축구공을 차고 있었다. 얀센은 창밖을 내다보았다. 클립보드를 쥔 여자와 카키색 바지, 버튼다운 셔츠를 입은 두 남자가 눈에 들어왔다. 설문 조사를 하는 것일까? 자기네 종교를 알리려는 선교사들일까? 얀센은 그들이 어떤 용무로 집 앞에 서 있는지 몰랐지

만 그들 때문에 시간을 허비하고 싶지는 않았다.[1]

얀센이 현관문을 열자 그들은 얀센을 힘껏 밀치며 안으로 들어왔다. 한 사람이 재빨리 얀센을 움켜잡고 벽으로 떠밀더니 곧바로 바닥에 내동댕이쳤다. 그러고는 허리춤에서 권총을 꺼내 얀센의 얼굴을 힘껏 내리쳤다. 다른 남자는 전기 충격기를 얀센의 상반신에 대고 방아쇠를 당겼다. 그 순간, 예순세 살의 프랭크 얀센은 온몸이 마비되었다. 곧바로 두 남자는 플라스틱 결속기로 얀센의 두 손을 묶어 그를 밖으로 끌고 나가더니 차도에 대기하고 있던 은색 닛산 자동차 뒷좌석으로 밀어 넣었다. 두 남자가 얀센의 양편에 앉고 여자가 운전자 옆 조수석에 앉았다. 조금씩 의식을 되찾은 얀센은 양편의 납치자들을 밀치기 시작했다. 그들은 얀센을 바닥으로 밀쳐 내고 다시 전기 충격을 가했다. 자동차는 큰길로 나와 서쪽으로 향했고, 아이들이 축구공을 차는 운동장을 지났다. 한 남자가 담요로 얀센의 몸을 덮었다. 자동차는 고속 도로로 올라가 남쪽으로 향하는 차량 물결로 숨어들었다.*

얀센의 아내는 그로부터 1시간 후에야 귀가해서 집이 텅 비고 현관문이 살짝 열려 있는 걸 보았다. 남편의 자전거는 차고에 기대져 있었다. 산책을 나간 것일까? 처음에 얀센의 아내는 이렇게 생각했지만 1시간이 지난 후에도 남편은 돌아오지 않았다. 그녀는 걱정을 떨쳐 내지 못하고, 남편이 쪽지를 남겨 놓았을지도 모른다는 생각에 차도에서 현관까지 주

---

* 이 장을 요약한 원고를 FBI에 보냈다. FBI 반응에 대해서는 책 뒤에 실은 주를 참조하기 바란다. 얀센 가족에게도 전화와 메일을 통해 논평을 거듭 부탁했지만 그들은 한 번도 응답하지 않았다. 이 사건에 관련된 자세한 내용은 법원 서류와 인터뷰 및 권말의 주에 언급된 자료들에서 구한 것이다. 여기서 다룬 몇몇 범죄 행위는 이 글을 쓰던 당시에도 법원에서 최종 판결이 내려지지 않아, 입증된 사실이 아니라 혐의에 불과하다는 점을 밝혀 둔다. 더 자세한 내용에 대해서는 권말의 주와 혐의자들의 변호사가 보낸 답변서를 참조하기 바란다.

변을 샅샅이 뒤졌다. 현관 입구에서 약간의 핏자국을 발견했다. 그녀는 겁에 질려 차도 주변을 살폈다. 더 많은 핏자국이 눈에 띄었다. 그녀는 황급히 딸에게 전화를 걸어 상황을 알렸고, 딸은 어머니에게 즉시 경찰에 연락하라고 말했다.

그녀가 경찰에게 설명한 바에 따르면, 프랭크 얀센은 국가 안보를 다루는 한 회사의 컨설턴트였다. 곧바로 그녀 집은 경찰 순찰차들이 에워쌌고, 범죄 현장을 상징하는 노란 테이프가 둘러졌다. 검은색 SUV가 줄지어 도착해 FBI 수사 팀이 쏟아져 나왔다. 그들은 약품을 뿌려 지문을 채취했고 잔디밭의 의심스러운 흔적들을 사진에 담았다. 그 후 이틀 동안 수사관들은 얀센의 휴대폰 기록을 조사하고 이웃과 동료들을 탐문했지만, 사건의 단서를 전혀 찾아낼 수 없었다.

납치 사건이 있고 사흘이 지난 후인 2014년 4월 7일, 한밤중에 얀센 부인의 핸드폰이 울렸다. 문자 메시지 알림음이었다. 처음 보는 뉴욕 시 지역 번호로부터 다음과 같은 문자 메시지가 도착했다.

'남편은 우리가 데리고 있다. 자동차 트렁크에 안전하게 넣어 놨다. 그 차는 캘리포니아로 가는 중이다. 만약 경찰에 연락하면 남편을 토막 내 상자에 넣어 보내겠다. 우리는 언제라도 너희 가족을 납치해서 고문할 수도 있고 죽일 수도 있다. 자동차를 타고 지나가며 총으로 너희 집을 벌집으로 만들 수도 있고 창문으로 수류탄을 던질 수도 있다.'

똑같은 문자 메시지가 얀센의 딸 콜린, 그리고 켈빈 멜턴이란 남자에게도 참조로 전해졌다. 갑자기 사건의 앞뒤가 조금씩 맞아떨어지기 시작했다. 콜린은 근처에 있는 웨이크 포레스트라는 도시의 지방 검사보였고, 몇 년 전 블러즈라는 갱단의 두목급인 멜턴을 기소한 적이 있었다.

멜턴을 치명적인 흉기로 폭행을 휘두른 죄목으로 기소한 끝에 평생을 감옥에서 썩게 만드는 데 콜린이 결정적인 역할을 했던 것이다. 그럴듯한 그림이 그려지기 시작했고, 연방 수사관들은 블러즈가 콜린에게 복수하려고 프랭크 얀센을 납치한 것이란 결론을 내렸다. 말하자면, 그들의 두목급 하나를 철창에 가둔 대가를 묻는 복수극이었다.

문자 메시지가 도착하고 몇 시간 후 경찰은 갱단과의 관련성을 찾기 위해 문자 메시지를 보낸 전화번호의 송수신 기록을 추적했다. 문자 메시지는 조지아 주에서 보내진 것으로 밝혀졌지만, 전화기는 소유자를 확인할 수 없는 일명 '대포폰'이었다. 월마트에서 현찰로 구입한, 등록되지 않은 휴대폰이었다. 특별한 송수신 기록이 없었고, 휴대폰 소유자가 누구이며 휴대폰이 현재 어디에 있는지 추적할 방법이 없었다.

이틀 후 다른 전화번호로부터 또 한 통의 메시지가 왔다. 이번에는 애틀랜타 지역 번호였다. '남편 사진 두 장 보낸다'라는 메시지와 함께 의자에 묶인 얀센 사진이 첨부되어 있었다. 사진이 도착한 직후 연달아 또 한 통이 왔다.

'내 것이 어디에 있는지 내일까지 말해라. 아니면 콜린 아버지를 태워 죽여 버리겠다.'

수사관들은 납치범들이 언급한 '내 것'이 무엇을 뜻하는지 전혀 짐작할 수 없었다. 납치범들은 감금된 두목 멜턴에게 담배 한 보루를 비롯해 몇몇 물건을 보내 달라고도 요구했다.

'헤페가 찾고 계신 그걸 준비해라. 전화기도 최대한 빨리 넣어 드려라. 그래야 우리가 일을 빨리 끝낼 수 있다. 우리가 헤페 연락을 못 받으면 문제가 심각해진다.'

스페인어로 '두목'을 뜻하는 '헤페(jefe)'가 멜턴을 가리키는 것인지 다른 사람을 가리키는 것인지도 분명하지 않았다. 또 포크 교도소에서는 누구나 자유롭게 담배를 살 수 있었기 때문에 굳이 멜턴에게 담배를 보내라고 요구한 이유도 알 수 없었다. 그 후에도 문자 메시지는 계속 도착했고, 미지의 인물들에게도 참조로 보내졌다. 다음과 같은 문자 메시지도 있었다.

'이제 그놈도 우리가 게임을 하고 있다는 걸 안다. 프라노는 우리가 데리고 있다고 전해라. 내 것이 어디 있고 내 돈이 어디에 있는지 빨리 불으라고 전해라. 딱 이틀 준다. 안 그러면 이놈들 다 죽여 버릴 거다!'

수사관들은 '헤페'와 '프라노'라는 사람이 누구인지 알 수 없었다. 수사 당국이 파악한 바로는 납치된 사람이 한 사람밖에 없는데 다수의 사람을 죽이겠다는 협박 때문에도 수사관들은 혼란스러웠다. 납치 사건이 복수극이었다면 납치범들이 그처럼 많은 문자 메시지를 계속 보내는 이유는 무엇이었을까? 왜 납치범들은 몸값을 요구하지 않았을까? 한 연방 수사관은 납치범들이 계획도 없이 납치한 까닭에 후속 조치로 무엇을 해야 하는지도 모르는 것이라 생각했다.

FBI는 구글에게 납치 사건이 벌어진 시간대에 얀센의 집 주소를 알아보려는 검색이 있었는지 조사해 달라고 부탁했다. 구글은 T-모바일에 가입된 휴대폰 사용자가 '콜린 얀센 주소'를 검색했지만, 검색 결과로는 얀센이 과거에 살던 부모의 주소가 주어졌다고 FBI에 알렸다. 다시 새로운 이론이 그려졌다. 납치범들은 켈빈 멜턴의 기소에 대한 복수로 콜린을 납치할 의도였지만, 그녀의 아버지를 납치하는 실수를 범했을 거라는 이론이었다.

수사관들은 애틀랜타에서 문자 메시지를 보낸 전화도 대포폰인 것을 확인했지만, 이번에는 휴대폰 회사들로부터 상당히 유익한 정보를 적잖게 얻었다. 다른 전화번호로부터 얼마 전에 전화를 받은 기록이 있었고, 그 다른 전화번호는 또 다른 전화번호와 문자 메시지를 주고받았다는 기록이 있었던 것이다. 경찰은 그 또 다른 전화번호의 주인이 포크 교도소 담장 안에 있고 멜턴의 딸들에게 백 번가량 전화를 걸었다는 사실을 알아냈다.[2] 수사관들은 멜턴이 직접 납치를 지휘하고 있다고 믿기에 이르렀다.[3]

FBI는 포크 교도소에 전화를 걸어 교도소장에게 멜턴의 휴대폰을 압수해 달라고 부탁했다. 멜턴은 교도관들이 다가오는 것을 보고 휴대폰을 바닥에 던져 박살 냈다. 그 때문에 휴대폰에 내장된 자료를 복구하는 데 며칠이 걸렸다.

FBI 수사관들이 멜턴의 협조를 받아 내기 위해 할 수 있는 일은 아무것도 없었다. 멜턴은 이미 종신형을 받은 처지였기 때문이다. 휴대폰 기록에서 추가로 얻어 낸 정보도 없었다. 수사관들은 대포폰이 구입된 상점들의 CCTV를 분석했고, 얀센의 집 부근에 설치된 감시 카메라에 찍힌 인물들도 면밀하게 조사했다. 그러나 도움이 될 만한 증거는 발견되지 않았다. FBI는 수백 개의 정보를 확보했지만, 그 정보들을 연결할 방법을 찾지 못했다.

FBI가 새롭게 도입한 컴퓨터 시스템, 즉 사건을 관리하는 소프트웨어 '센티넬'이면 그들이 놓친 연결 고리를 찾아낼 수 있을 것이라며 기대를 품은 수사관도 있었지만, 회의적인 수사관도 적지 않았다. 거의 10년 전부터 FBI는 고위 책임자들이 범죄 해결을 위한 획기적인 도구가 될 거라고 장담한 시스템을 구축하기 시작했지만 대부분의 시도가 실패로 끝난 터였다. 1억 7000만 달러(2040억 원)를 투자해 만든 검색 엔진이 끊임없이 충돌을 일으켜 결국 2005년 그 사업을 완전히 포기한 사례가 있었다. 또 2010년에는 시스템이 제대로 작동하지 않는 이유를 찾는 데만도 수십억 원이 소요될 거라는 감사관들의 결론에 중단된 사업도 있었다. 얀센이 납치되기 몇 년 전 FBI의 데이터베이스는 낡디낡아 대부분의 수사관이 조사하는 동안 수집한 정보를 입력조차 하지 않았다. 수십 년 전 선배들처럼 그들도 종이 서류와 색인 카드를 사용할 정도였다.[4]

그리고 2012년 FBI는 마침내 센티넬을 선보였다.[5] 센티넬은 증거와 단서, 증언 등 수사관들이 매일 수집하는 수만 건의 작은 정보 조각을 분류하고 관리하는 시스템이었다. 센티넬은 FBI를 비롯한 여러 법 집행 기관이 일정한 패턴을 찾아내려고 개발한 분석 엔진 및 데이터베이스와 결합해 사용되었다. 센티넬 개발은 월 스트리트 출신의 한 젊은이에 의해 시작되었다. FBI도 도요타 자동차 회사 같은 기업으로부터 교훈을 얻어 '군살 없는 생산(lean manufacturing)'과 '민첩한 프로그래밍(agile programming)' 같은 방법론을 받아들여야 한다는 그의 설득에서 시작된 프로젝트였다.[6] 그는 소수의 엔지니어만을 데리고 2년 내에 센티넬을 완성할 수 있을 거라고 장담했고, 실제로 그 약속을 지켰다.

얀센 사건이 일어났을 때도 센티넬은 작동되고 있었다. 사건 담당 수사관들은 센티넬이 정말 도움을 줄 거라고는 생각하지 않았지만, 당시는 지푸라기라도 잡아야 할 정도로 절박한 상황이었다. 한 수사관이 그때까지 수집한 정보를 하나씩 입력한 후 뒤로 기대앉아 센티넬이 유용한 정보를 토해 내는지 지켜보았다.

2. 직원을 최고 전문가로 대접한 도요타 vs
직원을 생산 기계로 취급한 GM

렌즈의 겉면을 불투명하게 코팅한 선글라스, 헤비메탈 그룹 아이언 메이든 앨범 재킷이 그려진 티셔츠와 무릎 아래를 잘라 낸 청바지는 릭 마드리드가 한때 '북부 캘리포니아에서 최고의 최음제'라고 떠벌리고 다니던 것이었다.[7] 옛 제너럴 모터스(GM) 공장 면접장에 출석했을 때도 그는 이 셋을 완벽하게 갖추고 있었다. 그때가 1984년이었다. 그래도 일자리를 간절히 원했기 때문에 마드리드는 면접관들에 대한 예의를 갖추려고 턱수염을 가지런히 정돈하고 땀 냄새를 제거하는 데오도란트를 발랐다. 하지만 문신을 감추려고 긴 셔츠까지 입지는 않았다.[8]

GM이 캘리포니아 프리몬트에 있는 공장을 폐쇄하기 2년 전까지 그곳에서 일했기 때문에 마드리드는 그 공장을 잘 아는 편이었다. 프리몬트 공장은 미국 전역에서 세계 최악의 자동차 공장으로 유명했다. 마드리드는 27년 동안 하루 8시간씩 큰 망치로 자동차 바퀴 테두리를 때려 제자리에 맞추었고, 전미 자동차 노동조합의 위대함을 여기저기에 알리고 다녔으며, 자동차가 조립 라인을 따라 이동할 때 보드카와 오렌지 주스를 혼합한 '매직 스크루드라이버'를 담은 플라스틱 컵을 차체에 끼워 넣으며 동료들과 함께 나눠 마셨다. 프리몬트 공장 조립 라인은 언제나 느릿하게 움직여서 플라스틱 컵이 엎질러지는 법이 없었다. 마드리드가 차체의 트렁크에 올려놓은 얼음팩 때문에 종종 안쪽 틀이 뒤틀렸지만, 그것은 그 자동차를 사는 사람의 문제였다. 훗날 마드리드가 당시를 회상하며 말했다.

"일은 내 휴식 시간을 방해하는 골칫덩이였어요. 물론 돈을 벌려고 공장에 다녔지만 일을 잘해야 한다는 생각은 없었지요. GM도 마찬가지였습니다. GM은 그저 많은 자동차를 생산하는 데만 관심이 있었어요."

하지만 마드리드도 이번에는 많이 다를 거라는 생각을 떨칠 수 없었다. GM이 일본 자동차 회사 도요타와 손잡고 프리몬트 공장을 다시 여는 것이기 때문이었다.[9] 도요타에게 그 합작 사업은 미국 내에서 자동차를 직접 생산함으로써 도요타 자동차 판매량을 확대할 절호의 기회였다. 한편 GM 입장에서는 무척 낮은 비용으로 고품질의 자동차를 생산하는 유명한 '도요타 생산 시스템'을 학습할 좋은 기회였다.[10] 두 기업의 합작에서 하나의 걸림돌이 있다면, GM이 2년 전 해고한 직원들 중 80% 이상을 재고용해야 한다고 전미 자동차 노동조합과 맺은 협약이었다. 마드리드와 그의 친구들은 재취업 기회를 얻으려고 GM과 도요타 합작 기업인 뉴 유나이티드 자동차 회사(NUMMI : New United Motor Manufacturing, Inc.)를 다시 찾고 있었다.

마드리드는 근무 중 음주하는 자신의 습관은 옛 동료들의 터무니없는 행동에 비교하면 아무것도 아니었기 때문에 어렵지 않게 재취업할 수 있으리라 생각했다. 그는 술에 취한 채 쉐보레 좌석이 보관된 창고에서 섹스를 한 적이 있지만, 동료들처럼 마약에 취해 브레이크 패드를 조립하거나 소음 장치 부품으로 만든 담뱃대로 마리화나를 흡입하지는 않았다. 또 마드리드는 짧은 휴식 시간에 매춘부들이 황홀한 서비스를 제공하는 캠핑카를 기웃거린 적도 없었다. 완성된 자동차가 덜컹거리도록 문짝 안쪽에 빈 위스키병을 몰래 넣어 두거나 나사못을 느슨하게 죄어 놓는 노동자들처럼 고의적으로 태업을 한 적도 없었다.

태업은 GM 시대에 프리몬트 공장을 좀먹은 격렬한 투쟁의 극단적인 사례였다. 노동자들은 노동조합의 힘을 강하게 해 줄 것이라 생각하면 추잡한 전술이라도 사용하는 걸 주저하지 않았다. 그들은 조립 라인 운행을 중단시키지 않는 한 어떤 고약한 짓을 하더라도 처벌 받지 않는다는 걸 알고 있었다. GM 경영진 입장에서도 생산을 멈추지 않는 게 무엇보다 중요했다. 노동자들은 컨베이어 벨트를 따라 걸어가며 조립되는 자동차에서 잘못된 부분을 발견하더라도 컨베이어 벨트를 멈추고 그 문제를 수정하지 않고 크레용이나 포스트잇으로 그 자동차를 표시하는 것으로 그쳤다. 그 때문에 완전히 조립된 자동차가 나중에야 불량 처리실로 옮겨져 수리를 위해 분해되는 경우가 적지 않았다. 언젠가 한 노동자가 심장 마비를 일으키며 자동차가 지나가는 조립 라인 위에 쓰러진 적이 있었다. 그런데도 동료 노동자들은 자동차가 그를 밟고 지나간 후에야 조립 라인에서 끌어냈다. '조립 라인을 멈춰서는 안 된다!'라는 공장의 불문율을 동료의 안전보다 우선시한 때문이었다.

마드리드의 첫 면접은 자그마한 회의실에서 열렸다. 탁자 너머에는 전미 자동차 노동조합 대표 한 사람, 일본 도요타에서 파견한 임원 두 사람, GM 관리자 한 사람이 앉아 있었다. 모두 가볍게 사교적인 인사말을 주고받았다. 그들은 마드리드에게 개략적인 배경을 물었고, 자동차 생산에 관련한 지식을 검사하려는 듯 간단한 수학 문제를 풀게 했으며, 조립 공정에 대해서도 물었다. 또 마드리드에게 일하는 동안 술을 마시겠느냐고도 물었다. 마드리드는 술을 끊었다며 결코 그런 일은 없을 거라고 대답했다. 면접이 상대적으로 일찍 끝난 편이었다. 면접을 끝내고 마드리드가 회의실을 나가려고 하자, 일본에서 건너온 임원이 그에게 지난번 일할 때 마음에 들지 않았던 것이 무엇이었느냐고 물었다.

릭 마드리드는 언제나 서슴없이 자신의 생각을 털어놓는 사람이었다. 그날도 그는 속마음을 솔직하게 털어놓았다. 실수를 바로잡으려고 온갖 노력을 다했지만 항상 원점으로 되돌아갔기 때문에 자동차를 조립할 때 정성을 기울이고 싶지 않았다고 대답했다. 또 어떤 제안을 하더라도 항상 윗선에서 무시하고 묵살하는 것도 마음에 들지 않았다며 사례까지 들어 보였다. 언젠가 타이어를 조립하는 새로운 기계가 설치되었을 때 그는 제어기를 다른 곳에 배치하면 작업 속도를 높일 수 있겠다는 생각을 떠올렸고, 그 생각을 그림으로 그려 가며 엔지니어에 설명했다. 하지만 점심 식사를 끝내고 작업장으로 돌아왔을 때까지 제어기는 여전히 원래의 위치에 있었다. 마드리드는 면접관들에게 이렇게 말했다.

"나는 타이어 조립 기계 왼쪽에서 작업했는데 제어기는 오른쪽에 있었어요. 엔지니어가 다리를 놓아 주지 않은 게 천만다행이라 할까요."

또 마드리드는 GM이 공장을 운영할 때 노동자는 거대한 기계의 톱니에 불과했다고 말했다. 누구도 그에게 개인적인 의견을 묻지 않았고, 설령 그가 자신의 생각을 제안하더라도 전혀 받아들여지지 않았다.

"우리는 윗선에서 지시한 것을 기계처럼 해내기 위해 존재할 뿐이었습니다."

마드리드는 면접관들에게 온갖 불만을 털어놓고는 집으로 돌아오는 내내 자책했다. 일자리가 절실하게 필요했던 까닭에 입을 다물고 있었던 게 나을 뻔했다고 생각했던 것이다.

며칠 후 마드리드는 전화를 받았다. 일본 임원들이 그의 솔직함을 높이 평가하며 합격시켰다는 전화였다. 그런데 먼저 일본에 가서 보름 동안 도요타 생산 시스템에 대해 배워야 한다고 했다. 합격 통지를 하고 16일 후 NUMMI는 마드리드를 포함한 25명의 노동자를 도요타 외곽에 있는 다카오카 자동차 공장에 파견했다. 이후로도 NUMMI의 거의 모든 직원이 일본 공장을 차례로 방문했다.

마드리드가 일본 공장에 들어서자 낯익은 조립 라인이 눈에 들어왔고 압축 공기 공구가 피식거리는 정겨운 소리가 귀에 들어왔다. 왜 NUMMI는 마드리드를 미국 공장과 거의 똑같은 공장에서 훈련시키기 위해 머나먼 일본까지 보냈을까? 기본적인 시찰과 안내 교육이 있은 후 마드리드는 작업 현장으로 내려갔다. 한 노동자가 압축 공기 공구로 문틀에 볼트를 반복해 끼우는 걸 물끄러미 지켜보았다. 마드리드가 알고 있는 것과 똑같이, 자동차가 조립 라인을 지나가는 과정에서 그 볼트들은 플라스틱과 금속 덮개로 덮였다. 모든 기호가 일본어로 쓰여 있고 화장실이 훨씬 깨끗하다는 점을 제외하면 캘리포니아 공장과 다를 바가 없었다.

그런데 압축 공기 공구를 손에 쥔 노동자가 볼트를 제자리에 맞추고 공구를 돌리자 덜거덕거리는 소리가 들렸다. 볼트가 구멍에 완전히 파고들지 않고 문틀에 반쯤만 들어갔다는 뜻이었다. 흔한 실수였다. 마드리드는 그 노동자가 문틀에 불량 표기를 할 것이라 생각했다. 그래야 그 자동차를 불량 처리실로 옮겨 불량을 바로잡을 수 있을 테니까. GM에서는 늘 그런 식으로 작업해 왔다. GM 생산 방식의 문제는 볼트 하나를 교체하려고 문짝 전체를 분해해서 결함을 바로잡은 후 모든 것을 다시 조립해야 한다는 것이었다. 조립과 분해와 재조립이란 과정이 반복되면 차체의 테두리가 나중에 약간 느슨해질 가능성이 커진다. 그 자동차를 구입한 사람이 처음에는 별다른 차이를 인식하지 못하지만, 몇 년이 지나면

문이 흔들리기 시작한다. 날림으로 조립한 자동차인 셈이다.

그러나 일본 공장에서는 볼트가 제대로 끼워지지 않은 소리가 들리자, 뜻밖의 사태가 벌어졌다. 실수한 노동자가 머리 위로 손을 뻗더니 천장에 매달린 줄을 잡아당겼다. 그러자 노란 전구가 켜지며 빙글빙글 돌았다. 그는 곧바로 공구 방향을 바꾸어 문틀에서 볼트를 뽑아냈다. 그러고는 다른 공구를 사용해 구멍의 나삿니를 매끄럽게 다듬었다. 거의 동시에 한 관리자가 다가와 그 노동자 뒤에 서서 뭔가를 묻기 시작했다. 노동자는 관리자를 무시한 채 오히려 큰 소리로 뭐라고 명령을 내렸고, 다시 다른 공구로 구멍에 나삿니를 냈다. 그가 수리하는 와중에도 컨베이어 벨트는 여전히 움직이고 있었다. 하지만 문틀이 그 노동자 구역 끝에 이르자 조립 라인 전체가 멈추었다.

마드리드는 뭐가 뭔지 이해할 수 없었다.

이번에는 고위 관리자인 듯한 남자가 다가왔다. 그는 고함을 치기는커녕 수술실의 간호사처럼 쟁반을 노동자에게 건넸다. 쟁반 위에는 새로운 볼트 하나가 놓여 있었다. 놀랍게도 그 노동자는 상관들에게 계속 뭐라고 명령을 내렸다. 프리몬트 공장이었다면 주먹세례를 받을 만한 짓이었지만, 일본 공장에서는 성난 고함도 없었고 불안에 사로잡힌 속삭임도 없었다. 조립 라인의 다른 노동자들은 차분히 자기 자리에 서서 방금 조립한 부품들을 다시 확인하고 있었다. 문제의 노동자가 나삿니를 다시 만들고 새로운 볼트를 문틀에 끼운 후 머리 위 줄을 다시 잡아당겼다. 조립 라인이 정상적인 속도로 움직이기 시작했고, 모든 노동자가 다시 일하기 시작했다.

마드리드는 큰 충격을 받았다.

"눈앞에서 보면서도 믿어지지 않았습니다. 프리몬트 공장에서는 동료가 쓰러졌는데도 조립 라인을 멈추지 않았으니까요. 어떤 일이 있어도 조립 라인을 멈춰서는 안 된다고 우리는 배웠습니다."

조립 라인이 멈추면 분당 1만 5000달러(1800만 원)가 손해라고 귀에 딱지가 앉을 정도로 들었다며 마드리드는 이렇게 덧붙였다.

"하지만 도요타에서는 품질이 수입보다 중요했습니다. 그때 나는 우리도 그렇게 할 수 있다는 걸 깨달았지요. 그들이 어떻게 일하는지 배우면 그들과 얼마든지 경쟁할 수 있을 것 같았습니다. 단 하나의 볼트가 내 마음가짐을 바꿔 놓았어요. 그제야 비로소 내가 하는 일에 자부심을 갖게 되었습니다."

마드리드는 일본에서 교육을 받는 동안 그 밖에도 많은 것을 보고 놀랐다. 어느 날, 마드리드는 한 노동자를 그림자처럼 따라다녔다. 그 노동자는 근무하는 도중에 관리자를 찾아가 받침대를 설치하는 데 도움이 될 것 같은 공구에 대한 아이디어를 제안했다. 관리자는 기계 제작실로 가더니 15분쯤 후 시제품을 갖고 돌아왔다. 그 노동자와 관리자는 그날 종일 공구의 설계도를 다듬고 또 다듬었다. 이튿날 아침에는 모든 노동자가 그 공구를 나름대로 생각한 설계도를 들고 각자의 작업 구역 앞에 서 있었다.

마드리드의 교육을 책임진 훈련관들 설명에 따르면, 훗날 미국에서 '군살 없는 생산'으로 알려진 도요타 생산 시스템의 장점은 의사 결정을 현장 노동자에게 맡기는 데 있었다. 실제로 조립 라인에서 일하는 노동자들이 문제점을 가장 먼저 발견했고, 생산 과정에서 피할 수 없는 작은 문제와 결함을 가장 가까운 곳에서 경험했다. 문제를 해결하는 권한을 그들에게 대폭 부여한 것은 논리적으로 당연한 일이었다.

당시 도요타 관리자로서 마드리드를 비롯해 1진 교육반의 훈련을 책임진 존 슈크가 나에게 말했다.

"조직원이면 누구나 그 조직에서 어떤 분야의 최고 전문가로 대접받을 권리가 있습니다. 내가 소음 장치를 조립하는 노동자라면, 누구보다 배기 장치에 대해 많이 알지 않겠습니까. 또 내가 접수 담당자이거나 청소부라면 누구보다 손님을 영접하고 사무실을 깨끗이 청소하는 방법에 대해 많이 알 것입니다. 조직이 이런 지식을 활용하지 않는다면 그야말로 능력 낭비가 아니고 무엇이겠습니다. 도요타는 그런 낭비를 하고 싶지 않았던 겁니다. 도요타 생산 시스템은 모든 조직원의 전문 지식을 활용하려는 생산 방식이었습니다."

도요타가 GM에 이런 경영 철학을 처음 제안했을 때 GM은 일본인들의 순진함을 비웃었다. 당시 GM 경영진은 그런 접근 방식이 일본에서는 통할지 모르지만 캘리포니아에서는 어림도 없을 거라고 말했다. 프리몬트 공장 노동자들은 조직을 위해 자신의 전문 지식을 제공하는 데는 관심이 없고 적게 일하는 방법을 연구하는 데만 관심이 있을 뿐이라는 게 GM 경영진의 판단이었다. 슈크는 그럼에도 이 방식을 받아들인 이유가 있다고 했다.

"GM이 이 방법을 시도하겠다고 약속하는 조건에서 우리는 합작에 동의했습니다. 우리의 기본 철학은 회사에 출근해 일하면서 실패를 원하는 사람은 없다는 것입니다. 우리가 조직원들을 성공할 수 있는 위치에 올려놓으면 그들이 자연스럽게 성공하지 않겠습니까!"

하지만 슈크는 성공할 가능성이 크다고는 생각하지 않았다.

"물론 노골적으로 말하지는 않았지만, 우리가 도요타 생산 시스템을 미국 공장에 제대로 정착시키지 못하면 실패할 것이라 생각했습니다. 도요타 성공 요인은 '문화'였지, 줄을 잡아당기거나 공구 시제품을 즉석에서 만드는 특별한 생산 방식이 아니었습니다. 우리가 미국 공장에 신뢰 문화를 구축하지 못했다면 우리도 속수무책이었을 겁니다. 그래서 우리는 모든 것을 미국에 보냈고, 우리 방법이 효과가 있기를 기도했지요."

3. 15년 동안 실리콘밸리 200개 기업을 조사한 끝에 얻은 의외의 결론

1994년 스탠퍼드 경영 대학원 제임스 배런과 마이클 해넌 교수가 조직 내에 신뢰 문화를 조성하는 방법에 대해 연구하기 시작했다. 두 교수는 어떤 조직에서나 문화가 전략만큼이나 중요하다고 학생들에게 오래전부터 가르쳤다. 그들의 이론에 따르면, 직원들을 어떻게 대하느냐에 따라 기업의 성패가 결정되었다. 제품의 탁월성이나 고객의 충성도에 관계없이 직원들이 서로 신뢰하지 않으면 그 기업은 결국 몰락하게 된다는 게 그들의 주장이었다.

물론 매년 두 교수에게 그런 주장을 뒷받침하는 증거를 요구하는 소수의 학생들이 있었다.

실제로 배런과 해넌은 자신들의 생각이 맞는다고 굳게 믿었지만, 그 주장을 객관적으로 뒷받침할 만한 자료가 많지는 않았다. 그들은 원래 사회학을 공부한 까닭에, 조직원들에게 행복감을 안겨 주고 새로운 직원을 채용하며 일과 삶의 건강한 균형을 강조하는 문화의 중요성을 들먹일 수 있었다. 그러나 기업 문화가 수익성에 영향을 미친다는 걸 보여 주는

논문은 거의 없었다. 1994년 그들은 자신들의 주장이 옳다는 걸 입증하기 위한 연구를 시작했다.[11]

추적할 수 있는 신생 기업이 많은 산업을 찾아내는 게 급선무였다. 테크놀로지 열풍으로 수많은 기업이 창업되는 실리콘밸리가 최적의 사례인 듯했다. 당시 인터넷은 태동기였고, 대부분의 미국인에게 컴퓨터 자판에서 @는 무시해도 좋은 때였다. 구글(Google)이 10의 100제곱을 뜻하는 숫자 '구골(googol)'이던 시절이었다.

지금은 예일 대학교에서 가르치고 있는 배런은 실리콘밸리에 주목한 이유는 따로 있었다고 말했다.

"우리가 처음부터 테크놀로지 기업에 관심을 둔 건 아니었어요. 또 우리가 연구 대상으로 삼은 기업들이 거대 기업으로 성장할 거라고는 전혀 생각하지 못했지요. 우리에게는 연구 대상으로 삼을 신생 기업이 필요했을 뿐입니다. 그런데 캘리포니아에는 창업하는 테크놀로지 기업이 많았어요. 그래서 우리는 매일 아침 〈새너제이 머큐리 뉴스〉를 사서 한 페이지도 빠뜨리지 않고 샅샅이 읽었지요. 신생 기업이 언급될 때마다 그 회사의 전화번호와 주소를 알아내서 보조원을 보내 최고 경영자에게 설문조사에 응해 줄 수 있는지 물었습니다."[12]

그들이 훗날 한 논문에서 밝혔듯이 이는 탁월한 선택이었다.

'1994~1995년 연구를 시작할 때는 생각지도 못했는데, 시간이 흐르면서 실리콘밸리가 경제와 테크놀로지를 선도하는 지역으로 부상한 덕분에 우리는 그곳에 자리 잡은 첨단 기술 기업들의 역사와 구조 및 인사에 관련된 포괄적인 자료를 수집할 수 있었다.'

배런과 해넌의 프로젝트는 15년 동안 끈질기게 진행되면서 200여 개

기업을 조사했다.[13]

그들은 신생 기업 문화에 영향을 미치는 거의 모든 변수를 조사했다. 직원을 어떻게 선발하는가, 지원자 면접을 어떻게 진행하는가, 직원 연봉은 어떻게 결정되는가, 경영진은 어떤 직원을 승진시키고 어떤 직원을 해고하는가 등의 항목을 면밀히 살펴보았다. 또 그들은 대학 중퇴자들이 억만장자가 되는 반면 한때 크게 성공한 경영자들이 철저하게 몰락하는 이유도 추적했다.

마침내 그들은 충분한 자료를 수집했고,[14] 그 자료를 바탕으로 대부분의 기업에는 다섯 가지 범주 중 하나에 속하는 문화가 있다는 결론을 내렸다.[15] 첫 번째 범주로는 그들이 '스타' 모델이라 칭한 문화였다. 이 범주에 속한 기업들의 경영진은 일류 대학교를 졸업하거나 성공한 회사에서 근무한 사람들을 주로 채용했고, 직원들에게 상당한 자율권을 주었다. 또 구내식당이 고급스러웠고, 비금전적인 혜택도 무척 후한 편이었다. 최우수 집단에 투자하는 게 성공할 확률이 가장 높다는 것이 사회적 통념이듯이, 벤처 투자자들도 스타 모델에 속한 신생 기업을 좋아했다.

두 번째 범주는 '엔지니어링' 모델이었다. 엔지니어링 문화에 속한 기

스타 문화

업에는 개인적으로 뛰어난 인재는 많지 않았지만, 엔지니어들이 하나의 집단으로서 가장 큰 영향력을 행사했다. 문제를 해결하고 직원을 채용하는 방법 등에서도 엔지니어링 사고방식이 지배적이었다. 제임스 배런이 이 범주에 속한 기업들의 전형적인 이미지를 설명해 주었다.

"무명의 프로그래머들이 마운틴 듀를 마시며 컴퓨터 앞에 앉아 일하는 모습은 실리콘밸리 신생 기업에서 흔하디흔한 장면입니다. 성공을 꿈꾸는 젊은이들이지요. 자신의 능력을 입증하면 다음 세대의 스타로 우뚝 올라설 수 있지만, 지금 당장은 기술적인 문제를 해결하는 데 집중할 뿐입니다."

엔지니어링 문화가 지배적인 기업은 성장이 빠르다. 이런 이유에서 엔지니어링 문화는 강력한 힘을 발휘한다고 설명했다.

"페이스북이 얼마나 빨리 성장했는지 생각해 보십시오. 조직원 모두 비슷한 배경과 사고방식을 갖는다면 모두 같은 방향을 지향하는 공통된 사회 규범에 의지할 수 있지 않겠습니까."[16]

세 번째 범주와 네 번째 범주에는 '관료주의'가 지배적인 기업과 '독재'로 운영되는 기업이 속한다. 관료주의 모델에서는 다수를 차지한 중간 관리자들에 의해 문화가 형성되었다. 경영진은 포괄적인 직무 분석과 조직도 및 직원용 교육서를 끊임없이 써냈다. 모든 것이 문서로 설명되었

관료주의 문화

업무 매뉴얼   맥주   조직도

독재 문화

고, 회사의 비전을 전 직원에게 전달하기 위한 주간 전체 회의 같은 의례적인 행사가 많았다. 독재 문화는 관료주의 문화와 비슷하지만, 모든 규칙과 직무 분석 및 조직도가 창업주나 최고 경영자 같은 한 사람의 욕망과 목표를 지향하고 있다는 점이 다를 뿐이었다. 제임스 배런은 독재적인 최고 경영자 한 사람을 직접 목격한 적이 있다.

"그는 자신의 문화적 모델을 '열심히 일하라. 내가 말하는 것을 해내라. 그런 이유에서 너희가 월급을 받는 것이다!'라고 요약했습니다."[17]

마지막 범주는 '헌신' 문화로 알려진 것이다. 이 문화는 사람들이 한 회사에서 평생 즐겁게 일하던 시대에 가능했던 것이다. 제임스 배런은 헌신 문화의 특징을 다음과 같이 정리했다.

"헌신 문화가 지배적인 기업의 최고 경영자들은 '나는 우리 직원이 은퇴나 죽음을 맞을 때에나 그만두는 회사를 만들고 싶다'라고 말합니다. 그렇다고 그 회사가 따분하고 정체돼 있다는 뜻은 아닙니다. 오히려 '느리지만 착실한' 성장을 중요하게 생각하는 가치관을 뜻한다고 봐야 할 겁니다."

배런의 연구에 따르면, 실리콘밸리에는 헌신 문화를 강조하는 기업을 구시대적이라 비판하는 기업가가 적지 않았다. 미국식 생산 방식처럼 산

헌신 문화

인력 관리 전문가

15년

20년

업의 경쟁력을 떨어뜨린 온정주의 산물이라는 비판이었다. 실제로 헌신
을 강조하는 기업들은 직원을 해고하는 데 훨씬 신중한 편이었다. 이런
기업들은 인력 관리 전문가를 고용하는 데 많은 돈을 투자한 반면, 신생
기업들은 엔지니어와 영업 사원을 채용하는 데 큰돈을 투자했다.

"헌신 문화가 지배적인 기업의 최고 경영자는 최고의 상품을 설계하는
것보다 올바른 문화를 형성하는 게 더 중요하다고 생각합니다."

거의 10년 동안 제임스 배런과 마이클 해넌은 어떤 신생 기업이 번창
하고 어떤 신생 기업이 몰락하는지 면밀히 관찰했다. 그들이 연구 대상
으로 삼은 기업의 절반가량이 적어도 10년 동안 살아남았고, 일부 기업
은 세계에서 가장 성공한 기업으로 선정되기도 했다.[18] 배런과 해넌의 목
적은 특정한 기업 문화가 성공과 상관관계가 있는지를 밝히는 것이었다.
하지만 두 사람은 문화가 성공에 그처럼 큰 영향을 미칠 것이라고 예상
하지 못했는지[19] 2002년 《캘리포니아 경영 리뷰》에 발표한 논문을 다음
과 같이 끝맺었다.

'실리콘밸리처럼 하루가 다르게 변하는 첨단 산업계에서도 창업자들
의 고용 방식은 기업의 발전과 성과에 지속적으로 큰 영향을 미친다. 신
생 첨단 기술 벤처 기업의 성패에 영향을 미칠 것이라고 예상되는 요인

들, 예를 들어 기업의 창업 시기와 규모, 벤처 자금의 유입, 핵심 지도층의 변화, 경제적 환경 같은 것들을 고려하더라도 문화가 기업에 미치는 영향은 무척 크다.[20]

배런과 해넌이 예상했듯이, 연구 대상으로 삼은 많은 기업에서 크게 성공한 기업들은 주로 스타 모델에서 탄생했다. 여러 실험에서 밝혀졌듯이, 똑똑한 사람들을 모아 놓으면 크나큰 영향력을 행사하고 막대한 부를 창출할 가능성이 높다. 그러나 뜻밖에도 스타 모델에 속한 신생 기업이 실패한 사례도 무척 많았다. 오히려 스타 범주에 속한 기업이 다른 범주에 속한 기업에 비해 기업 공개에까지 도달하는 가능성이 더 낮았고, 내부의 경쟁으로 타격을 입는 경우가 많았다. 이 범주에 속한 기업에서 일한 적이 있는 사람이라면 누구나 알겠지만, 스타 중심의 기업에서는 모두 스타로 대접받기를 바라기 때문에 내분이 최대의 적이다.

배런과 해넌이 자료들을 치밀하게 분석한 결과에 따르면, 성공을 향해 꾸준히 성장해 가는 기업은 헌신을 강조하는 기업이 유일했다. 헌신 문화는 거의 모든 면에서 다른 유형의 문화들보다 더 나은 성과를 끌어냈다. 배런은 이렇게 말했다.

"우리가 연구한 기업 중 헌신을 중시한 기업들은 한 곳도 실패하지 않았습니다. 단 한 곳도! 이 결과만으로도 놀라운 것입니다. 이 범주에 속한 기업들이 가장 먼저 주식을 공개했고 수익률도 가장 높았지요. 또한 직원을 선발할 때 충분한 시간을 두고, 자기 주도적 능력이 뛰어난 사람을 찾으려 하기 때문에 중간 관리자가 적고, 조직에 군살이 없었습니다."

헌신을 강조하는 기업의 직원들은 개인적인 야망을 추구하기보다 조직에 헌신하는 경향을 띠기 때문에 내부의 경쟁으로 시간을 헛되이 보내지 않았다. 또한 헌신을 중요시하는 기업들은 다른 범주에 속한 기업들보다 고객의 요구를 파악하는 데 뛰어났고, 그 결과 시장의 변화를 더 신속하게 읽어 냈다. 배런과 해넌이 논문을 쓴 당시에는 분위기가 지금과는 많이 달랐다.

'1990년대 중반 실리콘밸리에서 헌신 모델은 더 이상 유효하지 않다는 주장이 파다했지만 우리 연구에서는 헌신 모델이 여전히 성공의 보증 수표였다.'

배런이 이 부분에 대해 추가로 설명해 주었다.

"벤처 투자자들이 스타 모델 기업을 좋아하는 이유는 분명합니다. 불확실성과 싸우며 여러 기업에 투자해 수익을 얻으려면 한 군데라도 대박을 터트려야 하기 때문이지요. 하지만 당신이 기업가여서 한 회사에만 집중해야 한다면, 헌신을 강조하는 문화를 선택하는 편이 훨씬 더 낫습니다. 적어도 자료에 따르면 그렇습니다."

헌신 문화가 성공할 확률이 높은 이유는 무엇일까? 직원, 관리자, 고객 사이에 신뢰감이 형성된 까닭에 모두 더 열심히 노력하고, 어떤 산업에서나 피할 수 없는 역경을 통해 더욱 하나로 뭉치는 경향이 있기 때문이다. 헌신을 강조하는 기업은 대안이 있는 경우에는 해고를 피하려 애썼고, 직원 교육에 크게 투자했다. 팀워크가 좋고, 심리적 안전감도 상대적으로 높은 편이었다. 헌신을 강조하는 기업에는 호화로운 구내식당은 없지만, 출산 휴가와 탁아 시설이 훌륭한 편이고, 재택근무를 너그럽게 허용하기도 했다. 이런 진취적인 정책은 비용 효과가 곧바로 나타나지는 않지만, 헌신을 강조하는 기업은 즉각적인 수익보다 직원들의 행복감을 더 중요하게 여겼다. 그 결과 더 높은 연봉으로 유혹하는 경쟁 기업 제안을 거부하는 직원이 많았고, 고객들도 오랫동안 관계를 유지하는 까닭에 충성도가 높았다. 결국 헌신 문화를 강조한 기업은 비즈니스 세계에서 가장 큰 간접 비용(고객이나 유능한 직원을 경쟁 기업에 빼앗김으로써 상실하는 수익)까지 피해 갈 수 있다. 배런은 헌신 문화의 잠재적 가치가 생각보다 크다고 말했다.

"유능한 직원은 어느 기업에서나 가장 구하기 어려운 자산입니다. 모든 직원이 장기근속을 원한다면 그것만으로도 커다란 강점을 지닌 것이지요."[21]

4. 신뢰 문화가 낳은 믿을 수 없는 변화

릭 마드리드는 캘리포니아에 돌아오자마자 일본에서 본 것을 동료들에게 전달했다. '안돈 코드(andon cord)'라고 불리던 천장에 매달린 줄에 대해서도 신나게 떠들었고, 관리자가 현장 직원에게 지시하지 않고 거꾸로 지시를 받는 관례에 대해서도 잊지 않고 알렸다. 또 조립 노동자가 문틀을 다시 볼트로 죄는 시간을 벌기 위해 개인적인 결정으로 조립 라인을 멈추는 현장을 목격한 사실도 동료 노동자들에게 전했다. 마드리드는 NUMMI가 프리몬트 공장을 관리할 것이라서 이제부터 모든 것이 분명히 달라질 거라고 말했다.

동료들은 마드리드의 말을 반신반의했다. 동료들은 그런 이야기를 전에도 들은 적이 있고, GM도 현장 직원 제안을 소중히 받아들이겠다고 말한 적이 있었기 때문이다. 하지만 경영진이 듣고 싶어 하지 않는 변화를 현장 직원들이 요구하자, 마치 처음부터 없었던 이야기로 돌아갔다.

NUMMI 공장이 문을 열기 몇 주 전 공장 노동자들은 노동조합원의 권리를 재확인하는 동시에 경영진과 싸울 경우를 대비해 전술을 논의하기 위한 모임을 연이어 가졌다. 그들은 파업시 노동자들의 비용을 부담할 'NUMMI 조업 정지 기금'을 마련하기로 결정했다. 또한 부당 행위에 대한 불만을 접수해 처리하는 공식적인 기관 설립을 요구했고 NUMMI는 즉각적으로 그런 기관을 설립하기로 약속했다.

한편 경영진은 NUMMI의 해고 정책을 발표했다. NUMMI와 전미 자동차 노동조합이 맺은 협약에는 다음과 같은 내용이 담겨 있었다.

'NUMMI는 일자리 안정이 노동자 복지에 필수적이란 점을 인지하고, 회사의 장기적인 생존을 위협할 정도의 심각한 경제적 상황에 의해 해고를 피할 수 없는 경우가 아니면 노동자를 해고하지 않기로 약속한다.'[22]

또 NUMMI는 직원을 해고하기에 앞서 경영진 연봉을 삭감하고, 노동자들이 일자리를 보존할 수 있도록 직접 공장 바닥을 청소하고 기계를 수리하며 구내식당에서 식사 시중을 드는 법까지 가르치기로 약속했다.[23] 직원들의 불만과 제안은 억지스럽고 많은 비용이 들더라도 시행되어야 하며, 그렇지 않을 경우에는 그 이유를 공개적으로 밝혀야 한다는 약속도 있었다. 물론 작업 과정에서 문제점이 발견되면 누구라도 아무 때나 조립 라인을 멈출 수 있었다. 이처럼 미국 자동차 회사가 해고 회피를 위해 노력하고 노동자 불만 사항에 응답한다는 약속을 대외적으로 공개한 적은 그때까지 한 번도 없었다.

반신반의하던 노동자들은 공장이 가동되기 전이라서 그런 약속을 쉽게 하는 것이라 여겼지만, 어쨌든 새로운 경영진 요구를 받아들였다. 마침내 NUMMI 공장은 1984년 12월 10일 쉐보레 노바를 생산하기 시작했다.

릭 마드리드는 커다란 강철판으로 보닛과 문틀을 찍어 내는 팀에 배치되었다. 그는 두 작업의 성격이 다르다는 걸 금방 알아냈다. 옛날에는 창고에서 연애질이나 했던 사람들이라 개선할 부분이 눈에 띄더라도 선뜻 나서지 못했다. 물론 근무 중에는 술을 마시지 않았고, 주차장에 늘어선 캠핑카도 없었다. 하지만 누구도 섣불리 나서려 하지 않았다. 쓸데없이 위험한 짓을 자초해 어렵게 되찾은 일자리를 잃고 싶지 않았던 것이다. 분당 1만 5000달러(1800만 원)의 손해를 공장에 안기고 싶지 않았기 때문에 누구도 안돈 코드를 잡아당기지 않았고, 생산성 향상을 위한 제안도 하지 않았다. 그렇게 하더라도 일자리를 잃지 않으리란 확신이 없었던 것이다. 당연한 일이겠지만, 이런 망설임은 바람직하지 않은 결과로 이어졌다.

공장이 재가동되고 한 달이 지난 후 NUMMI의 사장 도요타 다쓰로(1933년 도요타 자동차를 창업한 도요타 기이치로 아들)가 프리몬트 공장을 방문했다. 한 노동자가 미등을 잘못된 각도로 차체에 끼우려고 안간힘을 쓰는 모습을 보고 도요타 사장이 그에게 다가갔다. 그의 작업복에 새겨진 이름을 보고 도요타 사장이 말했다.

"조, 줄을 당기세요."

"아닙니다. 고칠 수 있습니다."

조가 말했다.

"조, 줄을 잡아당기세요."

조는 그 전에도 안돈 코드를 잡아당긴 적이 없었다. 그의 주변에서는 누구도 안돈 코드를 잡아당기지 않았다. 공장이 재가동된 후 안돈 코드를 잡아당긴 사례는 손가락으로 꼽을 정도였고, 더구나 한 번은 우연히 당겨진 경우였다.

조가 속한 팀의 리더도 근처에 서 있었고, 도요타 사장이 공장 곳곳을 둘러볼 때 그림자처럼 따라다니며 보좌하던 관리자도 근처에서 맴돌고 있었다. 조가 고개를 들었다. 공장 최고 책임자들이 거의 동시에 그의 얼굴을 바라보았다.

"조, 잠깐 실례하겠습니다."

도요타 사장이 다가가 조의 손을 잡고 안돈 코드 쪽으로 살짝 끌어올리더니 함께 줄을 잡아당겼다. 그 순간, 번쩍이는 불빛이 빙글빙글 돌기 시작했다. 미등이 제대로 끼워지지 않은 채로 차대(車臺)가 조의 작업 구역 끝에 이르자 조립 라인이 자동으로 멈추었다. 조는 온몸을 떨었다. 쇠지렛대를 놓치지 않으려는 듯 두 손으로 꼭 움켜잡았다. 마침내 조가 미등을 제자리에 끼웠다. 그는 겁에 질린 표정으로 상관들을 바라보며 손을 들어 안돈 코드를 잡아당겼고, 조립 라인이 다시 움직이기 시작했다.

도요타 사장이 조에게 허리를 굽혀 인사했다. 그리고 일본어로 말하기 시작했다.

한 비서가 조에게 영어로 통역해 주었다.

"조, 나를 용서해 주십시오. 문제가 있을 때 줄을 잡아당겨야 하는 이유를 관리자들에게 제대로 알려 주지 못한 것은 전적으로 내 잘못입니다. 당신은 우리 공장에서 가장 중요한 역할을 하고 있습니다. 당신 덕분에 모든 차가 완벽해질 수 있습니다. 당신이 다시는 실패하지 않도록 내가 할 수 있는 모든 일을 하겠다고 약속드리겠습니다."

점심시간 무렵 그 이야기가 공장 직원 모두에게 전해졌다. 이튿날 안돈 코드는 열두 번 이상 당겨졌고, 그 다음 주에는 스물다섯 번 이상 당겨졌다. 한 달 후에는 하루 평균 거의 백 번씩 당겨졌다.

안돈 코드와 현장 직원들의 제안 및 도요타 사장의 사과는 회사의 운명이 직원들 손에 달려 있음을 입증했다는 점에서 중요했다. NUMMI가 파견한 전미 자동차 노동조합 대표 조엘 스미스가 당시를 떠올리며 이야기했다.

"직원이 가족이라는 확신을 심어 주려는 진실한 노력이 있었습니다. 경영진의 그런 노력을 실감할 수 있었지요. 물론 관점이 달라 의견 충돌도 있었으나 우리가 서로 성공을 바랐다는 점이 무엇보다 중요했습니다."

스미스의 지적대로 노동자들이 처음부터 무턱대고 안돈 코드를 잡아당겼다면 공장은 무너지고 말았을 것이다. 조립 라인이 멈추면 손실이 엄청나다는 걸 모두 알고 있었다. 누구나 언제라도 조립 라인을 멈출 수 있고 그에 따른 처벌은 없었다. 누구라도 마음만 먹으면 공장을 파산시킬 수 있었다. 스미스는 권한 위임 효과가 생각보다 크다고 말했다.

"이런 유형의 권한을 위임 받으면 누구나 책임감을 갖지 않을 수 없습니다. 대부분의 하급 노동자는 NUMMI가 망하는 걸 원하지 않았고, 당연히 경영진도 그런 실패를 원하지 않았지요. 어느 날 갑자기 모두 같은 쪽을 보게 된 것입니다."

노동자들에게 더 많은 결정권을 부여하자 그들의 의욕은 하늘을 찌를 것만 같았다. 모리시오 델가도와 미국 해병대가 다른 부문에서 동기 부여의 중요성을 확인했듯이, 노동자들도 더 많은 결정권을 갖게 되자 의욕이 충만해졌다.

NUMMI에서 행해진 실험에 대한 소문은 급속히 퍼졌다. 몇 년 후 프리몬트 공장을 방문한 하버드 경영 대학원 교수들은 GM 시절에는 분당 평균 45초만 일하던 노동자들이 이제는 분당 평균 57초를 일한다는 사실을 밝혀냈다.

'1986년 현재 NUMMI는 GM의 어떤 공장보다 생산성이 높고, GM 시절의 프리몬트 공장보다는 무려 두 배나 높았다.'

결근율도 GM 시절에는 25%에 달했지만 NUMMI에서는 3%로 떨어졌다. 약물 남용, 성매매, 태업 등도 거의 눈에 띄지 않았다. 불만을 처리하기 위한 공식적인 기구가 있었지만 이용하는 일이 거의 없었다. 하버드 연구진은 NUMMI의 생산성은 일본 공장 수준에 이르렀다고 밝히며, '하지만 NUMMI 노동자 평균 연령은 열 살이나 높고 도요타 생산 시스템에 대한 경험도 훨씬 적었다'라고 덧붙였다.[24] 1985년에는 자동차 전문잡지 《자동차와 운전자》가 '지옥이 얼어붙다'라는 제목으로 NUMMI의 성공을 다룬 특집호를 발간하기도 했다. 최악의 자동차 공장이 예전과 똑같은 노동자들을 데리고 세계에서 가장 생산적인 공장의 하나로 거듭났다는 기사였다.

NUMMI 공장이 가동되고 나서 4년 후 불경기가 자동차 산업을 강타했다. 주식 시장이 붕괴되고 실업자가 급증했다. 자동차 판매량도 곤두박질했다. NUMMI 관리자들은 생산을 40%쯤 줄여야 한다고 추산했고, 전미 자동차 노동조합 대표 조엘 스미스도 몹시 당황스러웠다고 했다.

"모두 조만간 강제 해고가 있을 거라고 웅성거렸습니다."

하지만 최고위직 65명 전원이 연봉을 삭감했고, 조립 라인 노동자들이 청소와 조경 등의 업무에 재배치되거나 도장실로 보내져 환기통을 긁어내는 작업을 했다. 경영상의 어려움이 닥치더라도 노동자들을 쉽게 해고하지 않겠다는 약속을 지키려는 회사의 의지를 입증해 보였던 것이다.

스미스는 그 후 회사 분위기가 바뀌었다고 전했다.

"그 후 노동자들은 회사를 위해서라면 어떤 일이라도 기꺼이 해냈습니다. NUMMI가 운영된 30년 동안 네 번의 불경기가 닥치며 판매량이 곤두박질했지만 NUMMI는 한 번도 강제 해고를 시행하지 않았어요. 경기가 되살아나면 그때마다 모두 예전보다 더 열심히 일했지요."

릭 마드리드는 1992년 NUMMI에서 퇴직했다. 자동차를 조립하며 거의 40년을 보낸 후였다. 그로부터 3년 후 스미스소니언 협회는 워싱턴의 국립 미국사 박물관에서 전시회를 열었다. '진보의 궁전'이란 이름이 붙은 이 전시회에 릭 마드리드의 신분증과 작업모도 전시되었다. 전시회 큐레이터가 소개한 바에 따르면, NUMMI는 노동자와 관리자가 공동의 목적을 위해 서로 협력하고 권력을 공유하는 방식으로 하나가 될 수 있음을 보여 준 진보의 상징이었다.[25]

지금도 NUMMI는 경영 대학원에서, 헌신 문화가 굳건히 자리 잡을 때 조직이 이루어 낼 수 있는 결과의 사례로 인용되고 있다. 여러 기업의 최고 경영자도 이런 사실을 인정한다. NUMMI가 설립된 후 '군살 없는 생산'이란 원칙은 실리콘밸리부터 할리우드까지 산업 분야를 가리지 않고 미국의 거의 모든 업종에 스며들었다. 릭 마드리드는 NUMMI 시절이 인생에서 가장 신나게 일하던 때라고 말했다.

"NUMMI에서 자동차 공장 노동자로서의 삶을 끝마쳐서 정말 기쁩니다. 나는 아무런 꿈도 없이 따분하게 살아가던 사람, 또 내가 무엇 때문에 사는지도 모르던 사람이었습니다. 하지만 제이디 파워(소비자 만족도 조사 전문 기관)가 최고 품질의 자동차를 생산하는 공장으로 선정한 NUMMI에서 일하는 영광을 누렸지요."

제이디 파워 조사 결과가 발표된 후 NUMMI 노동자들은 축하 파티를 열었다. 마드리드는 그날을 회상하며 이렇게 말했다.

"내가 발언할 차례가 되었을 때 나는 우리가 세계 최고의 자동차 공장 노동자라고 소리쳤습니다. 아니, 노동자나 관리자 모두 세계 최고라고 소리쳤지요. 우리는 서로에게 헌신했으니까요."[26]

5. 10분의 1 비용으로 완벽한 시스템을 만든 초보 개발자의 전략

프랭크 얀센이 납치되기 6년 전 FBI는 서른네 살의 월 스트리트 간부 채드 풀헴에게 접근해 FBI의 새로운 시스템을 개발하는 데 관심이 있느냐고 물었다. 풀헴은 그때까지 법 집행 기관에서 일한 적이 없었다. 그의 전문 분야는 리먼 브러더스와 제이피모건 체이스 같은 투자 은행용 대형 컴퓨터 네트워크를 개발하는 것이었다. 그래서 풀헴은 2008년 FBI로부터 전화를 받았을 때 놀라지 않을 수 없었다.

FBI의 시스템 개선은 오래전부터 수사국 관리들에게 우선적으로 해결해야 할 과제였다. 그래서 1997년 초 FBI 최고 지도자들은 당시 FBI가 독립적으로 관리하는 수십 개의 데이터베이스와 분석 엔진을 하나로 묶는 강력한 시스템을 개발하겠다고 의회에서 약속했다. 당시 수사국 관리들은 이 네트워크가 완성되면 별개의 사건들에 흩어져 있는 점들을 연결하는 강력한 도구를 수사관들에게 제공할 수 있을 것이라고 자랑했다. 그러나 그로부터 11년이 지나고 풀헴에게 접촉했을 당시 FBI는 센티넬이라 명명한 시스템 개발에 이미 3억 500만 달러(3660억 원)를 투자했지만 끝이 보이지 않는 상태였다.[27] FBI는 센티넬 개발에 그처럼 오랜 시간이 걸리는 이유를 파악하기 위해 외부 전문가에게 평가를 받아 보았다. 전문가들은 FBI가 관료주의와 상호 모순되는 의제로 옴짝달싹 못하기 때문에 센티넬 프로그램을 다시 정상 궤도에 되돌려 놓는 데만도 수백억 원이 들 것이라고 진단했다.

그래서 FBI는 풀험에게 전화를 걸어 저렴한 비용으로 센티넬을 가동할 수 있도록 도와줄 수 있겠느냐고 물었다. 풀험은 기꺼이 그 요청을 받아들였다.

"나는 어렸을 때부터 비밀리에 FBI나 CIA를 위해 일하고 싶었습니다. 그래서 그들에게 전화를 받았을 때, 그것도 흥미진진한 문제를 해결해 달라는 전화를 받았을 때 꿈에 그리던 일자리를 제안 받은 기분이었지요."

하지만 풀험은 먼저 자신의 접근법이 올바른 방법이란 걸 FBI에게 납득시켜야 했다. 풀험의 관리 방식은 NUMMI와 같은 사례들에서 영감을 얻은 것이었다. NUMMI의 성공이 널리 알려진 까닭에 20여 년 전부터 다른 분야의 경영자들도 도요타 생산 시스템을 채택하기 시작했다.[28] 2001년 컴퓨터 프로그래머들은 유타 주 어느 산장에서 모임을 갖고 소프트웨어 개발에 도요타 방식과 군살 없는 생산 방식을 채택한다는 '민첩한 소프트웨어 개발을 위한 성명'이란 일련의 원칙들을 작성했다.[29] '민첩한 방법론'(혹은 애자일 방법론)으로 알려진 이 원칙은 공동 작업과 빈번한 시험, 신속한 반복을 강조하며, 특히 문제에 가장 근접해 있는 사람에게 의사 결정권을 주는 문화를 역설했다. 이 방법은 소프트웨어 개발에 혁명적인 변화를 불러일으켰고, 이제는 많은 테크놀로지 회사에서 일반적으로 사용하는 표준적인 방법이 되었다.[30]

한편 영화 제작자들의 '픽사 방법론'도 도요타 관리 기법을 본뜬 것이다, 이는 현장에서 일하는 하급 애니메이션 제작자에게 중요한 의사 결정권을 위임하는 것으로 유명해졌다. 2008년 픽사 경영진은 디즈니 애니메이션 사업부를 인수하라는 요청을 받자 훗날 '도요타 발언'으로 알려진 말로 대답을 대신했다. 픽사의 공동 창업자 에드윈 캐트멀은 당시를 이렇게 기억했다.

'그때 나는 현장 노동자들에게 권한을 위임하고 조립 라인 노동자들이 문제에 부닥치면 직접 의사 결정을 내리도록 허용한 자동차 회사를 소개하면서, 앞으로 디즈니에서는 누구도 다른 사람이 문제를 해결해 주기를 기다릴 필요가 없다는 점을 강조했다. 잘못된 곳을 직접 수선할 권한을 주지 않는다면 굳이 똑똑한 사람을 채용할 필요가 있겠는가.'[31]

병원에서 의사가 아닌 의료인과 간호사에게 권한을 분배하는 현상도 '군살 없는 의료'로 정의할 수 있다. 2005년 버지니아 메이슨 의료 센터 회장은 군살 없는 의료를 관리 철학이라고 설명했다.

'뭔가가 잘못된 듯하면 누구나 조립 라인을 멈출 수 있고 실제로 멈춰야 하는 문화, 즉 치료 과정을 중단할 수 있는 문화가 형성되어야 한다.'[32]

이처럼 다양한 산업계에서 군살 없는 접근법을 적용하고 시행했지만, 어떤 경우에도 핵심적인 특징은 같았다. 첫째는 어떤 경우에나 의사 결정권이 문제를 가장 가까이에서 경험하는 사람에게 위임되었다는 점이다. 둘째는 팀에 자주적 관리와 자주적 조직을 허용하는 동시에 협력을 독려하는 점이었고, 끝으로 헌신과 신뢰 문화를 강조하는 점이었다.

풀험은 FBI도 이와 유사한 방식으로 접근해야 센티넬 구축에 성공할 수 있다고 주장했다. FBI 관리들이 중요한 의사 결정권을 하급 소프트웨어 기술자와 하급 현장 요원 같은 현장 수사원들에게 위임해야 한다는 뜻이었다. 이렇게 하려면 애초의 설계가 완전히 달라져야 했다. FBI 고위 관리자들이 서로 믿지 못하고 권력 투쟁에 매몰되어 소프트웨어 하나하나가 충족시켜야 하는 수천 가지 조건을 개략적으로 포괄하는 방식으로 새로운 시스템을 설계한 때문이었다. 온갖 위원회가 데이터베이스를 활용하는 법에 관련된 규칙으로 채워진 수백 쪽의 지침서를 내밀었고, 프로그램에 중대한 변화를 줄 때마다 수많은 관리에게 승인을 받아야 했다. 또 시스템이 제대로 작동하지 않아 소프트웨어 개발 팀이 프로그램 하나를 개발하려면 때때로 몇 개월을 보내야 했고, 문제가 해결되면 그 프로그램을 삭제해야 한다는 말을 들었다. 더구나 그 결과도 제대로 작동하지 않는 경우가 많았다.

센티넬이 어느 수준까지 개발되었는지 파악하기 위해 풀험이 시연을 요청하자, 한 개발자가 그를 컴퓨터 모니터 앞으로 데려갔다. 그러더니 어떤 범죄와 관련된 범인의 가명과 주소 등 몇몇 핵심어를 입력하며 말했다.

"15분 후 이 주소 및 이름과 관련된 사건들이 출력될 겁니다."

풀험이 격앙된 목소리로 물었다.

"총기를 휴대해야 하는지 아닌지 판단하는 데 필요한 정보를 구하는데 15분이 걸린다는 뜻입니까?"

2010년 감사원 보고서에 따르면, 센티넬을 적정한 수준에 올려놓으려면 앞으로도 6년의 시간과 3억 9600만 달러(4752억 원)가 추가로 필요했다.[33] 풀험은 자신에게 결정권을 분배할 권한을 준다면 400명이 넘는 개발 인원을 30명으로 줄이면서도 1년이 조금 넘는 시간 내에 2000만 달러(240억 원)로 완벽한 센티넬을 인도하겠다고 FBI 국장에게 장담했다.

국장의 승인을 받은 풀험은 소프트웨어 개발 팀, 그리고 몇몇 수사관과 함께 워싱턴에 있는 FBI 본부 지하실로 들어갔다. 풀험은 그들에게 누구나 멋진 아이디어가 떠오르면 서슴없이 제안해야 하고, 프로젝트가 잘못된 방향으로 가고 있다는 생각이 들면 누구라도 중단을 선언할 수 있으며, 문제에 가장 가까이 있는 사람이 일차적으로 그 문제를 책임지고 해결하는 게 규칙이라고 알렸다.

풀험은 많은 대규모 조직과 마찬가지로 FBI도 모든 것을 미리 대비하려는 욕심에 센티넬의 주된 문제가 있다고 생각했다.[34] 그러나 대형 소프트웨어를 개발하려면 무엇보다 유연성이 필요하다. 돌발적인 문제가 시시때때로 발생하고, 어떻게 돌파구를 마련할 수 있을지도 예측하기 어렵다. 또한 센티넬이 완벽하게 작동되더라도 FBI 수사관들이 센티넬을 어떻게 사용할지, 또 범죄 수사 기법이 발전함에 따라 센티넬이 어떻게 변할지는 누구도 정확히 몰랐다. 수사관의 요구에 부응하는 도구로 센티넬을 개발할 필요가 있었다. 윗선의 관리와 통제에 따라 센티넬의 인터페이스와 시스템을 설계하는 것으로는 만족할 수 없었다. 풀험은 제대로 작동하는 센티넬을 개발하기 위해서는 개발자들이 누구에게도 구속받지 않아야 한다고 굳게 믿었다.[35]

풀험 개발 팀은 먼저 센티넬을 사용할 수 있는 온갖 상황을 상상해 보았다. 피해자 진술을 입력하는 경우부터 FBI 데이터베이스와 접속해 증거를 추적하고 여러 단서에서 일정한 패턴을 찾아내는 상황까지 모든 가능한 경우를 상상해 보았다. 그리고는 다시 뒤로 돌아가, 각 상황에서는 어떤 종류의 소프트웨어가 필요한지 생각해 보았다. 매일 아침 개발 팀은 '스탠드업 회의'(모두 서서 간결하게 이야기를 주고받는 회의)를 갖고 전날 무엇을 해냈으며 향후 24시간 동안에는 무엇을 해내고 싶은지에 대해 점검했다. 특정한 문제나 데이터 코드에 가장 가까이 있는 사람이 그 과제에 대한 전문가로 여겨졌지만, 프로그래머든 수사관이든 계급의 고하를 막론하고 누구나 자유롭게 자신의 의견을 제시할 수 있었다. 한번은 팀원들 간의 브레인스토밍이 있은 후 한 프로그래머와 한 현장 수사관이, 수천 페이지에 달하는 복잡한 세법을 일련의 기본적인 질문들로 축약해 놓은 유명한 재무 소프트웨어 터보택스(TurboTax)를 본떠 센티넬의 일부라도 만들면 어떻겠느냐고 제안했다. 풀험은 막힌 속이 뻥 뚫린 느낌을 받았다.

"기본적으로 '초보자를 위한 수사와 법'이란 개념이었습니다. 정말 기막힌 아이디어였지요!"

과거에는 그런 제안의 승인을 얻는 데만 6개월 이상 걸렸고, 수십 가지 보고서를 작성해야 했다. 그때마다 프로그래머가 연방 절차를 단순화할 목적에서 그런 제안을 했다는 낌새가 전혀 드러나지 않도록 신중하게 작성하고, 터보택스라는 단어는 전혀 언급하지 말아야 했다. 진취적인 법률가나 기자가 끼어들어 쉬운 영어로 시스템이 어떻게 작동되는지 설명하는 걸 누구도 원하지 않을 것이기 때문이었다. 하지만 풀험의 체제에서는 그런 관료주의적 절차가 전혀 존재하지 않았다. 어떤 프로그래머나 수사관이 월요일에 멋진 아이디어를 제시하면 수요일쯤에 시제품이 만들어졌고, 금요일에는 모두 그 방법을 적극적으로 활용했다. 풀험은 당시의 역동적인 분위기를 '정부가 스테로이드를 맞은 것처럼 빠릿빠릿하게 움직였다'라고 표현했다.

풀험 개발 팀은 격주로 고위 관리들을 초대해 작업 진척 상황을 알리고,

그들로부터 피드백을 받았다. 과거에는 FBI 국장 명령이 떨어지면 누구도 그에 대해 세세한 점을 제안하거나 참견할 수 없고 기껏해야 부서장들이나 의견을 제시할 수 있었다. 풀험의 센티넬 개발 팀은 점점 더 대담해지고 야심적으로 변해 갔다. 단순히 기록을 관리하고 저장하는 시스템을 구축하는 데 만족하지 않고, 경향과 위협을 파악하고 유사한 사건들을 비교하는 도구들과 센티넬을 연계시키겠다는 목표를 세웠다. 그런 도구들이 완성되자, 센티넬은 수백만 건의 사건을 동시에 조사함으로써 수사관이 놓친 패턴을 찾아낼 수 있는 강력한 시스템의 중심이 되었다. 풀험이 작업을 시작하고 16개월 후 마침내 센티넬을 가동할 준비가 끝났다. FBI는 '센티넬이 배치된 2012년 7월은 FBI에게 기념비적인 순간이었다'고 평가했다. 첫 달에만 3만 명 이상의 수사관이 센티넬을 이용했고, 그 후로도 센티넬은 수천 건의 사건을 해결하는 데 핵심적인 역할을 했다.[36]

NUMMI에서는 의사 결정권 분산이 노동자들의 사기와 의욕을 높이는 데 일조했지만, FBI에서 그 방법은 다른 역할을 해냈다. 군살 없는 관리와 민첩한 방법론은 관료주의에 짓눌려 지내던 하급 프로그래머들의 야망을 자극함으로써 혁신적인 생각을 끌어냈다. 그런 프로그래머들이 한층 대담하게 생각하며, 전에는 누구도 상상조차 하지 못하던 해결책을 제시했다. 야구에 비유해서 말하면, 때때로 공을 맞히지 못하더라도 어떤 불이익이 없다는 걸 알기 때문에 누구나 배트를 강하게 휘두르며 큰 꿈을 꾸게 되는 것이다.

'민첩한 소프트웨어 개발을 위한 성명' 발표에 참여한 프로그래머 제프 서덜랜드는 2014년 발표한 센티넬 개발에 대한 연구서에서 이렇게 평가했다.

'센티넬이 FBI에 미친 영향은 실로 엄청났다. 정보를 전달하고 공유하는 역량이 향상된 덕분에 FBI가 해낼 수 있는 일의 범위가 근본적으로 달라졌다.'[37]

센티넬이 성공한 방법을 보고, FBI 고위급 인사들 생각이 달라졌다는 게 더욱 중요하다. FBI 최고 기술 책임자 제프 존슨은 센티넬이 FBI의 여러 면에 큰 영향을 끼쳤다고 말했다.

"센티넬을 통해 우리는 현장 수사관에게 더 많은 권한을 줄 때 잠재력을 크게 끌어낼 수 있다는 걸 배웠습니다. 그저 평범하게 보이던 사람이 무서울 정도로 열정적으로 변하는 걸 보았지요. 노스캐롤라이나 납치 사건, 인질 구출 작전, 테러 사건 수사 등 최근의 사례를 보십시오. 그런 상황을 통해서도 우리는 수사관이 독자적으로 결정을 내릴 수 있다는 책임감을 갖는 게 중요하다는 사실을 배웠습니다."

그렇다고 모든 문제가 해결된 것은 아니었다.

"물론 지금도 FBI 수사관들에게 그 정도의 권한을 위임하기는 정말 어렵습니다. 9·11 테러가 있기 전 수사관들에게는 독자적 판단에 대해 보상 받지 못한다는 생각이 팽배했어요. 그런 분위기는 FBI가 꼭 풀어야 할 문제였어요. 센티넬 개발 과정에서 우리는 많은 것을 배웠습니다. 권한 위임이 가능하고, 그 효과가 막대하다는 사실을 경험했지요."

6. 왜 FBI는 말단 요원들에게까지 수사 권한을 주었을까?

프랭크 얀센 납치 사건을 담당한 수사관들이 그때까지 수집한 자료들을 센티넬에 입력하자, 그 소프트웨어와 연결된 시스템들이 유사한 패턴과 단서를 추적하기 시작했다. FBI에서 수집한 휴대폰 번호들, 조사관들이 직접 방문한 집 주소들, 납치범들이 사용한 가명들을 입력했다. 교도소에 있는 켈빈 멜턴을 면회한 사람들 이름, 얀센 집 주변에 설치된 감시 카메라에 잡힌 자동차 번호들, 대포폰을 구입한 상점의 신용 카드 거래 명세서도 입력되었다. 사소한 것까지 빠짐없이 센티넬에 입력한 후 수사관들은 연결 고리가 희미하게라도 나타나기를 기대했다.

마침내 FBI 데이터베이스가 흥미로운 단서 하나를 찾아냈다. 프랭크 얀센 사진을 부인에게 보낸 전화번호가 조지아 주 오스텔에도 전화를 했다는 기록이었다. 오스텔은 애틀랜타 외곽에 있는 작은 도시였다. FBI 컴퓨터가 다른 사건들과 관련된 수백만 건의 기록을 샅샅이 뒤진 끝에 오스텔과의 연결 고리를 찾아낸 것이었다.

2013년 3월, 즉 프랭크 얀센 납치 사건이 일어나기 1년 전, 믿을 만한 정보 제공자가 범죄자들이 오스텔에서 안가로 사용하는 아파트 주소를 FBI에 알려 주었다. 그 정보 제공자는 다른 사건으로 수사관들과 대화하는 과정에서, 교도소에 수감된 갱 두목이 '자신을 기소한 여성 지방 검사를 불현듯 떠올렸다'고 언급한 적이 있었다. FBI 판단에는 그 갱 두목이 얀센 납치 사건을 계획한 것으로 추정되는 켈빈 멜턴을 가리키는 게 분명했다.

대화를 나누던 당시, 수사관들은 그 정보 제공자가 무엇에 대해 말하는지 전혀 짐작하지 못했다. 하기야 얀센은 1년 후에야 납치되지 않았는가! 그 후 누구도 그 대화를 다시 거론하지 않았고, 안타깝게도 그 정보 제공자와 대화를 나눈 수사관들은 누구도 얀센 납치 사건에 참여하지 않았다.

그런데 센티넬에 연결된 컴퓨터들이 연결 고리를 찾아낸 것이다. 믿을 만한 정보 제공자가 얀센의 납치를 계획한 것으로 추정되는 켈빈 멜턴과 유사한 인물을 언급한 적이 있었다. 그 정보 제공자는 오스텔의 한 아파트를 언급한 적이 있었고, 센티넬이 밝혀낸 바에 따르면 그 아파트는 납치자 중 한 사람이 전화한 곳이기도 했다.

그 아파트를 조사하고 수색해야 한다는 뜻이었다.

하지만 그 아파트가 수사관들이 추적하고 있는 많은 단서 중 하나에 불과하다는 게 문제였다. 멜턴의 옛 패거리도 추적해야 했고, 교도소를 면회한 사람들도 면밀히 조사해야 했다. 납치 사건에 관련된 듯한 멜턴의 옛 여자 친구들도 있었다. 이런저런 단서가 너무 많아 수사관들이 전부 추적하기는 현실적으로 불가능했다. FBI는 우선순위를 정해야 했다. 1년 전 대화에서 얻은 단서를 추적하는 게 가장 유망하다고 단정할 근거는 어디에도 없었다.

하지만 센티넬의 성공이 FBI 내에서 많은 주목을 받게 되자, 거의 모든 부서가 '군살 없고 민첩한 기법'을 적극적으로 활용하고 나섰다. 특히 지부장과 현장 요원들은 문제 가장 가까이에 있는 사람에게 권한을 부여해 문제를 해결하도록 해야 한다는 철학을 받아들였다. FBI 국장 로버트 뮬러는 2003년 의회에서 발언한 대로 'FBI의 문화적 사고방식에서 패러다임 전환'을 촉발하기 위한 일련의 진취적인 프로젝트를 시작했다.[38] 전략 관리 시스템과 리더십 프로그램을 개발하고, 전략 집행 팀을 구성했다. 하급 요원들이 상부의 명령을 기다리지 않고 어떤 단서를 추적해야 하는지 독자적으로 결정하도록 독려하는 것이 주된 목적 중 하나였다. 계급의 고하를 막론하고 어떤 요원이라도 간과되고 있다고 생각하는 단서를 추적할 수 있었다. 이에 대해 FBI의 최고 기술 책임자 제프 존슨은 이렇게 평가했다.

"중대한 변화였습니다. 사건 가장 가까이에 있는 사람에게 시간을 어떻게 보내야 하는지 결정하는 권한을 위임했으니까요."

센티넬 영향으로만 이런 변화가 시작된 것은 아니었다. 그래도 FBI가 민첩한 방법론이란 철학을 서둘러 받아들이는 데 센티넬이 일조한 것만은 분명하다. 풀험도 나에게 비슷한 말을 했다.

"FBI의 기본적인 사고방식은 이제 민첩함입니다. 센티넬의 성공이 그런 사고방식을 자리 잡게 하는 데 큰 역할을 했습니다."

얀센 사건을 담당한 수사관들은 많은 단서에서 중요한 것을 선택해야 했다. FBI는 하급 현장 요원들에게 권한을 위임하며 직접 선택하도록 독려했다. 두 젊은 수사관은 비밀 정보 제공자가 1년 전 언급한 아파트를 조사하기로 결정을 내렸다.

아파트를 직접 찾아간 두 수사관은 그곳에 티아나 브룩스란 여자가 살고 있다는 사실을 알아냈다. 브룩스는 집에 없고 그녀의 두 어린 자녀만이 방치된 채 있었다. 수사관들은 아동 보호국에 전화를 걸었다. 사회 복지사들이 아이들을 안전하게 데려간 후 수사관들은 이웃을 탐문하며 브룩스의 행방을 묻기 시작했다. 아무도 그녀의 행방을 몰랐지만, 한 사람이 근처에 사는 두 남자가 브룩스의 집을 방문하는 걸 보았다고 진술했다. 수사관들은 그들을 찾아내 심문했다. 그들은 브룩스에 대해 전혀 모르고 납치 사건에 대해서는 더더욱 모른다고 대답했다.

그날 밤 11시 33분, FBI는 납치 혐의자들과 관계있다고 의심되는 자들의 전화를 도청하고 있었는데 그중 심상치 않은 내용이 포착됐다.

"아이들을 데려갔어요!"

여자 목소리였다.

그 사실이 곧바로 오스텔 주재 요원들에게 알려졌고, 요원들은 용의자들을 더욱 강하게 심문하기 시작했다. 특히 두 용의자에게는 얼마 전 티아나 브룩스를 방문한 적이 있지 않느냐고 윽박질렀다. FBI가 공포에 질린 듯한 여인의 전화를 도청한 끝에 얻어 낸 성과였다. FBI 요원들이 짐작하건대, 그 여인은 티아나 브룩스인 게 분명했다. 결국 두 용의자가 납치와 관련된 것으로 의심되는 사람을 얼마 전에 방문했다는 뜻이었다.

그들이 은밀하게 나눠야 할 이야기가 있었던 것일까?

한 용의자가 애틀랜타에 있는 한 아파트에 대해 진술했다.

수사관들은 납치 사건 수사본부 동료들에게 그 아파트의 존재에 대해 무전으로 알렸다. 자정 직전 아파트 단지 앞에 경찰 특공대 트럭들이 도착했다. 특공대원들은 트럭에서 신속하게 뛰쳐나와 아파트 앞에 잠시 멈추었다가 곧바로 문을 뚫고 들어갔다. 안에는 두 남자가 총을 옆에 두고 의자에 앉아 있었다. 특공대원들은 두 남자를 순식간에 제압했다. 거실에는 밧줄과 삽, 표백제가 담긴 병들이 널려 있었다. 그들에게서 압수한 휴대폰에서 시신을 처리할 방법에 대한 지시로 보이는 문자 메시지가 발견되었다. 누군가 그들에게 이렇게 명령했다.

'표백해서 벽 속에 넣고 발라 버려. 벽장 속에 감추든지.'

폭동 진압복을 입은 한 특공대원이 침실로 뛰어들어 가 모든 문을 하나씩 활짝 열었다. 벽장 안에서 의자에 묶인 채 의식을 잃은 프랭크 안센을 찾아냈다. 납치범들에게 권총으로 얻어맞은 얼굴에는 핏자국이 여전했다. 납치되고 여섯째 되는 날이어서 탈수 증세가 심했다. 경찰은 재빨리 그를 풀어 내 아파트 밖으로 데리고 나갔다. 얀센을 납치한 범인들은 등 뒤로 손이 묶인 채 바닥에 쓰러져 있었다. 얀센은 곧바로 구급차에 실려 병원으로 옮겨졌다. 얀센의 부인은 무사히 구출된 남편을 보자마자 흐느껴 울기 시작했다. 거의 1주일 동안 누구도 얀센이 살아 있는지 죽었는지 알지 못했다. 그런데 약간의 타박상과 찢어진 상처 외에 큰 부상 없이 돌아와 병실에 누워 있었다. 그로부터 이틀 후 프랭크 얀센은 건강한 몸으로 퇴원했다.

얀센 사건을 해결한 결정적인 돌파구는 무엇이었을까? FBI 컴퓨터가 얀센 납치 사건과 겉으로는 아무런 관계도 없는 듯한 비밀 정보 제공자의 오래된 증언 사이의 연결 고리를 발견했기 때문만은 아니었다. 오히려 헌신적인 수많은 사람이 갖가지 단서를 추적하며 쉬지 않고 노력했기 때문이다. 또한 하급 현장 요원들에게 의미 있는 단서를 독자적으로 결정해 추적하는 권한을 위임한 영향도 절대적이었다.

풀험은 얀센의 구출에는 무엇보다 권한 위임이 가장 큰 영향을 미쳤다고 생각했다.

"현장 요원들은 직감에 의존해 수사하는 법을 배웁니다. 또 새로운 증거가 나타나면 방향을 전환할 수 있다는 것도 경험을 통해 알게 되지요. 하지만 그런 직감의 잠재력을 극대화하려면 상관들이 현장 요원들에게 권한을 위임해야 합니다. 현장 요원이 자신의 생각에 최선인 해결책을 선택할 수 있게 해 주는 시스템, 또 현장 요원이 성공할 가능성이 미심쩍은 방향을 선택하더라도 상관들이 적극적으로 지원해 주는 시스템이 가동되어야 하지요. 이런 이유에서 FBI가 민첩한 방법론을 받아들였던 겁니다. 민첩한 방법론은 권한의 적절한 분산이라 할 수 있습니다."

궁극적으로 NUMMI와 같은 조직에 적용된 군살 없고 민첩한 방법론으로부터 얻은 중요한 교훈 중 하나는 '의사 결정권을 갖고 있다고 믿을 때, 또 동료들이 성공을 바라며 헌신적으로 지원한다고 믿을 때 조직원은 더욱 똑똑하고 효율적으로 일한다'라는 것이다. 통제권을 가졌다는 확신은 개인에게 동기를 부여하지만, 그 확신이 통찰과 혁신으로 이어지기 위해서는 제안이 결코 묵살되지 않고, 설령 실패하더라도 그 때문에 질책을 받지 않는 문화가 형성되어 있어야 한다. 조직원 모두 든든한 지지자라는 믿음이 있어야 한다.

의사 결정권이 분산되면 누구나 전문가가 될 수 있다. 그러나 신뢰가 존재하지 않는다면 조직원은 전문 지식을 제대로 활용할 수 없다. NUMMI의 노동자들이 경영진이 자신들에게 헌신적이라 믿지 못했더라면, 또 FBI에서 프로그래머들이 문제를 해결해 낼 것이란 믿음이 없었더라면, 현장 요원들에게 견책을 두려워하지 말고 육감을 따르라는 격려가 없었더라면 어떤 상황이 벌어졌을지 생각해 보라. 조직원 개개인에게 조립 라인을 멈출 수 있는 권한, 거대한 소프트웨어 개발 프로젝트의 방향을 수정하거나 본능을 따르는 권한이 부여되면, 조직원들은 더욱 책임감을 갖고 프로젝트를 성공적으로 이끌려고 노력할 것이다.

물론 헌신과 신뢰 문화가 마법의 특효약은 아니다. 헌신과 신뢰 문화가 있다고 해서 상품이 잘 팔리고 아이디어가 결실을 맺는 것은 아니다. 하지만 멋진 아이디어가 제기되고 결실을 맺으려면 적절한 조건이 갖추어져야 하는데, 헌신과 신뢰 문화가 그런 조건을 형성하기에 가장 확실한 방책인 것은 분명하다.

그렇지만 많은 기업이 권한을 분산하지 않는 데는 타당한 이유가 있다. 권한을 소수의 손에 집중하는 데도 분명한 근거가 있다는 것이다. NUMMI에서 불만이 가득한 일부 노동자가 안돈 코드를 쓸데없이 잡아당겼다면 공장을 파산시킬 수 있었을 것이다. 한편 FBI에서는 프로그래머가 잘못 판단했다면 컴퓨터 시스템이 엉뚱하게 구축되었을 것이고, 현장 요원이 잘못된 육감을 좇을 가능성도 얼마든지 있었다. 그러나 궁극적으로는 자율권이 보장되고 헌신과 신뢰가 있는 문화에서 얻는 보상은 비용을 훨씬 넘어선다. 조직원에게 실수할 기회조차 허용되지 않을 때 자칫하면 조직 전체가 흔들리는 큰 실수가 닥치는 법이다.

구출되고 몇 주가 지난 후 프랭크 얀센은 감사 편지를 FBI 요원들에게 보냈다.

'얀센 씨, 집에 모셔다 드리려고 왔습니다! 이렇게 말하는 경찰의 단호한 목소리를 들었던 그 기적 같은 순간만큼 환희와 안도를 만끽하고 자유가 고마웠던 적이 없습니다. 끔찍한 악몽의 시간을 겪었지만, 내가 지금 집에 편안히 앉아 이 편지를 쓰고 있다는 사실은 많은 멋진 분이 많은 멋진 기적을 이루어 냈다는 증거입니다.'

얀센은 자신의 구출은 FBI의 헌신이 빚어낸 결과였다고 결론지었다.

DECISION MAKING
의사 결정

▼

불확실한 미래 때문에 불안한 사람들에게

—

미래를 정확하게 예측하는 법

1. 심리학과 박사 과정을 그만두고 프로 도박사가 된 대학원생

딜러는 애니 듀크를 물끄러미 바라보며 그녀가 이야기하기를 기다렸다. 테이블 중앙에는 45만 달러(5억 4000만 원) 상당의 칩이 쌓여 있고, 세계에서 최고로 손꼽히는 9명의 프로 포커 선수가 초조하게 애니의 베팅을 기다렸다. 애니를 제외하고 모두 남자였다.[1]

텔레비전으로도 중계된 2004년 세계 포커 선수권 대회의 한 장면이었다. 우승 상금 200만 달러(24억 원) 전액을 1등이 가져가고 준우승자에게

는 한 푼의 상금도 없는 대회였다.[2]*

. . .

공용 카드는 아직 한 장도 내려놓지 않은 상태였다. 애니는 텐 원페어를 잡았다. 상당히 좋은 카드였다. 과감하게 가지고 있던 칩 대부분을 걸었다. 다른 선수들은 한 사람을 제외하고 모두 기권을 선언했다. 남아 있는 한 사람은 코네티컷 출신의 통통한 신사 그레그 레이머였다. 도마뱀 눈 문양이 홀로그램으로 새겨진 선글라스를 쓰고 있었다. 주머니에 항상 나무껍질 화석을 넣고 다녀 '화석남'이라는 별명으로 불리는 사람이었다. 레이머가 애니의 공격적인 베팅을 받아 올인을 선언했다. 애니 역시 가지고 있는 모든 것을 베팅 해야 할지를 결정해야 했다.

애니는 화석남이 어떤 카드를 쥐고 있는지 알지 못했다. 몇 초 전까지만 해도 그녀는 자신이 이번 판에 승리할 거라고 확신했다.[3] 그때까지 판

---

* 포커는 전 세계에서 가장 사랑받는 카드 게임 중 하나로, 베팅과 패의 높낮이로 승패를 겨룬다. 족보의 확률만으로 승패를 가리는 도박으로 볼 수도 있으나 베팅 금액과 베팅 타이밍, 수많은 의사 결정과 배짱 등을 겨루는 고도의 심리 게임으로 보는 견해도 많다. 그래서 배우는 데는 5분밖에 안 걸리지만 마스터하는 데는 평생이 걸린다는 말이 있다.
수백 가지 게임 방식이 있지만 세계적으로 '텍사스 홀덤(Texas Hold'em)' 방식을 즐기는 사람이 가장 많다. 국제적 규모의 포커 선수권 대회는 거의 텍사스 홀덤을 채택하고 있다. 텍사스 홀덤은 두 장의 개인 카드와 다섯 장의 공용 카드를 가지고 최고의 조합을 만든 사람이 승리한다. 텍사스 홀덤은 주로 2명에서 9명까지 게임에 참여한다. 참가자들은 먼저 자신만 볼 수 있는 두 장의 카드를 받는다. 이를 개인 카드라고 한다. 모든 참가자가 두 장의 카드를 받으면 베팅을 시작한다. 베팅시 선택할 수 있는 옵션은 총 네 가지. 돈을 걸지 않는 '체크', 판돈을 올리는 '레이즈', 상대방이 올린 돈만큼만 거는 '콜', 게임을 포기하는 '폴드'. 첫 번째 베팅이 끝나면 공용 카드를 세 단계에 걸쳐 오픈한다. 먼저 석 장을 한꺼번에 오픈하는데 이를 '플롭'이라고 한다. 두 번째 단계와 세 번째 단계에는 한 장씩 오픈한다. 이를 각각 '턴'과 '리버'라고 한다. 공용 카드를 오픈하는 단계마다 참가자들은 베팅을 한다. 모든 베팅이 끝나면 폴드 하지 않고 남아 있는 참가자들이 자신의 패를 공개하고 승패를 결정한다.
베팅 방식에도 여러 가지가 있는데 이 장에 등장하는 텍사스 홀덤 방식은 '노 리밋'이다. 베팅 차례가 되었을 때 언제든 가진 돈을 전부 걸 수 있다. 가진 돈을 모두 거는 것을 '올인'이라고 한다. 언제든 올인을 할 수 있기 때문에 순식간에 게임이 끝날 때가 많아 긴장감이 높다.

세가 그렇게 흘러왔다. 하지만 화석남이 모든 칩을 한꺼번에 테이블 중앙으로 밀어 넣으며 애니의 작전을 완전히 비틀어 버렸다. 화석남이 이번 판 내내 그녀를 속인 것일까? 그녀가 더 크게 베팅 하도록 유인해서 단번에 제압할 기회를 기다렸던 것일까? 아니면 그가 엄청난 액수의 판돈으로 겁을 주면서 그녀에게 패를 접으라고 압박하는 것일까?

모두의 눈이 애니를 향하고 있었다. 애니는 어떻게 해야 할지 선뜻 결정을 내릴 수 없었다.

카드를 뒤집으며 패배를 인정할 수도 있었다. 그런 결정은 그녀가 그 판에 건 수천만 원을 포기하겠다는 것이었다. 지난 9시간 동안 벌어들인 칩을 잃는다는 뜻이었다.

화석남이 베팅 한 판돈에 맞추어 애니도 모든 칩을 밀어 넣을 수 있었다. 물론 패하면 그녀는 이번 대회에서 그대로 탈락한다. 그런데 이 판을 이기면 단번에 이번 대회 우승 후보로 떠오른다. 그녀를 밤마다 괴롭히는 복잡하게 얽힌 이혼 소송과 그 밖의 불확실한 문제는 말할 것도 없고 아이들 학비와 대출금까지 해결할 수 있었다.

애니는 테이블에 잔뜩 쌓인 칩들을 다시 한 번 쳐다보았다. 압박감이 목구멍까지 밀려 올라오는 것 같았다. 그녀는 과거에 간혹 공황 발작을 일으켰고, 극심한 신경 쇠약으로 아파트에서 한 발자국도 나가지 않고 지내던 때도 있었다. 20년 전 컬럼비아 대학교 2학년에 재학 중일 때는 갑자기 불안감에 사로잡혀 스스로 병원을 찾아가 보름 동안 병실에서 꼼짝하지 않기도 했다.

애니가 어떻게 할까 고민하는 동안 45초가 흘렀다.

"죄송합니다. 내가 시간을 너무 끌고 있네요. 그런데 결정을 하기가 정말 어려워요."

애니는 자신의 손에 쥐어진 텐 원페어를 뚫어지게 쳐다보며 무엇을 알고 무엇을 모르는지 생각하기 시작했다. 그녀가 포커를 좋아하는 이유는 확실성 때문이었다. 포커의 비결은 정확히 예측하고 가능한 대안을 생각해 낸 후 어느 쪽이 실현될 가능성이 높은지 계산하는 것이다. 애니는 이런 통계적 확률을 계산하는 데 자신이 있었다. 다음에 어떤 카드가 나올지 정확히 알아내지는 못해도 유리함과 불리함 정도는 정확히 예측할 수 있었다.

화석남이 거금을 베팅 한 상황은 애니의 머릿속에는 전혀 없던 시나리오였다. 그때까지 차분하게 진행되던 포커 테이블에 갑자기 돌풍이 불어 닥친 것이다. 애니는 다음 판이 어떻게 진행될지 전혀 예상할 수 없었다. 머리가 얼어붙은 기분이었다.

"미안해요. 조금만 시간을 더 주세요."

• • •

애니가 어렸을 때, 오후가 되면 그녀의 어머니는 담배 한 갑과 위스키 한 잔, 그리고 카드 한 벌을 쥐고 부엌 식탁에 앉아 술이 바닥나고 재떨이가 수북해질 때까지 혼자 카드놀이를 했다. 그러다 비틀거리며 일어나 소파 거실에 풀썩 쓰러져 잠이 들었다.

애니의 아버지는 뉴햄프셔에 있는 세인트폴 스쿨의 영어 교사였다. 세인트폴 스쿨은 주로 상원 의원과 대기업 최고 경영자 자제들이 다니는 유명한 기숙 학교였다. 학교 기숙사에 딸린 주택에 살고 있던 애니는 부모가 싸우는 소리를 친구들이 들을까 봐 두려웠다. 부모의 다툼은 무척 잦은 편이었다. 또한 애니는 부유한 친구들과 달리 가난했던 까닭에 그들과 함께 여행을 다닐 수 없었고, 남달리 똑똑했던 까닭에 속물적인 여자아이들과 어울릴 수 없었으며, 항상 불안감에 짓눌려 있었던 까닭에 자유분방한 학생들처럼 느긋하게 지내지 못했고, 수학과 과학에 관심이 많았던 까닭에 학생 자치회에서 활동하기도 힘들었다. 애니는 학교에서도 버림받은 기분이었다.

그녀는 변덕스러운 10대의 세계에서 살아남으려면 예측력을 키우는 수밖에 없다고 생각했다. 어느 학생의 사회 자본(사회 공동체 사이의 협조나 협동을 가능하게 해 주는 사회 네트워크와 규범 및 신뢰)이 올라가거나 떨어지는지 정확히 예측할 수 있다면, 싸움을 한결 쉽게 피할 수 있을 것 같았다. 또 언제 부모가 다투고 엄마가 술을 마시는지 예측할 수 있다면, 친구들을 안심하고 집에 데려올 수 있을 것 같았다.

애니는 어린 시절 늘 불안 속에서 지냈다고 한다.

"부모가 알코올 의존증이면 그 자녀는 다음에 어떤 일이 닥칠까 생각하며 많은 시간을 보내기 마련입니다. 편하게 저녁 식사를 하고, 언제 잠을 잘 거냐고 가벼운 꾸지람을 듣는 게 결코 당연한 일이 아니에요. 모든 것이 한꺼번에 와르르 무너질지 모르기 때문에 항상 노심초사하며 지내야 하지요."

기숙 학교를 졸업한 애니는 컬럼비아 대학교에 진학했고 곧 심리학과에 대해 알게 되었다. 심리학과는 그녀가 줄곧 찾던 것에 대한 해답을 주는 듯했다. 인간 행동을 합리적인 규칙과 사회적 공식으로 환원하는 강의들, 다양한 유형의 성격에 대해 강의하고 불안감이 생기는 이유를 설득력 있게 설명하는 교수들, 알코올 의존증인 부모가 자녀에게 미치는 영향을 연구하는 학문이 있었다. 마침내 애니는 자신이 때때로 공황 발작을 일으키는 이유, 가끔 침대에서 꼼짝하지 않고 버티고 싶은 이유, 고약한 일이 언제라도 닥칠 것만 같은 두려움에 짓눌리는 이유를 조금씩 알아 가는 기분이었다.

당시 심리학은 인지 과학의 성과에서 비롯된 변화를 겪고 있었다. 인지 과학은 과거에는 체계적인 분석이 불가능하다고 여겨지던 인간 행동을 과학적으로 접근하려는 새로운 학문이었다. 심리학자와 경제학자가 손잡고, 인간이 어떤 행위를 하는 이유를 설명하는 규칙을 찾아내기 위한 공동 작업을 시행하기도 했다. 의사 결정이 내려지는 방법에 집중한 연구도 적지 않았다.[4] 사람들이 자식을 갖겠다고 결정하는 이유는 무엇일까? 그에 따른 비용은 금액과 노동량으로 명확히 드러나는 반면, 사랑과 만족감이란 보상은 객관적으로 계산하기 힘들지 않은가? 사람들이 자식을 무료인 공립 학교에 보내지 않고 값비싼 사립 학교에 보내는 이유는 또 무엇일까? 오랫동안 여러 상대와 즐긴 후 결혼하려고 마음먹는 이유는 무엇일까?

우리가 내리는 중요한 결정들은 주로 미래에 대한 예측이다. 자식을 사립 학교에 보내는 이유는 오늘 교육에 투자하는 돈이 미래에 기회와 행복을 만들어 낼 것이라 생각하기 때문이다. 도박에 비유한다면 일종의 베팅이다. 또 우리가 아기를 낳기로 결정하는 행위는 부모가 된다는 즐거움이 잠을 제대로 자지 못하는 밤의 괴로움을 능가할 것이란 예측에서 비롯된다. 결혼이 낭만적으로 여겨지지 않더라도 결혼을 결심하는 이유는 무엇이겠는가. 정착된 삶의 이점이 혼자일 때 기대할 수 있는 기회보다 크다고 예상하기 때문이다. 결국 의사 결정은 다음의 사건을 정확히 예측하는 기본적인 능력에 달려 있다.

심리학자와 경제학자는 우리가 살아가며 끊임없이 뭔가를 선택하지만, 선택을 위한 복잡한 상황에 전혀 기죽지 않는 현상에 관심을 가졌다. 미래의 다양한 가능성을 상상하며 자신에게 가장 적합한 미래를 선택하는 데 남달리 뛰어난 사람들이 있는 듯했다. 이처럼 그들이 남보다 더 나은 결정을 내릴 수 있는 이유는 무엇일까?

애니는 컬럼비아 대학교를 졸업한 후 펜실베이니아 대학교 박사 과정에 등록하고 인지 심리학을 전공했다. 5년 동안 열심히 공부하며 장학금도 받고 논문도 꾸준히 발표했다. 박사 학위 취득을 몇 개월 남겨 놓았을 때부터 그녀는 여러 대학에서 '면접'을 위한 초빙을 받았다. 그녀가 면접을 훌륭하게 치렀더라면 지금쯤 명망 있는 교수가 되었을 것이다.

뉴욕 대학교에서 첫 면접을 갖기 전날, 애니는 기차를 타고 맨해튼으로 향했다. 그 주 내내 불안감과 씨름한 까닭에 그녀는 저녁 식사를 하는 도중에 토하고 말았다. 1시간쯤 기다렸다가 물 한 잔을 마셨지만 다시 토했다. 도무지 불안감을 떨쳐 낼 수 없었다. 면접을 보는 과정에서 실수를 반복하는 상상, 또 실제로는 교수가 되고 싶지 않지만 가장 안전하고 예측 가능한 길이라서 교수가 되려 한다는 생각도 떨쳐 낼 수 없었다. 결국 애니는 뉴욕 대학교에 전화를 걸어 면접을 연기해 달라고 부탁했다. 그리고 맨해튼까지 달려온 약혼자의 도움으로 병원에 입원했다. 몇 주후 퇴원했지만 그때에도 불안증은 좀처럼 사라지지 않았다. 애니는 퇴원하자마자 강의하기로 예정되어 있던 펜실베이니아 대학교 강의실로 직행했다. 그럭저럭 강의는 끝냈으나 구역질과 신경과민에 거의 기절할 것만 같았다. 다음 강의는 포기할 수밖에 없었다. 교수가 되기 위한 면접도 포기했다. 결국 그녀는 교수가 되지 못했다.

애니는 자동차 트렁크에 논문 자료를 쑤셔 넣고, 교수에게 한동안 연락하기 힘들다는 메시지를 보낸 후 서쪽으로 향했다. 그녀가 도착한 곳은 약혼자가 몬태나 빌링스 외곽에 마련해 둔 허름한 집이었다. 집이 엉망이었지만 그녀는 지칠 대로 지쳐 어떤 조치도 취할 수 없었다. 논문 자료를 벽장에 던져두고 소파에 누워 축 늘어졌다. 당장에는 아무런 생각도 하고 싶지 않았다.

몇 주 후 오빠 하워드 레더러가 라스베이거스로 애니를 초대했다. 프로 포커 선수인 하워드는 몇 년 전부터 봄이면 그녀를 라스베이거스로 데려가곤 했다. 하워드가 대회에 참석해 게임을 하는 동안 애니는 호텔 수영장에서 지내다 지루하면 카지노 안을 서성대며 오빠가 게임 하는 걸 지켜보거나 직접 포커판에 잠시 끼어들기도 했다. 하지만 그해 오빠의 초대에는 몸이 좋지 않아 여행하기 힘들다고 대답했다.

하워드는 걱정이 밀려왔다. 애니가 여행 제안을 거절한 적이 없었기 때문이다. 하워드가 걱정스러운 목소리로 말했다.

"주변에 포커 게임 할 만한 데 없어? 가까이에 그런 곳이 있으면 외출하고 싶은 생각이 들지 않을까?"

당시 애니는 결혼한 상태라서 남편에게 포커 게임 할 만한 곳을 찾아봐 달라고 부탁했다. 빌링스 시내에 있는 어느 술집 지하실에서 은퇴한 목장주와 건설업자, 보험 대리인 등이 매일 오후 포커를 한다는 걸 알아냈다. 담배 연기가 가득한 지하 감옥 같은 곳이었다. 어느 날 오후 그곳에 들른 애니는 그곳이 마음에 들었다. 며칠 후 다시 그곳을 찾은 그녀는

50달러(6만 원)를 땄다. 애니는 당시를 회상하며 이렇게 말했다.

"포커 게임은 내가 좋아하는 수학과 대학원에서 줄곧 공부하던 인지 과학의 결합체였습니다. 포커를 할 때 사람들은 나쁜 패를 손에 쥐면 허세를 부리고, 좋은 패일 경우에는 흥분을 감추려고 합니다. 나는 그런 모습을 잘 알고 있었지요. 또 내가 대학에서 공부하고 강의하던 인간의 여러 행태가 보였어요. 그런 행태를 알아볼 수 있다는 게 나의 가장 큰 장점이었을 거예요. 매일 밤 오빠에게 전화를 걸어 그날 내가 어떤 패를 손에 쥐었고, 어떻게 게임을 했는지 설명했습니다. 그럼 오빠는 내가 어떤 실수를 했는지, 다음에는 어떻게 해야 하는지 조언해 주었지요."

처음에는 성적이 그다지 좋지 않았지만 계속할 수 있을 정도의 수준을 유지했다. 포커판에 앉으면 속이 메스껍지 않다는 사실도 알게 되었다.

애니는 평일에는 거의 매일 술집 라운지에서 보냈다. 마치 회사에 출근하듯이 오후 3시에 도착해 자정까지 머물며 온갖 전략을 시험해 보았다. 오빠가 보내 준 2400달러(288만 원)짜리 수표가 밑천이었다. 단, 따는 돈의 절반을 오빠에게 보내는 게 조건이었다. 첫 달이 끝날 무렵 정산을 하자, 오빠 몫을 떼어 놓고도 그녀의 손에 2650달러(318만 원)가 쥐어졌다. 이듬해 봄 하워드가 다시 라스베이거스로 초대를 했다. 그녀는 무려 14시간을 운전하고 라스베이거스로 달려가 돈을 내고 대회에 참가했고, 첫날에만 3만 달러(3600만 원)의 칩을 땄다. 애니가 대학원생 자격으로 1년 동안 꼬박 일하며 벌어들인 돈보다 많은 액수였다.

애니는 포커의 속성을 이해하고 있었다. 정확히 말하면, 그녀가 상대한 대부분의 사람들보다 포커에 대한 이해가 깊었다. 패할 가능성이 높은 패라고 반드시 패배를 하는 것은 아니었다. 오히려 상대의 전략을 시험해 보는 미끼로 사용할 수 있었다.

"중간 수준과 최고 수준의 차이가 그 점에 있다는 걸 깨달았어요. 중간 수준에서는 최대한 많은 법칙을 알고 싶어 합니다. 그래서 중간 수준의 플레이어는 확실한 것을 원하지요. 반면에 최고 수준의 플레이어는 상대의 그런 열망을 역이용합니다. 그럼 중간 수준의 플레이어가 어떻게 반응할지 더 정확히 예측할 수 있으니까요."

애니가 이렇게 말하며 최고 수준의 플레이어는 어떻게 생각하는지 설명해 주었다.

"최고 수준에 오르려면 베팅을 상대방에게 이렇게 묻는 식으로 생각해야 합니다. 당신은 지금 당장 패를 뒤집고 죽고 싶은가? 돈을 더 걸고 싶은가? 내가 얼마나 강하게 밀어붙여야 당신이 충동적으로 행동하기 시작할까? 이런 의문에 답할 수 있다면, 상대보다 조금이나마 더 정확히 미래를 예측할 수 있지요. 포커는 상대보다 더 신속하게 정보를 구하기 위해 칩을 사용하는 게임입니다."

대회 둘째 날이 끝났을 때 애니가 보유한 칩은 9만 5000달러(1억 1400만 원)까지 올라갔다. 애니는 결국 26위로 대회를 끝냈다. 수백 명의 프로보다 앞선 순위였다. 3개월 후 애니 부부는 라스베이거스로 이사했다. 그리고 펜실베이니아 대학교 스승에게 전화를 걸어 학교로 돌아가지 않을 거라고 전했다.

◆　◆　◆

1분이 지났다. 여전히 애니의 패는 텐 원페어였다. 화석남이 더 높은 패(퀸 원페어)를 쥐고 있고 그녀가 이 패를 고수한다면 이번 세계 선수권 대회에서 탈락할 것이 거의 분명했다. 하지만 그녀가 이 판에서 승리하면 이 테이블의 칩 리더(칩을 가장 많이 지닌 사람)가 될 터였다.

애니 머릿속에 맴도는 통계표와 확률표가 한목소리로 그녀에게 '화석남의 베팅을 받아!'라고 말하고 있었다. 하지만 이번 대회 내내 애니가 돈을 걸며 화석남의 의중을 떠볼 때마다 그는 지극히 합리적으로 대응했다. 화석남이 모든 것을 걸었다면 충분한 이유가 있을 게 분명했다. 이번 판에서 애니가 판돈을 거듭 올렸지만 화석남은 매번 포기하지 않았고, 급기야 모든 칩을 걸었다.

애니 판단에는, 화석남은 애니가 패배를 쉽게 인정하지 않을 거라는 사실을 알고 있었다. 또 그 테이블에 함께 앉은 몇몇 선수와 달리 그녀가 포커 명예의 전당에 헌액 된 선수가 아니라는 점도 알고 있었다. 애니가 수백만 명의 시청자가 지켜보는 화면에 등장한 것도 그때가 처음이었다.[5] 애니는 이처럼 긴박한 상황을 경험한 적이 없었다. 그래서 극도의 긴장과 불안함을 느꼈다. 그녀는 방송국 제작진이 여성 플레이어를 화면에 등장시키려는 욕심에 이 테이블을 중계하기로 결정한 것에 불만을 품고 있었다. 문제는 이런 상황을 화석남이 전부 알고 있다는 사실이었다.

그런데 문득 애니는 그 판을 처음부터 완전히 잘못 판단하고 있었다는 생각이 들었다. 화석남은 좋은 패를 쥐고 있는 것처럼 베팅 했다. 그렇다면 실제로 좋은 패를 쥐고 있을 확률이 무척 높았다. 애니는 불필요할 정도로 깊이 생각하고 있었다. 그녀는 자신이 지나치게 깊이 생각한다고 판단했지만 확신할 수는 없었다.[6]

애니는 손에 쥔 텐 원페어와 테이블에 쌓인 45만 달러(5억 4000만 원)

상당의 칩을 보았다. 그리고 조용히 패배를 인정했다. 당연히 그 칩은 화석남 차지가 되었다. 화석남이 자신의 카드를 누구에게도 보여 주지 않았기 때문에 애니는 자신의 선택이 옳았는지 틀렸는지 알 수 없었다. 그때 옆에 앉은 선수가 슬쩍 몸을 기울이며 나지막이 속삭였다.

"판을 잘못 읽었어요, 애니. 끝까지 갔으면 이겼을 거예요."

다시 몇 판이 돌았다. 이번에는 애니가 일찌감치 패를 뒤집고 물러섰다. 화석남은 텐과 나인이란 엉뚱한 패를 쥐고 다시 한 번 모든 칩을 베팅 하는 모험을 시도했다. 영리한 경기 운영이고 적절한 결정이었지만, 상대의 패가 더 높았다. 영리하고 똑똑한 포커 선수도 불운을 이길 수는 없다. 확률은 가능성을 예측하는 데 도움을 주지만, 미래를 확실하게 보장해 주는 것은 아니다. 화석남도 대회에서 완전히 탈락하고 말았다. 그는 테이블에서 일어나 애니에게 상체를 살짝 기울이며 말했다.

"아까 판에서 당신이 쥔 패가 정말 아리송했을 겁니다. 그래서 나는 당신이 내가 킹 원페어를 쥐고 있는 걸로 생각하고 베팅을 포기하기를 바랐지요."

그 말을 듣자 애니는 배 속에 뭉친 응어리가 녹아 없어지는 기분이었다. 화석남에게 패한 후 애니는 정신을 집중할 수 없었다. 그 판을 머릿속에 떠올리며 자신의 결정이 옳았는지 틀렸는지 다시 생각해 보려 애썼다. 애니의 머리는 이미 지나간 판에 머물러 있었다.

물론 뭔가의 미래가 어떻게 될까 알고 싶어 하는 것은 지극히 정상적인 반응이다. 그러나 많은 것이 우리의 선택에 달려 있고, 우리가 미래를 정확히 예측할 수 없다는 걸 알게 되면 겁나지 않을 수 없다. 우리 아기가 건강하게 태어날까, 혹시 기형으로 태어나는 것은 아닐까? 우리 자식을 굳이 사립 학교에 보내야 할까, 공립 학교에 보내더라도 똑같은 정도로 배우지 않을까? 좋은 결정은 미래를 얼마나 잘 예측하느냐에 달려 있다. 그러나 예측하려면 우리가 잘 모르는 현실과 싸워야 하기 때문에 예측은 부정확하고 때로는 겁나는 과정이다. 따라서 더 나은 결정을 내리는 방법을 알아낸다는 것 자체가 모순이며, 이 모순을 극복하려면 의심을 편하게 받아들이는 법을 배워야 한다.

하지만 불확실성을 극복할 수 있는 방법은 적지 않다. 다시 말하면, 우리가 무엇을 알고 무엇을 모르는지 정확히 알아낼 때 막연한 미래를 더욱 정확히 예측할 수 있다는 뜻이다.

애니 듀크는 아직 대회에서 탈락하지 않았다. 게임을 계속하기에 충분한 칩이 아직 남아 있었다. 딜러가 선수들에게 다시 카드를 나눠 주며 새로운 판이 시작되었다.

2. 확률적 사고를 알면 누구나 미래를 예측할 수 있다

2011년 미국 국가 정보국은 일부 대학에 연구 보조금을 약속하며 '정보 예측의 정확성과 정밀성 및 적시성을 극적으로 높이기 위한 프로젝트'에 참가해 달라고 요청했다.[7] 각 학교가 외교 문제 전문가들을 모집해 그들에게 미래를 예측해 달라고 부탁하는 게 기본적인 연구 방법이었다. 그 결과를 바탕으로 연구자들은 누가 가장 정확히 예측했고, 더 나아가 그가 어떻게 그렇게 예측했는지 연구할 예정이었다. 이런 연구 결과로 CIA의 분석가들이 더 나은 예측을 할 수 있도록 지원하는 게 국가 정보국의 바람이었다.

이 프로젝트에 참가한 대부분의 대학은 기본적인 접근법을 채택했다. 그들은 교수와 대학원생, 국제 정책 학자와 전문가들에게 누구도 아직 해답을 모르는 질문을 던졌다. 북한이 연말까지 핵 문제 회의에 다시 들어올 것이라 생각하는지, 폴란드 총선에서 시민 연대당이 다수를 차지하리라 생각하는지 등의 질문이었다. 그리고 그들이 어떻게 대답하는지 추적했다. 그들이 어떻게 접근하는지 연구하면 CIA에 참신한 아이디어들을 제공할 수 있으리라 생각했다.

하지만 두 대학은 다른 식으로 접근했다. 심리학자, 통계학자, 정치학자로 이루어진 펜실베이니아 대학교와 UC버클리 합동 연구 팀은 일반인을 훌륭한 예측가로 키워 내는 데 국가 정보국 연구 보조금을 투자하기로 결정하고, 그 프로젝트를 '적정한 판단력 향상을 위한 프로젝트(GJP : Good Judgment Project)'로 명명했다.[8, 9] GJP 팀은 외교 문제 전문가를 접촉하지 않고, 수천 명의 일반인(변호사, 가정주부, 석사 과정 학생, 충실한 신문 독자 등)에게 미래에 대해 생각하는 다양한 방법을 가르치는 온라인 예측 강의에 등록해 달라고 요청한 후 일정 기간 교육을 진행했다. 그리고 그들과 전문가들에게 똑같은 외교 관련 문제를 제시하고 대답해 달라고 부탁했다.[10]

2년 동안 GJP 팀은 실험 참가자들을 상대로 훈련을 시행하는 동시에 예측하는 정도를 관찰하며 자료를 수집했다. 특히 상대적으로 예측력이 뛰어난 사람들을 추적하며, 그들이 이런저런 유형의 교육을 받을 때 예측의 결과가 어떻게 달라지는지 주목했다. 이렇게 수집한 자료를 바탕으로 GJP 팀은 다음과 같은 연구 결과를 발표했다.

'참가자들에게 짧은 시간이라도 조사 기법과 통계 기법, 즉 미래에 대

해 생각하는 다양한 방법을 가르치면 예측의 정확성이 향상되었다.'

특히 놀라운 사실은 확률론적으로 생각하는 방법을 배운 경우에는 미래를 예측하는 능력이 눈에 띄게 향상되었다는 점이다.[11]

GJP 팀은 확률적 사고에 관련한 강의에서, 참가자들에게 미래를 '머지않아 일어날 현상'이라 생각하지 말고 '일어날지도 모를 일련의 가능성들'이라 생각하라고 가르쳤다. 또한 내일은 가능한 결과들의 집합이며, 그 결과들이 실현될 확률은 각각 다르다고 생각하라고 가르쳤다. GJP를 진행하는 데 일조한 펜실베이니아 대학교의 컴퓨터 공학과 교수 라일 웅가는 평범한 사람들이 미래를 예측하는 방식에 문제를 제기했다.

"대부분의 사람은 미래에 대해 대충 생각하며 '올해 휴가 때는 하와이에 갈 것 같은데'라는 식으로 말합니다. 51%만큼 확실하다는 뜻일까요, 아니면 90%까지 확실하다는 뜻일까요? 그런데 만약 환불이 되지 않는 비행기 표를 사야 하는 경우라면 이야기가 완전히 달라질 겁니다."

GJP 팀이 시행한 훈련의 목적은 사람들에게 직관을 통계적 추정으로 변환하는 법을 가르쳐 주는 것이었다.

참가자들에게 프랑스 대통령 니콜라 사르코지가 재선에 성공하겠는지 분석해 보라고 요구한 과제가 있었다. 예측력을 향상시키기 위해 받은 교육에 따르면, 사르코지의 재선 가능성을 예측할 때 적어도 세 가지 변수를 고려해야 했다. 첫째는 현역의 이점이었다. 과거 프랑스 대통령 선거 관련 자료에 따르면, 사르코지 대통령처럼 현역 대통령은 평균적으로 67%를 득표할 수 있었다. 이런 자료에 근거하면, 사르코지가 재선에 성공할 확률은 67%에 가깝다고 예측할 수 있었다.

그러나 고려해야 할 또 다른 변수들도 있었다. 사르코지는 프랑스 유권자에게 신망을 잃은 까닭에 여론 조사 전문가들은 사르코지의 낮은 인기를 고려할 때 그가 재선될 가능성은 25%에 불과하다고 추정했다. 이런 논리가 맞는다면, 그가 낙선할 가능성은 무려 75%에 달했다. 프랑스 경제가 지지부진한 사실 또한 고려해야 할 변수였다. 경제학자들은 경제적인 성과를 고려하면 사르코지의 득표율은 45%를 넘지 않을 것이라고 추정했다.

세 가지 가능성, 즉 사르코지가 67%, 25%, 45%를 득표할 가능성이 제시된다. 첫 번째 경우가 맞는다면 사르코지는 쉽게 재선에 성공하겠지만, 한 경우에는 큰 표차로 떨어지고 다른 한 경우에는 간발의 차이로 낙선하는 가능성이다. 당신이라면 이런 모순된 결과들을 종합해 어떻게 하나로 예측하겠는가? 예측 훈련에서는 이렇게 가르친다.

'현역의 이점, 여론 조사, 경제 성장률에 따른 추정치의 평균값을 계산

미래에 일어날 법한 세 가지 가능성

사르코지 당선!　　사르코지 낙선!　　사르코지 박빙!

취직 좀 시켜 주세요~

위의 가능성들을 종합해 하나의 결과를 예측

미래 신문

사르코지 46% 득표

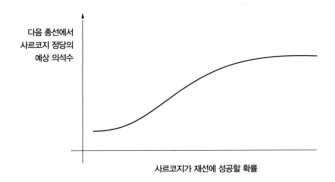

해 내면 된다. 특정한 변수를 상대적으로 중요하게 생각할 근거가 없다면 동일 가중치를 사용한다. 이런 식으로 계산하면 사르코지가 재선할 확률은 (67%+25%+45%)÷3≒46%가 된다.'

9개월 후 실제로 사르코지는 48.4%를 득표해 프랑수아 올랑드 후보에게 패했다.

앞의 예는 가장 기본적인 유형의 확률적 사고로, '모순된 가능성을 종합해 하나로 예측할 수 있다'라는 근원적인 원칙을 단순화한 것이다. 이런 논리적 추론이 점점 정교해짐에 따라 요즘 전문가들은 가능한 미래의 분포를 나타내는 확률 곡선 그래프를 이용해 다양한 가능성을 설명한다. 사르코지의 정당이 프랑스 총선에서 몇 석이나 획득할 것이라 예상하느냐는 질문을 받을 경우, 전문가라면 사르코지 소속 정당이 총선에서 차지할 것이라 예상되는 의석수와 사르코지가 재선에 성공할 확률이 어떤 관련성을 갖는가를 보여 주는 곡선으로 가능한 결과를 표현해 보려 할 것이다.

실제로 사르코지가 재선에 실패하자, 그의 소속 정당인 대중 연합 운동도 총선에서 고전한 끝에 크게 패해 194석을 획득하는 데 그쳤다.

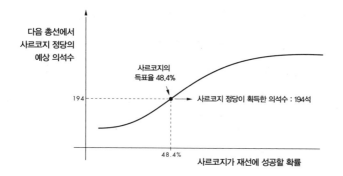

다음 총선에서
사르코지 정당의
예상 의석수

사르코지의
득표율 48.4%

194 ------- 사르코지 정당이 획득한 의석수 : 194석

48.4%
사르코지가 재선에 성공할 확률

GJP에서 단위별로 실시한 교육을 통해 참가자들은 확률을 조합하고 미래를 비교하는 다양한 방법을 배웠다. 교육이 시행되는 과정에서 핵심적인 개념은 끊임없이 반복되었다. 결국 미래는 하나가 아니라 서로 모순되는 다수의 가능성이며, 그중 하나가 최종적으로 실현되는 것이다. 또 그런 다수의 가능성을 종합해 우리는 상대적으로 개연성이 높은 쪽으로 미래를 예측한다.

확률적 사고는 모순되는 다수의 가능성을 머릿속에 두고 그 하나하나의 확률을 추정하는 능력이다. GJP 팀장 바버라 멜러스는 평범한 사람들이 확률적 사고에 익숙하지 않은 이유는 따로 있다고 했다.

"우리는 다수의 미래를 생각하는 데 익숙하지 않습니다. 하나의 현실에서만 살고 있기 때문이지요. 그래서 미래를 다양한 가능성이란 관점에서 생각해야 하는 상황에 처하면, 결코 실현되기를 바라지 않는 가능성까지 생각해야 하기 때문에 불안함을 느낍니다."

GJP를 시행한 연구자들은 실험 참가자들에게 확률적 사고를 가르쳤을 뿐인데도 그들의 예측 정확도가 50%나 향상되었다고 주장했고, 외부에서 이 프로젝트에 참여한 학자도 이 사실을 인정했다.

'확률적 사고를 교육 받은 팀의 예측 정확도가 가장 높았다. 그 팀은 육감을 확률로 변환시키는 방법을 배웠고, 거의 매일 온라인을 통해 팀원들끼리 토론하며 확률을 조절했다. …… 예를 들어 현대 중국의 성격을 설명하는 거대한 담론은 그다지 유용하지 않았다. 제한적이고 구체적인 문제를 다양한 관점에서 관찰하고 분석하며 확률을 신속하게 재조정할 수 있는 능력이 훨씬 더 유용했다.'[12]

확률적으로 생각하는 법을 배우려면 가정에 의문을 품고 불확실성을 껴안고 살아갈 수 있어야 한다. 미래를 조금이라도 더 정확히 예측하려면, 즉 더 나은 결정을 내리려면 자신이 기대하는 것과 조금이라도 개연성이 높은 것을 구분할 줄 알아야 한다.

UC버클리 하스 경영 대학원 교수로 GJP의 진행을 지원한 돈 무어는 현실적인 예로 확률적 사고를 설명했다.

"지금 당신이 여자 친구를 사랑하는 게 100% 확실하다면 그보다 좋은 일은 없겠지요. 하지만 당신이 여자 친구에게 청혼할 생각이라면 향후 30년 동안 결혼 생활을 유지할 확률을 알고 싶지 않겠습니까? 물론 당신과 여자 친구가 앞으로도 30년 동안 서로 사랑할 거라고는 누구도 장담할 수 없습니다. 하지만 당신 둘이 계속 사랑할 가능성에 대한 확률, 당신 둘의 목표가 일치할 가능성에 대한 확률, 또 자식을 갖게 되면 둘의 관계에 어떤 변화가 일어날지에 대한 확률은 그런대로 비슷하게 제시할 수 있습니다. 개인적인 경험을 근거로 그 가능성을 조정하고, 어떤 현상이 상대적으로 일어날 가능성이 높은지 판단함으로써 미래를 조금이라도 더 정확히 예측할 수 있게 됩니다."

그는 확률적 사고는 단순히 미래를 예측하는 방식을 넘어선다고 말했다.

"확률적 사고가 중요한 이유는 지금 당장은 중요하지 않더라도 시간이 지나면서 중요해지는 것들이 있기 때문입니다. 그런 것들을 미리 신중하게 생각해 보자는 겁니다. 그러면 우리가 확신하지 못하는 것들에 대해서는 솔직하게 인정하게 됩니다. 우리 자신에게 정직해지는 것이지요."[13]

· · ·

애니 듀크가 본격적으로 포커 선수로 활동하기 시작하자, 하워드는 그녀를 앉혀 놓고 승자와 패자의 근본적인 차이가 어디에 있는지 설명해 주었다. 하워드의 설명에 따르면, 패자는 도박판에서 항상 확실성을 추구하는 반면에 승자는 자신이 모르는 것을 편안히 인정하는 사람이었다. 그런데 자신이 무엇을 모르는지를 안다면 그것을 상대에게 불리하게 활용할 수 있기 때문에 그 자체가 엄청난 이점이다. 애니가 하워드에게 전화를 걸어 돈을 잃었다고 불평하며 운이 좋지 않아 카드가 불리하게 나왔다고 변명하면, 그때마다 하워드는 그만 징징대라고 나무랐다.

"네가 도박판에서 확실한 것을 기대한 멍청이라고 생각해 본 적은 없었니?"

애니가 즐겨 하던 텍사스 홀덤 게임에서는 개인별로 두 장의 카드(포켓카드)를 갖고 시작한다. 이 카드는 마지막까지 자신만 볼 수 있다. 그리고 테이블 가운데에 세 번에 걸쳐 다섯 장의 카드를 펼치는데 이는 모두가 공유하는 공통 카드다. 이를 '공용 카드'라고 한다. 개인 카드와 공유 카드를 조합해 순위가 높은 조합을 만들어 내는 사람이 승자가 된다.

하워드는 포커를 시작했을 때 월 스트리트 증권업자들과 세계 최고 수준의 브리지 게임 고수들, 온갖 분야에 종사하는 수학광들과 밤을 하얗게 새우며 게임을 하곤 했다. 새벽까지 게임을 하다 보면 수천만 원이 오갔고, 모두 아침 식사를 함께하며 전날 밤의 게임들을 복기했다. 그 과정에서 하워드는 포커에서 정말 중요한 것은 수학이 아니라는 사실을 깨달았다. 충분히 연습하면 누구나 패를 기억할 수 있고, 베팅에서 승리할 가능성을 추정해 낼 수 있다. 하지만 정말 어려운 것은 확률에 근거해 선택하고 결정하는 법을 터득하는 것이었다.

당신이 텍사스 홀덤 게임을 한다고 해 보자. 당신이 받은 카드는 하트 퀸(♥Q)과 하트 나인(♥9)이다. 딜러가 테이블 위에 펴 놓은 넉 장의 공유 카드는 다음과 같다.

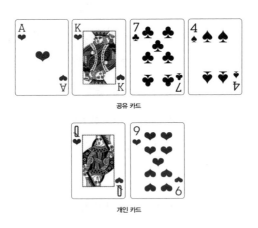

공유 카드

개인 카드

공유 카드는 이제 한 장만 남아 있다. 그 마지막 카드가 하트(♥)라면 당신의 패는 다섯 장의 하트(♥)로 플러시가 된다. 플러시는 이길 확률이 매우 높은 아주 좋은 패다. 재빨리 머릿속으로 계산해 보면, 카드 한 벌은 총 쉰두 장으로 이루어지고 넉 장의 하트가 이미 나왔기 때문에 테이블 위에 마지막 카드로 하트가 출현할 가능성이 9라면 하트가 아닐 가능성은 37이 된다. 즉 당신 카드를 플러시로 만들어 줄 수 있는 카드는 아홉 장이 남은 반면에 그렇지 않은 카드는 서른일곱 장이 남아 있다. 플러시가 될 확률은 9 대 37, 즉 대략 20%이다.*[14]

이는 플러시를 만들지 못해 돈을 잃을 확률이 80%라는 뜻이다. 하수들은 이런 확률에 근거해 카드를 접고 다음 판을 기약할 것이다. 앞에서 말했듯이 초보들은 확실성을 중요하게 여기기 때문이다. 플러시가 만들어질 확률이 상대적으로 낮기 때문에 하수들은 불확실한 결과에 돈을 낭비하지 않고 그 판에서 손을 뺀다.[15]

그러나 노련한 전문가들은 다른 관점에서 접근한다. 하워드가 애니에게 중요한 사실을 알려 주었다.

"훌륭한 포커 선수는 확실성에 중점을 두지 않아. 자기가 무엇을 알고 무엇을 모르는지를 분석하지."

전문가가 하트 퀸과 하트 나인을 개인 카드로 쥐고 있고 플러시를 기대하는데, 상대가 10달러(1만 2000원)를 베팅 해 전체 판돈을 100달러(12만 원)로 키우면, 다시 고려해야 할 확률들이 계산되기 시작한다. 그 판에서 물러나지 않고 마지막 카드가 하트인지 확인하려면 전문가도 10달러(1만 2000원)를 베팅 해야 한다. 그렇게 10달러(1만 2000원)를 베팅 해서 마지막 카드를 얻어 플러시를 만들면 100달러(12만 원)를 딴다. 전문가 입장에서 판돈 대비 확률이 10 대 1이다. 전문가가 승리하면 베팅 한 돈

---

* 포커는 확률 속의 확률을 따지는 게임이다. 앞의 예는 확률적 사고와 '판돈 대비확률'을 설명해 주지만, 이 패를 완전히 분석하려면 상대편의 패도 고려해야 하기 때문에 약간 더 복잡해진다. 자세한 분석은 권말의 주에 실었다.

의 열 배를 따기 때문이다.

　전문가는 그 판을 백 번 정도 행한다고 상상하며 승리할 확률을 계산한다. 당장 그 판에서 승리할지 패배할지는 모르지만, 똑같은 판을 백 번 정도 행하면 평균 스무 번 승리하고, 승리할 때마다 100달러(12만 원)씩 총 2000달러(240만 원)를 따게 된다는 것은 분명히 알고 있다.

　한편 매번 10달러(1만 2000원)만 베팅 하면 충분하기 때문에 1000달러(120만 원)만 추가로 투자하면 게임을 백 번 할 수 있다. 이때 전문가는 여든 번을 패배하고 스무 번만 승리하더라도 1000달러(120만 원)가 이익이다[승리로 딴 돈 2000달러(240만 원) - 게임 하는 데 투자한 판돈 1000달러(120만 원)].

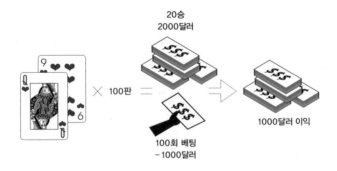

　이제 이해가 되었는가? 수학적 관계를 정확히 이해하지 못하더라도

상관없다. 전문가들은 확률적 사고에 기초해 행동 방향을 결정한다는 게 말하려는 요점이기 때문이다. 전문가는 정확히 예측할 수 없는 것이 많다는 사실을 분명히 알고 있다. 그러나 똑같은 판을 백 번 정도 반복하면, 결국 1000달러(120만 원)를 벌게 된다는 것도 알고 있다. 전문가는 베팅을 하며 그 판에서 계속 버틴다. 확률론적 관점에서 보면 베팅 하는 것이 궁극적으로 이익이라는 것을 알고 있다는 뜻이다. 이번 판이 불확실하다는 것은 중요하지 않다. 중요한 것은 궁극적으로는 승리를 보장하는 확률을 충실히 따르는 것이다. 하워드는 애니를 가르치면서 늘 불확실성과 친해져야 한다고 강조했다.

'대부분의 플레이어는 도박판에서 확실한 것을 찾으려 집착하고, 그런 마음이 그들의 결정에 영향을 미친다. 하지만 뛰어난 플레이어가 되려면 불확실한 것을 수용할 수 있어야 한다. 불확실한 것도 편하게 받아들이는 순간, 힘든 상황도 당신 편으로 만들 수 있을 것이다.'[16]

◆　◆　◆

화석남의 탈락이 확정되었을 때 하워드도 애니 옆에서 경쟁하고 있었다.[17] 지난 20년 동안 하워드는 월드 시리즈 포커 대회에서 두 번이나 우승하고 상금으로 수십억 원을 거둬들이며 세계 최고의 프로 포커 선수 중 한 사람으로 확고히 입지를 굳혔다. 이번 세계 선수권 대회에서도 처음에 애니와 하워드는 운이 좋아 큰 판돈을 두고 둘이서 경쟁할 필요가 없었다. 하지만 대회가 시작된 지 어느덧 7시간이 흘렀다.

화석남이 불운을 이겨 내지 못하고 가장 먼저 탈락했다. 다음에는 일

흔한 살로 아홉 번이나 우승한 경력이 있는 도일 브런슨이 칩을 두 배로 올리는 위험한 시도로 탈락의 고배를 마셨다. 스물네 살에 월드 시리즈 포커 대회에서 첫 우승한 필 아이비는 에이스와 에이트를 쥐고 끝까지 버텼지만, 에이스와 퀸을 쥔 애니에게 패하며 탈락했다.

시간이 흐르자 테이블에 남은 선수도 점점 줄어 마침내 3명만이 남았다. 애니와 하워드, 그리고 필 헬무스라는 남자였다. 이제 애니와 하워드도 맞부딪칠 수밖에 없는 상황이였다. 세 경쟁자는 승패를 주고받으며 90분을 보냈다.

마침내 애니가 식스 원페어를 쥐게 되었다. 그녀는 자신이 무엇을 알고 무엇을 모르는지 따져 보기 시작했다. 괜찮은 패를 쥔 것은 분명했다. 확률적 관점에서 계산할 때 이 패로 100판을 반복하면 상당한 돈을 딴다는 것도 알고 있었다. 애니가 말했다.

"카드를 보지 않고도 베팅을 해야만 하는 상황이 있습니다. 판돈 대비 확률이 유리하다면 무조건 베팅을 해야 합니다. 이 원칙에 충실해야 하지요."

한편 그녀의 오빠 하워드도 패가 마음에 들었는지 31만 달러(3억 7200만 원)에 해당되는 모든 칩을 베팅 했다. 필 헬무스는 카드를 던지며 기권을 선언했다. 애니는 잠시 고민하다가 칩을 밀어 넣었다.

"받을게요."

남은 참가자가 모든 돈을 걸었을 때는 더 이상 베팅이 진행될 수 없기 때문에 손에 쥔 카드를 오픈 하고 게임을 진행한다. 애니와 하워드는 각자의 카드를 펼쳐 보였다. 애니의 패는 식스 원페어였고, 하워드의 패는 세븐 원페어였다.

애니의 카드   하워드의 카드

"패가 좋았네요."

애니가 말했다. 하워드가 이 판을 이길 확률은 82%였고, 승리했다면 50만 달러(6억 원)가 넘는 판돈을 쓸어 모으며 절대적인 선두가 되었을 것이다.[18] 확률적 관점에서 보면, 애니와 하워드는 빈틈없이 게임한 것이었다. 훗날 하워드도 이렇게 말했다.

"애니도 적절한 선택을 한 것입니다. 확률의 원칙을 충실히 따랐던 것이지요."

딜러가 공유 카드 중 석 장을 뒤집었다.

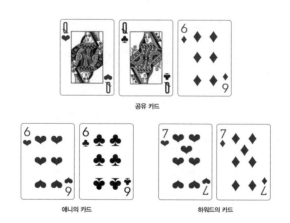

공유 카드

애니의 카드   하워드의 카드

"우아!"

애니가 소리치며 두 손으로 얼굴을 감쌌다.

식스 한 장과 퀸 두 장이 공유 카드였다. 애니의 패는 웬만해서는 지지 않는 풀하우스가 되었다. 애니와 하워드가 이 판을 백 번 정도 반복했다면 하워드가 여든두 번가량 승리했을 것이다. 그러나 이번 판에는 아니었다. 딜러는 나머지 카드도 테이블에 한 장씩 올려놓았다.[19]

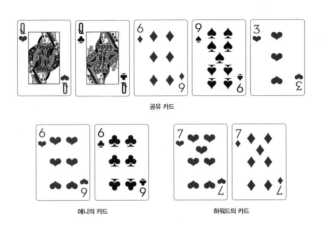

공유 카드

애니의 카드   하워드의 카드

이렇게 하워드도 탈락했다.

애니는 벌떡 일어나 오빠를 껴안으며 나지막이 말했다.

"미안해요, 오빠."

그리고 시합장을 뛰쳐나간 그녀는 흐느껴 울기 시작했다.

하워드는 복도에서 애니를 발견하고 격려의 말을 남겼다.

"난 괜찮다. 이제 필을 잡아야지!"

훗날 하워드는 이렇게 말했다.

"우리는 확률적으로 사고하며 살아가는 법을 배워야 합니다. 얼마 전에도 아들 문제로 비슷한 상황을 경험한 적이 있습니다. 아들 녀석이 대학에 지원해야 했는데 무척 초조해하더군요. 그래서 우리는 대학 열두 곳의 목록을 작성했습니다. 네 곳은 안전하게 합격할 수 있는 대학, 네 곳은 합격 가능성이 반반인 대학, 나머지 네 곳은 합격 가능성이 낮은 일류 대학이었지요. 그렇게 목록을 작성한 후 느긋하게 앉아 확률을 계산하기 시작했습니다."

대학들이 온라인에 공개한 통계 자료를 근거로 하워드 부자는 각 대학에 합격할 가능성을 계산했고, 그렇게 얻어 낸 확률 값을 모두 합했다. 기초 수학에 불과해서 구글을 검색해 도움을 받으면 누구든 해낼 수 있는 것이었다. 하워드 부자는 아들이 적어도 한 대학에 합격할 확률은 99.5%에 이르고, 그런대로 좋은 대학에 합격할 확률도 50%가 넘는다는 걸 알아냈다. 그러나 아들이 정말 들어가고 싶은 대학, 즉 일류 대학에 합격할 가능성은 무척 낮았다.

"실망스러운 결과였지만, 숫자로 합격 가능성을 확인하자 아들 녀석이 약간이나마 불안증을 떨쳐 낸 것 같았습니다. 객관적인 숫자를 통해 녀석은 원하는 곳은 아니더라도 어쨌든 대학에는 분명히 합격할 수 있음을 확인했으니까요."

하워드는 아들이 객관적인 확률을 겸허하게 받아들였다면서 다음과 같이 덧붙였다.

"확률은 미래를 읽는 수단에 가깝습니다. 하지만 확률이 예측하는 것을 기꺼이 받아들일 수 있을 만큼 강인해야 합니다."[20]

3. 베이즈 사고법 : 미래를 정확하게 예측하기 위해 알아야 할 한 가지

1990년대 말 매사추세츠 공과 대학교 인지 과학 교수 조슈아 테넌봄은 일반인이 매일 예측할 때 사용하는 임의적인 방법들을 대대적으로 조사하기 시작했다. 우리는 일상을 살아가는 과정에서 매일 평균 수십 가지의 의문에 부닥치며, 약간의 예측력을 동원해 그 답을 찾아낸다. 회의가 오늘은 몇 시간이나 계속될까? 목적지에 가기 위한 두 경로 가운데 어느 쪽 교통이 덜 막힐까? 가족이 즐겁게 지내려면 해변과 디즈니랜드 가운데 어느 쪽이 더 나을까? 이런 의문들에 알맞은 답을 구하기 위해 우리는 이런저런 결과들에 가능성의 정도를 부여하는 예측 행위를 하게 된다. 의식하지 못하더라도 우리는 확률적으로 생각하고 있는 셈이다. 테넌밤은 '우리 뇌가 어떻게 확률적으로 생각할 수 있을까?'라는 의문을 품게 되었다.

테넌밤의 전공은 컴퓨터 인지 능력이었다. 특히 컴퓨터와 인간이 정보를 처리하는 방법의 유사성을 집중적으로 연구했다.[21] 컴퓨터는 본래 결정성 기계여서 해변의 장점과 놀이공원의 장점을 비교하는 특별한 공식을 컴퓨터에 심어 놓은 경우에만 우리 가족이 해변과 디즈니랜드 가운데 어느 쪽을 더 좋아할 것인지 예측할 수 있다. 반면에 인간은 해변이나 디즈니랜드를 구경한 적이 없더라도 어느 쪽이 더 재미있을지 결정을 내릴 수 있다. 우리 뇌는 아이들이 캠핑할 때는 언제나 불평을 늘어놓지만 만화 영화 보는 건 좋아했다는 과거의 경험을 근거로, 디즈니랜드에서 미키 마우스나 구피와 어울리면 훨씬 더 즐거워할 것이라고 추론해 낼 수 있다.

테넌밤은 2011년 《사이언스》에 발표한 논문에서 흥미로운 문제를 제기했다.

'어떻게 우리 정신은 적은 것으로부터 많은 것을 얻어 낼 수 있을까?

과학적으로도 입증되었듯이, 두 살배기 아이는 소수의 사례만을 보고 말이나 머리빗이란 단어를 구분해서 사용한다.'[22]

두 살배기에게 '말(horse)'과 '머리빗(hairbrush)'은 많은 점에서 비슷하다. 첫째로 두 단어는 발음이 비슷하다. 그림책에 그려진 모습도 비슷하다. 둘 다 길쭉한 몸뚱이에 일련의 직선들이 밖으로 뻗어 있지 않은가. 말은 갈기와 꼬리, 다리가 몸통에 연결되어 있고, 머리빗은 짧고 뻣뻣한 빗살이나 솔이 몸통으로부터 뻗어 있다. 또 말과 머리빗은 색깔이 다양하다는 점에서도 비슷하다. 하지만 아이는 말의 그림을 하나만 보았고 머리빗을 하나만 사용했더라도 두 단어가 다르다는 것을 금세 깨우친다.

반면에 컴퓨터가 '말'과 '머리빗'을 구분해 사용하려면 명시적인 명령이 필요하다. 4개의 다리가 있으면 말과의 관련성이 높아지고, 100개의 뻣뻣한 털이 있으면 머리빗과의 관련성이 높아진다고 명시하는 소프트웨어가 필요하다. 어린아이는 이런 계산을 해낸 후 문장을 만들어 낸다. 테넌밤은 어린아이들의 인지 능력에 큰 관심을 가졌다.

'이런 구분이 감각 기관을 통해 입력된 자료를 계산한 결과라면 놀라운 현상이 아닐 수 없다. 대체 어린아이들은 각각의 단어에 대해 하나 혹은 소수의 예만을 보고도 어떻게 그 경계를 파악하는 것일까?'[23]

우리가 모든 가능한 변수를 지극히 적게 경험하고도 특정한 유형의 것을 더 정확히 예측하는 이유와 그 예측을 바탕으로 더 적절한 결정을 내릴 수 있는 이유는 무엇일까?

이에 대한 답을 찾아내려고 테넌밤과 그의 동료 토머스 그리피스는 한 가지 실험을 고안해 냈다. 그들은 인터넷을 샅샅이 뒤지며 다양한 형태의 예측 가능한 사건들에 대한 자료를 수집했다(영화 한 편이 돈을 얼마나 버는가? 보통 사람의 수명은 어떻게 되는가? 케이크를 굽는 데 어느 정도의 시간이 걸리는가?). 그들이 이런 사건들에 특별한 관심을 가진 이유는 무엇일까? 각 사건의 사례들을 그래프로 표현하면 뚜렷한 패턴이 나타나기 때문이다. 영화 흥행 수입을 예로 들면, 매년 서너 편의 대작이 큰돈을 벌어들이고 대다수의 영화는 손익 분기점조차 맞추지 못한다는 기본적인 원칙을 재확인해 준다.

수학적으로 해석하면, 이 원칙은 '멱함수 분포'로 알려진 것이다. 어떤 해에 개봉된 모든 영화의 수입을 하나의 도표로 만들면 대략 다음과 같은 모양을 갖는다.

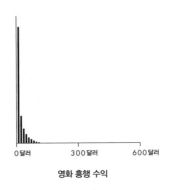

영화 흥행 수익

물론 다른 사건을 그래프로 표현하면 다른 패턴이 나타난다. 수명을 예로 들어 보자. 유아는 태어난 직후 사망하는 경우가 적지 않기 때문에 어떤 사람이 사망할 확률은 태어난 해에 약간 높지만, 처음 몇 년을 무사히 넘기면 그 후 수십 년을 생존할 가능성이 높다. 그런데 마흔 살을 넘기면 사망할 확률이 다시 높아지고, 쉰 살 이후로는 매년 증가하며, 여든 두 살에 최정점에 이른다.

수명은 이른바 '정상 분포 곡선'을 따르며, 그 모양은 대략 다음과 같다.

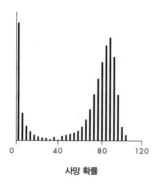

사망 확률

　대부분의 사람은 다른 유형의 사건을 예측할 때는 다른 유형의 추론을 적용해야 한다는 걸 직감적으로 알고 있다. 의학 통계 자료와 오락 산업의 경향에 대해 전혀 모르더라도 수명과 영화 관객 수를 분석하려면 각기 다른 유형의 추정 방법이 필요하다고 생각하기 마련이다. 테넌밤과 그리피스는 사람들이 그렇게 구분해서 추정하는 법을 어떻게 직관적으로 터득하는지 궁금했다. 그래서 그들은 영화 흥행 수입부터 수명까지, 또 시 한 편의 평균 길이, 얼랭 분포(Erlang distribution)를 따르는 하원 의원들의 이력, 케이크를 굽는 데 필요한 시간 등 고유한 패턴을 지닌 사례들을 찾아냈다.[24]

　그들은 수백 명의 학생에게 다음과 같은 자료를 근거로 미래를 예측해 보라고 요구했다.

지금까지 6000만 달러(720억 원)의 흥행 수입을 기록한 영화가 있다.
이 영화의 전체 흥행 수입이 얼마나 되리라 예상하는가?
지금 나이가 서른아홉인 사람을 만났다. 그는 몇 살까지 살 것이라
예상하는가?

지금까지 14분 동안 구워진 케이크가 있다. 이 케이크가 완전히 구워지려면 앞으로 오븐에 얼마나 더 있어야 한다고 생각하는가?

지금까지 15년 동안 하원 의원을 지낸 의원을 만났다. 그가 하원 의원으로 재임할 기간이 얼마나 되리라 예상하는가?[25]

학생들에게 추가 정보는 주지 않았다. 또 먹함수 분포나 얼랭 분포 곡선에 대해서도 전혀 알려 주지 않았다. 어떤 종류의 확률적 추정을 적용해야 하는지에 대한 지침도 없이 오직 앞에 주어진 하나의 정보를 근거로 예측해 보라고 요구했다.

이런 불리한 조건에도 불구하고 학생들 예측은 놀라울 정도로 정확했다. 6000만 달러(720억 원)를 벌어들인 영화는 대작 영화여서 어렵지 않게 3000만 달러(360억 원)를 더 벌어들일 수 있음을 직관적으로 알았다. 또 지금 30대인 사람은 앞으로도 50년은 너끈히 살아갈 수 있다는 것도 알았다. 지금까지 15년 동안 권력을 누린 하원 의원은 현역이란 이점을 활용할 수 있기 때문에 앞으로 7~8년은 의원으로 활동하겠지만 제아무리 유력한 의원도 정치적 흐름까지 거역할 수는 없을 것이라고 학생들은 짐작해 냈다.

연구자들은 예측할 때 어떤 식으로 추론했는지에 대해 설명해 달라고 요구했다. 하지만 논리적인 추론 과정을 설명한 참가자는 극소수에 불과했다. 대부분은 '느낌'이 그랬다고 대답했을 뿐이다. 테넌밤과 그리피스가 학생들의 모든 예측 값을 그래프로 그리자, 분포 곡선이 두 교수가 온라인을 통해 수집한 자료에서 확인한 '진짜' 패턴과 정확히 일치했다.

결국 학생들은 다른 유형의 예측에는 다른 유형의 추론이 필요하다는 점을 직관적으로 알고 있었던 셈이다. 학생들은 그 이유까지는 몰라도 수명은 정상 분포 곡선을 따르는 반면, 영화 흥행 수입은 멱함수 분포를 따르는 경향을 띤다는 사실을 인식했던 것이다.

이처럼 패턴을 직감하는 능력을 '베이즈 인식력(Bayesian cognition)' 혹은 '베이즈 심리학'이라 일컫는다. 컴퓨터가 이런 유형의 예측을 해내려면, 일반적으로 수천 개의 모델을 동시에 운영하고 거기에서 얻은 수백만 개의 결과를 비교하는 수학 공식, 즉 일종의 베이즈 정리(Bayes' rule)를 사용해야 하기 때문이다.[26]* 베이즈 정리의 핵심에는 하나의 원칙이 있다. '자료가 지극히 적더라도 어떤 식으로든 추정한 후 우리가 세상에서 관찰한 결과를 바탕으로 그 추정을 조절하면 미래를 예측할 수 있다'라는 원칙이다.

당신 남동생이 저녁 식사 시간에 친구를 만나기로 약속했다고 가정해 보자. 남동생 친구는 대부분 남자이기 때문에 남동생이 남자를 만날 가능성은 60%일 것이라고 당신은 예측할 수 있다. 그런데 남동생이 저녁 식사를 함께할 친구가 직장 동료라고 덧붙이면 어떻게 될까? 당신이 남동생의 직장 동료가 대부분 여자라는 걸 안다면 처음의 예상을 바꿀 것이다. 이처럼 베이즈 정리는 한두 가지의 자료와 당신의 추정을 바탕으로 남동생이 저녁 식사를 함께할 상대가 남성인지 여성인지에 대한 확률을 정확히 계산해 낼 수 있다.[27] 이때 식사를 함께할 상대의 이름이 패트

---

* 베이즈 정리는 영국의 통계학자 토머스 베이즈(1701~1761년)가 제기한 확률 개념이다. 1763년 사후에 발표된 논문에 실린 이 정리는 계산이 무척 복잡했다. 수세기 동안 대부분의 통계학자가 그 정리를 계산할 수 없다는 이유로 그 논문 자체를 무시해 왔다. 1950년대부터 컴퓨터 성능이 급속도로 좋아짐에 따라 과거에는 예측할 수 없다고 생각한 사건들(전쟁 가능성, 어떤 약이 소수의 대상자에게만 시험하더라도 광범위하게 효과를 발휘할 수 있는 확률 등)을 예측하는 데 베이즈 정리를 사용할 수 있게 되었다. 하지만 요즘에도 어떤 경우에는 베이즈 확률 곡선을 계산해 내려면 컴퓨터를 오랫동안 가동해야 한다.

이고 그가 모험 영화와 패션 잡지를 좋아한다는 정보가 추가로 주어지면, 베이즈 정리는 예측 확률을 한층 정교하게 다듬어 간다.

인간은 골똘히 생각하지 않고도 계산을 해낼 수 있고, 그 결과가 놀라울 정도로 정확한 편이다. 우리는 수명 관련 보험 통계표를 한 번도 보지 않았더라도 순전히 경험만으로 갓난아기가 사망할 가능성은 무척 낮지만 아흔 살 노인이 사망하는 건 거의 당연한 현상으로 받아들인다. 또 영화 흥행 수입에 대한 통계 자료를 눈여겨본 적이 없더라도 매년 많은 관객을 끌어당기는 영화는 소수에 불과하고 대부분의 영화가 개봉되고 한두 주 만에 영화관에서 사라진다는 사실도 직관적으로 알고 있다. 우리는 경험에 근거해 수명과 영화 흥행 수입에 대해 추정하고, 장례식이나 영화관을 찾는 횟수가 잦아질수록 그에 대한 우리 본능은 더욱 세련되게 다듬어진다. 요컨대 인간은 의식조차 못하면서도 베이즈 정리를 매우 효과적으로 사용하는 뛰어난 예측자라 할 수 있다.

하지만 때때로 우리는 실수를 하기도 한다. 테넌밤과 그리피스가 학생들에게 이집트 파라오가 즉위한 지 이미 11년이 지났을 때라면 얼마나 더 왕위를 유지할 수 있을지 예측해 보라고 했다. 과반수의 학생이 파라오가 유럽의 왕들과 비슷하게 왕위를 유지할 것이라고 추정했다. 우리는 역사책을 읽고 텔레비전 다큐멘터리를 시청한 경험을 바탕으로 적잖은 왕족이 이른 나이에 죽는다는 걸 알고 있다. 하지만 왕이나 여왕이 중년을 넘기면 머리카락이 희끗거릴 때까지 왕위를 유지하는 게 일반적인 현상이란 것도 알고 있다. 테넌밤의 실험에 참가한 학생들은 파라오도 비슷할 거라 생각했고, 그런 논리적인 추론의 결과로 다양한 대답을 내놓았다. 그들이 제시한 햇수를 평균하면 약 23년이었다.

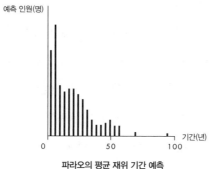

파라오의 평균 재위 기간 예측

영국 왕의 경우에 그렇게 대답했다면 대단한 예측이었다고 칭찬받았을 것이다. 그러나 이집트 파라오의 경우에는 올바른 예측이 아니었다. 4000년 전에는 평균 수명이 지금보다 훨씬 짧았기 때문이다. 대부분의 파라오는 서른다섯 살까지 살면 상당히 장수한 것으로 여겨졌다. 왕위에 오른 지 11년이 지난 파라오라면 남은 재위 기간은 길어야 12년 정도다. 그 후에는 고대 이집트의 일반적인 사망 원인이나 질병으로 세상을 떠났을 것이라 추론해야 올바른 대답이다.

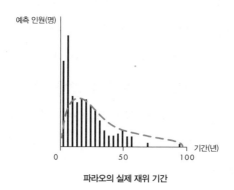

파라오의 실제 재위 기간

학생들의 추론이 잘못된 것은 아니었다. 파라오의 재위 기간이 얼랭 분포를 따를 것이란 학생들의 추론은 직관적으로 옳았다. 그러나 결과적으로 학생들의 추정은 틀렸다. 베이즈 정리에서 사전 확률 혹은 기준율이라고 하는 것 때문이다. 학생들이 고대 이집트 인의 수명을 애초에 잘못 추정한 까닭에 그 후의 예측도 잘못될 수밖에 없었다.[28]

테넌밤은 예측이 정확하려면 추정의 첫 단계가 중요하다고 말했다.

"우리는 적은 양의 정보를 바탕으로 추정하고, 살아가면서 자료를 새롭게 얻을 때마다 그 추정을 능숙하게 조정하는 뛰어난 능력을 지니고 있습니다. 하지만 처음 추정이 올바른 경우에만 추후 조정이 효과를 낼 수 있습니다."

그럼 어떻게 해야 처음에 올바른 추정을 할 수 있을까? 전방위 경험이 전제되어야 한다. 우리는 삶에서 경험한 것을 바탕으로 추정하지만, 경험은 제한적이고 편향적일 수밖에 없다. 특히 성공한 사례는 주목하고 기억하는 반면, 실패한 사례는 잊으려고 애쓰기 마련이다.

우리는 신문과 잡지를 통해 비즈니스 세계를 배운다. 또 대부분 손님이 많은 식당을 찾아가고, 가장 인기 있는 영화를 보려고 한다. 이렇듯 우리는 성공한 사례를 주로 경험하게 되는데, 여기서 문제가 야기된다. 신문과 잡지는 10억 달러(1조 2000억 원)에 매각된 신생 기업에는 많은 지면을 할애하지만, 비슷하게 시작했으나 파산의 나락으로 떨어진 수백 개의 신생 기업에 대해서는 거의 다루지 않는다. 또 붐비는 피자집을 찾아가는 길에 텅 빈 식당 옆을 지나가면서도 그 식당에는 눈길조차 주지 않는다.

이렇듯 우리는 성공한 것에 주목하도록 길든 탓에 실패한 것은 무시해 버린다. 성공한 것을 주로 접촉하고, 그런 왜곡된 경험으로는 성공

에 편향된 추정을 할 수밖에 없기 때문에 듣기 좋은 결과를 예측하는 경우가 많다.[29]

반면에 성공한 사람들은 실패에 대한 정보를 구하는 데 많은 시간을 보낸다. 그들은 신문의 비즈니스란에서 파산한 기업에 대한 기사를 찾아 읽는다. 또 승진에 실패한 동료들과 점심 식사를 함께하며 그들에게 무엇이 잘못되었다고 생각하는지 묻는다. 연례 평가에서는 칭찬만이 아니라 비판까지 요구하고, 자신의 바람만큼 많은 돈을 저축하지 못한 이유를 알아내기 위해 신용 카드 명세서를 면밀히 살핀다. 퇴근길에는 업무 중 저지른 사소한 실수들을 잊으려 애쓰지 않고 오히려 그런 실수들을 하나씩 짚어 가며 반성의 시간을 갖는다. 또 어떤 결정이 괜찮은 효과를 거두지 못한 이유가 무엇이고, 회의 시간에 더 간결하게 발언할 수는 없었을까 반성하는 시간도 갖는다. 우리는 낙관적으로 생각하며 자신의 잘못이나 타인의 작은 실수를 잊으려는 성향을 띤다. 하지만 올바른 예측을 해내려면 현실에 기반을 두고 추정해야 하며, 추정은 경험에 크게 영향을 받는다. 좋은 것에만 관심을 기울인다면 자신의 예측력을 스스로 옭아매는 셈이다.

'적정한 판단력 향상을 위한 프로젝트'에 참여한 버클리 대학교 돈 무어 교수는 기업가 정신 심리학을 연구한 학자답게 의외의 말을 했다.

"최고의 기업가들은 성공한 사람의 이야기만 들을 때 발생하는 위험을 잘 알고 있습니다. 그래서 그들은 우리 대부분이 의식적으로 피하려는 사람들, 즉 실패를 경험했거나 그 과정에서의 불만을 늘어놓는 사람들과 어울리며 시간을 보내는 편입니다."

더 나은 결정을 내리는 방법을 터득하는 중요한 비결 중 하나는 경험을 골고루 쌓는 것이다. 올바른 선택을 하려면 미래를 정확히 예측해야한다. 미래를 정확히 예측하려면 성공한 사례만이 아니라 실패한 사례까지 최대한 많이 듣고 보아야 한다. 항상 만원인 영화관만이 아니라 텅 빈 영화관에도 앉아 보아야 영화가 어떻게 수익을 올리는지 정확히 알 수 있다. 또 수명을 정확히 측정하려면 아기와 노인, 두 계층 모두와 함께 시간을 보내고, 훌륭한 비즈니스 감각을 키우려면 성공한 동료하고만 지내지 말고 실패한 동료와도 함께 시간을 보내야 한다.

물론 성공에 눈길이 더 쉽게 가기 때문에 어려운 주문이기는 하다. 해고당한 친구에게 실례되는 질문을 피하고 싶은 게 인지상정이다. 또 이혼한 동료에게 정확히 무엇이 잘못된 것인지 묻기도 망설여진다. 그러나 기준율을 적절히 측정하려면 성공한 사람만이 아니라 실패한 사람에게도 배워야 한다.

친구가 승진에서 누락되면 그에게 승진에 실패한 이유가 무엇이라 생각하는지 물어보라. 거래가 마음먹은 대로 성사되지 않으면 상대편에게 전화를 걸어 당신이 무엇을 잘못했는지 알아보라. 괜히 기분이 좋지 않아 배우자에게 잔소리를 해 댔다면 다음에는 괜찮아질 거라고 혼자 위로하지 말고 실제로 어떤 일이 있었는지 알아내려고 노력해야한다.

이런 노력에서 얻은 통찰력과 지혜를 최대한 활용해 미래를 조금이라도 더 정확히 예측하고, 상대적으로 더 많은 가능성을 지닌 미래를 생각해 내려고 애쓰라. 누구도 미래에 어떤 일이 있을지 100% 확실하게 알 수 없다. 그러나 조금이라도 더 가능한 미래를 예측해 내려 노력하고 어떤 추정이 확실하고 어떤 추정이 엉성한지 판단하는 능력을 더욱 키워 가면, 올바른 결정을 내리는 확률이 점점 높아질 것이다.

4. 우승 상금 24억 원이 걸린 절대 고수와의 마지막 승부

애니 듀크는 대학원에서 배운 베이즈 사고법을 포커 게임에 적극적으로 활용했다. 그녀는 베이즈 정리를 포커 게임에 적용하는 방법에 대해 나에게 설명하며 이렇게 말했다.

"전에 한 번도 상대하지 않은 사람과 게임을 하게 되면 가장 먼저 기준율을 생각해야 합니다. 베이즈 정리가 뭔지 모르는 상대에게는 내가 편견에 사로잡혀 게임을 하는 것처럼 보일 겁니다. 편견은 이런 식으로 작동해요. 내가 마흔 살의 사업가와 게임을 한다고 생각해 보세요. 그 사람은 분명히 나중에 친구들에게 프로 포커 선수와 게임을 했다고 자랑할 거예요. 그래서 게임을 냉정하게 보기보다는 어떻게든 이기고 싶어 할 겁니다. 그러니 무리수를 두고 모험을 감행할 가능성이 크지요. 만약에 포커 명언이 크게 쓰인 티셔츠를 입은 스물두 살 청년과 게임을 한다고 생각해 보세요. 그 청년은 인터넷으로 포커를 배웠을 거예요. 그래서 실전으로 배운 사람들보다 제한적이고 빡빡하게 베팅 할 가능성이 크지요. 이게 편견이고, 일반적인 추측 방식입니다."

애니는 베이즈 사고법은 일반적인 추측 방식과는 다르다고 했다.

"하지만 베이즈 사고법은 시간이 흐름에 따라 내가 원래의 추정을 개선해 가려 노력한다는 점에서 편견과 다릅니다. 게임을 시작한 후 마흔 살의 사업가가 허세를 적절하게 조절하는 걸 확인하면, 나는 그에 대한 원래의 추정을 바꿀 겁니다. 그는 프로에 버금가는 포커꾼이며 사람들이 자신을 과소평가하는 걸 즐긴다고 말입니다. 반면에 스물두 살의 청년이 매번 허세를 부리면 그 녀석은 자신이 무슨 짓을 하는지도 모르는 부잣집 도련님일 가능성이 크다는 뜻입니다. 결국 처음 추정이 잘못되면 기준율도 틀리기 때문에 새로운 자료를 바탕으로 추정을 끊임없이 수정해 가야 합니다."

하워드가 탈락하자, 세계 포커 선수권 대회 테이블에는 애니와 필 헬무스만이 남게 되었다. 헬무스는 '포커 브랫(Poker Brat)'이란 별명이 붙은 포커계의 전설로, 텔레비전에도 자주 출연하는 유명인이었다.[30] 헬무스는 나에게 이렇게 말했다.

"나는 포커계의 모차르트입니다. 나는 세상의 그 누구보다 상대의 마음을 잘 읽어 낼 수 있습니다. 바로 직감 덕분이지요. 직감은 화이트 매직입니다."

애니와 헬무스는 테이블을 사이에 두고 마주 보고 앉아 있었다. 애니는 당시를 이렇게 회상했다.

"헬무스가 그때 나를 어떻게 생각하는지 잘 알고 있었어요. 내 창의성을 그다지 높이 평가하지 않고, 내가 영리하기보다는 운이 좋은 편이며, 겁이 많아 정작 중요할 때는 허세를 부리지 못한다고 나를 평가한 적이 있거든요."[31]

애니는 그런 평가가 마음에 걸렸다. 자신이 허세를 부리는 것이라고 필 헬무스가 생각해 주기를 바랐기 때문이다. 헬무스가 큰돈을 베팅 하도록 유인할 수 있는 유일한 방법은 그녀도 허세를 부린다는 확신을 헬무스에게 심어 주는 것이었다. 애니가 이 대회에서 우승하려면 헬무스가 그녀에 대한 원래의 추정을 바꾸게 만들어야 했다.

한편 헬무스의 계획은 전혀 달랐다. 그는 자신이 애니보다 모든 면에서 우월하다고 확신했고, 그녀의 마음을 읽어 낼 수 있으리라 믿었다. 헬무스가 나에게 자신의 강점을 이야기한 적이 있다.

"나에게는 무엇이든 빨리, 그것도 무척 빨리 학습하는 능력이 있습니다. 상대가 어떻게 행동하는지 파악하면 그때부터 나는 그 테이블을 내 마음대로 조절할 수 있지요."

그 말은 결코 허풍이 아니었다. 헬무스는 지금까지 월드 시리즈 포커 대회를 무려 열네 번이나 우승한 위대한 프로 포커 선수다.

애니와 헬무스가 당시 보유한 칩의 양은 거의 비슷했다. 그들은 1시간 정도 승패를 주고받아 누구도 확실한 우위에 올라서지 못했다.

헬무스는 애니가 냉정을 잃고 무모하게 행동하게끔 그녀를 끊임없이 자극했다.

"당신 오빠랑 게임을 하고 싶었습니다."

그러나 애니는 흔들리지 않고 냉정하게 맞받았다.

"그러게요. 난 결승전을 치르는 것만으로도 행복해요."

애니는 헬무스에게 네 번 허세를 부렸다. 그녀는 의도적으로 허세를 부렸다.

"헬무스가 한계점에 도달해 '그런 식으로 계속 허세를 부리며 자극하면 반격을 해야지!'라고 생각해 주기를 바랐습니다."

하지만 헬무스는 흔들리지 않는 듯 전혀 민감하게 반응하지 않았다.

마침내 애니가 학수고대하며 기다리던 기회가 왔다. 딜러가 그녀에게 준 패는 킹과 나인이었고, 헬무스에게 준 패는 킹과 세븐이었다. 또 딜러는 테이블 한복판에 공유 카드로 킹과 식스, 나인과 잭을 내려놓았다.

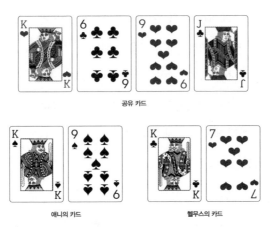

공유 카드

애니의 카드   헬무스의 카드

헬무스의 카드는 킹 원페어였다. 그러나 헬무스는 몰랐지만 애니의 카드는 킹과 나인, 투 페어였다. 물론 두 사람은 상대가 어떤 패를 쥐고 있는지 전혀 몰랐다.

애니가 베팅 액을 12만 달러(1억 4400만 원)로 올렸다. 헬무스는 킹 원페어면 이 판에서 가장 높은 패일 것이라 확신하고 애니의 베팅을 받았다. 그러자 애니가 올인을 시도하며 판돈을 97만 달러(11억 6400만 원)까지 올렸다.

헬무스가 베팅 할 차례였다.

그가 혼잣말로 중얼거리는 소리가 주변에도 들릴 정도였다.

"와, 어이가 없네. 뭘 믿고 저러지? 지금 나를 뻥카로 잡겠다는 거야? 내가 뻥카를 치고 있다는 거야? 이 판이 얼마나 중요한지 모르는 거야?"

헬무스가 의자에서 일어나 테이블 주변을 서성대며 계속 말했다.

"와, 미치겠네. 미치겠어. 이번 판은 느낌이 안 좋아."

헬무스는 패를 던지며 패배를 인정했다.[32]

헬무스가 킹을 뒤집어 자신의 패가 킹 원페어라는 사실을 애니에게 알려 주었다. 그러자 애니는 아무런 의도도 없다는 듯 카드 하나를 뒤집어 보였다. 분명히 말하지만 두 카드를 다 보여 주지는 않았다. 그런데 헬무스에게 뒤집어 보여 준 카드가 나인 원페어였다. 그녀에게 킹 원페어도 있다는 걸 알려 주지는 않았다. 철저히 계산된 행동이었다.

"헬무스가 나에 대한 원래의 추정을 바꾸기를 바랐던 것이지요. 내가 나인 원페어로도 허세를 부린다고 그가 생각하기를 바란 거예요."

필 헬무스가 애니에게 말했다.

"와, 정말 나인 원페어로 밀어붙인 거예요? 정말 무모하네요. 나 같은 사람을 상대로! 내가 너무 경솔하게 행동한 것 같군요."

두 사람은 다시 다음 판을 준비했다. 애니가 보유한 칩은 146만 달러(17억 5200만 원)가 되었고, 헬무스가 보유한 칩은 54만 달러(6억 4800만 원)가 되었다. 딜러가 그들에게 개인 카드를 나눠 주었다. 애니의 카드는 킹과 텐이었고, 헬무스의 카드는 텐과 에이트였다. 처음에 펼쳐진 공유 카드는 투, 텐, 세븐이었다.

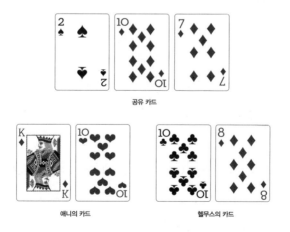

공유 카드

애니의 카드　　　　　헬무스의 카드

헬무스의 패는 텐 원페어가 되었다. 에이트가 뒷받침하고 있었다. 이 정도면 썩 훌륭한 패였다. 한편 애니의 패는 킹이 뒷받침하는 텐 원페어로, 헬무스의 패보다 약간 더 나았다.

헬무스가 4만 5000달러(5400만 원)를 베팅 했다. 애니가 20만 달러(2억 4000만 원)로 올렸다. 무척 공격적인 베팅이었다. 하지만 헬무스는 애니가 무모하게 게임을 한다고 믿기 시작했다. 애니의 게임 태도는 헬무스가 전혀 예상하지 못한 모습이었다. 헬무스의 예상과 달리 그녀는 허세를 부리고 또 부렸다. 헬무스가 애니에 대해 품고 있던 기준율이 급격히 흔들리고 있었다.

헬무스는 테이블에 놓인 칩 더미를 물끄러미 바라보았다. '애니는 겁이 많아 정작 중요할 때 허세를 부리지 못한다'라는 헬무스의 추정이 틀렸던 것일까? 애니가 이번에만 허세를 부리는 것일까? 애니가 자신의 패를 지나치게 과신하는 것은 아닐까?

"올인입니다!"

헬무스가 이렇게 말하면서 자신의 모든 칩을 테이블 한가운데로 밀어 냈다.[33]

"받을게요."

그녀도 망설임 없이 헬무스의 승부수를 받았다.

애니와 헬무스가 자신의 카드를 뒤집었다.

"젠장!"

헬무스가 푸념하듯 말했다. 둘 모두 텐 원페어였지만, 뒤를 받쳐 주는 카드에서는 애니의 카드가 킹으로, 헬무스의 에이트보다 높았다.

딜러가 마지막 카드로 세븐을 테이블에 올려놓았지만 누구에게도 도움이 되지 않았다.

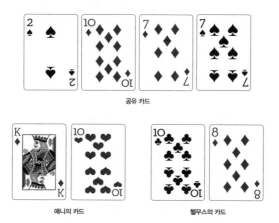

공유 카드

애니의 카드   헬무스의 카드

애니가 두 뺨을 잡아당기며 자리에서 일어섰다. 헬무스도 씨근거리며
일어섰다.

"제발 에이트!"

하기야 에이트는 이번 판에 그에게 승리를 안겨 줄 수 있는 유일한 카
드였다. 딜러가 마지막 공유 카드를 뒤집었다. 클로버 스리였다.

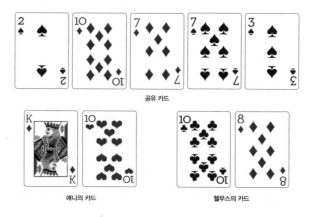

공유 카드

애니의 카드   헬무스의 카드

애니는 그렇게 200만 달러(24억 원)의 상금을 벌었고, 필 헬무스는 탈락했다.[36] 게임은 끝났고 애니는 우승자가 되었다. 헬무스는 게임이 끝나고 시합장 밖으로 나가서도 분을 가라앉히지 못했다.

애니는 그 대회에서 우승한 덕분에 삶 자체가 달라졌다. 세계 포커 선수권 대회 우승으로 그녀는 세계에서 가장 유명한 여성 프로 포커 선수가 되었다. 2010년에는 미국에서 개최되는 전국 헤즈업 포커 선수권 대회에서 우승하기도 했다. 애니는 월드 시리즈 포커 대회에서도 한 번 우승해 황금 팔찌를 받았고, 지금까지 거둬들인 상금만도 400만 달러(48억 원)가 넘는다. 더는 대출금을 걱정하지 않고, 공황 장애로 발작을 일으키지도 않는다. 2009년에는 NBC 방송국의 리얼리티쇼 〈연예인 견습생〉에 출연하기도 했다. 당시 촬영이 시작되기 전까지 애니는 약간 불안증에 떨었지만 과거처럼 심각하지는 않았다. 신경 쇠약도 이제는 완전히 이겨 냈다.

요즘에는 포커 대회에 자주 참가하지 않는다. 대신 기업인들을 상대로 확률적으로 생각하는 법, 불확실한 것을 포용하는 법, 베이즈 정리에 근거해 더 나은 결정을 내리는 법에 대해 강연하며 시간을 보낸다.

애니는 포커를 통해 인생을 배웠다고 말했다.

"포커에는 운이 많이 작용해요. 우리 삶도 그렇지요. 누구도 자신의 삶이 앞으로 어떻게 펼쳐질지 모르잖아요. 대학교 2학년 무렵 정신 병원에 입원했을 때만 해도 내가 훗날 프로 포커 선수가 될 거라고는 꿈에도 생각하지 못했어요. 앞으로 우리 삶이 어떻게 될지 정확히 모르는 걸 편하게 받아들여야 해요. 지금 생각해 보면 그렇게 마음먹은 덕분에 불안증을 떨쳐 낸 것 같습니다. 우리는 당장 눈앞에 닥친 문제에 대해 최선의 결정을 내리는 방법을 배우고, 시간이 지남에 따라 승산은 우리에게 있다는 걸 믿기만 하면 됩니다."

◆ ◆ ◆

어떻게 해야 더 나은 결정을 내리는 방법을 배울 수 있을까? 확률적으로 생각하는 방법을 훈련하면 어느 정도 가능하다. 그런데 확률적으로 생각하려면 미래를 다양한 관점에서 상상하고, 모순된 것처럼 보이는 현상들도 동시에 일어날 수 있다는 가능성을 열어 두며, 성공만이 아니라 실패까지 폭넓게 경험하고, 어떤 예측이 실현될 가능성을 가늠하는 직관력을 키워야 한다.

통계학을 공부하고, 포커 같은 게임을 즐기며, 삶에서 마주치는 역경과 성공을 철저하게 생각하고, 아이들이 불안감을 이겨 내도록 돕는 과정에서 이런 직관력을 키울 수 있다. 이때 하나하나의 가능성을 글로 표현해 보며 실현될 확률까지 끈질기게 계산하는 훈련이 더해지면 더욱 효과적일 것이다. 베이지언 직관력을 키우는 데는 여러 방법이 있다. 지극히 간단한 방법 하나를 소개해 보자. 과거의 선택을 돌이켜 보며 '왜 내가 상황이 그런 식으로 변해 갈 거라고 확신했을까?', '왜 내가 잘못 판단했을까?'라는 질문을 자신에게 던지는 것이다.

어떤 방법을 사용해도 상관없지만 그 목적은 똑같다. 이미 예정된 결론에 매몰되지 않고 미래를 다양한 관점에서 접근하려는 것, 우리가 무엇을 알고 무엇을 모르는지 정확히 파악하려는 것이 목적이다. 다시 말하면, '어떤 선택을 해야 최고의 가능성을 기대할 수 있는가?'라고 자신에게 의문을 제기해야 한다는 뜻이다. 미래를 읽어 낸다는 것은 거짓말이다. 누구도 미래를 확실하게 예측할 수 없다. 그러나 확실한 것을 갈망하는 마음이 너무 강하고 의심스러운 것에 대한 두려움이 지나쳐서 예측 자체를 피한다면 그것도 크나큰 실수이다.

애니가 교수를 꿈꾸며 학교에 계속 머물렀더라도 예측에 관련된 조건들이 중요했을까?

"물론입니다. 어떤 직업을 택해야 하나? 휴가를 즐길 여유가 있을까? 은퇴하기 전에 얼마나 많은 돈을 저축해 둬야 할까? 이런 의문에 대한 답을 구하는 것도 모두 예측이니까요."

의사 결정에도 기본적으로는 똑같은 규칙이 적용된다. 결국 다양한 미래를 상상하고 그 하나하나를 글로 표현하며 깊이 생각한 후 '어떤 것이 실현 가능성이 가장 높고, 그 이유는 무엇인가?'라는 질문에 대답해 보려 노력하는 사람이 최선의 선택을 하게 된다.

누구나 더 나은 결정을 내리는 법을 배울 수 있다. 우리가 매일 행하는 작은 예측들로 조금씩 연습하면 충분하다. 누구도 매번 정확히 예측하지는 못한다. 하지만 꾸준히 연습하면 실현 가능성이 상대적으로 높은 것을 예측하는 방법을 터득할 수 있다.

INNOVATION
빅 아이디어

▼

창의성이 부족하다고 생각하는 사람들에게

—

놀라운 아이디어를 쉽게 생각해 내는 법

1. 개봉을 1년 앞둔 애니메이션 〈겨울왕국〉 제작 팀의 위기

시사회실 문이 열리기 1시간 전부터 관객들이 줄을 서기 시작했다. 그들
은 애니메이션 감독, 제작자, 줄거리 편집자, 작가 등 모두 디즈니 직원
이었고, 그동안 모두의 입에 오르내리던 영화의 초안을 볼 수 있기를 손
꼽아 기다렸다.[1]

그들이 의자에 앉고 조명이 흐릿해지자, 자매가 얼음으로 뒤덮인 풍경
을 배경으로 등장한다. 동생인 안나는 곧바로 거만하고 완고한 성격을

드러내며, 눈앞에 닥친 한스 왕자와의 결혼식과 자신의 대관식에 신경을 곤두세운다. 한편 언니 엘사는 질투심이 많고 사악하다. 그녀는 저주에 걸려 만지는 것은 무엇이든 얼음으로 변하게 한다. 이 저주스러운 힘 때문에 엘사는 왕위 계승자에서 제외되었다. 그래서 그녀는 원한을 품은 채 가족을 떠나 산꼭대기에 있는 수정 궁전으로 향한다. 그리고 복수를 꿈꾼다.

안나의 결혼식이 다가오자 엘사는 올라프라는 무뚝뚝한 눈사람과 함께 왕위를 되찾기 위한 음모를 꾸민다. 안나를 납치하려는 그들의 계획은 강인하고 늠름한 한스 왕자에 의해 좌절된다. 엘사는 분노를 이기지 못하고, 눈 괴물들에게 마을을 파괴하라고 명령한다. 마을 사람들이 힘을 모아 눈 괴물들을 물리치지만, 안개가 걷히고 사상자들이 드러난다. 안나 공주의 심장은 사악한 언니 때문에 얼어붙는다. 게다가 한스 왕자마저 행방불명이다.

영화 후반부에서는 안나가 왕자를 찾아 나서며, 왕자의 입맞춤이 그녀의 얼어붙은 심장을 녹여 주기를 간절히 바란다. 그러는 동안 엘사는 다시 공격할 준비를 갖추고, 포악한 눈 괴물들로 마을을 뒤덮는다. 하지만 눈 괴물들은 곧 엘사의 통제를 벗어나 모두를 위협하고, 심지어 엘사까지 위협하기 시작한다. 안나와 엘사는 그런 상황에서 살아남으려면 힘을 합하는 수밖에 없다는 걸 깨닫는다. 자매는 서로 힘을 합하면 독자적으로 싸우는 것보다 훨씬 낫다는 교훈을 얻는다. 결국 자매는 다시 친구가 되고, 안나의 얼어붙은 심장이 녹아내리며 왕국은 평화를 되찾는다. 그리고 모두 행복하게 지낸다.

이 영화의 제목은 '겨울왕국(Frozen)'이었고, 계획에 따르면 18개월 후 개봉되어야 했다.

디즈니에서는 시사회가 끝나면 박수갈채가 뒤따라야 정상이다. 때로는 환호성을 지르는 사람도 있다. 또 시사회실에는 언제나 휴지통을 곳곳에 준비해 둔다. 디즈니에서 눈물은 성공의 징표로 여겨지기 때문이다.

그런데 이번에는 눈물도 없고 환호성도 없었다. 휴지통은 누구도 건들지 않았다. 모두 말없이 입을 꼭 다문 채 시사회실을 빠져나갔다.

시사회가 끝난 후 크리스 벅 감독을 비롯해 디즈니에서 일하는 10여 명의 감독이 스튜디오의 식당에 모여 방금 본 영화에 대한 의견을 나누기 시작했다. 이들은 '스토리 트러스트(story trust)' 멤버들이다. 스토리 트러스트는 영화 제작 전 과정에 걸쳐 완성도를 높일 수 있는 피드백을 제공하는 역할을 한다. 스토리 트러스트 멤버들은 한쪽 테이블에 마련된 스웨덴식 미트볼을 직접 챙기며 잠시 후 시작될 〈겨울왕국〉 초안 회의 준비를 했다. 크리스 벅은 먹을 것을 전혀 챙기지 않았다. 디즈니에서 오랫동안 애니메이터로 일하고 제니퍼 리와 함께 〈겨울왕국〉의 공동 감독을 맡은 벅은 당시를 회상하며 '허기를 느낄 여유조차 없었다'고 말했다.

디즈니의 최고 창의성 책임자 존 래시터가 먼저 시작했다.

"몇 군데 멋진 장면이 있었습니다."

특히 마음에 든 몇몇 장면에 대해 언급했다. 싸움 장면은 손에 땀을 쥐게 했고, 자매의 대화는 재미있게 들렸으며, 눈 괴물들은 등골이 오싹해질 정도로 무서웠다는 칭찬도 아끼지 않았다. 또한 영화가 전체적으로 속도감 있게 전개되었다고 했다.

"흥미진진했습니다. 애니메이션도 좋았고요."

그러고는 영화의 결함을 하나씩 나열하기 시작했다. 문제가 한두 가지가 아니었다.

래시터는 열 가지 정도의 문제를 자세히 지적한 후 중요한 코멘트를 남겼다.

"충분히 연구하지 않은 것 같습니다. 관객의 입장에서 마음속으로 응원하고 싶은 등장인물도 없습니다. 안나는 지나치게 완고하고, 엘사는 지나치게 사악하게 표현됐고요. 영화가 끝나는 순간까지 내가 좋아할 만한 등장인물을 한 사람도 찾아내지 못했습니다."

래시터의 평가가 끝나기가 무섭게 스토리 트러스트 멤버들이 맞장구쳤고, 다른 문제들까지 지적하고 나섰다. 특히 이야기 전개에 논리적인 결함이 적지 않다는 지적이 있었다. 한스 왕자는 안나를 별로 좋아하는 것 같지 않은데 안나가 한스 왕자에게 집착하는 이유가 무엇이냐는 질문이 있었고, 기억해야 할 등장인물이 너무 많다는 지적도 있었다. 반전이 있을 거라는 조짐이 뻔히 보였고, 엘사가 안나를 납치하고 먼저 반응을 떠보지도 않은 채 마을을 무작정 공격한 것도 앞뒤가 맞지 않는다는 비판도 있었다. 또 안나가 호화로운 궁전에 살면서 왕자와 결혼하고 곧이어 여왕에 즉위할 사람치고는 지나치게 징징대는 인물로 표현되었다는 날카로운 지적도 있었다. 스토리 트러스트 멤버이자 〈겨울왕국〉 시나리오와 공동 감독을 맡았던 제니퍼 리는 엘사의 냉소적인 친구 올라프가 유난히 싫었다. 다이어리에 '올라프란 놈이 정말 싫다. 눈사람을 죽여 버리고 싶다!'라고 휘갈겨 썼다.

크리스 벅은 이런 비판에도 전혀 놀라지 않았다.[2] 그의 제작 팀은 몇 개월 전부터 영화가 제대로 만들어지지 않는다는 걸 의식하고 있었다. 특히 시나리오 작가는 대본을 몇 번이나 뜯어고쳤다. 처음에는 안나와 엘사를 자매가 아니라 전혀 모르는 관계로 설정했고, 다음에는 저주받은 여인 엘사가 여왕에 즉위하고 안나는 '계승자가 아니라 예비용'이란 사실에 좌절하는 이야기로 꾸미기도 했다. 한편 영화 음악을 맡은 작사가들은 브로드웨이에서 크게 성공한 뮤지컬 〈애버뉴 큐(Avenue Q)〉와 〈모르몬의 책(The Book of Mormon)〉을 작사한 부부 팀이었지만 노랫말을 썼다가 폐기하는 과정을 끝없이 반복했다.[3] 그들은 질투심과 복수심을 가볍고 유쾌한 노랫말로 표현할 방법을 찾아낼 수 없다고 하소연했다.

자매를 왕족이 아닌 평범한 시민으로 번안한 대본도 있었고, 자매가 한 마리의 순록을 함께 사랑하며 화해하는 모습으로 번안한 대본도 있었다. 또 자매가 헤어진 채 자라고, 안나가 제단에 제물로 내던져지는 대본도 있었다. 등장인물을 통해 엘사의 저주받은 힘이 어디에서 왔는지 설명하고, 한스 왕자 외에 또 다른 사랑의 대상을 창조하려는 시도도 있었다. 하지만 어떤 방법도 효과가 없었다. 하나의 문제를 해결하면 그 때문에 더 많은 문제가 생겼다. 예를 들어 안나를 좀 더 싹싹하고 엘사를 좀 더 상냥한 인물로 바꾸면 이야기 흐름을 다 바꿔야 하는 식이었다.[4]

〈겨울왕국〉에서 음악을 담당한 보비 로페즈는 영화 제작 과정에서 이런 일은 늘 있다고 했다.

"모든 영화가 처음에는 엉망입니다. 하지만 우리에게 영화 제작은 퍼즐 조각을 맞추는 것과 비슷합니다. 하나하나를 끼워 넣을 때마다 전체와 어떻게 맞아떨어지는지 고민하고, 조금씩 완성되면 상영할 때가 다가오지요."

대부분의 애니메이션 프로젝트는 완성하는 데 4~5년이 걸리지만 〈겨울왕국〉은 엄청나게 빠른 속도로 진행되었다. 제작에 들어간 지 1년도 안 됐는데 직전에 디즈니의 다른 영화가 크게 실패해서 경영진은 〈겨울왕국〉 개봉을 2013년 11월로 확정 지었다. 18개월 정도밖에 남지 않았다. 〈겨울왕국〉의 제작자 피터 델 베초는 큰 압박감을 가졌다고 했다.

"우리는 해결책을 빨리 찾아내야 했습니다. 하지만 상투적으로 느껴지지 않고, 이야기가 대충 짜 맞춘 것처럼 보이지 않는 해결책이어야 했지요. 무엇보다 관객의 마음을 울릴 수 있는 영화여야 했습니다. 스트레스를 받지 않을 수 없는 시간이었지요."

물론 혁신을 치열하게 자극하고 독려하는 방법, 창의적 과정을 더욱 생산적으로 탈바꿈시키는 방법은 영화 제작에만 국한된 문제가 아니다. 학생과 경영자, 예술가와 정책 입안자 등 수많은 사람이 가능한 한 신속하게 창의적인 해답을 구해야 하는 문제에 매일 맞닥뜨린다. 경제 환경이 변하고 창의적인 통찰력이 어느 때보다 중요한 덕목으로 대접받는 시대에 어떤 환경에서나 독창성을 신속하게 발휘하는 능력은 더더욱 절실히 필요하게 되었다.

혁신을 가속화하는 방법을 알아내는 것이 어느덧 많은 사람에게 가장 중요한 임무가 되었다. 월트 디즈니 애니메이션 스튜디오의 사장이며 픽사의 공동 창업자인 에드윈 캐트멀은 창작 과정도 관리할 수 있다고 말한다.

"우리는 창작 과정의 생산성을 중요하게 생각합니다. 창작 과정은 관리될 수 있습니다. 창작 과정을 올바로 관리하면 혁신의 속도를 높일 수 있지요. 하지만 창작 과정을 제대로 관리하지 못하면 좋은 아이디어들이 문혀 버립니다."[5]

스토리 트러스트에서 〈겨울왕국〉에 대한 대화가 점점 끝을 향해 가고 있었다.[6] 래시터가 크리스 벅 감독에게 이야기가 너무 산만하다는 점을 지적했다.

"내가 보기에는 이 영화에서 몇 개의 이야기가 서로 경쟁을 벌이고 있는 듯합니다. 엘사 이야기와 안나 이야기가 있고, 한스 왕자와 눈사람 올라프 이야기도 있습니다. 물론 그 이야기들 하나하나에는 중요한 요소가 있지요. 좋은 재료가 많지만, 관객들과 교감할 수 있는 하나의 이야기가 없습니다. 그걸 만들어 내야 합니다. 영화의 핵심이 무엇인지 찾아내야 한다는 뜻입니다."

래시터는 의자에서 일어서며 덧붙여 말했다.

"시간이 얼마가 걸려도 좋으니 어떻게든 최적의 해답을 찾아내십시오. 하지만 빨리 찾아내면 훨씬 더 좋겠지요."

2. 창의성은 익숙한 것들끼리의 특이한 결합이다

1949년 제롬 로빈스라는 안무가는 친구인 작곡가 레너드 번스타인과 극작가 아서 로렌츠를 만나 대담한 프로젝트를 제안했다. 〈로미오와 줄리엣〉의 줄거리를 본떠서 현대 뉴욕이 배경인 새로운 뮤지컬을 제작해 보자는 것이었다. 고전 발레 및 오페라와 실험 극장을 하나로 결합하고, 여기에 현대 재즈와 모더니즘까지 접목함으로써 전위 예술을 브로드웨이에 정착시키는 게 목표라고 로빈스는 말했다.[7]

로빈스는 삶 자체로도 유명했지만, 연극의 경계를 크게 확장한 창작자로도 유명했다. 당시는 동성애가 불법인 시대였지만 그는 양성애자였고, 반유대주의가 자신의 이력을 파멸로 몰아넣을 것이라 걱정하며 그들의 공격을 피하려고 이름까지 제롬 라비노비츠에서 제롬 로빈스로 바꾸었다. 또 하원 비미 활동 위원회(1950년대 초반 미국에서 활동하는 공산주의자들을 색출하기 위해 하원에 결성된 조사 위원회)에 협조하지 않으면 그의 성적 취향이 폭로되어 모두에게 따돌림을 받을까 두려워한 나머지, 친구들을 공산주의자로 고발하기도 했다. 그는 아랫사람을 괴롭히는 완벽주의자였다. 그래서 무용수들은 그를 지독히 경멸했으며 무대를 떠나면 그와 말도 섞지 않으려 했다. 그러나 그가 함께 공연하자는 초대를 거절하는 무용수는 거의 없었다. 제롬 로빈스는 그 시대에 가장 창의력이 뛰어난 안무가로 인정받았으며, 숭배의 대상이었다.

현대판 〈로미오와 줄리엣〉이란 로빈스의 아이디어는 무척 대담한 것이었다. 당시 브로드웨이에서 제작되는 대형 뮤지컬은 일정한 틀에서 거의 벗어나지 않았기 때문이다. 이야기가 주인공 남녀를 중심으로 전개되었고, 두 주인공이 노래가 아닌 대사로 줄거리를 끌어갔다. 물론 합창과 무용이 있었고, 화려한 무대 장치가 있었으며, 중간중간에 남녀 주인공의 이중창이 끼어들었다. 하지만 이야기와 춤이 하나로 결합된 발레로 표현되거나, 대사가 음악으로 극적인 효과를 자아내는 오페라로 표현될 때에도, 줄거리와 노래와 춤이 하나로 치밀하게 융합되지 않았다.[8]

로빈스는 새로운 뮤지컬에서 예전과는 다른 뭔가를 시도하고 싶었다.

'우리 시대의 최고 재능들이 협력해 작품을 만들지 못할 이유가 어디에 있는가. 레너드가 오페라를 작곡하고, 아서가 극본을 쓰고, 내가 발레를 맡는 작품을 꿈꾸지 못할 이유가 무엇인가.'[9]

세 사람은 그 시대의 냄새를 물씬 풍기면서도 시대를 초월하는 불멸의 작품을 만들어 내고 싶었다. 번스타인과 로렌츠는 인종 폭동을 다룬 신문 기사를 보고, 철천지원수인 폭력 집단 가문에서 태어난 두 연인(한 사람은 푸에르토리코 인, 한 사람은 백인)을 주인공으로 한 뮤지컬을 만들자고 제안했다. 뮤지컬 역사상 가장 위대한 작품 중 하나로 손꼽히는 〈웨스트 사이드 스토리〉가 탄생하는 순간이었다.[10]

그 후 몇 년 동안 그들은 대본과 악보 및 안무에 관련된 아이디어를 주고받았다. 몇 개월에 한 번씩 원고를 우편으로 보냈다. 그렇게 5년이란 시간이 흐르자 로빈스는 짜증이 나고 조급해졌다. 그는 번스타인과 로렌츠에게 이번 뮤지컬이 중요하다며 신기원을 열 것이라는 편지를 보냈다. 대본이 먼저 완성돼야 했다. 프로젝트의 진척 속도를 높이기 위해 로빈스는 두 친구에게 모든 면에서 완전히 새로운 것을 시도하겠다는 생각을 버리자고 제안했다. 대신 그들이 지금껏 작업하며 시행착오를 통해 배운 원칙들을 새로운 방식으로 결합하자고 했다.[11]

그들은 두 주인공 토니와 마리아의 첫 만남을 멋지게 풀어내기 위해 고민하고 있었다. 로빈스는 두 친구에게 셰익스피어를 모방해서 두 주인공이 무도장에서 우연히 마주치게 하자고 제안했다. 그러나 현대식 무도장, 즉 '젊은이들이 즉흥적으로 지르박을 섞어 가며 맘보를 경쾌하게 추는 곳'으로 바꿔야 했다.[12]

토니가 적을 죽이는 장면을 표현하기 위해서는 안무가 영화에서 싸움을 연출하는 방식을 모방해야 할 것이라며 로빈스는 번스타인에게 보낸 편지에 이렇게 썼다.

'싸움 장면은 실감 나게 표현돼야 할 거야. 그렇지 않으면 관객들을 지

루하게 만드는 죄를 짓는 셈이지.'[13]

토니와 마리아의 극적인 만남이 이루어지는 장면에서는 〈로미오와 줄리엣〉의 고전적인 결혼 장면이 반영되는 동시에, 브로드웨이 관객들이 좋아하는 감상적인 낭만주의와 오페라의 연극성이 더해져야 했다.

하지만 가장 큰 문제는 관습적인 연극의 요소에서 어떤 것이 상투적이고 어떤 것이 시대를 초월하는 것인지 구분하는 것이었다. 로렌츠는 전통에 따라 3장으로 나눈 대본을 썼지만, 로빈스는 그런 관습적인 구분을 '두 번의 막간에 관객을 우리 손아귀에서 벗어나게 만드는 중대한 실수'라고 평가했다.[14] 사건이 계속 진행되면 관객을 의자에 붙잡아 둘 수 있다는 게 영화에서 입증되지 않았느냐며, 로빈스는 로렌츠에게 셰익스피어에게서 벗어나라는 내용의 편지를 썼다.

'자네가 창조해 낸 등장인물들로 자네만의 상상력을 동원해 자네만의 문체로 자네만의 고유한 특징을 보여 준 부분들을 나는 가장 좋아하네. 반면에 자네 뒤에서 셰익스피어가 서성대는 듯한 느낌을 주는 부분들이 가장 마음에 들지 않아.'[15]

또 다른 동료들에게 보낸 편지에는 누가 봐도 뻔한 인물은 절대 등장시켜서는 안 된다고 쓰기도 했다.

'애니타라는 인물은 그야말로 엉망진창이라고 생각해. 세상을 우울하게 살아가는 전형적인 삼류 인생이야. 그런 애니타는 잊자고!'[16]

그들이 이 프로젝트를 시작하고 8년이 지난 1957년, 마침내 모든 준비가 마무리되었다. 그들은 다양한 종류의 연극을 결합해 새로운 형태의 예술을 창조해 냈다. 춤과 노래와 대사가 완벽하게 융합되어, 극장 밖에서 팔리는 신문만큼이나 인종 차별과 불평등을 고발하는 현대적인 이야기를 전해 주는 뮤지컬이었다. 남은 과제는 재정적 후원자를 찾는 것이었다. 많은 제작자에게 접근했지만 거의 모두 난색을 표하며 거절했다. 돈줄을 쥔 사람들은 그들의 뮤지컬이 관객의 요구와 너무 다르다고 말했다. 그러나 로빈스는 마침내 공연을 후원하겠다는 돈줄을 찾아냈다.

· · ·

로빈스가 창작 과정을 앞당기기 위해 제안한 방법, 즉 다른 분야에서 효과가 입증된 일반적인 원칙들을 새로운 방식으로 결합하는 방법은 놀라울 정도로 효과가 있다는 게 여러 연구에서 밝혀졌다. 이 방법은 온갖 분야에서 많은 사람이 창작 과정을 자극하려고 예부터 사용해 오던 것이다. 2011년 노스웨스턴 대학교 경영 대학원의 두 교수가 이런 결합이 어떻게 일어나는지 과학적 관점에서 연구하기 시작했고, 2013년 《사이언스》에 논문을 발표했다. 그들은 '예술과 과학 및 기업의 혁신 등 어떤 분야에서든 기존 방법들의 결합은 창의성 이론의 핵심'이지만, 가장 독창적인 아이디어는 여전히 과거의 개념에서 잉태되고 '새로운 아이디어들을 짜 맞추면 기존의 지식이 결과물로 나타나는 경우가 적지 않다'라고 주장했다.[17] 그런데 두 교수는 '기존의 개념들을 찾아내 새로운 방식으로 결합하는 데 남다른 재능을 지닌 사람들이 있는 이유'를 알고 싶어 했다.

두 교수, 즉 브라이언 우지와 벤 존스는 자신들이 잘 아는 분야(학술 논문을 작성하고 출판하는 분야)를 집중적으로 연구하기로 결정했다.[18] 그들은 약 1만 2000종의 학술지에 발표된 1790만 편의 학술 논문을 조사했다. 두 사람은 각 논문의 창의성을 객관적으로 측정할 방법은 없지만, 저자들이 권말의 주에서 인용한 참고 문헌들을 분석하면 논문의 독창성을 '추정'할 수 있음을 알아냈다. 우지는 나와의 인터뷰에서 흥미로운 이야기를 했다.

"뉴턴과 아인슈타인의 연구를 결합해 논문을 쓰는 행위는 지극히 평범한 방법입니다. 그런 결합은 지금까지 수천 번이나 시도되었지요. 하지만 아인슈타인과 중국 철학자 왕충을 결합한 논문은 짝짓기 자체가 이례적이기 때문에 창의적일 가능성이 높습니다."

한편 데이터베이스에서 인기 있는 논문, 즉 다른 학자들이 이미 수천 번씩 인용한 논문에 초점을 맞추는 식으로도 각 논문의 창의성을 '추정' 할 수 있다면서 그런 논문에는 공통점이 있다고 했다.

"가장 빈번하게 인용되는 논문의 상위 5%에 포함되기 위해서는 상당히 새로운 주장을 내놓아야 합니다."

우지와 존스는 동료 교수인 사티암 무헤르지와 마이크 스트링어의 도움을 받아 1790만 편의 학술 논문을 평가하기 위한 알고리즘을 작성했다. 각 논문에 얼마나 많은 개념이 담겼고, 그 개념들이 과거에 한꺼번에 언급된 적이 있는지, 또 그 논문이 다른 학자에 의해 자주 인용되었는지 아니면 먼지 속에 묻혀 버렸는지 등을 조사했다. 한마디로 그들의 프로그램은 각 논문의 참신성을 평가한 것이었다. 또한 그들은 창의적인 논문에는 어떤 특징이 공통적으로 존재하는지에 대해서도 조사했다.

분석에 따르면, 창의적인 논문은 길이와 별다른 상관관계가 없었다. 단독으로 쓴 논문도 있었지만, 대다수의 창의적인 논문의 저자는 팀이었다. 또 해당 학문을 연구한 기간과 창의성 사이에도 눈에 띄는 상관관계가 없었다. 창의적인 논문을 쓰는 방법은 무척 다양했다.

그러나 거의 모든 창의적인 논문에서 찾아낸 공통분모가 하나 있었다. 이미 알려진 개념들을 새로운 방식으로 결합했다는 것이다. 평균적으로, 창의적인 논문에 담긴 내용의 90%가 이미 다른 곳에 발표된 것이고, 수천 명의 학자가 이미 살펴본 것이었다. 하지만 창의적인 논문에서는 그런 전통적인 개념들이 과거에는 생각하지 못한 참신한 방식으로 적용되었다. 우지와 존스는 《사이언스》에 발표한 논문에서 다음과 같이 결론을 내렸다.

'모든 학문 분야를 망라한 1790만 편의 논문을 분석한 결과에 따르면, 거의 보편적인 패턴이 어떤 학문에나 적용된다. 많은 영향력을 끼친 논문은 과거의 개념들을 일목요연하게 결합한 동시에 색다른 방식으로 결합한 특징을 보여 준다.'

결국 어떤 논문을 창의적이고 중요한 위치에 올려놓는 것은 개념 자체가 아니라 개념들의 결합 방식이었다.[19]

지난 반세기를 대표하는 눈부신 지적 혁신들을 살펴보면 이런 색다른 결합이 분명히 눈에 띈다. 기업과 정부의 운영 방식을 개조하는 데 일조한 행동 경제학은 1970년대 중반과 1980년대에 등장했다. 이때 경제학자들은 심리학에서 오래전 자리 잡은 원칙들을 경제학에 적용하며 '왜 지극히 합리적인 사람들이 복권을 살까?'라는 의문을 추적하기 시작했다.[20] 친숙한 개념들을 새로운 방식으로 결합한 사례로 또 무엇이 있을까? 소프트웨어 프로그래머들이 원래 바이러스가 확산되는 방법을 설명하려고 개발한 공중 보건 모델을 사회 연결망 서비스에 적용한 사례가 있다. 그 덕분에 인터넷 사회 연결망 기업들이 오늘날 크게 성장했다. 또 연구자들이 유전자 진화를 연구하는 실험실로 베이즈 정리라는 수학을

옮겨 놓은 덕분에 의사들은 복잡한 유전자 서열 지도를 신속하게 그려 낼 수 있었다.[21]

기존 개념들을 독창적으로 배열하는 데에서 창의력이 시작된다는 주장은 새로운 것이 아니다. 역사학자들이 줄곧 지적해 왔듯이, 토머스 에디슨의 발명품은 대체로 어떤 분야의 개념을 다른 분야에 적용함으로써 얻어 낸 결과물이었다. 스탠퍼드 대학교 두 교수 앤드루 하가든과 로버트 서턴은 1997년 발표한 논문에서 에디슨 발명의 특징을 이렇게 정리했다.

'에디슨과 그의 동료들은 처음 시작한 전신 산업에서 배운 전자기력에 대한 지식을 활용했고, 기존 개념들을 전구, 전화, 축음기, 철도, 광산 등과 같은 다양한 산업 분야에 적용했다.'[22]

그 후의 연구에서도 학교의 연구실과 기업은 이런 결합을 적극 권장함으로써 창의성을 자극해 왔다는 게 확인되었다. 세계적인 디자인 솔루션 회사 아이데오가 1997년 실시한 연구에 따르면, 아이데오가 거둔 대부분의 성공작은 '이질적인 산업들에 이미 존재하는 지식들의 결합'에서 비롯된 것이었다. 아이데오가 자랑하는 최고의 성공작인 물병은 기존의 물병에 누수를 방지하는 샴푸 용기의 노즐을 접목한 것이었다.

기존 개념들을 새로운 방식으로 결합하는 힘은 금융에도 적용된다. 파생 상품 가격은 원래 먼지 입자의 운동을 표현하려고 개발된 공식과 도박 기법을 혼합해 계산된다.[23] 요즘 자전거용 헬멧은 한 디자이너가 어떤 충격에도 견디는 선체(船體)를 흉내 내 모자 모양으로 디자인한 덕분에 존재하게 되었다.[24] 기존 개념들을 새로운 방식으로 결합하는 기법은 육아에도 적용된다. 육아서로 가장 많이 읽히는 벤저민 스폭의《유아와 육아의 상식》은 1946년 처음 출간되었지만 프로이트 심리 요법과 전통적인 육아 기법을 결합한 책이다.[25]

우지는 창의적인 사람들의 특징을 다음과 같이 정리했다.

"창의적이라 평가받는 사람들은 근본적으로 지적인 중재자입니다. 그들은 지식을 이질적인 산업이나 집단에 전달하고 접목하는 법을 터득한 사람들이지요. 또 그들은 다른 환경에 있는 사람들이 다른 관점에서 똑같은 문제를 해결하려고 노력하는 걸 보고 경험한 까닭에, 어떤 유형의 개념이 상대적으로 더 효과적인지 아는 사람들이기도 합니다."

사회학에서 이런 중재자는 '아이디어 브로커' 혹은 '혁신 브로커'라 일컬어진다. 사회학자 로널드 버트는 2004년 발표한 논문에서 한 대규모 전자 회사 관리자 673명을 연구한 끝에, 어떤 특정한 부서에서 사용되는 개념을 다른 부서 직원들에게 설명하는 데 탁월한 재능을 지닌 사람들이 '창의적'이라 평가받는 아이디어를 내놓는 경우가 많다는 사실을 밝혀냈다. 버트는 그 논문에서 이렇게 밝혔다.

'집단을 넘나드는 사람들은 다른 방식으로 생각하고 행동하는 데 능숙하다. 이처럼 집단을 이어 주는 브로커, 즉 중개인은 기존의 아이디어를 묵살하거나 일축하지 않고 오히려 소중한 것으로 평가받도록 의견을 제시하는 편이다.'[26]

어떤 아이디어가 다른 분야에서 이미 성공을 거두었는지 예로 제시할 수 있기 때문에 그들의 제안은 더욱 신빙성을 갖는다는 것이다.[27] 버트는 '이 능력은 천재의 타고난 창의성과는 다르다. 물건을 사고파는 장사꾼의 창의성과 비슷하다'라고 결론지었다.

하지만 혁신 브로커가 되기에 적합한 성격은 없다는 것이 무엇보다 반가운 소식이다. 방향을 제대로 잡을 수 있다면 누구나 혁신 브로커(아이디어 브로커)가 될 수 있다는 뜻이다. 이것은 여러 연구에서도 입증된 사실이다.[28]

3. 뮤지컬 〈웨스트사이드 스토리〉를 걸작으로 만든 결합의 힘

〈웨스트사이드 스토리〉 예행연습이 시작되기 전, 로빈스는 친구들을 찾아가 뮤지컬 첫 장면이 마음에 들지 않는다고 투덜거렸다. 처음에 구상한 대로 뮤지컬은 전통적인 방식으로 시작되었다. 다시 말하면 등장인물들이 대화를 통해 자신을 소개하며 줄거리의 핵심적인 갈등 요소를 설명하는 방식이었다.[29]

– 1막 –

1장

자신이 소속된 폭력 집단(제트파)의 이름이 새겨진 운동복을 입은 10대 소년 아랍이 거들먹거리며 무대로 나온다. 그때 검은 피부의 두 청년이 느닷없이 담에서 뛰어내리며 아랍을 쓰러뜨린다. 아랍을 공격하던 청년들이 부리나케 달아나자, 아랍과 똑같은 옷을 입은 3~4명의 청년이 반대편에서 달려온다.

디젤 : 아랍이잖아!

베이비 존 : 무지하게 두들겨 맞았는데.

액션 : 우리 텃밭에서!

제트파 리더인 리프가 들어온다.

리프 : 정말이군, 아랍. 어떤 놈이 그랬어?

액션 : 벌레 같은 푸에르토리코 놈들이겠지!

디젤 : 우리가 이 구역의 주인인데…….

마우스피스 : 푸에르토리코 놈들이 우리까지 괴롭히려고 하는군! 그놈
들의 더러운 가족들이 우리 가족들을 괴롭히는 것처럼 말이야.

아랍 : 어떻게든 복수를 하자고, 리프.

액션 : 푸에르토리코 놈들에게 죗값을 물어야지.

베이비 존 : 좋아, 한판 붙어야지!

리프 : 워워, 친구들! 지금까지 싸울 때마다 무얼 배운 거야? 정말 무
식한 것들! 최고 사령관은 전쟁을 시작하기 전 어떻게 해야 한다고
생각해?

베이비 존 : 와장창! 쨍그랑!

리프 : 첫째, 적군 대장에게 정찰병을 보내 전쟁 회의를 열자고 하는
거야. 다음엔…….

액션 : 다음엔?

리프 : 토니를 찾아와야 해. 투표로 결정해야 하니까.

액션 : 토니는 항상 네 말대로 하잖아. 어서 계속 말해 봐!

첫 장면이 이런 식으로 전개되면 관객들은 커튼이 올라가고 오랜 시간

이 지나지 않아 줄거리의 기본적인 뼈대, 즉 인종 차이로 구분된 두 폭력 집단이 있다는 걸 알게 된다. 또 관객들은 두 폭력 집단이 예부터 줄곧 갈등 관계에 있었다는 사실을 짐작하고, 폭력 집단에도 나름대로의 계급(리프가 제프파의 두목)이 있고 형식적인 절차(전쟁 회의 후 싸움을 시작한다)가 있음을 깨닫게 된다. 또 관객은 '와장창! 쨍그랑!'이란 대사를 듣고 팽팽한 긴장감을 갖고, 토니라는 중요한 역할을 지닌 인물도 알게 된다. 대체로 나무랄 데 없는 첫 장면이다.

그러나 로빈스는 첫 장면을 망설이지 않고 삭제해 버렸다.

"너무 뻔해!"

평범하고 상투적이라는 것이다. 폭력 집단이라고 싸움만 하는 것은 아니다. 무용수가 무대를 자기 구역이라 생각하듯이 폭력 집단도 자기들만의 구역이 있다. 뉴욕의 역동성과 이민자를 다룬 뮤지컬을 장식하는 첫 장면에서는 위험할 정도의 야심이 느껴져야 했다. 로빈스, 번스타인, 로렌츠가 이 뮤지컬에 대한 아이디어를 처음 떠올렸을 때 느낀 감정을 관객들도 고스란히 느낄 수 있어야 했다. 로빈스는 극작가도 싸우는 사람이 되어야 한다고 말했다. 또 그들은 유대 인이고 버림받은 사람들이었다. 그러니 그 뮤지컬은 배척받은 아픔을 극화해 그들의 꿈과 감정을 무대에 펼쳐 놓아야 했다.

어맨다 베일은 로빈스의 전기에서 그의 창작 의지를 이렇게 설명했다.

'로빈스는 잔인할 정도였다. 그는 안일한 창작 행위를 귀신같이 찾아냈고, 모두 만족하는 것보다 더 새롭고 더 나은 표현 방식을 생각해 내라고 다그쳤다.'

이런 점에서 로빈스는 혁신 브로커였고, 주변 사람들에게도 그런 브로커가 되라고 윽박질렀다.

이런 과정을 거쳐 그 유명한 '웨스트사이드 스토리 프롤로그'가 탄생했다. 많은 사람이 지난 60년 동안 공연 예술계에서 가장 큰 영향을 끼친 명장면으로 꼽는 장면이다. 뮤지컬에 이어 영화에서도 강렬한 인상을 남기는 프롤로그는 다음과 같이 진행된다.

오프닝은 뮤지컬이다. 절반은 춤, 절반은 무언극. 두 10대 폭력 집단 간의 적대감이 점점 고조되고 있음을 암시한다. 제트파와 상어파, 두 패거리는 자존심을 뽐내려는 듯 똑같은 옷을 입고 있다. 제트파는 구레나룻을 기르고 장발인 데다 활력이 넘치고 잠시도 가만히 있지 못하며 냉소적이다. 한편 상어파는 푸에르토리코 출신들이다.

무대가 열리면 제트파가 등장해 바닥에 아스팔트가 깔린 코트를 차지한다. 오케스트라 연주가 시작되면 그들이 손가락을 튕기며 딱딱 소리를 낸다. 핸드볼 공이 울타리를 때리고 음악이 멈춘다. 제트파의 두목 리프가 고개를 까닥이며, 놀란 표정으로 서 있는 핸드볼 공 주인에게 공을 돌려주라고 신호한다. 리프의 부하가 그 신호에 따르고, 음악이 다시 시작된다.

제트파는 코트를 한가하게 어슬렁거린다. 음악이 최고조에 이르고 그들은 다 함께 피루엣(발레에서 한 발을 축으로 팽이처럼 도는 춤 동작)을 시도한다. 곧이어 그들은 "야!"라고 소리치고, 롱 드 장브 앙 레르(한 발을 뻗어 발끝으로 크게 반원을 그리는 동작)를 시작한다. 이 아스팔트 코트는 그들의 구역이다. 그들은 가난하고 사회에서 버림받았지만, 지금 이 순간에는 이곳의 주인이다.

상어파 두목이 등장한다. 역시 10대 소년이다. 제트파는 움직임을 멈춘다. 상어파의 다른 녀석들도 등장한다. 그들도 손가락을 튕겨 소리를 내고, 피루엣을 시도하며 팽이처럼 회전한다. 상어파는 무대가 자기들의 소유라고 주장한다.

제트파와 상어파는 가볍게 충돌하며 영역과 지배권을 다투고, 무언극으로 협박과 사과를 되풀이할 뿐 전면전을 벌이지는 않는다. 그런데 갑자기 수십 명의 패거리가 무대 양쪽에서 들이닥친다. 그래도 서로 조롱하고 도발하는 정도에서 그칠 뿐 건드리지는 않는다. 그런데 상어파 한 녀석이 제트파 한 녀석을 넘어뜨린다. 제트파 녀석이 자신을 공격한 상어파 녀석을 밀어낸다. 그때 심벌즈가 연주되기 시작하고 모두 주먹을 휘두르고 발길질하며 서로 엉켜 싸운다. 마침내 경찰의 호루라기 소리가 들리자 그들은 싸움을 멈춘다. 그리고 크룹케 경사 앞에서 서로 다정하게 어울리며 친구인 척한다.

9분 동안 대사는 전혀 없다. 모든 것이 춤으로 표현된다.[30]

〈웨스트사이드 스토리〉가 1957년 처음 공연되었을 때 관객들은 이 뮤지컬을 어떻게 평가해야 할지 종잡을 수 없었다. 배우들은 일상적인 옷을 입었지만 고전 발레를 하는 것처럼 움직였다. 춤은 〈백조의 호수〉만큼 형식화되었지만 길거리 싸움, 미수에 그친 강간, 경찰들과의 사소한 충돌 등을 묘사했다. 음악은 바그너의 교향곡처럼 삼전음을 사용하면서도 라틴 재즈의 냄새를 물씬 풍겼다. 또한 뮤지컬이 공연되는 내내 배우들은 노래와 대사를 시시때때로 교체했다.

연극 역사학자 래리 스템펠은 이 프롤로그의 의미를 이렇게 정리했다.

〈웨스트사이드 스토리〉에서 사용된 기본 원칙들이 프롤로그에 고스란히 담겨 있다. 명료한 대사가 교환되기 전, 한 소절의 악보가 노래로 표현되기 전, 춤이 극에 관련된 기본적인 정보를 전달해 주었다.'[31]

개막 첫날, 공연이 끝나고 커튼이 내려갔을 때 관객석에는 침묵이 흘렀다. 관객들이 그간 본 뮤지컬은 패싸움과 살인을 다루었고, 배우들이 속어로 가득한 노랫말로 편견과 편협을 고발하는 노래를 불렀으며, 불량배들이 발레리나처럼 춤을 추는 것이었다.

모두 커튼콜을 위한 준비를 끝냈다. 마리아 역을 맡았던 캐럴 로런스가 그 순간의 긴장감을 이야기해 주었다.

"우리는 각자 약속된 위치로 달려가 관객들을 마주할 준비를 갖추었어요. 마침내 커튼이 올라갔고 우리는 관객을 바라보았지요. 관객들도 우리를 쳐다보았습니다. 우리는 다시 관객들을 바라보았어요. 그제야 '아이코, 대실패로군!'이란 생각이 들었습니다. 그런데 제롬 로빈스가 관객들에게 명령이라도 한 듯 관객들이 벌떡 일어났어요. 아무도 발을 구르며 환호성을 지르지는 않았습니다. 그리고 그때까지 무대 뒤에 있던 레너드 번스타인이 마지막 커튼콜 무대에 올라와 다가오더니 나를 감싸 안았어요. 그리고 우리는 함께 울었습니다."[32]

〈웨스트사이드 스토리〉는 역사상 가장 높은 인기를 누리고 가장 많은 영향을 끼친 뮤지컬이 되었다. 기존 개념과 독창적인 발상을 혼합하며 새로운 것을 창작해 냄으로써 성공을 거두었다. 익숙한 것들이 특이한 것으로 변해 가는 과정을 많은 사람이 눈앞에서 지켜보면서도 그런 변화 자체를 의식하지 못했을 정도로 〈웨스트사이드 스토리〉는 기존 개념들을 새로운 배경에 절묘하게 접목한 뮤지컬이었다. 로빈스는 동료들에게 혁신 브로커가 되라고, 또 각자의 경험을 무대 위에 쏟아 놓으라고 부추겼다. 훗날 로빈스는 당시를 회상하며 "정말 대단한 성과였습니다"라고 말했다.

4. '창의적 절망'에 빠진 〈겨울왕국〉 제작 팀은 어떻게 위기를 극복했을까?

〈겨울왕국〉 팀에게 일일 회의장으로 배정된 공간은 널찍해서 바람도 잘 통하고 편안한 곳이었다. 벽에는 궁전과 얼음 동굴, 순하게 보이는 순록, 마시멜로라는 눈 괴물과 이런저런 모양의 트롤들이 잔뜩 그려져 있었다. 매일 아침 9시, 크리스 벅 감독과 핵심 팀원들이 각자 커피와 업무 목록을 들고 회의실에 모였다.[33] 노랫말을 맡은 보비 로페즈와 크리스틴 앤더슨 로페즈 부부는 브루클린의 집에서 화상 회의로 참석했다. 그리고 회의가 시작되면 모두 개봉일까지 시간이 촉박하다며 공황 상태에 빠져들기 시작했다.

재앙과도 같던 시사회, 그리고 스토리 트러스트와의 논쟁이 있고 이튿날 아침에 열린 회의에는 불안감이 팽배했다. 〈겨울왕국〉 팀은 예부터 전해지는 동화를 그대로 옮겨 놓을 수는 없다는 걸 처음부터 알고 있었다. 그들은 새로운 내용을 말하는 영화를 만들고 싶었다. 크리스 벅 역시 자연스러우면서도 새로운 이야기를 만들고 싶었다.

"왕자가 누군가에게 입맞춤을 하는 것이 진정한 사랑의 표본이 될 수는 없지 않습니까."

그들은 더 큰 것, 말하자면 여성이 반드시 매력적인 왕자에게 구원받을 필요가 없고, 스스로 구원의 길을 개척할 수 있다고 말하는 영화를 만들고 싶어 했다. 〈겨울왕국〉 팀은 일반적인 왕자와 공주라는 공식을 뒤바꿔 놓고 싶었다. 하지만 바로 그런 이유 때문에 그들은 큰 곤란을 겪고 있었다.

디즈니 애니메이션에서 다른 영화 〈주먹왕 랄프〉의 제작을 끝낸 후 작가로 〈겨울왕국〉 제작 팀에 참여한 제니퍼 리는 이 작업이 대단한 도전이었다고 평가했다.

"어떤 영화에나 긴장과 갈등이 있어야 합니다. 그런데 〈겨울왕국〉에서 긴장이 자매간에 존재한다면 어떻게 해야 관객들이 그녀들을 모두 좋아하게 만들 수 있을까요? 그래서 더더욱 어려웠지요. 우리는 질투를 중심으로 줄거리를 짜 맞춰 보려 했지만 비열하게 느껴졌습니다. 복수극도 시도해 보았으나 보비는 불화와 반목 대신 낙천적인 여주인공이어야 한다는 고집을 꺾지 않았어요. 스토리 트러스트의 지적이 옳았습니다. 관객들이 감정적으로 교감할 수 있는 영화여야 했습니다. 하지만 상투적인 틀에 빠지지 않고 그런 영화를 만들어 낼 방법이 도무지 생각나지 않았지요."

회의에 참석한 핵심 팀원들은 18개월 만에 영화를 완성해야 한다는 걸 잘 알고 있었다. 제작자 피터 델 베초가 모두에게 눈을 감으라고 했다.

"우리는 지금까지 많은 방법을 시도해 보았습니다. 하지만 아직 해결책을 찾지 못했다고 걱정할 필요는 없어요. 모든 영화가 이런 과정을 겪습니다. 또 실수할 때마다 해결책을 향해 조금씩 가까이 다가간다고 확신합니다."

그는 가장 중요한 문제에 집중하자고 말했다.

"이제부터 효과가 없는 것에 신경을 쓰지 말고, 여러분의 판단에 괜찮을 듯한 것을 생각해 내는 데 집중했으면 좋겠습니다. 여러분이 가장 간절하게 원하는 것을 상상해 보기 바랍니다. 우리가 무엇이든 할 수 있다면 여러분은 무엇을 스크린에 담고 싶습니까?"

핵심 팀원들은 아무 대꾸도 없이 조용히 앉아 있었다. 잠시 후 모두 눈을 뜨고 이 프로젝트에 대해 처음 들었을 때 흥분하고 흥미롭게 생각한 이유를 늘어놓기 시작했다. 〈겨울왕국〉이 지금까지 영화에 표현되는 여성 모습을 뒤집어 놓을 기회라 생각한 까닭에 이 프로젝트에 끌렸다는 사람들도 있었고, 자매가 화해하는 영화라는 아이디어가 흥미롭게 느껴졌다고 대답한 사람들도 있었다. 제니퍼 리는 어린 시절을 떠올렸다.

"어렸을 때 언니랑 자주 싸웠어요."

제니퍼는 어린 시절 부모가 이혼을 했다. 언니가 뉴욕 주 북부 지역에 있는 고등학교 교사가 되었을 때 제니퍼는 맨해튼으로 이사를 해야 했다.[34] 그녀는 20대 초반이었을 때 남자 친구가 보트 사고로 익사하는 슬픔을 겪었는데, 당시 언니는 힘들어 하는 제니퍼 곁을 지켜 주었다. 그녀는 이런 경험을 동료들에게 고백했다.

"이런 순간에 우리는 자신만을 생각하던 이기적인 행동에서 벗어나 형제자매를 한 인간으로 보기 시작합니다. 내 생각에 이런 현실이 우리 대본에는 제대로 반영되지 않은 듯해요. 자매 중 한 사람은 악당이고 또 한 사람은 영웅이란 구도가 현실감이 있습니까? 현실 세계에는 이런 구도가 거의 없습니다. 형제자매 사이가 멀어지는 이유는 한 사람은 착하고 한 사람은 악하기 때문이 아니에요. 둘 다 엉망진창이기 때문에 사이가 멀어지는 것이고, 둘 다 서로 필요하다는 걸 깨닫기 때문에 화해하는 겁니다. 나는 관객들에게 이런 현실을 알려 주고 싶습니다."

그 후 한 달 동안 〈겨울왕국〉 제작 팀은 안나와 엘사의 관계에 대해 집중적으로 탐구했다. 특히 자신들의 경험을 바탕으로 형제자매 관계를 생각해 내려 애썼다. 제작자 피터 델 베초가 당시를 떠올리며 말했다.

"진실로 느껴지는 것이 무엇인지 자신에게 솔직히 묻기 시작하면 올바른 이야기를 찾아낼 수 있습니다. 우리가 어떻게 살았는지, 즉 우리 머릿속에 있는 삶의 경험을 원료로 사용하지 않으면 문제가 제대로 풀리지 않아요. 디즈니 방법이 효과적인 이유는 바로 여기에 있습니다. 우리가 스스로를 스크린에 표현할 정도까지 깊이 파고들기 때문입니다."[35]

제롬 로빈스는 〈웨스트사이드 스토리〉를 함께 작업한 동료들에게 자신들의 경험을 최대한 활용해 창의적인 혁신 브로커가 되라고 독려했다. 도요타 생산 시스템은 현장 직원들에게 더 많은 권한을 위임함으로써 혁신적으로 사고하는 역량을 끌어냈다. 한편 디즈니 애니메이션은 제작에 참여한 팀원들에게 각자의 감성을 활용해 등장인물들 간의 대화를 상상하며, 원천적으로 비현실적이고 공상적일 수밖에 없는 애니메이션의 상황에 현실적인 감정을 주입해 보라고 요구했다. 이 방법은 누구나 창의적인 아이디어 브로커가 될 수 있는 방향을 제시해 주기에 연구해 볼 만한 가치가 있다. 그렇다. 창조를 위한 원료로 개인적인 경험을 사용하면 충분하다. 그런데도 우리는 개인적인 감정을 창조의 원료로 중시하기는커녕 오히려 본능적으로 간과하고 무시하는 경향을 띤다. 그러나 현실적인 것과 상투적인 것을 구분하는 동시에 어떤 부문에서 얻은 통찰력을 다른 부문에 중재하는 능력을 터득하려면, 무엇인가로부터 받는 느낌에 지금보다 더 큰 주의를 기울여야 한다. 애플의 공동 창업자 스티브 잡스는 1996년 한 인터뷰에서 창의성에 관한 자신의 견해를 다음과 같이 밝했다.

"창의성은 뭔가를 뭔가에 연결하는 능력에 불과합니다. 뭔가 창의적인 것을 해낸 사람에게 그것을 어떻게 해냈느냐고 물으면 그 사람은 죄책감을 가질지도 모르겠습니다. 그가 그 뭔가를 실제로 해낸 것이 아니라 그 뭔가를 본 것에 불과하기 때문이지요. 그런데 시간이 좀 지나면 그 뭔가가 그에게는 당연하게 여겨집니다. 그가 자신의 경험들을 연결해 새로운 것을 합성해 낼 수 있었기 때문이지요. 그가 그렇게 할 수 있는 것은 남들보다 더 많은 경험을 했거나, 자신의 경험에 대해 남들보다 더 많이 생각한 덕분입니다."[36]

어떤 사건에 대해 자신이 어떻게 반응하고 어떻게 느끼는지에 주목하는 방법을 터득하면 누구나 창의적으로 혁신 브로커가 될 수 있다는 것이다.

디즈니 애니메이션 사장 에드윈 캐트멀은 나에게 말했다.

"대부분의 사람은 창의성을 지나치게 좁게 생각합니다. 우리는 직원들에게 더 깊이 파고들고 자신의 내면을 깊이 들여다보며 현실적이면서도 마법적인 것을 찾아내라고 다그치며, 그렇게 찾아낸 결과를 등장인물입으로 표현해 내라고 독려하는 데 많은 시간을 투자하지요. 누구에게나 내면에 이런 창의적 과정을 품고 다닙니다. 때로는 그런 창의적 과정을 활용하도록 직원들을 밀어붙여야 합니다."[37]

이 교훈은 영화나 브로드웨이에만 국한되지 않는다. 책갈피가 교회 성가집에서 계속 떨어져 나가는 것에 불만을 품고 갈피표를 꽉 붙들어 두는 강력한 접착제를 만들기로 작심한 화학 공학자가 포스트잇을 발명했다는 이야기,[38] 자꾸 엎질러지는 와인 때문에 식탁보가 더러워지는 걸 방지하는 방법을 고심하던 화학자가 셀로판을 개발했다는 이야기,[39] 한밤중에 징징대는 아기에게 먹이려고 채소를 분말로 빻다가 지친 아버지가 유아용 조제분유를 발명하는 데 일조했다는 이야기 등이 대표적이다.[40] 이런 발명가들은 자신들의 삶에서 혁신을 위한 원료를 찾았다. 또 어떤 경우에나 발명가들이 감정적으로 격앙된 상태였다는 사실을 주목할 필요가 있다. 우리는 필요에 의해 내몰릴 때, 즉 두려움이나 좌절감 때문에 과거의 개념들이 새로운 환경에 내던져질 때 자신의 경험에서 해결책을 찾아내는 경우가 적지 않다. 심리학자들은 이런 상황을 '창의적 절망'이라 일컫는다. 물론 모든 창의성이 공황 상태에서 비롯되는 것은 아니다. 인지 심리학자 게리 클라인의 연구에 따르면, 창의적인 돌파구가 마련되기 전 〈겨울왕국〉 제작 팀이 겪은 스트레스나 제롬 로빈스가 〈웨스트사이드 스토리〉 협력자들에게 가한 압력과 불안감이 팽배했던 경우는 대략 20%였다.[41] 유능한 혁신 브로커는 항상 냉정하고 침착한 사람이 아니다. 시시때때로 걱정과 두려움에 사로잡히는 사람이다.

스토리 트러스트 모임이 있고 몇 개월이 지난 어느 날, 노랫말을 맡은 보비 로페즈와 크리스틴 앤더슨 로페즈는 브루클린의 프로스펙트 공원을 산책하고 있었다. 두 사람은 〈겨울왕국〉 노랫말 때문에 걱정을 떨칠 수가 없었다. 크리스틴과 보비는 놀이터와 조깅 하는 사람들을 지나치며, 자신이 통제할 수 없는 힘 때문에 경멸받고 저주받는 신세가 된다면 어떻게 반응할지에 대한 의견을 주고받았다.

크리스틴이 보비에게 물었다.

"당신이 엘사라면 어떤 기분이겠어? 당신이 정말 착하게 살려고 노력하는데 사람들이 끊임없이 당신을 제멋대로 판단해서 그런 노력이 수포로 돌아간다면 어떻게 하겠어?"

크리스틴은 그 기분이 어떤 것인지 잘 알고 있었다. 그녀는 딸들에게 건강 간식 대신 아이스크림 먹는 걸 허락했을 때 다른 부모들 표정을 보고 그런 기분을 실감한 적이 있었다. 또 그녀와 보비가 식당에서 잠깐이라도 조용한 시간을 원했기 때문에 딸들에게 아이패드 보는 걸 허락했을 때 주변의 눈길에서 그런 기분을 느낄 수 있었다. 물론 크리스틴이 생명을 좌우하는 치명적인 힘을 통제하지 못하는 저주를 받은 것은 아니었지만, 남들에게 심판을 받는 기분이 어떤 것인지 잘 알고 있었다. 결코 유쾌한 기분은 아니었다. 성공을 원하는 게 그녀의 잘못은 아니었다. 좋은 엄마와 착한 부인이면서도 작가사로 성공하고 싶은 욕심이 그녀의 잘못은 아니었다. 하지만 이른바 '성공'을 위해서는 감사 메시지와 운동, 메일 답장은 말할 것도 없고 집에서 만든 간식거리, 저녁 식탁에서의 재미있는 대화를 때로는 건너뛰어야 했다. 크리스틴은 완벽하지 못하다고 변명하거나 사과하고 싶지 않았다. 그래야 한다고도 생각하지 않았다. 엘사도 그런 결함 때문에 사과해야 한다고 생각하지 않았다. 그녀는 보비에게 이렇게 말했다.

"엘사는 평생 바르게 행동하려고 애썼어. 그런데 타고난 능력 때문에 벌을 받게 된 거야. 엘사에게 유일한 탈출구는 더 이상 신경 쓰지 않는 것, 그냥 내버려 두는 거지."

그들은 산책을 하며 노랫말을 한 토막씩 반복해서 흥얼거리곤 했다. 보비가 제안을 했다.

"우리가 밤마다 딸들에게 읽어 주던 옛날이야기처럼 노랫말을 동화로 시작하면 어떨까?"

크리스틴이 대답했다.

"그럼 엘사가 착한 소녀처럼 행동해야 한다는 압박감에 대해 이야기하겠지."

하지만 곧바로 벤치에서 벌떡 일어서며 말했다.

"엘사도 성숙한 숙녀로 변할 수 있잖아. 성장한다는 게 뭐야? 신경 쓸 필요가 없는 문제를 잊어버리는 거 아닌가?"

크리스틴은 나무와 쓰레기통을 관객 삼아 노래를 부르며 엘사가 착한 소녀이기를 포기하고 다른 사람들이 뭐라 생각하든 신경 쓰지 않기로 다짐하는 노랫말을 다듬었다. 보비는 자신의 아이폰에 크리스틴의 즉흥적인 노래를 녹음했다.

크리스틴이 두 팔을 활짝 펼치며 노래했다.

Let it go, Let it go 다 잊어, 다 잊어.
That perfect girl is gone 그 완벽하던 소녀는 이제 없어.

보비가 말했다.

"후렴을 제대로 뽑은 것 같은데?"

아파트로 돌아온 즉시 그들은 간이 작업실에서 그 노래의 초안을 녹음했다. 아래층 그리스 식당에서 접시들이 부닥치는 소리가 배경음이 되었다. 다음 날, 그들은 그렇게 녹음된 노래를 크리스 벅과 제니퍼 리 등 〈겨울왕국〉 제작 팀에게 메일로 보냈다. 절반은 로큰롤이고 절반은 서정적인 고전 음악 분위기를 풍겼지만, 크리스틴과 보비의 좌절감만이 아니라 그들이 주변 사람들 기대를 포기했을 때 느낀 해방감까지 짙게 배인 노

래였다.[42]

이튿날 아침 〈겨울왕국〉 제작 팀은 디즈니 애니메이션 본사에 모여 긴장된 마음으로 〈렛 잇 고(Let It Go)〉를 재생시켰다. 노래가 끝나자 디즈니 애니메이션 음악 담당 책임자 크리스 몬탠이 주먹으로 책상을 내리치며 말했다.

"바로 이거야! 이런 노래를 바랐던 겁니다. 영화 전체를 완벽하게 축약해 놓은 것 같지 않습니까!"

"도입부를 다시 써야겠는데요."

제니퍼 리가 말했다.

제니퍼 리는 나에게 당시의 기분을 이야기해 주었다.

"정말 행복했습니다. 안심이 되기도 했고요. 오랫동안 골머리를 썩이고 있었거든요. 그런데 〈렛 잇 고〉를 듣고 나자 우리 모두 돌파구를 마련한 기분이었습니다. 영화가 머릿속에 완벽하게 그려지는 것 같았어요. 물론 그 전에도 우리는 한 장면 한 장면을 머릿속에 담고 있었지만, 우리가 등장인물과 친숙해지도록 우리와 등장인물을 하나로 통합해 주는 뭔가가 필요했습니다. 그런데 〈렛 잇 고〉를 듣는 순간, 엘사가 우리 중 하나라는 기분이 들었어요."[43]

5. 픽사에서는 더 이상 새로운 아이디어가 떠오르지 않을 때 이렇게 한다

7개월 후 〈겨울왕국〉 제작 팀은 전체 분량 중 앞부분 3분의 2가량을 완성했다. 영화에 필요한 긴장감을 자아내기 위해 안나와 엘사를 떼어 놓으면서도 그들을 사랑할 수밖에 없는 등장인물로 드러내는 법을 알아낸 덕분이었다. 또 자매를 희망에 부풀어 있지만 걱정에 사로잡힌 인물로 묘사하는 데도 성공했다. 심지어 못된 눈사람 올라프를 매력적인 도우미로 바꿔 놓기도 했다. 모든 것이 앞뒤가 딱딱 맞아떨어지고 있었다.

하지만 영화를 어떤 식으로 끝내야 할지 난감했다.

월트 디즈니 애니메이션 스튜디오의 최고 경영자 앤드루 밀스타인은 이렇게 말했다.

"커다란 퍼즐 맞추기와 비슷했어요. 우리는 온갖 방법을 시도해 보았지요. 안나가 자신을 희생해서라도 엘사를 구하는 영화, 또 자매 사이에 진정한 사랑이 존재하는 영화를 만들고 싶었습니다. 하지만 그런 결말을 자연스럽게 끌어내야 했어요. 사실처럼 느껴져야 했습니다."[44]

디즈니에서는 제작자들이 쳇바퀴를 돌리는 다람쥐처럼 프로젝트를 끌어가지 못하고 제자리에서 맴도는 경우를 '스피닝(spinning)'이라 칭한다. 에드윈 캐트멀은 '틀에 박혀 프로젝트를 다른 관점에서 더 이상 보지 못할 때 스피닝이 일어난다'고 지적한다. 창작 과정에서는 자신의 창작품에 지나치게 애착을 갖는 것보다는 일정한 거리감을 유지할 수 있어야 유리한 경우가 많다. 그러나 〈겨울왕국〉 제작 팀은 자매에 대한 자신들의 해석을 지나치게 편안하게 받아들였고, 영화의 기본 골격을 완성했다는 확신에 걱정으로부터 완전히 해방된 듯한 기분에 젖어들었다. 창의적 절망이 고맙게도 여러 문제를 해결해 준 덕분에 그들은 영화를 다른 관점에서 접근하는 능력을 상실하고 말았던 것이다.

창의력이 필요한 장기 프로젝트에 참여해 본 사람이라면 이런 문제가 낯설지 않을 것이다. 혁신 브로커가 다양한 관점을 끌어모으면, 창조적 에너지가 작은 긴장과 갈등에 의해 고조되고 발산되는 경우가 적지 않다. 마감 시간이 주는 압박감, 다른 배경을 지닌 사람들과 아이디어 회의를 할 때 필연적으로 드러나는 충돌, 협력자들이 더 열심히 일하라고 윽박지르며 가하는 스트레스 등이 작은 갈등을 불러일으키며 창조적 에너지의 근원이 된다.[45] 하버드 대학교 경영 대학원에서 창의성 심리학을 연구한 프란체스카 지노는 갈등과 긴장이 매우 중요하다고 말한다.

'작은 차이가 다른 생각을 유도하기 때문에 긴장과 갈등이 창의력으로 이어지는 것이다. 또 다른 사람의 관점에서 어떤 아이디어를 보라고 강요받으면 새로운 것을 보게 되기도 한다. 하지만 문제가 해결되고 모두 사물을 똑같은 방식으로 관찰하기 시작하면, 즉 갈등과 긴장이 사라지면, 모두 비슷하게 생각하기 시작하며 원래 가진 다양한 의견들까지 망각하기 시작한다.'

〈겨울왕국〉 제작 팀은 거의 모든 문제를 해결해 냈다. 누구도 그때까지 이루어 낸 성과를 무효로 만들고 싶지 않았다. 하지만 영화를 어떻게 끝내야 하는지에 대해서는 만족스러운 해결책을 찾아내지 못했다. 에드윈 캐트멀은 그 상황을 이렇게 분석했다.

"탄력성이 떨어질 때 스피닝이 시작됩니다. 이때 우리는 이미 완성한 것에 매몰되는 경향을 띠지요. 하지만 앞으로 나아가려면 소중한 것을 기꺼이 버릴 수 있어야 합니다. 그때까지 혼신을 다해 이루어 낸 것을 포기하지 못하면, 결국에는 그 덫에서 벗어나지 못하지요."

디즈니 경영진은 변화를 도모했다. 캐트멀이 직접 변화를 주도했다.

"우리는 많은 것을 뒤엎어야 했습니다. 모두에게 큰 충격을 줘야 했어요. 그래서 제니퍼 리를 제2 감독으로 임명했지요."[46]

어떤 의미에서 이런 변화는 큰 차이를 만들어 내지 말았어야 한다. 이론적으로는 어떤 차이도 만들어 낼 수 없었기 때문이다. 당시 제니퍼 리는 제작 팀에서 이미 작가로 일하고 있었다. 제니퍼를 크리스 벅과 동등한 권한을 지닌 제2감독으로 임명하더라도 일일 회의에 참여하는 사람에는 변화가 없었다. 회의에 새로운 아이디어를 낼 사람이 추가된 게 아니었다. 제니퍼 자신도 다른 팀원들과 마찬가지로 영화를 어떻게 끝내야 할지 모르겠다고 자진해서 인정하지 않았는가!

그러나 디즈니 경영진은 팀의 역학 관계에 약간의 변화를 가함으로써 팀원들이 스피닝에서 벗어날 수 있기를 바랐다.[47]

• • •

1950년대에 생물학자 조지프 코넬은 캘리포니아의 집을 떠나 오스트레일리아의 다우림과 산호초를 뻔질나게 드나들며, 생물 다양성이 믿기지 않을 정도로 풍부한 지역이 있는 반면에 생태적으로 무척 단조로운 지역이 있는 이유를 알아내려고 애썼다.[48]

코넬이 오스트레일리아를 연구 대상으로 선택한 데는 두 가지 이유가 있었다. 첫째는 새로운 언어를 배우기 싫기 때문이었고, 둘째는 오스트레일리아의 숲과 바다가 근접한 거리 내에서 생물 다양성과 동질성을 보여 주는 완벽한 사례이기 때문이었다. 오스트레일리아의 기나긴 해변에는 수백 종의 산호와 어류와 해초가 비좁은 영역에 잔뜩 모여 사는 경우가 많았다. 그런데 겨우 400미터밖에 떨어지지 않아 얼핏 생각하면 조금도 다를 바가 없을 듯한 지역인데도 생물 다양성이 급격히 떨어져 기껏해야 한두 종의 산호와 해초밖에 발견되지 않는 경우도 적지 않았다. 이와 마찬가지로 오스트레일리아 우림에서도 일부 지역에는 나무와 이끼, 버섯과 덩굴 식물이 각각 수십 종씩 번성하는 반면, 그곳으로부터 겨우 100미터밖에 떨어지지 않은 곳에는 생물 다양성이 급격히 줄어들어 각각 한 종밖에 없는 경우가 많았다. 코넬은 이처럼 자연의 생물 다양성, 즉 생명체를 만들어 내는 자연의 능력이 들쑥날쑥하게 분포된 이유를 알아내고 싶었다.[49]

코넬의 연구는 퀸즐랜드 우림에서 시작되었다. 임관(林冠)부터 유칼립투스 숲까지 모든 것이 있는 3만 2600제곱킬로미터의 우림 지역, 구과 식물과 양치식물이 바닷가에서 자라는 데인트리 열대 우림, 나무가 울창해서 한낮에도 빛이 거의 들지 않는 웅겔라 국립 공원을 조사했다. 짙은 녹음 아래에서 나뭇잎들을 헤치며 숲을 걷는 동안 코넬은 생물 다양성이 난데없이 갑자기 폭발적으로 증가하는 구역들을 곳곳에서 찾아냈고, 그곳으로부터 얼마 떨어지지 않은 곳에서는 생물 다양성이 한두 종으로 급격히 줄어드는 것도 확인했다. 이런 생물 다양성과 동질성을 어떻게 설명해야 할까?

결국 코넬은 생물 다양성이 존재하는 구역의 중심에서 유사한 점을 찾아냈다. 쓰러진 커다란 나무가 거의 모든 곳에 있었다. 때로는 썩어 가는 나무줄기나 움푹 파인 땅이 눈에 띄기도 했다. 파릇파릇한 풀이 돋는 곳에서는 겉흙 아래로 새까맣게 탄 잔해가 있었다. 십중팔구 번개로 인해 화재가 순간적으로 강렬하게 발생했지만 우림의 습기 때문에 불길이 금세 죽었다는 뜻이었다.

코넬의 판단이 맞는다면, 쓰러진 나무와 화재가 무수한 종의 생성에 중대한 역할을 한 것이 분명했다. 그 이유에 대해 코넬은 나에게 이렇게 설명했다.

"숲의 곳곳에는 커다란 나무가 쓰러지거나 불에 탄 곳이 있었습니다. 그런 공간에는 충분한 빛이 들어와 다른 종이 생존 경쟁을 할 수 있었던 것이지요."

지금은 은퇴해 샌타바버라에 살고 있지만 코넬은 당시의 조사 과정을 생생히 기억하고 있었다.

"내가 그런 곳을 찾아냈을 즈음에는 화재가 있거나 나무가 쓰러지고 오랜 시간이 지난 후였습니다. 새로운 나무들이 자라 햇빛을 다시 가리고 있었지요. 하지만 다른 종들이 자기 영역이라 주장할 수 있을 만큼 충분한 빛이 들던 때가 있었고, 약간의 교란이 있어 새로운 식물들에게 경쟁할 기회를 주었던 것입니다."

나무가 쓰러지지 않고 화재도 발생하지 않은 지역에서는 하나의 종이 지배적인 위치를 차지하면서 모든 경쟁자를 몰아냈다. 달리 말하면, 하나의 종이 생존 문제를 해결하면 다른 대안들을 무시하고 망각한다는 뜻이다.

그러나 어떤 사건으로 생태계가 조금이라도 변하면 생물 다양성이 폭발적으로 증가한다. 코넬은 이런 변화에도 한계가 있다고 설명했다.

"다양성이 증가하기는 하지만 어느 정도까지만 증가합니다. 또 숲에서 너무 많은 부분이 변하면 결과가 정반대로 나타나기도 하지요."

벌목꾼들이 나무를 완전히 베어 내거나 엄청난 폭풍 혹은 큰 화재로 상당한 면적이 피해를 입은 지역에서는 수십 년이 지난 후에도 생물 다양성이 증가하지 않았다. 견디기 힘든 충격이 가해지면 강인한 나무와 덩굴 식물만이 살아남았다는 뜻이다.

숲을 조사한 후 코넬은 오스트레일리아 해안을 따라 늘어선 암초를 조사했다. 이곳에서도 그는 동일한 현상을 확인했다. 비좁은 지역에 무수한 종류의 산호와 해초가 옹기종기 모여 사는 곳도 있었지만, 그곳으로부터 보트로 몇 분밖에 떨어지지 않았는데도 신속히 자라는 산호 한 종이 완전히 지배하는 곳도 있었다. 코넬의 연구 결과에 따르면, 두 곳은 파도와 폭풍의 빈도 및 강도가 달랐다. 생물 다양성이 높은 지역에서는 중간 규모의 파도와 폭풍이 때때로 몰려왔다. 반면에 파도도 없고 폭풍도 없는 곳에서는 몇몇 종이 지배적인 위치를 차지했다. 한편 파도가 지나치게 강하거나 폭풍이 빈번하게 닥치는 곳에서는 암초 자체가 점점 사라졌다.

생명을 창조해 내는 자연의 역량은 일시적으로 자연환경에 충격을 가하는 교란, 즉 나무가 쓰러지거나 이따금씩 밀려오는 폭풍 등에 영향을 받는 듯하다. 그러나 생물 다양성이 풍부해지기 위해서는 교란이 지나치게 커서도 안 되고 지나치게 작아서도 안 된다. 적당한 규모여야 한다. 코넬의 표현을 빌리면, '중간 정도의 교란'이 필요하다.

코넬의 주장에 따르면,[50] '어떤 지역에서 생태적 교란이 너무 드물지도 않고 너무 빈번하지도 않을 때 종의 다양성이 극대화된다'고 한다.[51] 이런 내용을 생물학에서는 '중간 교란 가설'이라고 한다. 종의 다양성을 설명하는 수많은 이론이 있지만 중간 교란 가설은 가장 기본적인 이론으로 여겨진다.[52]

캘리포니아 몬터레이에 있는 스탠퍼드 대학교 홉킨스 해양 연구소의 스티븐 팔럼비 소장은 이른바 '경쟁 배제 원리'라 일컬어지는 현상이 있다고 말한다.

'어떤 곳에서나 다양한 종이 대량으로 서식하는 게 원칙이지만, 시간이 흐르면 한두 종 혹은 소수의 종이 지배적인 위치를 차지하는 경향을 띤다.'

환경에 어떤 교란도 가해지지 않는다면 가장 강한 종이 확고하게 자리 잡아 어떤 종도 경쟁하지 못한다. 거대한 교란이 빈번하게 발생하더라도 가장 강인한 종만이 다시 살아간다. 그러나 중간 정도의 교란이 있다면, 무수한 종이 번성하며 생명을 창조하는 자연의 역량도 극대화된다.

물론 인간의 창의성은 생물 다양성과는 다르다. 오스트레일리아 우림에서 쓰러지는 나무와 디즈니 애니메이션 관리 방식을 비교하는 것도 설득력이 떨어진다. 하지만 이런 비교를 어떻게든 인정한다면, 여기서 중요한 교훈을 끌어낼 수 있다. 강력한 아이디어가 뿌리를 내리면 경쟁적 위치에 있던 다른 아이디어들을 철저히 몰아내기 때문에 대안이 들어설 자리가 없어진다는 것이다. 창의성을 자극하는 최상의 방법은 빛이 적당히 스며들 정도로만 교란을 일으키는 것이다.

◆ ◆ ◆

제니퍼 리는 감독이 되면서 작은 변화를 느꼈다고 회상했다.

"내가 감독이 되자 작은 변화가 분명히 눈에 띄었습니다. 감지하기 힘들 정도의 작은 변화였지만 제작 팀 전체에서 분명한 변화가 느껴졌어요. 물론 작가도 영화에 무엇이 필요한지 알지만, 작가 목소리는 많은 목소리 중 하나에 불과합니다. 다른 팀원들도 그만큼 자기 의견을 말하고 작가 역할은 모두의 아이디어를 통합하는 것이기 때문에 소극적으로 보일 필요도 없고 주제넘게 나설 필요도 없습니다."

그는 감독의 역할에 대해 다음과 같이 덧붙였다.

"하지만 감독은 책임자입니다. 감독이 되었을 때 나는 팀원들 말을 경청하고 또 경청해야 한다고 생각했습니다. 그게 감독의 역할이라 생각했거든요. 귀를 바싹 세우고 듣자, 전에는 들리지 않던 것이 귀에 들어오기 시작했습니다."

영화의 끝 장면에서 눈보라로 등장인물의 혼란스러운 마음을 상징하는 게 좋겠다는 주장과, 그런 전조를 전혀 주지 않고 아무런 예고도 없이 급작스럽게 결말로 끌어가야 한다는 주장이 팽팽하게 대치했다. 작가 입장이었을 때 제니퍼는 그런 제안과 주장을 그들의 소망으로 생각했다. 그러나 감독이 된 후에는 팀원들이 명확한 방향을 묻고 있다는 걸 깨달았다. 영화 배경을 장식하는 날씨부터, 무엇을 드러내고 무엇을 감춰야 하는지에 대한 선택까지 모든 것이 어떤 식으로 핵심 개념을 반영해야 하는가를 묻는 것이었다.

제니퍼 리가 감독으로 승진하고 몇 개월 후 노랫말 작사가 크리스틴 앤더슨 로페즈가 그에게 문자 메시지를 보냈다. 당시 그들은 1년 전부터 거의 매일 전화로 대화를 나누고 있던 터였다. 밤에는 대화를 나누었고 낮에는 관련된 자료를 주고받았다. 리가 감독으로 승진한 후에도 그들의 관계는 계속되었지만, 약간 달라지기는 했다.

당시 크리스틴은 초등학교 2학년인 딸의 보호자로서 학교 통학 버스를 타고 뉴욕 시의 미국 자연사 박물관으로 견학을 가는 중이었다. 그녀는 핸드폰을 꺼내 리에게 '어제 심리 치료를 받았어요'라는 문자 메시지를 보냈다. 크리스틴은 〈겨울왕국〉 제작 팀이 영화를 어떤 식으로 끝낼지에 대해 설왕설래하고 있고, 리가 감독으로 승진한 것도 심리 치료사에게 털어놓았다며 메시지를 이어 갔다.

'제작 팀의 역학 관계와 정략적 관계 등 온갖 소문에 대해서도 이야기했고, 또 당신이 누구 이야기를 귀담아듣고 어떻게 일을 시작했는지에 대해서도 이야기했어요. 그랬더니 심리 치료사가 나에게 왜 이 일을 하느냐고 묻더군요.'

크리스틴의 문제 메시지는 계속 이어졌다.

'돈과 자존심이란 문제를 분석하고 나자, 내가 경험한 것에 대해 남들과 공유해야 할 점이 많다는 사실로 모든 게 귀결되더군요. 내가 배우고 느끼고 경험한 것을 남들과 공유하며 그들을 돕고 싶습니다. 당신, 그리고 보비와 나는 이번 영화에서 무엇을 말하려는 걸까요? 내 경우에는, 우리가 통제할 수 없는 환경이 강요하는 역할에 꼼짝없이 갇혀 지낼 필요가 없다는 것입니다.'

제니퍼 리는 이 말에 들어맞는 완벽한 본보기였다. 리는 영화를 전공한 졸업생으로 디즈니에 입사했을 때 이혼녀라는 경력과 어린 딸, 대학 학자금이란 커다란 빚 외에 아무것도 없었다. 하지만 그녀는 지상에서 가장 큰 영화에서 유능한 시나리오 작가로 신속하게 자리 잡았고, 디즈니 역사상 최초의 여성 감독이 되었다. 크리스틴과 보비 역시 환경이라는 굴레를 이겨 내려는 사람들의 본보기였다. 노랫말을 써서 먹고살겠다는 바람이 터무니없는 짓이라고 모두 말할 때에도 그들은 오랫동안 치열하게 싸운 끝에 원하는 경력을 쌓았고, 마침내 그들이 노랫말을 맡은 뮤지컬이 브로드웨이를 강타한 덕분에 꿈에 그리던 삶을 이루어 낼 수 있었다.

〈겨울왕국〉을 감동적으로 마무리하려면 그런 가능성을 관객들과 공유할 방법을 찾아야 할 것이라며 크리스틴은 리의 의견을 물었다.

리는 정확히 23분 후 답변을 보냈다. 로스앤젤레스 시간으로 아침 7시였다.

'자기 심리 치료사가 마음에 드네요. 물론 자기도.'

〈겨울왕국〉 제작 팀의 팀원들은 그 영화에 대해 제각각 나름의 의견을 갖고 있었다. 스토리 트러스트의 모든 멤버도 〈겨울왕국〉이 어떤 식으로 끝나야 하는지에 대한 자신만의 생각에 사로잡혀 있었다. 하지만 제니퍼 리의 생각에는 그 생각들이 서로 맞아떨어지지 않았다.

그러나 〈겨울왕국〉은 물론 어떤 영화에나 결말은 하나밖에 허용되지 않는다. 누군가 선택을 해야만 했고, 그 선택은 올바른 결정이어야 했다. 리는 크리스틴에게 메시지를 보냈다.

'두려움은 우리를 파괴하고, 사랑은 우리를 치유하지요. 안나의 여정은 사랑이 무엇인지 배워 가는 거예요. 무척 단순하지요. 영화 후반부에서 안나는 피오르 위에 올라선 엘사를 보고 진정한 사랑의 행위로 자신의 역할을 끝냅니다. 다른 사람의 바람을 채워 주려고 자신의 바람을 희생하는 것, 그것이 바로 진정한 사랑입니다. 사랑의 힘이 두려움의 힘보다 더 강합니다. 당신도 영원히 사랑하세요!'

감독이 된 후 리는 모든 것을 다른 눈으로 봐야 했다. 작가에서 감독으로의 변신, 그 작은 변화로도 그녀는 영화의 완성을 위해 무엇이 필요한지 깨달았고, 모든 팀원이 그녀의 의견에 따라 주었다.

그달 말 리는 존 래시터와 마주 보고 앉았다.[53]

리가 래시터에게 말했다.

"분명한 메시지가 필요합니다. 이 영화의 핵심은 선과 악에 대한 것이 아니에요. 현실은 선과 악의 대립이 아니니까요. 물론 이 영화의 주제도 사랑과 증오의 대결이 아닙니다. 그 때문에 자매 사이가 멀어진 것은 아니니까요. 이 영화는 사랑과 두려움에 관한 것입니다. 안나는 사랑의 화신이고 엘사는 두려움의 화신이에요. 안나는 버림을 받았습니다. 그래서 진실한 사랑과 덧없는 미혹을 구분하지 못하고 매력적인 왕자의 품에 의탁하지요. 안나는 사랑이 희생이란 걸 배워야 합니다. 한편 엘사는 자신의 운명을 두려워할 필요가 없고, 자신의 힘을 저주할 필요가 없다는 걸 배워야 해요. 안나와 엘사 모두 자신의 강점을 포용하는 법을 배워야 하지요. 우리가 결말에서 보여 줘야 할 것이 바로 이 점입니다. 사랑이 두려움보다 강하다는 걸 보여 줘야 합니다."

"다시 한 번 말해 줄래요?"

래시터가 리에게 말했다.

리는 사랑과 두려움의 대립에 대한 자신의 생각을 다시 설명했다. 눈사람 올라프가 어떤 이유에서 천진한 사랑의 전형이고, 희생이 없는 사랑은 진정한 사랑이 아니라 자기애에 불과하다는 걸 한스 왕자가 어떻게 입증하고 있는가를 설명했다.

"다시 한 번 더요."

래시터가 한 번 더 요청하자 리가 다시 설명했다.

"됐습니다. 당장 팀원들에게 똑같이 알려 주십시오!"

래시터가 말했다.[54]

2013년 6월, 약속한 개봉일을 몇 개월 앞두고 〈겨울왕국〉 제작 팀은 시사회를 위해 애리조나의 한 극장으로 날아갔다. 화면을 수놓은 장면들은 15개월 전 디즈니 영화사 시사회실에서 본 것과 완전히 달랐다. 동생 안나는 명랑하고 낙천적이지만 어딘지 모르게 외로워 보인다. 한편 엘사는 아름답고 사랑스럽지만 자신의 힘을 두려워하고, 어렸을 때 우연한 사고로 동생에게 상처를 입힌 기억 때문에 괴로워한다. 엘사는 인간 세계에서 멀리 떨어져 살려고 얼음 성으로 달아나지만, 의도치 않게 자신의 왕국을 영원한 겨울에 빠뜨리고 안나의 심장까지 약간 얼려 버린다.

안나는 왕자에게 진정한 사랑의 입맞춤을 받으면 얼어붙은 심장이 녹을 것이라 생각하고 왕자를 찾아 나선다. 그러나 안나가 찾아낸 남자, 즉 한스 왕자는 순전히 왕좌를 차지하려는 욕심에 사로잡힌 사람임이 밝혀진다. 한스 왕자는 엘사를 감금하고 서서히 얼어 가는 그녀를 죽도록 내버려 둔다. 그는 왕위를 차지할 속셈으로 자매를 죽이려고 한다.

엘사는 감옥에서 탈출하고, 영화가 끝날 즈음에 꽁꽁 얼어붙은 피오르를 지나며 사악한 왕자를 피해 달아난다. 한편 안나는 심장이 점점 얼어붙어 더욱더 약해진다. 마침내 안나와 엘사와 한스가 얼어붙은 바다에서 마주치고, 눈보라가 그들의 주변에서 휘몰아친다. 안나는 온몸에 파고드는 냉기에 거의 죽은 것처럼 보인다. 한스가 칼을 치켜들고 엘사를 죽이려 한다. 하지만 한스의 칼날이 엘사를 향하는 순간, 안나가 그들 사이로 뛰어든다. 칼이 아래로 향하는 그 짧은 시간에 안나의 몸뚱이는 얼음으로 변한다. 칼은 엘사 대신 안나의 얼어붙은 몸뚱이를 때린다. 이렇게 자신을 희생함으로써 안나는 엘사를 구한다. 그러나 이런 헌신적 행위, 즉 진정한 사랑을 진실로 입증해 보인 행위 덕분에 안나의 가슴이 녹기 시작한다. 안나는 다시 살아나고, 엘사는 사랑하는 사람들을 해칠지도 모른다는 두려움에서 해방되어 사악한 한스를 무찌르는 데 그 강력한 힘을 발휘한다. 엘사는 왕국을 영원한 겨울에서 해방시키는 방법도 깨닫게 된다. 다시 하나가 된 자매는 적들을 물리치고 자기 의심까지 떨쳐 낸다. 한스는 추방되고, 봄이 다시 돌아온다. 사랑이 두려움을 물리치고 얻은 성과다.

디즈니 애니메이션의 전통적인 줄거리를 구성하는 모든 요소가 완벽하게 갖추어졌다. 공주와 무도회 드레스, 잘생긴 왕자, 재담꾼인 조수, 재미있게 이어지는 낭만적인 노래 등이 있었다. 그러나 영화 곳곳에서 이 요소들은 교란을 일으키며 새롭고 색다른 이야기를 만들어 냈다. 한스 왕자는 매력적이지도 완벽하지도 않았다. 오히려 악당이었다. 두 공주는 무력하지 않았다. 오히려 서로 상대의 목숨을 구해 주었다. 또 진정한 사랑이 남녀 사이에서 나타나지 않고 자신의 강점을 포용하는 방법을 터득한 자매의 관계로 표현된 것도 새로웠다.

애리조나의 극장에서 시사회가 끝나자 크리스틴 앤더슨 로페즈는 나지막한 목소리로 피터 델 베초에게 속삭였다.

"언제 이 영화가 이렇게 좋아진 거예요?"

〈겨울왕국〉은 2014년 아카데미 장편 애니메이션 상을 수상했고, 〈렛 잇 고〉는 아카데미 주제가 상을 수상했다. 〈겨울왕국〉은 역대 극장용 애니메이션 가운데 가장 많은 수익을 올린 영화가 되었다.

• • •

창의성은 하나의 공식으로 요약될 수 없다. 창의적인 것이 되기 위해서는 근본적으로 색다르고 참신한 것이어야 한다. 한마디로 미리 계획해서 만들어 낼 수 없는 것이 창의적인 것이다. 순서를 따르면 언제든지 혁신을 만들어 낼 수 있는 계획표 같은 것은 없다.

그러나 '창의적 과정'은 다르다. 창의성을 발휘하도록 지원하는 조건은 인위적으로 조성할 수 있다. 기존 개념들을 새로운 방식으로 결합하면 혁신을 이루어 낼 가능성이 더 높다는 것은 이미 잘 알려진 사실이다. 또 혁신 브로커, 즉 다양한 환경에서 다양한 경험을 쌓은 까닭에 참신하고 색다른 관점을 지닌 사람이 다양하게 생각한다면 성공 확률이 올라간다는 것도 이미 확인된 사실이다. 하지만 지극히 창의적으로 생각하는 사람도 자칫하면 편안함의 덫에 빠질 수 있다. 이런 경우에 적당한 정도의 자극이 있으면 그런 덫에서 빠져나오는 데 도움이 된다.

혁신 브로커가 되어 당신 조직의 창의적 과정에서 생산성을 높이고 싶다면, 세 가지 방법이 있다. 첫째, 당신 자신의 경험에 주목하라. 주변 현상을 당신이 어떻게 생각하고 어떻게 느끼는지 유심히 관찰해 보라. 그래야 상투적인 것과 진정한 통찰을 구분할 수 있다. 스티브 잡스가 말했듯이, 최고의 디자이너는 '남달리 자신의 경험을 더 많이 생각하는 사람'이다. 디즈니 경영진은 영화 제작 팀에게 내면을 들여다보며 자신의 감정과 경험에 대해 생각해 보라고 독려했다. 그 결과 그들은 상상 속의 등장인물들에게 실제로 살아 있는 듯한 생명을 더해 줄 수 있었다. 제롬 로빈스는 〈웨스트사이드 스토리〉 공동 제작자에게 각자의 열망과 감정을 무대 위에 펼쳐 놓으라고 독려했다. 당신도 지금까지 살아온 삶 자체를 창조의 재료로 삼아, 당신의 경험을 더 넓은 세계에 전해 주라.

둘째, 당신이 뭔가를 창조하려고 할 때마다 스트레스와 두려움에 시달린다고 모든 것이 끝났다고 자책하고 좌절할 필요는 없다. 오히려 그런 두려움과 스트레스를 긍정적인 방향으로 활용하면 새로운 것을 찾아내는 융통성을 발휘할 수 있다. 이런 점에서 창의적 절망이 중요한 역할을 한다. 불안감에 사로잡히면 때때로 기존 개념들을 새로운 관점으로 바라보는 경우가 있지 않은가. 마음의 혼란에서 벗어나는 방법은 지금 우리가 알고 있는 것을 다시 생각하고, 우리가 지금까지 보고 들은 원칙들을 재점검해서 새로운 문제들에 적용해 보는 것이다. 또한 창의적 과정에 수반되는 고통을 기꺼이 받아들여야 한다.

셋째, 창조적 과정에서 돌파구를 마련했을 때의 안도감은 지극히 달콤하지만 우리에게 다른 대안들을 무시하고 잊게 할 수도 있다는 걸 반드시 기억해야 한다. 우리가 지금 만들어 내고 있는 것으로부터 일정한 거리를 유지하는 게 중요하다. 자기비판이 없으면, 긴장과 갈등이 없으면, 하나의 아이디어가 경쟁적 관계에 있는 다른 아이디어들을 신속하게 몰아낸다. 그러나 우리가 이미 해낸 것을 비판적으로 분석하고 완전히 다른 관점에서 바라보면, 혹은 관계자들의 역학 관계에 약간의 변화를 주거나 누군가에게 새로운 권한을 부여하면, 그런 비판적 거리를 회복할 수 있다. 교란은 반드시 필요하다. 적당한 규모의 교란을 신중하게 빚어 내고, 그런 교란에 따른 변화와 격변을 너그럽게 받아들이면 우리는 언제라도 맑은 눈을 되찾을 수 있다.

이 세 가지 방법은 '창의적 과정은 하나의 과정에 불과하다'라는 생각에 근거하고 있다. 창의적 과정이 여러 조각으로 분해되고 개별적으로 설명될 수 있다는 뜻이다. 더 적극적으로 해석하면, 누구나 지금보다 더 창의적인 존재로 거듭날 수 있다는 뜻이다. 그렇다! 누구나 혁신 브로커가 될 수 있다. 누구에게나 나름의 경험과 수단이 있고, 누구나 교란과 갈등을 겪는다. 이런 것들을 제대로 활용하면, 다시 말해서 절망과 변화를 기꺼이 받아들이고 기존 개념들을 새로운 관점에서 분석하고 결합하면, 누구나 혁신 브로커가 될 수 있다.

에드윈 캐트멀은 나에게 창의성은 문제 해결 능력에 불과하다고 이야기했다.

"우리가 창의성을 문제 해결 능력으로 생각한다면, 그때부터 창의성이 더는 마법처럼 추앙받지 않을 겁니다. 창의성은 워낙에 마법이 아니니까요. 혁신 브로커는 문제가 어떤 유형에 속하는지, 또 그런 문제가 전에는 어떻게 해결되었는지에 대해 남들보다 더 많은 관심을 기울이는 사람에 불과합니다. 남들보다 창의적인 사람은 두려움이 좋은 징조라는 걸 일찌감치 터득한 사람입니다. 우리도 자신을 신뢰하는 방법을 터득한다면 얼마든지 창의성을 발휘할 수 있습니다."

ABSORBING DATA
정보 활용

▼

정보가 있어도 잘 활용할 줄 모르는 사람들에게

—

기본적인 데이터를 놀라운 결과로 바꾸는
스마트한 정보 활용법

1. 2년 만에 최악의 학교에서 최고의 학교로 거듭난 어느 초등학교의 기적

교내 방송 장치가 찌직대기 시작하자 사우스 애번데일 초등학교 학생들
이 각자의 자리를 찾아가 앉았다.

"메이컨 교장입니다. 지금부터 핫 펜슬 자습(Hot Pencil Drill)을 시작합
니다. 마음의 준비를 하고 연습 문제지를 준비하세요. 카운트다운을 시
작합니다. 다섯, 넷, 셋, 둘……."

정확히 2분 33초 후 단테 윌리엄스(여덟 살)가 연필을 쾅 내려놓고 손

을 번쩍 들었다. 그러더니 선생님이 곱셈 문제 위에 종료 시간 적는 걸 초조하게 지켜보았다.[1] 선생님이 종료 시간을 적자, 단테는 의자에서 벌떡 일어나 3학년 교실 문을 쏜살같이 빠져나갔다. 그는 문제지를 구겨 손에 쥐고 두 팔을 아래위로 흔들며 복도를 빠른 걸음으로 지나갔다.

이보다 3년 전인 2007년 단테가 유치원에 입학했을 때 사우스 애번데일 초등학교는 신시내티에서 최악의 학교 중 하나로 손꼽혔다. 더욱이 오하이오 주에서 학력 수준이 상대적으로 낮다고 평가받은 많은 학교가 신시내티에 있었다는 사실을 고려하면, 사우스 애번데일 초등학교는 오하이오 주에서도 학력 수준이 가장 낮은 학교에 속한다는 뜻이었다. 그해 사우스 애번데일 초등학교 학생들이 학력 평가 시험에서 형편없는 점수를 받은 까닭에 교육청은 그 학교를 '학력 위기' 상태로 진단했다.

단테가 그 학교의 교문을 처음 들어서기 몇 주 전 한 학생이 학교 바로 옆에서 머리와 등에 각각 한 발의 총을 맞고 살해되는 끔찍한 사건이 벌어진 일도 있었다. 더욱이 당시는 '피스 볼'이란 미식축구 경기가 벌어지던 때였다.[2] 학교의 부실한 운영과 형편없는 학력 수준 및 누구도 해결할 수 없는 고질적인 문제가 있다는 전반적인 인식에 그런 범죄까지 더해지자, 신시내티 시 공무원들은 교육 위원회에 사우스 애번데일 초등학교를 아예 폐쇄할 방법에 대해 문의했다. 하지만 '단테와 그의 동급생들을 보낼 만한 초등학교가 주변에 있는가'라는 게 문제였다. 근처 학교들도 평가 시험에서 사우스 애번데일보다 썩 나은 것은 아니었다. 그런 상황에 어린 학생들을 추가로 받으면 그 학교들도 나락으로 떨어질 게 뻔했다.

사우스 애번데일 초등학교 주변 동네는 오래전부터 무척 가난했다. 1960년대에는 인종 폭동이 있었다. 1970년대 도시의 공장들이 문을 닫기 시작하자 그 지역의 실업률이 치솟았다. 영양실조 학생이 속출했고 학대당한 흔적이 뚜렷한 학생들도 눈에 띄었다. 1980년대에는 학교 주변에서 마약 거래가 폭발적으로 증가해 좀처럼 줄어들지 않았다. 때로는 폭력이 난무해 학기 중에는 경찰이 학교 주변을 순찰해야 했다. 2009년부터 2013년까지 사우스 애번데일 초등학교의 교장을 지낸 이즈베타 메이컨은 그 지역을 누구보다 잘 알고 있었다.

"상당히 겁나는 곳이었지요. 좀 멀더라도 갈 만한 학교가 있으면 사우스 애번데일에는 절대 오지 않았습니다."

그렇다고 교육 자원이 부족한 것은 아니었다. 신시내티 시는 사우스 애번데일에 수십억 원을 투입한 터였다. 프록터앤드갬블(P&G)을 비롯해 신시내티에 기반을 둔 많은 기업이 컴퓨터실을 설치해 주었고, 방과 후 학습 및 스포츠 프로그램을 금전적으로 지원해 주었다. 또 학교의 근본적인 문제를 해결하기 위한 노력의 일환으로 시 공무원들은 몬테소리 공립 학교처럼 상대적으로 부유한 동네 학생들보다 사우스 애번데일 학생들에게 세 배나 많은 돈을 할당했다. 사우스 애번데일에는 열정적인 선생님, 헌신적인 사서와 보조 교사, 독서 교육 전문가가 있었고, 초등 교육을 전공한 진로 상담원도 있었다. 특히 진로 상담원은 학부모가 주 정부와 연방 정부의 지원 프로그램에 등록하는 걸 도와주기도 했다.

학교 당국도 정교한 소프트웨어를 활용해 학생들의 성과를 면밀하게 추적했다. 학교 관리자들은 자료를 충실히 수집했고, 신시내티 공립 교육구는 사우스 애번데일에 재학하는 모든 학생의 개별적인 웹사이트를 만들어 학부모와 교육 전문가들에게 공개했다. 해당 학생의 출석 상황, 시험 성적과 숙제, 수업 참여도 등 학습과 관련한 세세한 정보가 모두 들어 있어 어떤 학생이 향상되고 어떤 학생이 뒤처지는지 쉽게 파악할 수 있었다. 물론 사우스 애번데일 선생님들에게는 각 학생의 성과에 대한 상세한 보고서도 매주, 매달, 매년 전달되었다. 사우스 애번데일은 교육용 빅데이터를 활용하는 최전선에 있는 학교였다고 해도 과언이 아니었다. 실제로 신시내티의 이런 노력을 지원한 미국 교육부는 한 보고서에서 '유치원부터 고등학교까지 모든 학교는 자료 중심 문화를 구축하기 위한 명확한 전략을 세워야 한다'라고 말하기도 했다.[3] 교육 전문가들은 이처럼 학생 개개인의 통계 자료들을 면밀히 연구하면, 각 학생에게 필요한 지원을 맞춤식으로 제공할 수 있을 것이라 믿었다.

신시내티 공립 교육구의 연구 평가국장 엘리자베스 홀츠애플은 할 수 있는 모든 것을 했다고 말했다.

"새로운 아이디어와 프로그램을 적극적으로 받아들였습니다. 다른 교육구들과 협력하며, 그들의 자료는 어떻게 되고 분석 결과는 어떠한지에 대해서도 살펴보았지요."[4]

하지만 사우스 애번데일은 그 어디에서도 전환점이 마련되지 않았다. 온라인 정보판이 도입되고 6년이 지난 후에는 사우스 애번데일의 교사 중 90% 이상이 그런 정보판을 일부러 찾아가 살펴본 적이 없으며, 교육구가 보낸 자료를 사용하지도 않고, 매주 받는 보고서를 읽은 적도 없다고 인정했다. 이런 고백을 증명이라도 하듯이, 2008년에는 사우스 애번데일 초등학교 3학년생 63%가 오하이오 주 교육 기준을 충족시키지 못했다.[5]

그해, 신시내티는 다른 방법을 시도하기로 결정했다. 공립 교육구 고위 관리들은 '초등 교육 정상화 계획(EI : Elementary Initiative)'을 내걸고 사우스 애번데일을 포함한 열다섯 곳의 저성과 학교의 정상화를 목표로 삼았다.[6] 이 프로젝트가 주목받은 이유는 해당 학교들에 추가로 자금을 지원하거나 교사를 보충해 주지 않았기 때문이다. 또한 새로운 특별 교습이나 방과 후 프로그램도 없었다. 기본적으로 교사와 학생에게 큰 변화가 없었던 것이다.

EI는 교사가 교실에서 결정을 내리는 방법에 변화를 주는 데 초점을 맞추었다. 자료는 변화를 유도할 수 있지만 그런 자료를 사용하는 방법을 교사가 아는 경우에만 가능하다는 전제에서 개혁이 시도되었다.[7] 학생들 생활을 바꿔 놓으려면 교육자들이 학생과 관련된 온갖 보고서와 통계 자료 및 온라인 정보판에서 통찰을 얻어 적절한 계획을 세울 줄 알아야 했다. 교육자들은 학생들 행동에 영향을 줄 수 있는 방법을 찾아낼 때까지 자료와 씨름해야 했다.

단테가 3학년에 진학할 무렵, 즉 EI가 시작되고 2년이 지났을 즈음 그 프로젝트는 상당한 성공을 거두어 백악관으로부터 도시 빈민가 개혁의 본보기라는 찬사를 받았다.[8] 사우스 애번데일의 시험 성적이 크게 향상되어 주 정부로부터 '최상급'이란 등급을 받았을 정도다. 단테가 3학년을 끝마칠 무렵에는 동급생의 80%가 읽기에서 학년 수준을 넘어섰고, 84%는 주 정부의 수학 능력 시험을 통과했다.[9] 또 주 정부의 기준선을 넘어선 학생 수가 3년 전보다 네 배나 증가했다. 공립 교육구가 발표한 보고서에는 이렇게 쓰여 있었다.

'사우스 애번데일 학생들 학업 성과가 2010~2011년에 크게 향상되고 학교의 문화마저 달라졌다.'[10]

학교가 모든 면에서 놀라울 정도로 달라지자, 미국 전역에서 연구원들이 신시내티로 달려와 EI가 어떤 점에서 달랐는지 연구하기 시작했다.

연구원들은 통과 의례인 양 사우스 애번데일 초등학교를 방문했고, 교사들은 학교가 전환점을 맞이한 결정적인 이유는 '자료'에 있다고 그들에게 대답했다. 엄격히 말하면, 공립 교육구가 오래전부터 수집하던 자료와 다를 바 없는 자료였다. 그러나 교사들이 직접 증언하고 있듯이, 교사들이 교실에서 결정을 내리는 방법을 실질적으로 바꿔 놓은 것은 '자료 중심 문화'였다.

교사들은 교육청에서 보낸 보고서와 온라인 정보판을 거의 참조하지 않았다고 말했다. 결국 EI가 성공한 이유는 겉보기에 번드르르한 자료집과 그럴듯한 소프트웨어를 제쳐 두고 정보를 손으로 다루는 걸 허락하고 그렇게 지시한 덕분이었다.

교육청 지시에 모든 학교는 '자료실'을 설치했다. 특별한 시설이 필요한 공간이 아니라 교사들이 시험 성적을 색인 카드에 옮겨 쓸 수 있는 공간이면 충분했다. 어떤 학교에서는 빈 회의실을 자료실로 꾸몄고, 청소 도구를 보관하던 커다란 벽장을 자료실로 바꾼 학교도 있었다. 또 교사들에게는 시험 성적을 그래프로 그린 종이를 벽에 붙여 놓으라는 지침도 내려졌다. 교사들은 때때로 즉흥적인 실험(아이들을 소그룹으로 나누면 시험 성적이 향상되는가? 교사들이 담당 교실을 교환하며 어떻게 될까?)을 실시하고, 그 결과를 칠판에 공개하기도 했다. 교사들은 정보를 단순히 받아들이는 데 그치지 않고 정보와 '전쟁'을 벌여야 했다. 교사들이 자료를 무작정 받아들이지 않고 '비틀기'를 시도한 덕분에 EI는 효과가 있었다. 비틀기를 시도하면 자료가 처음에는 처리하기가 더 힘들지만, 자료가 정확히 이해된 후에는 기억에 더 오래 남기 때문이다. 통계 자료를 잊고 선입

견에 의심을 제기함으로써 교사들은 전달된 모든 정보를 활용하는 방법을 알아냈다. 역설적으로 들리겠지만, EI는 자료를 더욱 흡수하기 어렵게 만들었다. 하지만 자료가 더 유용해지는 효과가 있었다.[11] 색인 카드와 손으로 그린 그래프를 사용하자, 교실이 더 좋은 방향으로 변했다.

메이컨 전 교장은 '뭔가 특별한 일이 자료실에서 일어났다'고 말했다. 결국 사우스 애번데일이 모든 면에서 나아진 이유는 교사에게 더 많은 정보가 전달되어서가 아니라, 교사들이 정보를 이해하는 방법을 깨달았기 때문이다.

"구글과 인터넷을 통해 언제라도 충분한 정보를 확보할 수 있어 우리는 거의 모든 것에 대한 대답을 순식간에 찾아낼 수 있습니다. 하지만 사우스 애번데일은 대답을 찾는 것과 대답이 무엇을 뜻하는지 이해하는 것은 엄연히 다르다는 사실을 보여 주었지요."

2. 너무 많은 정보는 아무것도 모르는 것 만큼 위험하다

지난 20년 동안 우리 일상에 축적되는 정보량은 어마어마하게 증가했다. 하루에 얼마나 걸었는지 측정하는 만보기가 내장된 스마트폰, 지출 상황을 기록할 수 있는 웹사이트, 길 찾기를 쉽게 해 주는 디지털 지도, 우리가 어떤 웹사이트들을 둘러보았는지 감시하는 소프트웨어, 일정표를 관리하는 데 유용한 애플리케이션 등이 있다. 또 우리가 매일 몇 칼로리를 섭취하고, 매달 콜레스테롤 수치가 얼마나 개선되었으며, 식당에서 얼마를 썼고, 체육관에서 몇 시간을 보냈는지도 정확히 측정할 수 있다. 이런 정보들은 무척 강력한 효과를 발휘할 수 있다. 이런 자료를 적절히 사용하면 우리 하루가 더욱 생산적으로 변하고 우리 건강도 더욱 나아질 수 있다. 물론 학교 교육도 더욱 효율적으로 운영하고 우리 삶도 더욱 편해질 수 있다.[12]

하지만 안타깝게도 정보로부터 뭔가를 배우는 우리 능력이 반드시 정보량에 비례하는 것은 아니다. 우리가 지출액과 콜레스테롤 수치를 추적하더라도 삶의 방식을 개선하지 않은 채 예전과 똑같은 방법으로 먹고 소비하는 경우가 많지 않은가. 식당이나 신용 카드의 선택처럼 단순한 정보를 사용하는 경우에는 정보량이 많아진다고 더 단순해지는 것도 아니다. 맛있는 중국집을 찾아내기 위해 구글을 검색하거나, 페이스북에 질문을 올리는 방법, 혹은 친구에게 전화를 걸어 묻는 방법 중 어느 것이 가장 좋을까? 인터넷을 검색한 내용을 되짚어 보며 가장 최근에 어느 중국집에서 주문을 했는지 찾아내는 게 더 나을까? 한편, 어떤 신용 카드를 신청할지 결정하려면 온라인 안내문을 읽는 편이 나을까, 은행에 전화를 걸어 묻는 편이 나을까? 아니면 식당에 잔뜩 쌓인 여러 신용 카드 회사의 광고들을 읽고 선택하는 게 나을까?

이론적으로는 정보량이 증가하면 올바른 대답을 구하기가 한결 쉬워져야 한다. 하지만 현실적으로는 그렇지 않다. 오히려 자료와 정보가 지나치게 많으면 결정을 내리기가 더 어렵다.[13]

자료가 지나치게 많아 자료를 어떻게 이용해야 할지 모르는 상태를 흔히 '정보맹'이라 일컫는다. 설맹(雪盲)이 눈에 뒤덮인 언덕과 나무를 구분하지 못하는 사람을 가리키듯이[14] 정보맹은 받아들여야 할 자료가 지나치게 많을 때 자료 흡수를 중단하려는 인간의 성향을 가리킨다.

2004년 컬럼비아 대학교의 한 연구 팀은 401(k) 퇴직 연금에 가입한 사람과 그렇지 않은 사람을 대상으로 정보맹에 대한 연구를 시도했다.[15] 그들은 수백여 기업으로부터 401(k) 퇴직 연금에 가입하라는 권유를 받은 약 80만 명을 연구 대상으로 삼았다. 401(k)에 가입하면 상당한 정도의 세금을 감면 받았고, 직원이 납부한 액수만큼 추가로 지원을 약속한 기업이 많았기 때문에 노동자 입장에서는 퇴직 연금에 가입하는 게 절대적으로 유리했다. 401(k)에 관련해 두 가지 상품만을 직원들에게 안내한 기업에서는 75%의 직원이 퇴직 연금에 가입했다. 그들이 연구진에게 말했듯이, 퇴직 연금에 가입하지 않을 이유가 없었다. 그들은 두 가지 상품에 대한 설명서를 읽고 더 유리하게 여겨지는 상품을 선택한 후 퇴직 연금 계좌의 액수가 점점 불어나는 걸 즐겁게 지켜보면 그만이었다.

물론 상품 수가 증가한 경우에도 가입률은 상당히 높았다. 직원들에게 25개의 상품을 안내한 기업에서도 72%의 직원이 퇴직 연금에 가입을 했다.

그러나 30개 이상의 상품에 대한 정보가 제공된 경우에는 눈에 띄는 변화가 있었다.[16] 주어지는 정보량이 감당하기 힘들 정도로 증가하자, 직원들은 꼼꼼히 따져서 선택하는 걸 중단했고 어떤 경우에는 선택 자체를 포기했다. 39개의 상품이 제시된 기업에서는 65%의 직원만이 401(k) 퇴직 연금에 가입했고, 60개의 상품이 제시된 경우에는 가입률이 53%로 떨어졌다. 연구 팀은 2004년에 발표한 논문에서 '10개의 선택 방식(상품)이 더해질 때마다 가입률이 1.5~2%씩 떨어졌다'는 사실을 지적했다. 401(k) 퇴직 연금에는 가입하는 게 올바른 선택이었다. 그러나 정보가 지나치게 많아지자 직원들은 설명서를 서랍 속에 던져 놓고 다시는 꺼내 보지 않았다.

정보 과잉을 연구한 스위스 생갈 대학교의 마르틴 에플러 교수는 이런 현상이 어디에서나 일어난다고 말한다.

"일반적으로는 관련된 정보를 많이 확보할수록 결정의 질이 더욱더 나아집니다. 하지만 정보의 양이 어느 지점을 넘어 지나치게 많아지면 두뇌는 한계점에 이릅니다. 그때부터 다른 선택 가능성을 무시하거나 잘못된 결정을 내리기 시작합니다. 한마디로 정보를 철저하게 점검하지 않는 거지요."[17]

뇌의 학습 능력이 지금까지 진화해 온 방법 때문에 우리는 정보맹을 피할 수 없다. 인간은 정보를 흡수하는 데 무척 뛰어나다. 우리는 자료를 작은 단위로 분해하고 또 분해하는 방식으로 정보를 흡수한다. 이른바 '골라내기' 혹은 '비계 설정'으로 알려진 과정이다.[18] 머릿속에 만들어진 비계는 서류철로 가득 채워진 캐비닛에 비유된다. 캐비닛은 정보가 저장된 곳이고, 우리는 필요할 때마다 그곳에서 정보를 찾게 된다.

예를 들어 설명해 보자. 식당에 보관된 와인의 목록을 건네받은 손님은 목록에 나열된 와인 종류가 어마어마하게 많더라도 선택하는 데 별다른 어려움을 호소하지 않는다. 대부분의 사람은 와인에 대해 아는 지식을 머릿속에서 이분법적으로 차근차근 분류하는 단계를 거쳐 최종적인 선택을 내리기 때문이다.

'나는 레드 와인과 화이트 와인 중 무엇을 원하는가? 화이트 와인!'(이분법적 결정) → '비싼 것을 마실까, 싼 것을 마실까? 싼 것!'(하위분류) → '6달러(7200원)짜리 샤르도네가 나을까, 7달러(8400원)짜리 소비뇽 블랑이 나을까?'(최종적인 비교) → '역시 샤르도네가 낫지!'

우리는 이 과정을 무척 신속하게 해내기 때문에 대부분 머릿속에서 이

런 과정이 진행되고 있다는 걸 거의 의식하지 못한다.[19]

의사 결정 전문가인 컬럼비아 대학교 인지 심리학자 에릭 존슨은 이런 상황을 다음과 같이 정리했다.

'우리 뇌는 선택 사항을 두세 가지로 축소하는 경향을 띤다. 많은 정보에 맞닥뜨리면 자동적으로 그 정보를 머릿속으로 분류하고, 그 결과를 다시 하위 단위로 분류하기를 반복한다.'

이처럼 대량의 정보를 작은 단위로 분류하면 소화하기가 쉬워진다. 우리 뇌는 이런 능력을 활용해 정보를 지식으로 변환한다. 우리는 상황에 따라 어떤 분류 결과를 참조해야 하는지 학습함으로써 주어진 상황에서 어떤 교훈이나 지식을 적용해야 하는지 알게 된다. 전문가와 아마추어는 얼마나 많은 분류 결과를 머릿속에 담고 다니느냐에 따라 구분된다.

와인 전문가는 와인 목록을 보면 곧바로 생산 연도와 지역 등에 관련된 방대한 정보를 떠올리지만 일반인들에게는 그런 정보가 부족하기에 그럴 수 없다. 와인 전문가는 와인에 관련된 정보들을 덜 부담스럽게 받아들일 수 있는 방식으로 분류하는 법(생산 연도를 먼저 선택하고 가격은 나중에 확인한다)을 알고 있기 때문에 방대한 정보를 머릿속에 담고 있을 수 있다. 일반인은 와인 목록을 받으면 무작정 훑어보는 반면, 전문가는 와인 목록에 속박되지 않는다.

우리에게 401(k) 퇴직 연금에 관련된 60개의 상품이 제시될 뿐 그 상품들을 분석할 만한 확실한 방법이 주어지지 않으면, 우리 뇌는 이분법적인 결정을 내리게 된다.

'이 모든 정보를 이해하려고 노력할 것인가, 아니면 모든 설명서를 서랍에 던져 놓고 잊어버릴 것인가?'

정보맹을 극복하는 방법 중 하나는 우리 앞에 놓인 자료와 씨름하며 정보를 적절히 처리함으로써 어떤 식으로든 대답하거나 선택할 수 있는 일련의 질문 형태로 변형하는 것이다. 이른바 '비틀기'라고 일컬어지는 방법이다. 식당에서 직접 양조한 값싼 와인을 선택하지 않고 '화이트 와인 혹은 레드 와인?', '비싼 것 혹은 싼 것?'이라고 일련의 질문을 자신에게 제기하거나, 401(k) 퇴직 연금에 관련된 모든 설명서를 서랍에 던져 놓지 않고 상품들의 장단점을 비교해 선택하는 약간의 행위가 더해지기 때문에 그런 명칭으로 불린다.[20] 그 행위를 하는 당시에는 별것 아닌 행위로 여겨질 수 있지만, 그 작은 노력이 정보맹을 피하는 데 결정적인 역할을 한다. 이처럼 비틀기를 행하는 과정은 목록에 나열된 와인들을 비교하는 행위처럼 사소한 것일 수 있지만, 때로는 401(k) 퇴직 연금의 총지불금을 계산한 표를 작성하는 행위처럼 중대한 작업일 수도 있다. 그러나 그 행위에 투입되는 노동의 강도에 상관없이 그 행위에 내재된 인지적 행위는 똑같다. 우리는 상당한 양의 정보를 취하고, 그때마다 해당 정보를 소화하기 쉽게 처리하는 과정을 거친다.[21]

뉴욕 대학교 교수로 비틀기를 연구한 애덤 올터는 이렇게 말했다.

"일종의 조작이 행해지는 중요한 단계가 개입된다고 생각하면 편할 거예요. 당신이 사람들에게 어떤 문장에서 새로운 단어를 사용하게 하면 그들은 그 단어를 더 오래 기억할 겁니다. 또 당신이 사람들에게 그 단어가 사용된 어떤 문장을 쓰게 하면 그들은 그 단어를 대화에서도 사용하기 시작할 거예요."[22]

이런 이유에서 올터 교수는 때때로 실험 참가자들에게 읽기 힘든 서체로 인쇄된 지시문을 주기도 했다. 실험 결과, 단어를 알아보기 힘들면 그 단어가 쓰인 글을 더 신중하게 읽는다고 한다.

"글을 판독해 내기 힘들기 때문에 눈앞에서 읽는 글에 대해 더욱 깊이 생각하게 됩니다. 그 뜻을 이해하려고 더 많은 시간과 에너지를 투자하기 마련이지요."

결국 우리가 와인을 선택하기 위해 일련의 질문을 자신에게 제기하거나, 401(k) 퇴직 연금의 다양한 상품을 비교하려고 애쓸 때 자료는 하나의 덩어리가 아니라 일련의 결정 요인들로 변해 간다. 이렇게 정보가 비틀릴 때 우리는 더 많은 것을 알게 된다.

3. 압도적인 성과를 올리는 채권 추심 팀의 특별한 정보 활용법

1997년 체이스맨해튼 은행 채권 추심부는 플로리다 주 탬파 지점이 다른 지점에 비해 신용 카드 연체 금액을 받아 내는 데 탁월한 성과를 보이는 이유를 연구하기 시작했다.[23] 당시 체이스맨해튼 은행은 미국에서 가장 많은 신용 카드를 발급한 은행 중 하나였다. 채권 추심 업무를 맡은 직원이 가장 많을 수밖에 없었다. 전국적으로 수천 명에 달하던 그들은 하루 종일 좁은 사무실에 앉아 연체자들에게 전화를 걸어 연체한 신용 카드 사용료를 납부하라고 독촉했다.

체이스맨해튼 은행은 내부 조사를 통해 채권 추심원들이 자신들의 업무를 그다지 좋아하지 않으며 채권 추심부 책임자들은 지지부진한 성과에 익숙해져 있다는 걸 알고 있었다. 은행은 추심원들이 연체자들을 설득하는 데 도움이 될 만한 온갖 수단을 제공하며 추심 업무를 조금이라도 쉽게 진행할 수 있도록 지원을 아끼지 않았다.

채권 추심원이 연체자에게 전화할 때마다 연체금의 신속한 납부를 설득하는 데 필요한 정보(연체자의 연령, 연체 횟수, 보유한 신용 카드 종류와 개수, 과거의 경험에서 성공적이라 입증된 접근 전술 등)가 컴퓨터에 떴다. 또 채권 추심원들은 주기적으로 교육도 받았고, 성공한 추심 전술들을 도표와 그래프로 요약한 보고서도 매일 받았다.

그러나 은행 측 조사에 따르면, 거의 모든 채권 추심원이 자신에게 제공되는 정보에 별다른 주의를 기울이지 않았다. 많은 교육과 보고서를 제공하더라도 추심률은 좀처럼 개선되지 않았다. 따라서 탬파 지점의 추심 팀이 평균 이상의 추심을 해내기 시작하자 경영진은 그 팀의 운영 방식에 관심을 갖지 않을 수 없었다.

그 팀의 관리자는 샬럿 플러드였다. 긴 치마와 후터스 식당의 닭 날개를 유난히 좋아하고 복음주의 목사가 되려고 교육까지 받았던 플러드는 말단 채권 추심원으로 시작했지만, 어느덧 승진해서 120일부터 150일까지 연체한 채무자들을 상대하는 팀의 팀장이 되었다. 지불 기한이 한참 지났는데도 신용 카드 사용 금액을 좀처럼 갚지 않는 악성 채무자들이 플러드 팀의 상대였다. 이처럼 플러드 팀은 주로 악성 채무자를 상대했지만, 다른 추심 팀보다 매달 평균 100만 달러(12억 원)를 더 받아 냈다. 플러드 팀은 체이스맨해튼 은행의 고객 만족도 점수에서 항상 최상위권에 속한 부서였다. 사실 관계를 확인하기 위한 추가 조사에 따르면, 채무자들이 그들에게 빚 독촉을 받지 않고 정중한 대우를 받는 기분이라고 대답했을 정도다.

체이스맨해튼 은행의 경영진은 플러드가 자신의 전술을 다른 관리자들에게도 알려 주기를 바랐다. 그래서 경영진은 탬파 근처의 이니스브룩 리조트에서 지역 회의를 개최하며 플러드에게 강연을 부탁했다. 플러드의 강연 제목은 '모자익스/보이스링크 자동 전화 시스템을 최적화하는 방법'이었고, 그날 강연장은 발 디딜 틈 없이 꽉 들어찼다.

한 관리자가 물었다.

"자동 안내 전화 시간표를 어떻게 짜는지 말씀해 주실 수 있습니까?"

플러드는 신중하게 짠다고 대답한 뒤 다음과 같이 설명했다.

오전 9시 15분부터 11시 50분까지 추심원들은 연체자의 집에 전화를 걸었다. 그 시간에는 집에서 아이들을 돌보는 주부가 전화를 받을 가능성이 컸고, 그럼 주부들은 가족의 빚을 수표로 대신 갚는 경우가 많았다.

플러드는 오후 시간에 연체자에게 접근하는 방법에 대해서도 자세히 설명했다.

"정오부터 오후 1시 30분까지는 연체자의 직장에 전화를 겁니다. 남자가 전화를 받을 가능성이 더 높지요. 그래서 '반갑습니다. 점심 식사를 하러 가는 길에 전화를 받으셨겠군요'라는 식으로 대화를 시작하면서 상대에게 본인이 중요한 사람이고 바쁘게 지내는 사람이란 기분을 느끼게

해 줍니다. 이렇게 하면 상대는 우리 기대에 부응하며 연체 금액을 곧 갚겠다고 약속하지요. 한편, 저녁 식사 시간에는 결혼하지 않은 사람에게 전화를 겁니다. 그런 사람은 저녁 시간에 혼자 있어 누군가와 대화를 나누고 싶어 할 테니까요. 저녁 식사 시간이 끝난 후에는 연체 금액이 들쑥날쑥한 사람에게 전화를 겁니다. 그가 와인을 한잔 마신 뒤여서 긴장이 풀린 상태라면 신용 카드 연체 금액을 하루라도 빨리 갚아 찜찜한 기분을 날려 버리는 게 낫지 않겠느냐고 부추길 수 있으니까요."

플러드는 이런 수십 가지의 요령을 소개했다. 위로가 되는 말투를 사용해야 할 때(전화 수화기 뒤로 멜로드라마 배경음이 들리는 경우), 추심원들이 개인적인 신상을 들먹여야 할 때(채무자가 아이에 대해 언급할 경우), 단호한 태도를 보여 줘야 할 때(채무자가 종교를 떠벌리는 경우) 등에 대해서도 조언했다.

모든 조언이 무척 논리적이고 당연하게 들렸지만, 다른 관리자들은 채권 추심원들이 이런 요령들을 제대로 사용할 수 있을 거라고 생각하지 않았다. 채권 추심원들의 평균 학력은 고등학교 졸업에 불과했고, 대다수에게는 이 직업이 첫 상근직이었다. 대부분의 관리자는 이런 조언들을 직원들에게 어떻게 활용해야 할지 몰랐고, 직원들에게 경직된 목소리로 말하지 않도록 노력하라고 달래는 데 많은 시간을 보낼 수밖에 없었다. 또 관리자들은 채권 추심을 담당한 직원들이 전화기 뒤에서 들려오는 소리로 연체자가 어떤 텔레비전 프로그램을 시청하고 어떤 종교 모임에 참석하고 있는지 제대로 판단하지 못할 거라고 생각했다. 하기야 연체자의 이력을 보고, 본인에게 접근해야 할지 배우자에게 접근해야 할지 분석해낼 만큼 유능한 직원은 거의 없었다. 그들은 누가 전화를 받든 상관없이 연체된 돈을 갚으라고 다짜고짜 윽박지를 뿐이었다. 은행 측이 정보로 가득한 보고서를 매일 아침 추심원들에게 보내고, 충분한 교육의 기회까지 제공하며, 연체자에 관련된 정보를 컴퓨터 모니터에서 언제라도 확인할 수 있게 하지만, 직원들이 그런 보고서를 실제로 읽지도 않을뿐더러 교육에서 배운 내용을 활용하지도 않고 컴퓨터는 들여다보지도 않는다는 걸 관리자들은 알고 있었다. 물론 연체된 신용 카드 사용액 같은 민감한 문제에 대해 전화로 낯선 사람과 대화한다는 것 자체가 무척 부담스러운 일이다. 일반적인 채권 추심원은 전화를 걸면서 다른 정보까지 추가로 처리하기가 쉽지 않다.

플러드는 그녀의 직원들이 일반적인 채권 추심원들보다 더 많은 정보를 그처럼 효과적으로 처리하는 이유가 무엇이라 생각하느냐는 질문에 특별한 대답을 내놓지는 않았다. 플러드 자신도 직원들이 평균 이상의 정보를 능숙하게 받아들이는 이유를 설명하지 못했다. 강연이 끝난 후 체이스맨해튼 은행은 경영 컨설팅 회사인 미첼 매디슨 그룹에 샬럿 플러드의 방법을 분석해 달라고 의뢰했다.

트레이시 엔텔이란 컨설턴트가 사무실로 찾아가 플러드에게 물었다.

"아침에는 가정주부에게 전화를 거는 게 낫다는 생각을 어떻게 해내신 겁니까?"

"내 일지를 보여 드릴까요?"

컨설턴트들은 플러드가 자신의 방법을 설명하는 데 굳이 일지를 들먹이는 이유를 짐작할 수 없었다. 어쨌든 일지를 보여 달라고 했다. 그들은 플러드가 수첩이나 일기장을 꺼내 놓을 거라고 예상했지만, 그녀가 책상 위에 올려놓은 것은 두툼한 보관철이었다. 그리고는 비슷하게 생긴 3~4

개의 보관철이 담긴 카트를 끌고 왔다.

플러드는 보관철 하나를 휙휙 넘겼다. 보관철에 끼워진 종이들에는 일련번호가 적혀 있고, 이런저런 기록이 갈겨쓰여 있었다. 마침내 그녀는 원하는 종이를 찾아냈는지, 그 종이에 쓰인 것을 읽기 시작했다.

"오늘, 젊은 사람들에게 연체된 빚을 조금은 쉽게 받아 낼 수 있는 방법을 생각해 냈다. 젊은이들은 신용 점수를 좋게 유지하려고 애쓰는 편이란 걸 알아낸 덕분이다."

플러드는 이런 비결을 생각해 내는 게 그녀의 팀에서는 아주 흔한 일이라고 했다. 직원들은 점심시간이나 퇴근 후 모임을 갖고 이런저런 아이디어를 쏟아 내며 열띤 토론을 벌이곤 했다. 그런 아이디어들은 앞뒤가 맞지 않는 경우가 많았다. 적어도 처음에는 그랬다. 예를 들어 어떤 이유로든 빚에 시달리는 무책임한 젊은이가 갑자기 신용 점수를 높이려고 신경 쓸 거라는 아이디어가 논리적으로 맞는 말인가? 대부분의 아이디어가 이런 식으로 약간 실답지 못한 경우가 많았지만, 그래도 상관없었다. 중요한 것은 좋은 아이디어를 제시하는 게 아니었다. 어떻게든 서로 아이디어를 내놓고, 그 아이디어의 유효성을 검증하는 것 자체가 중요했다.

플러드는 일지를 다시 들척이며 말했다.

"그 다음 날부터 스물한 살부터 서른일곱 살 사이의 연체 고객들에게 전화하기 시작했군요."

그날 근무가 끝난 후 직원들은 연체 고객들을 설득해 돈을 받아 내는 데 별다른 성과를 거두지 못했다고 보고했다. 이튿날 아침 플러드는 연령층이란 변수에 변화를 주고, 스물여섯 살부터 서른한 살 사이의 연체 고객을 상대로 전화를 해 보라고 직원들에게 지시했다. 추심률이 약간 올라갔다. 다음 날에는 그 연령 집단의 부분 집합, 즉 스물여섯 살부터 서른한 살 사이의 3000달러(360만 원)~6000달러(720만 원)를 연체한 고객에게 전화를 걸었다. 이번에는 추심률이 떨어졌다. 그 다음 날에는 5000달러(600만 원)~7500달러(900만 원)를 연체한 고객에게 전화를 걸었다. 이번에는 그 주의 최고 추심률을 기록했다. 저녁이면 중간 관리자들이 퇴근하기 전 모여 그날의 성과를 돌이켜 보며, 어떤 시도는 성공한 반면에 어떤 시도는 실패한 이유를 따져 보았고, 전화한 기록을 출력해서 어떤 전화가 특별히 효과가 있었는지 표시했다. 플러드가 '일지'라고 칭한 것이 바로 그것이었다. 전화한 기록을 매일 출력해 일련번호를 매기고, 어떤 방법이 효과적이었는지를 나름대로 설명한 직원들 의견이 담긴 기록물이었다.

이런 식으로 검증을 거듭하는 과정에서 플러드는 젊은이들에 대한 아이디어가 실패작이란 걸 알아냈다. 이런 확인이 그 자체로는 놀라운 것이 아니었다. 대부분의 아이디어가 초창기에는 실패작이었다. 직원들이 나름대로 육감을 발휘하며 온갖 아이디어를 제시했지만, 그 아이디어들은 검증 단계를 넘어서지 못했다. 그러나 실험이 계속되자 직원들은 전에는 가볍게 넘긴 패턴에 점점 민감해지기 시작했다. 그들은 상대의 말을 예전보다 더 귀담아들었고, 연체자들이 이런저런 질문에 어떻게 대답하는지 추적했다. 결국 중요한 비결을 하나둘 찾아내기 시작했다. 때때로 채권 추심원들은 말로는 표현할 수 없지만 정확성 높은 직관력을 발휘하기도 했다. 누군가 새로운 방법이나 아이디어를 제시하면 곧바로 실험이 시작되었다. 플러드가 나에게 말했다.

"모든 전화를 추적하고 똑바로 기억해 두었다가 옆에서 일하는 동료에게 말하는 습관을 들이면, 주의력을 기울이는 방법이 달라지기 시작합니다. 사건을 파악하고 이해하는 법을 터득하게 되지요."[24]

컨설턴트들이 보기에 플러드 팀이 사용한 방법은 학자들이 변수를 취해 시험하는 과학적 방법과 다를 바 없었다. 플러드 팀을 조사하는 데 참여한 컨설턴트 니코 칸토어도 보고서에 이런 평가를 적었다.

'일반적으로 샬럿 플러드의 동료들은 단번에 많은 것을 바꾸려 했지만, 플러드는 한 번에 하나씩만 바꾸었다. 그 결과 플러드는 인과 관계를 더 명확히 파악할 수 있었다.'

그러나 다른 시도도 있었다. 플러드가 변수에만 변화를 준 것은 아니었다. 어떤 아이디어가 떠오르면 그 아이디어를 시험하는 과정에서 플러드 팀은 정보의 흐름에 한층 민감하게 반응하는 능력을 조금씩 키워 갔다. 어떤 의미에서는 그들이 대화할 때마다 새롭게 떠오른 '자료'를 변형하고 또 변형해 한층 이해하기 쉬운 것으로 바꿔 가는 일종의 비틀기를 시도했다는 뜻이다. 그들이 매일 아침에 받는 보고서, 컴퓨터 모니터에 뜨는 자료, 전화기 뒤에서 들려오는 배경음 등 모든 것이 그들에게는 새로운 방법을 생각해 내고 다양한 관점에서 실험해 보기 위한 재료가 되었다.[25] 한 통의 전화에는 많은 양의 정보가 담겨 있고, 대부분의 추심원은 그 모든 정보를 잡아내지 못했다. 하지만 플러드의 직원들은 자신들이 제시한 방법의 효용성 여부를 입증할 단서를 찾아야 했기 때문에 놓치는 정보가 거의 없었다. 대화 과정에서 구체적으로 나타나는 증거 자료를 포착한 덕분에, 그 자료를 연체자에게 빚을 갚도록 유도하는 실마리로 삼을 수 있었다.

학습이 진행되는 방법과 다를 바 없다. 우리가 의식하지 못하는 사이에 어떤 정보가 머릿속에 주입되는 이유는 무엇이겠는가? 우리가 그 정보에 몰두하고 열중하기 때문이다. 플러드는 매일 밀물처럼 밀려드는 자료들을 팀원들에게 무작정 전달하지 않고, 팀원들에게 자료들을 한층 이해하기 쉽도록 분류하는 방법까지 알려 주었다. 또한 직원들이 매일 전달 받는 보고서와 자기들끼리 수시로 나누는 대화를 유익하게 활용할 수 있도록 지원을 아끼지 않았다. 플러드의 직원들은 모든 것을 한층 쉽게 배울 수 있었다.

4. 8개월 만에 학생들 성적을 두 배로 올린
신시내티 공립 학교의 구닥다리 정보 분류법

낸시 존슨은 교사를 천직이라 생각한 까닭에 신시내티에서 교사가 되었다. 대학을 7년 만에 힘겹게 졸업한 그녀는 처음에 비행기 승무원이 되었고 조종사와 결혼하고는 가정주부로 정착하기로 결정했다. 하지만 1996년 낸시는 신시내티 공립 학교에서 임시 교사로 일하기 시작한 후 정식 교사가 되기를 바랐다. 그녀는 이 교실 저 교실을 떠돌아다니며 영어부터 생물까지 모든 것을 가르쳤고, 마침내 4학년 담당 교사로 정식 제안을 받았다.

정식 교사로 출근한 첫날, 교장이 그녀에게 인사를 건넸다.

"아, 당신이 그 존슨 부인이군요!"[26]

교장은 '존슨'이란 성을 가진 지원자가 많아서 어떤 존슨을 뽑았는지 정확히 몰랐다고 설명했다.

몇 년 후 연방 정부가 제정한 '낙오 학생 방지법'에 부응하고자 신시내티는 표준화된 시험을 통해 학생들의 읽기와 수학 능력을 평가하기 시작했다. 곧 낸시 존슨은 서류에 파묻혀 지내야 했다. 학생들의 출석 상황, 그리고 어휘와 수학, 읽기와 쓰기, 독해력 등 '인지 조작'이라 일컬어지는 항목에 대한 학생들의 평가 결과, 심지어 교사의 능력과 자질에 대한 평가 및 학교의 전반적인 점수표 등 온갖 보고서가 매주 그녀에게 전달되었다. 정보가 감당하기 힘들 정도로 많아지자 시 교육 위원회는 자료를 시각적으로 재구성하는 전문가들로 팀을 꾸려 교육구가 인터넷 사이트로 전달하던 주간 보고서를 작성하게 만들었다. 그래픽 팀은 무척 유능했다. 낸시에게 전달된 도표들은 읽고 이해하기 쉬웠고, 인터넷 사이트에는 전반적인 내용이 깔끔하게 요약된 글과 색깔로 구분된 추세선들이 있었다.

그러나 처음 몇 년 동안 낸시는 그런 그래프에 눈길조차 주지 않았다. 그녀는 교과 과정을 짜려면 이 모든 정보를 활용해야 했지만, 그래프를 보면 머리가 지끈지끈 아팠다.

"보고서와 통계 자료가 너무 많았습니다. 그걸 모두 수업에 반영해야 한다는 것을 알고는 있었는데 도저히 엄두가 나지 않았어요. 자료에 쓰인 숫자들이 내가 좋은 교사가 되는 것하고 뭔 상관이 있는지 알 수도 없었고요."

그녀가 맡은 4학년 아이들은 대체로 가난했고, 다수가 한 부모 가족 출신이었다. 낸시는 좋은 교사였지만, 그녀의 학급은 평가 시험에서 좋은 성적을 받지 못했다. 2007년, 즉 신시내티가 EI를 시행하기 1년 전, 낸시 학급의 학생들은 주 교육 위원회가 실시한 읽기 시험에서 평균 38점을 받았다.

마침내 2008년 초등 교육 정상화 계획이 출범했다. 그 개혁의 일환으로, 낸시가 근무하던 학교의 교장은 모든 교사에게 학교에 새로 마련된 자료실에서 한 달에 최소한 두 번씩 오후 시간을 보내라는 지시를 내렸다. 교사들은 회의용 탁자에 빙 둘러앉아 자료를 수집해 도표로 작성하는 지루한 훈련을 받아야 했다. 또 학기 초에는 낸시와 동료 교사들에게 EI의 일환으로 모든 학생의 색인 카드를 개별적으로 작성해야 한다는 지시도 있었다.

낸시는 격주로 수요일마다 자료실에 들어가 지난 보름 동안의 시험 점수를 해당 학생의 색인 카드에 옮겨 적어야 했다. 또한 기대 점수를 기준으로 학생들을 상, 중, 하로 분류해 색인 카드를 붉은색, 노란색, 초록색으로 구분해야 했다. 학기가 시작된 후에는 시간의 흐름에 따라 성적이 향상되느냐 떨어지느냐에 따라서도 색인 카드를 분류해야 했다.

무척 지루하고 따분한 작업이었다. 솔직히 말하면, 온라인 정보판을 이용하면 학생들에 관련된 모든 정보를 확인할 수 있었기 때문에 불필요한 짓으로도 여겨졌다. 자료실을 들락거리는 교사들 중에는 교직에 몸담은 지 이미 수십 년을 넘긴 교사도 많았다. 그들은 교실에서 어떤 일이 진행되는지 알기 위해 굳이 색인 카드를 작성할 필요가 없는 것 같았다. 그러나 명령은 명령이었다. 그래서 그들은 격주로 자료실에 들어갔다. 낸시는 당시를 회상하며 이렇게 말했다.

"모든 교사가 색인 카드를 직접 만들어야 했습니다. 그것이 규칙이었으니까요. 그래서 모두 색인 카드를 만지작거렸어요. 그걸 좋아하는 사람은 아무도 없었습니다. 처음에는 그랬어요."

그런데 어느 날, 한 3학년 담당 교사가 기막힌 아이디어를 떠올렸다. 학생들이 그 주의 시험에서 틀린 문제도 각 학생의 색인 카드에 기록하기로 했던 것이다. 그가 다른 3학년 교사들도 설득해 모든 교사가 오답을 기록하기 시작했다. 그 후 교사들은 색인 카드를 모두 합한 후 비슷한 문제를 틀린 학생들을 중심으로 분류해 보았다. 그렇게 분류하자 뚜렷한 패턴이 눈에 띄었다. 어떤 학급에서는 상당수의 학생이 대명사는 능숙하게 사용하나 분수는 제대로 다루지 못했는데, 다른 학급에서는 상당수의 학생이 정반대의 점수를 받았다. 이런 결과를 보고 두 학급의 담당 교사가 교과목을 교환해 가르치자, 두 학급의 성적이 크게 향상되었다.

다음에는 여러 학급의 색인 카드를 합한 후 학생들의 주소를 기준으로 분류해 보자는 제안이 있었다. 그 후 교사들은 같은 지역에 사는 학생들에게 비슷한 읽기 숙제를 내 주었다. 그러자 학생들의 읽기 성적이 눈에 띄게 향상되었다. 학생들이 버스를 타고 집으로 돌아가는 길에 함께 숙제를 했기 때문이다.

낸시 존슨은 자료실에서 만든 색인 카드 기준에 따라 학생들을 학습 집단으로 분류했다. 이처럼 색인 카드를 작성하고 분류하는 과정에서 그녀는 각 학생의 강점과 약점을 더 분명하게 알게 된다는 사실을 깨달았다. 그때부터 낸시는 1주일에 두 번씩 자료실에 들어가 학생들의 색인 카드를 더 작은 단위로, 더 다양한 방식으로 분류하는 실험을 거듭했다. 물론 전에도 그녀는 학생들을 잘 안다고 자부했지만, 이런 실험을 반복하는 과정에서 학생들을 더 깊이 이해하게 되었다.

"학생은 25명이지만 교사는 한 사람에 불과해요. 그래서 학생들 개개인을 독립된 개체로 보기가 힘듭니다. 나도 언젠가부터 학생들을 그저

'학급'으로만 생각하고 있더라고요. 그런데 자료실은 나로 하여금 아이들 개개인에게 집중하게 해 주었습니다. 자료실 덕분에 아이들 각자에게 접근하며 '이 아이에게 필요한 게 무엇일까?'라고 생각할 기회를 얻은 셈이지요."

그해 중반 무렵, 낸시의 몇몇 동료 교사가 각 학급마다 소수의 학생이 수학 때문에 고전하고 있음을 알아냈다. 어떤 교사라도 독자적으로 알아낼 수 있을 만큼 뚜렷한 현상은 아니었지만, 자료실 분석에서는 그 현상이 뚜렷하게 드러났다. 그리하여 전 학년을 대상으로 '핫 펜슬 자습'이 시작되었다.[27] 곧이어 단테처럼 매일 아침 곱셈표를 신속하게 채운 학생들은 학교 방송실까지 잰걸음으로 걸어가 문제를 가장 빨리 푼 학생으로 이름을 전교생에게 알리게 했다. 그로부터 12주도 채 지나지 않아 사우스 애번데일의 수학 성적은 9%나 올라갔다.

EI가 시행되고 8개월 후 낸시 존슨의 학생들은 책상에 차분히 앉아 연례 평가 시험을 치렀다. 낸시가 자료실을 매일 들락거리며 동료 교사들과 함께 수십 종류의 색인 카드를 실험한 뒤였다. 그들은 다양한 학습 계획안을 시도해 보았고, 그 결과를 기다란 종이에 기록해서 벽에 붙여 놓곤 했다. 자료실은 온갖 숫자와 기록으로 채워진 종이로 가득했다.

평가 시험 결과는 6주 후 발표되었다. 낸시의 학생들은 평균 72점을 받았다. 지난해의 결과에 비교하면 거의 두 배나 향상된 점수했다. 사우스 애번데일 초등학교의 전체 성적도 두 배가량 향상되었다. 2009년 낸시 존슨은 지도 교사가 되어 신시내티의 여러 학교를 돌아다니며 교사들이 자료실을 활용하는 방법에 대해 조언했고, 2010년에는 동료 교사들에 의해 '신시내티 올해의 교사'로 선정되는 영광을 누렸다.

5. 가난 때문에 공부를 포기하려고 했던
학생의 인생을 바꾼 단계적 의사 결정 시스템

신시내티가 EI를 시작했을 때 델리아 모리스는 고등학교 1학년이었다.[28] 그래서 사우스 애번데일 같은 초등학교에서 시행된 개혁의 혜택을 누리지 못했다. 시 당국이 그 계획을 확대해 시행할 무렵 델리아는 다른 이유에서 그 혜택을 누리지 못할 뻔했다. 식료품점 경비원으로 일하던 그녀의 아버지가 그해 해고되었기 때문이다. 집세를 제때 납부하지 못해 아버지는 집주인과 싸움을 벌였다. 어느 날 학교에서 돌아온 델리아는 아파트 현관에 빨간딱지가 붙어 있고 맹꽁이자물쇠가 채워져 있는 것을 보았다. 그녀와 일곱 형제자매의 물건은 검은 쓰레기봉투에 쑤셔 넣어진 채 복도에 나뒹굴고 있었다. 델리아 가족은 한동안 교회 사람들과 함께 지낼 수 있었지만, 얼마 후에는 아버지 친구들 집을 돌아다니며 살아야 했다. 몇 달마다 이사를 할 수밖에 없는 상황이었다.

델리아는 열심히 공부하는 착하고 근면한 학생이었다. 교사들이 보기에도 그녀는 남달리 똑똑해 신시내티 빈민가에서 벗어나 대학에 충분히 진학할 수 있는 능력을 갖춘 것 같았다. 그러나 똑똑하다고 가난 탈출이 보장되는 것은 아니었다. 매년 교사들은 남달리 뛰어나지만 가난 때문에 좌절하는 학생을 수없이 보아 온 터였다. 델리아를 가르치던 교사들도 희망은 품었지만 순진하지는 않았다. 그들은 재능이 뛰어난 학생에게도 더 나은 삶이 때로는 요원한 꿈이라는 걸 알고 있었고, 델리아도 마찬가지라고 생각했다. 그녀는 집도 없이 떠돌아다니는 신세라는 낌새가 조금이라도 드러나면 자신을 대하는 교사들의 태도가 달라질까 걱정한 나머지 개인적인 신상에 대해 누구에게도 이야기하지 않았다.

"학교에서 지내는 게 하루에서 가장 즐거운 시간이었어요. 그런 시간을 망치고 싶지 않았어요."

2009년 델리아가 웨스턴힐스 고등학교 2학년이 되었을 때 신시내티는 교육 개혁을 고등학교까지 확대하기 시작했다. 하지만 초기의 결과는 실망스러웠다. 고등학교 교사들은 자료실이 혁신적인 아이디어라 할지라도 문제 인식의 출발점일 뿐 해결책은 아니라고 항의했다. 고등학생은 어느 정도 나이가 들었고 이미 머리가 상당히 굳은 상태여서 이들의 사고방식을 바꿔 놓기에는 시간이 부족하다고도 주장했다. 학생들의 삶에 조금이라고 긍정적인 역할을 하려면, 학생들이 진퇴양난의 순간에 맞닥뜨렸을 때 올바른 결정을 내릴 수 있도록 학교가 도와줘야 한다는 게 교사들의 생각이었다. 대학에 진학할 것인가 직장을 구할 것인가, 낙태할 것인가 결혼할 것인가, 모든 식구가 도움을 청할 때 누구를 선택할 것인가 등과 같은 문제에서 올바른 결정을 내리는 법을 학생들에게 가르쳐야 한다고 교사들은 주장했다.

교육구는 고등학생에게는 개혁의 방향에 변화를 주었다. EI를 추진하는 동시에 지역 대학교들 및 국립 과학 재단과 제휴해 웨스턴힐스를 비롯한 여러 고등학교에 공학 교실을 개설했다. 그 프로그램을 소개한 책자에 따르면, '학생들에게 일상에서 사용하는 공학적 사고를 활용해 현실 세계의 문제를 해결하라고 독려하는 교육의 학제 간 접근'이 공학 교실의 목적이었다. 웨스턴힐스 고등학교 학생의 90%는 빈곤선 이하에서 살았고, 교실 바닥에 붙인 리놀륨은 껍질이 벗겨지고 칠판은 실금투성이였다. '공학적 사고의 활용'은 대부분의 학생에게 관심 밖이었다. 델리아는 디온 에드워즈의 공학 교실에 등록했고, 첫날 에드워즈는 학생들의 현실을 철저하게 반영한 강의를 했다.

"우리는 과학자처럼 생각하는 방법을 배우게 될 겁니다. 여러분 어깨에 올려놓으려는 부담을 훌훌 털어 내고 맑은 눈을 선택하는 방법을 배우게 될 거예요. 그럼 여러분의 부모와 친구들을 훨씬 앞서게 될 겁니다. 여러분 중 누구라도 아침을 먹지 못했다면, 내 서랍에 에너지바를 잔뜩 넣어 둘 테니 언제라도 와서 마음껏 먹어도 좋습니다. 배가 고프다고 말하는 것은 잘못이 아니에요."

에드워즈의 강의는 '공학 설계 과정'으로 알려진 의사 결정 시스템을 가르치는 게 주된 목표였다.[29] 학생들은 각자의 문제를 규정한 후 관련된 자료를 수집하고, 자유롭게 토론하며 해결책을 모색하고, 대안적 접근법까지 논의하며 이런저런 실험을 반복해 시도해야 했다. 한 교사의 교범은 공학 설계 과정을 다음과 같이 정의한다.

'공학 설계 과정은 공학자들이 어떤 문제를 해결하려고 할 때, 즉 어떤 것에 대한 해결책을 설계하려고 할 때 취하는 일련의 단계를 가리킨다. 문제 해결을 위한 방법론 중 하나다.'[30]

당장에는 해결 불가능해 보이는 문제라도 더 작은 단위로 분해해서, 완벽하지 않더라도 이런저런 해결책을 시험해 보는 과정을 반복하다 보면 통찰력이 생긴다는 생각에서 탄생한 것이 바로 공학 설계 과정이다. 에드워즈는 학생들에게 해결하고 싶은 문제를 명확히 규정한 후 이런저런 다양한 해결책을 찾아보라고 요구했고, 다음 단계에서는 그런 해결책들을 하나씩 시도하며 결과를 평가하는 절차를 반복하라고 요구했다. 궁극적인 해답을 찾아낼 때까지 그 과정을 반복하라고 요구했다. 또한 문

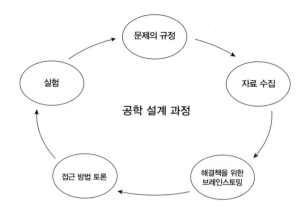

제를 감당할 수 있을 정도의 수준으로 잘게 쪼개라고도 요구했다.

공학 교실에 주어진 첫 과제는 전기 자동차 설계였다. 학생들은 자체적으로 여러 팀을 구성한 후 순서도에 따라 공학 설계 과정의 각 단계를 꼼꼼하게 밟아 나갔다. 교실에는 쓸 만한 재료가 거의 없었지만, 이 연습은 어떤 상황에 있더라도 주변 환경으로부터 정보를 짜내는 방법을 배우는 데 실질적인 목적이 있었기 때문에 교실의 그런 상황은 별 문제가 되지 않았다. 곧 학생들은 자동차 판매점을 방문했고, 자동차 수리공들을 만났으며, 재활용 쓰레기통에서 알루미늄 깡통을 찾아낸 후 온라인에서 확보한 설명서에 따라 배터리 시험 장치를 만들었다. 디온 에드워즈는 당시의 기억을 떠올렸다.

"내 역할은 아이들에게 조금이라도 느긋하게 지내는 법을 가르치는 것이었습니다. 하루 종일 문젯거리에 짓눌려 사는 아이들이었으니까요. 행방이 묘연한 부모, 폭력적인 남자 친구, 마약에 빠진 급우 등 사방이 문젯거리로 가득했지요. 이런 환경이 아이들에게 신속하게 선택하라고 강요하고 있었습니다. 그래서 아이들에게 본인들이 시스템적으로 선택하면 느긋하게 생각하며 판단할 수 있음을 입증해 주고 싶었던 겁니다."

학기 중간 무렵 학생들이 자동차 설계를 완료하고 대리석 선별기를 설계하는 과제로 옮겨 갔을 때, 당시 스물한 살에 불과하던 델리아의 언니가 아기를 낳았다. 아기 아빠가 함께하지 않는 상황이라 지칠 대로 지친 언니는 델리아에게 매일 오후 아기를 돌봐 달라고 부탁했다. 델리아로서는 거절하기 힘든 부탁이었고, 아버지도 그녀에게 언니의 부탁을 받아들이는 게 올바른 결정이라고 말했다. 그것이 '가족'이라고!

그러던 어느 날, 에드워즈의 수업을 듣던 델리아는 공학 설계 과정을 그림으로 요약한 순서도를 꺼냈다. 그녀는 팀원들과 함께 자신의 문제를 두고 설계 과정의 단계를 하나씩 밟아 나갔다. 아기를 돌보면 어떻게 될까? 공학 설계에 따라 이 질문에 대답하려면 먼저 자료를 구해야 한다. 그래서 델리아는 아기 돌보기와 밀접한 관계가 있어 보이는 기억들을 나열하기 시작했다. 그녀는 팀원들에게 다른 언니가 학교에 다니면서 아르바이트를 한 적이 있다고 말했다. 그런데 식구 모두 그 언니의 수입에 의존하게 되자, 언니는 일을 그만둘 수 없어 결국에는 대학에 진학하려던 꿈마저 포기해야 했다고 덧붙였다. 델리아는 자신도 아기 돌보기를 시작하면 비슷한 상황이 벌어질 거라고 생각했다.

다음으로 델리아는 매일 오후 아기를 돌보면 자신의 일정표가 어떻게 변할지 생각해 보았다. 아침 8시 30분부터 오후 3시 30분까지는 학교, 3시 30분부터 7시 30분까지는 아기 돌보기, 7시 30분부터 10시까지는 숙제. 하지만 조카를 돌보면 지쳐서 수학을 예습하거나 시험공부를 하지 못하고 십중팔구 텔레비전 앞에서 시간을 보낼 것만 같았다. 그럼 분한 마음에 주말마다 잘못된 선택을 할 가능성이 컸다.

공학 교실에서 다른 팀들은 유색 대리석과 무색 대리석을 분류하는 법을 고민하는 동안, 델리아 팀은 공학 설계 과정의 단계를 하나씩 밟아 가며 델리아의 문제를 작은 조각들로 분해하고 해결책을 찾아 자유롭게 토론을 벌였다. 때로는 역할 놀이를 하며 해결책을 진지하게 모색하기도 했다. 마침내 그럴듯한 해답이 제시되었다. 아기 돌보기가 사소한 희생처럼 보이지만 실제로는 결코 그렇지 않다는 증거가 많다는 것이었다. 델리아는 자신이 그런 해답을 얻기까지 거친 단계를 요약한 쪽지를 준비했다. 그리고 아버지에게 그 일을 떠맡을 수 없다고 공손하게 말했다.

　심리학자들은 우리에게 이런 식으로 의사 결정 내리는 법을 배워야 한다고 말한다. 이런 식으로 의사 결정을 내리면 개인적인 경험으로부터 뭔가를 배우고 다양한 관점에서 여러 선택을 비교하기가 더 쉽기 때문이라며, 특히 젊은이에게 이런 의사 결정법을 배우라고 권한다. 이런 의사 결정법은 비틀기의 한 형태로, 이렇게 할 때 우리는 자칫하면 과거에 배운 교훈을 보지 못하게 할 수 있는 감정과 편견을 떨쳐 내고 우리 삶을 한층 객관적으로 평가할 수 있다. 〈겨울왕국〉의 제작자들이 영화를 어떤 식으로 끌어갈까 고민하고 있을 때 디즈니 시스템은 그들에게 창조의 원료로서 각자의 삶을 들여다보라고 다그쳤다. 그러나 우리가 각자의 경험에서 창조의 원료만을 캐낼 수 있는 것은 아니다. 우리는 과거의 경험에서 자료와 정보까지 찾아낼 수 있다. 그런데 선천적으로 우리는 과거에 내린 결정들에 담긴 정보를 무시하고, 선택을 할 때마다 머릿속으로 수천 번의 실험을 시행한다는 사실을 망각하는 성향을 띤다. 우리가 직접 겪은 경험은 너무 가깝게 존재하기 때문에 그 자료를 더 작은 단위로 분해하는 방법을 제대로 찾아내지 못한다.

그러나 공학 설계 과정처럼 정보를 수집한 후 난상 토론으로 잠재적인 해결책을 모색하고 다양한 아이디어를 시험하며 그럴듯한 통찰을 찾도록 요구하는 시스템을 활용하면, 과거의 경험을 새로운 기준틀에 끼워 넣음으로써 비틀기를 해낼 수 있다. 새로운 방식으로 결정하는 방법을 학습함으로써 이분법적 선택(언니를 도와야 할까, 아니면 가족의 기대를 저버려야 할까?)에 길든 뇌의 습관에서 벗어날 수 있는 것이다.

　　이런 의사 결정법의 효과를 심도 있게 연구한 논문이 1984년에 발표되었다. 그 논문에서 노스웨스턴 대학교의 스티븐 호크 교수는 실험 참가자들에게 비디오카세트리코더를 구입한다면 어떤 이유에서 구입하겠느냐고 각자 경험에 근거해 말해 달라고 요구했다.[31] 실험 참가자들이 나름대로 제시한 이유는 수십 가지에 달했다. 비디오카세트리코더가 재미있는 오락거리를 제공한다고 생각하기 때문이라고 대답한 사람도 있었고, 교육을 위한 투자 혹은 가족이 시간을 함께 보내는 방법이라고 대답한 사람도 있었다. 다음에는 똑같은 참가자들에게 비디오카세트리코더를 구입하지 말아야 할 이유를 말해 달라고 요구했다. 참가자들은 그 이유를 쉽게 생각해 내지 못했고, 대다수가 조만간 비디오카세트리코더를 구입할 것 같다고 대답했다.

　　호크 교수는 새로운 참가자들을 상대로 비디오카세트리코더를 구입하지 말아야 할 이유를 말해 달라고 요구했다. 그들은 힘들이지 않고 대답했다. 텔레비전 시청은 가족과 함께하는 시간을 빼앗는다고 대답한 사람도 있었고, 영화는 사람을 생각하지 않게 만들기 때문에 그런 유혹에 빠지고 싶지 않다고 대답한 사람도 있었다. 역시 이번에도 똑같은 참가자들에게 비디오카세트리코더를 구입해야 하는 이유를 말해 달라고 요구했다. 하지만 참가자들은 비디오카세트리코더를 구입해야 하는 그럴듯한 이유를 쉽게 생각해 내지 못했고, 앞으로도 비디오카세트리코더를 구입하지 않을 것 같다고 대답했다.

스티븐 호크는 우리가 의사 결정을 위한 어떤 기준틀을 갖게 되면 반대되는 관점을 받아들이기 힘들다는 사실을 입증해 보이고 싶었던 것이다. 그는 인구 통계학적으로 유사한 두 집단을 선택했다. 그렇다면 두 집단은 비디오카세트리코더 구입에 유사한 관심을 가져야 했다. 적어도 두 집단은 비디오카세트리코더 구입을 찬성하거나 반대하는 이유를 거의 비슷하게 제시해야 했다. 그러나 참가자들은 '교육을 위한 투자' 대 '가족과 함께하는 시간의 방해꾼' 같은 어떤 의사 결정 기준틀에 사로잡히면 다른 식의 선택을 쉽게 생각해 내지 못했다. 질문이 어떤 식으로 짜이느냐에 따라 비디오카세트리코더는 학습 도구이거나 시간을 헛되이 낭비하는 오락 도구 둘 중 하나였다.[32] 목숨과 관련된 중요한 선택부터 자동차 구입처럼 많은 돈을 투자해야 하는 선택까지 다양한 경우를 대상으로 실시한 다른 실험에서도 유사한 결과가 나타났다. 일단 기준틀이 형성되면 그 틀에서 벗어나기가 힘들다는 것이다.[33]

하지만 우리가 어떻게든 새로운 관점을 찾아야 하는 상황에 내몰리면 기준틀에서 벗어날 수 있다. 델리아는 자신의 문제를 에드워즈의 순서도에 따라 분석하는 과정에서, 처음에 자신에게 덧씌운 기준틀을 무너뜨리기에 충분한 비틀기를 해낼 수 있었다. 델리아는 집으로 돌아가 아버지에게 조카를 돌볼 수 없는 이유를 차근차근 설명했다. 그러자 아버지도 자신의 기준틀을 바꾸었다. 델리아는 조카를 보살필 수 없는 이유를 아버지에게 다음과 같이 설명했다. 먼저 에드워즈 선생님이 운영하는 로봇

클럽에 소속된 까닭에 화요일과 목요일에는 오후 6시까지 학교에 있어야 했다. 그 클럽은 델리아에게 대학에 진학하기 위한 지름길이었다. 화요일과 목요일이 아닌 날에도 델리아는 도서관에 남아 숙제를 끝내야 했다. 집에서는 식구들이 떠들고 방해하기 때문에 숙제를 제대로 할 수 없었다. 델리아는 '지금 가족을 돕는 길을 택할 것인가, 아니면 훌륭한 성적으로 학교를 졸업한 후 더 나은 방법으로 가족을 도울 것인가'라는 둘 중 하나의 선택으로 의사 결정 기준틀을 재조정했다. 결국 아버지도 델리아의 결정에 동의했고, 그들은 다른 베이비시터를 구하기로 했다. 그 결과 델리아는 학업을 계속할 수 있었다.

컬럼비아 대학교 심리학자 에릭 존슨은 나에게 뇌의 단순한 성향을 설명해 주었다.

"우리 뇌는 단순한 기준틀을 찾아내려고 합니다. 이분법적 결정을 내리고 싶어 하는 성향과 똑같은 것이라 생각하면 되지요. 이런 이유에서 10대 소녀들은 남자 친구와의 결별 여부를 고민할 때 '관계를 유지하는 게 나을까, 대학에 진학하는 게 나을까?'라고 생각하지 않고 '내가 그 아이를 사랑하는가, 그렇지 않은가?'라고 이분법적으로 생각하는 경향을 띕니다. 또 우리는 자동차를 구입할 때 '내가 이 차를 구입할 정도의 경제적 여유가 분명히 있는가?'라는 문제보다 '파워 윈도를 장착하는 게 나을까, 내비게이션을 설치하는 게 나을까?'라는 문제부터 생각합니다."

하지만 이런 성향은 교육과 연습을 통해 바꿀 수 있다고 했다.

"선택을 재구성하는 과정을 배우면, 즉 예전과는 약간 다른 방식으로 결정을 내릴 수 있도록 도와주는 일련의 단계들을 터득하면, 우리 머릿속에서 일어나는 현상을 통제하는 데 조금이나마 도움이 됩니다."[34]

조직원들이 각자의 경험을 새로운 관점에서 접근하도록 지원하는 방법으로는, 미리 정해진 일련의 질문표나 공학 설계 과정처럼 단계적 의사 결정 시스템을 가르치는 게 가장 효과적인 듯하다. 이 방법을 사용하면 이분법적 결정에 익숙한 뇌의 습관에서 벗어날 수 있다.

"이런 시스템들은 생소하게 느껴질 만한 질문들을 만드는 법을 우리에게 가르칩니다. 이렇게 할 때 우리는 대안을 찾아낼 수 있지요."

• • •

델리아가 웨스턴힐스 고등학교 3학년이 되었을 때 그녀의 가정은 최악의 상황에 이르렀다. 언니는 아기를 키우며 여전히 함께 살았고, 또 다른 언니는 학교를 그만둔 지 오래였다. 가족이 함께 살 만한 집을 어렵사리 구하면, 얼마 지나지 않아 어김없이 불상사가 일어났다. 누군가 일자리를 잃거나, 한 칸짜리 아파트에 너무 많은 식구가 몰려 산다고 불평하는 이웃이 있었다. 그럼 그들은 다시 이사를 해야만 했다. 델리아가 3학년 중반쯤 되었을 때 마침내 안정된 셋집을 구했지만 난방 시설이 없었다. 전기료를 제때 납부하지 못해 전기가 간혹 끊어지기도 했다.

그즈음 선생님들은 델리아가 어려운 가정 형편에도 열심히 공부한다는 걸 알고 있었다. 델리아는 전 과목에서 A 학점을 받았다. 교사들은 어떻게든 그녀를 도우려고 최선을 다했다. 델리아가 옷을 세탁해서 입어야 할 상황이면, 영어 교사인 소울 부인은 방과 후 그녀를 자기 집으로 데려갔다. 델리아가 지쳐 보이면, 에드워즈 선생은 그녀에게 자기 교실에서 낮잠을 자라고 배려하며 그 시간에 학생들 시험지를 채점했다. 이처럼 선생님들은 델리아의 가능성을 알아차렸고, 조금만 도와주면 그녀가 틀림없이 대학에 진학할 수 있으리라 믿었다.

특히 에드워즈 선생은 델리아의 삶에서 없어서는 안 될 존재였다. 그녀를 학교의 생활 지도 상담 교사에게 데려간 사람도 에드워즈 선생이었다. 에드워즈는 델리아가 장학금을 신청하는 것도 도와주었고, 대학 지원서를 작성해 늦지 않게 발송하도록 옆에서 도와주기도 했다. 델리아도 크고 작은 문제에 부닥칠 때마다 에드워즈 선생의 공학 설계 과정 단계표를 꺼내 놓고 자신의 문제를 단계적으로 따져 보았다. 친구 문제로 고민할 때, 남자 친구와 다투거나 아버지와 사이가 멀어졌을 때, 숙제는 많은데 시간이 부족할 때, 삶 자체가 감당하기 힘들 정도로 부담스럽게 느껴질 때마다 단계표를 따라 생각하다 보면 마음이 안정되었고, 해결책을 떠올리는 데도 도움이 되었다.

고등학교 3학년이 끝나 갈 즈음, 장학금을 신청한 단체들로부터 답장이 오기 시작했다. 노드스트롬 장학 재단에서 1만 달러(1200만 원)의 장학금을 받았다. 국제 로터리 클럽과 신시내티 대학교에서도 장학금을 약속했다. 장학금을 제안하는 편지가 연이어 도착했다. 델리아는 모두 열일곱 곳에서 장학금을 제안 받았다. 그녀는 학급 졸업생 대표였고, 성공할 가능성이 가장 높은 학생으로 뽑혔다. 졸업식 전날, 델리아는 소울 선생의 집에서 밤을 보냈다. 덕분에 뜨거운 물로 샤워를 한 뒤 머리를 예쁘게 단장하고 졸업식에 참석할 수 있었다. 그해 가을, 델리아는 신시내티 대학교에 진학했다.

"대학 생활은 생각보다 훨씬 힘들었어요."

지금 델리아는 정보 기술을 전공하는 2학년생이다. 대부분의 강의실에서 그녀는 유일한 여성이고, 유일한 흑인 학생이다. 신시내티 대학교는 이민자의 자녀로 태어난 가족 중 처음으로 대학교에 들어온 델리아 같은 학생들을 지원하려고 꾸준히 노력해 왔다. '제1세대 프로그램(Gen-1)'이란 이름으로 멘토와 개인 교사, 의무적인 공부 모임과 생활 지도 상담을 제공한다.[35] 이 프로그램에 참여하는 학생은 신입생 시절에는 모두 똑같이 기숙사에서 지내고, 귀가 시간을 준수하며, 저녁에는 조용히 지내면서 자율 학습에 참여한다고 약속하는 7쪽짜리의 서약서에 서명해야 한다. 이 프로그램의 기본적인 목적은 성장한 곳에서 벗어난 제1세대 학생들이 새로운 환경에 적응하는 일을 돕는 것이다.

델리아는 집은 여전히 엉망진창이라고 했다. 그러나 감당하기 힘든 일이 닥치면 에드워즈 선생의 공학 교실을 머릿속에 떠올린다. 어떤 문제라도 단계적으로 접근하면 해결할 수 있다고 믿는다.

"나를 힘들게 하는 문젯거리라도 더 작은 조각으로 분해하면, 크게 힘들이지 않고 해결할 수 있습니다. 나는 지금까지 이런 식으로 많은 문제를 해결해 왔어요. 또 내 머리로는 해결하기 힘든 사건이어도 시스템적으로 접근하면 그 사건에서 뭔가를 배울 수 있습니다. 나에게 일어난 사건이면 어떤 사건에서든 배울 것이 있지요. 올바른 방향으로 생각하면 말이에요."

6. 노트북 대신 손으로 쓰면서 공부하는 사람의 성적이 더 좋은 이유

학습 능력이 뛰어난 사람(주변에서 밀려드는 자료를 너끈히 소화해 낼 수 있는 사람, 자신의 경험에 내재된 교훈을 흡수하고 과거의 정보를 유리하게 이용하는 사람)은 비틀기를 자신에게 유리한 방향으로 이용하는 법을 안다. 이런 사람들은 삶의 과정에서 경험한 사건을 무작정 받아들이는 데 그치지 않고 적절하게 가공한다. 최고의 교훈은 우리에게 어쩔 수 없이 뭔가를 하게 만들고 정보를 가공하게 만드는 것이다. 이 원칙을 증명이라도 하듯이, 학습 능력이 뛰어난 사람들은 자료를 받아들이는 데 그치지 않고 기회가 닿을 때마다 그것을 실험 대상으로 삼는다. 우리가 공학 설계 과정을 사용하든 어떤 아이디어의 유효성을 시험하든 혹은 친구에게 어떤 개념에 대해 설명하든, 역설적으로 들리겠지만 관련된 정보를 비틀수록 이해하기가 더 쉬워지기 때문이다.

프린스턴 대학교와 UCLA의 합동 연구 팀은 2014년 발표한 논문에서, 강의를 들으며 손으로 필기하는 학생들과 노트북을 사용하는 학생들 차이를 추적함으로써 학습과 비틀기의 상관관계를 연구했다.[36] 강의 내용을 손으로 필기하는 게 노트북의 자판을 두드리는 것보다 더 힘들고 비효율적이다. 손가락에 경련을 일으키기도 한다. 쓰기가 타이핑보다 느리기 때문에 쓰기로는 타이핑과 똑같은 수의 단어를 기록할 수 없다. 반면에 노트북을 사용하는 학생들은 강의를 들으며 더 적은 시간 동안 손을 움직이지만, 필기하는 학생보다 두 배나 많은 양을 기록할 수 있다. 타이핑을 할 때보다 손으로 필기를 할 때 더 많은 노동력이 투입되면서도 더 적은 내용이 기록되기 때문에 더 많은 비틀기가 행해진다.[37]

하지만 두 대학의 합동 연구 팀은 두 집단의 시험 성적을 조사하고는 깜짝 놀랐다. 노트북을 사용한 학생들에 비해 손으로 필기한 학생들이 강의 내용을 기억하는 시험에서 두 배나 높은 점수를 받은 것이다. 연구 팀은 처음에 이런 결과를 의심하며 '손으로 필기한 학생들이 수업 후 더 많은 시간을 공부한 것은 아닐까?'라고 생각했다. 그래서 연구 팀은 두 번째 실험을 시행했다. 이번에는 노트북 사용자와 연필 사용자에게 같은 강의를 듣게 하고, 강의가 끝나자마자 기록한 내용을 빼앗았다. 학생들은 혼자 따로 공부할 수 없었다.

그로부터 1주일 후 연구 팀은 학생들을 모두 불러들여 강의 내용을 묻는 시험을 보게 했다. 이번에도 손으로 필기한 학생들의 성적이 훨씬 뛰어났다.[38] 두 집단에 어떤 제약이 가해지더라도 더 불편하게 기록하는 방법을 선택한 학생들, 즉 정보를 가공하는 과정에 비틀기를 끼워 넣은 학생들이 더 많은 것을 배웠다.

우리의 삶에도 똑같은 교훈이 적용된다. 삶을 살아가는 과정에서 새로운 정보에 맞닥뜨렸고 그 정보로부터 뭔가를 배우려 한다면, 그 정보를 어떻게든 가공해야 한다! 당신이 체중을 줄이고 싶다고 해 보자. 체중계가 핸드폰 애플리케이션에 당신의 체중과 관련된 새로운 정보를 매일 보낸다고 체중이 줄어드는 것은 아니다. 정말 체중을 줄이고 싶은가? 그럼 체중을 측정한 결과를 모눈종이에 그래프로 그려 본다면 점심시간에 햄버거보다 샐러드를 선택할 가능성이 훨씬 더 높아질 것이다. 만약 당신이 새로운 개념들이 잔뜩 소개된 책을 읽는다면 때때로 책을 덮고 방금 읽은 개념에 대해 옆 사람에게 설명하는 시간을 가져 보라. 그럼 당신의 삶에 그 개념을 적용하기가 더 쉬워질 것이다. 또 새로운 정보를 얻었다면 그 정보를 실험하거나 친구에게 전달하는 시간을 가져 보라. 그럼 그 정보를 머릿속 서류철에 보관하는 것이 된다. 이런 비틀기가 학습에는 반드시 필요하다.

당신이 삶을 살아가는 과정에서 시행하는 선택 하나하나가 일종의 실험이다. 또한 더 나은 의사 결정 기준틀을 찾아내기 위한 새로운 기회가 매일 제공된다. 지금 우리는 자료가 넘치는 시대, 또 그런 자료를 여느 때보다 값싸게 분석하고 쉽게 구체화할 수 있는 시대에 살고 있다. 스마트폰과 웹사이트, 디지털 자료 은행, 애플리케이션 덕분에 우리는 원하는 자료를 언제라도 구할 수 있다. 그러나 그런 자료를 이해하고 가공하는 방법을 알아야만 유익하게 이용할 수 있다.

· · ·

2013년 단테 윌리엄스는 사우스 애번데일 초등학교를 졸업했다. 졸업식을 앞두고 초등학교에서 맞는 마지막 날, 단테는 운동장에서 개최된 파티에 참석했다. 6년 전 피스 볼 경기가 한창 진행되는 와중에 10대 소년이 살해된 바로 그 운동장이었다. 곳곳에 풍선이 띄워졌고, 공기를 채워 넣은 재미있는 놀이 기구와 솜사탕 기계도 있었다. 사우스 애번데일 초등학교는 여전히 신시내티에서 가장 가난한 지역에 있었다. 학교 부근에는 여전히 판잣집이 늘어서 있고, 마약이 판을 치고 있었다. 하지만 86%의 학생이 그해 오하이오 주 평균 학력 수준을 넘어섰다. 전해에는 91%의 학생이 주 평균 수준을 넘었다. 다른 교육구의 학생들이 이곳으로 전학을 오려고 줄을 서서 기다리고 있었다.

물론 하나의 멋진 프로그램 덕분에 학교가 달라진 것은 아니었다. 한 교사 덕분에 학생들 성적이 일취월장한 것도 아니었다. 단테와 델리아, 사우스 애번데일 초등학교와 웨스턴힐스 고등학교는 다수의 요인이 복합된 덕분에 달라질 수 있었다. 헌신적인 교사들과 교육 당국의 새로운 목적의식이 있었다. 교육 개혁을 적극적으로 지지한 교장과 학부모도 있었다. 그러나 헌신과 목적의식을 어떤 식으로 유도하느냐에 따라 성공 여부는 달라진다. 정보를 실질적인 지식으로 바꿔 놓는 공간으로 자료실을 활용한 교사들, 학생들을 제각각 다른 욕구와 강점을 지닌 독립된 개체로 파악하는 법을 깨달은 교사들이 있어서 신시내티 공립 교육구는 변할 수 있었다.

졸업식을 위해 임시로 만든 연단 위로 단테가 올라서자 그의 식구들이 박수를 치며 환호했다. 그날 모든 학생이 받은 졸업장이 그랬듯이, 단테의 졸업장에도 빈칸이 있었다. 교장 선생님의 말씀에 따르면, 졸업생들이 마지막으로 해내야 할 일이며 그 일을 끝내지 못한 사람에게는 졸업이 허락되지 않았다. 단테는 교장에게 받은 졸업장을 자기만의 졸업장으로 바꿔야 했다. 교장은 단테에게 펜을 주었다. 그는 빈칸을 자신의 이름으로 채웠다.

나는 이렇게 일한다

—

이 책의 핵심 개념을 활용하는 법

내가 생산성에 관심을 갖게 된 계기는 유명한 저자이자 외과 의사인 아툴 가완디 때문이었다. 그를 처음 접촉하고 몇 개월이 지난 후 나는 이 책을 쓰기 위한 자료를 본격적으로 준비하기 시작했다. 거의 2년 동안 나는 많은 전문가와 인터뷰했고, 관련된 학술 논문을 읽어 가며 사례 연구들을 찾아냈다. 어느 순간 내가 생산성 전문가가 된 듯한 착각마저 들었다. 또 원고를 쓰기 시작했을 즈음에는 머릿속에 담긴 모든 아이디어를 어렵지 않게 종이 위에 옮겨 놓을 수 있을 것이고, 손가락 끝에서 적절한 단어들이 샘솟듯 흘러나올 것이라고도 생각했다.

그러나 그런 상상은 순전히 착각에 불과했다.

며칠 동안 책상에 앉아 웹사이트들을 둘러보며 새롭게 읽어야 할 논문이 있는지 확인하고, 그 결과를 정리하며 시간을 보낸 적이 한두 번이 아니었다. 꼭 읽어야 할 학술 논문들을 휴대용 가방에 쑤셔 넣고 비행기에 올라타고는 그 중요한 과제를 잊은 채 메일에 답장을 보내거나, 처리해야 할 일의 목록을 작성하며 시간을 보낸 적도 많았다.

물론 내가 생각하는 궁극적인 목표가 있었다. 생산성에 관련된 비결들을 찾아내고, 그 비결들을 우리 삶에 적용하는 방법에 대한 책을 쓰는 게 목표였다. 하지만 그 목표가 아득하고 감당하기 힘들게 보였던 까닭에 나는 쉽게 달성할 수 있는 작은 목표들에 계속 집중했다.

그렇게 몇 개월이 지나갔고, 그때까지 노력한 결과로 보여 줄 수 있는 것은 일련의 대략적인 윤곽이 전부였다. 장(章)도 제대로 구성하지 못한 상황이었다.

어느 날, 나는 의기소침해서 편집자에게 메일을 보냈다.

'실패한 것 같습니다. 내가 무얼 잘못하고 있는지도 모르겠습니다.'

편집자는 답장에서 분명한 점을 지적했다. 내가 전문가들로부터 배우려고 했던 원칙들을 내 삶에 적용해 보라고! 나부터 이 책에서 소개한 원칙들에 맞추어 살아야 했다.

· 1 ·
동기 부여

개인적으로 내가 받아들이기 가장 힘들었던 원칙은 동기 부여였다. 하필이면 당시 시기가 적절하지 않아 동기 부여가 시들해지고 있던 때였기 때문이다.

이 책의 원고를 쓰고 있을 때 나는 아직 〈뉴욕 타임스〉의 기자였다. 《습관의 힘》을 마케팅 하려고 전국을 돌아다니는 동시에 좋은 아버지와 남편이 되려고도 애쓰고 있었다. 한마디로 나는 지칠 대로 지쳐 거의 초주

검 상태였다. 신문사에서 긴 하루를 보낸 후 집에 돌아오면 서둘러 원고를 작성하기 시작해야 했다. 또 아이들을 잠자리에 누이고 설거지하는 아내를 돕고, 메일에 답장을 해야 했다. 그런 상황에서 자발적 동기 부여가 활활 타오를 수는 없었다. 특히 메일은 매일 겪어야 하는 일종의 고문이었다. 받은메일함은 동료들과 저자들이 보내는 질문과 의견, 내가 인터뷰하려고 계획한 연구자들의 답신 및 많은 생각을 한 후 답변을 보내야 하는 이런저런 질문들로 비워질 틈이 없었다.

하지만 내가 정말 하고 싶은 것은 가만히 앉아 텔레비전을 시청하는 것이었다.

어느 날 밤, 나는 메일에 답장하는 의욕을 되찾으려고 씨름하던 중 찰스 크룰라크 장군이 훈련병들의 내적 통제 소재를 강화하는 방식으로 해병대의 기초 군사 훈련을 재설계할 때 사용한 원칙들, 즉 다음과 같이 요약되는 제1장의 핵심 개념에 대해 생각하기 시작했다.

힘들고 따분한 일을 의미 있는 결정으로 바꿔 놓으면 동기 부여가
상대적으로 쉽게 형성된다. 그렇게 하면 자신이 통제력을 쥐고 있다
는 느낌을 주기 때문이다.

나는 매일 평균 50통의 메일에 답변을 보내야 했다. 매일 저녁, 식사를 끝내면 곧바로 마음을 굳게 먹고 컴퓨터 앞에 앉아 메일에 답장을 보냈다. 때로는 끝없이 답장을 보내는 힘들고 따분한 일을 피하고 싶은 마음에, 아이들에게 이야기책을 한 권 더 읽어 준다거나 거실을 청소하고 페이스북을 점검하는 등 이런저런 핑계 거리를 생각해 내기도 했다. 때로

는 받은편지함에 담긴 편지를 하나씩 열고 답장 칸을 반복해 클릭 해 놓았다. 그럼 내 글을 기다리는 답장들로 모니터가 가득 채워졌고, 나는 온몸이 짓눌리는 듯한 기분에 사로잡혔다.

크룰라크 장군은 지금도 내 뇌리에서 떠나지 않는 말을 해 주었다.

"대부분의 훈련병은 조금이라도 어려운 과제는 어떻게 시작해야 하는지도 모릅니다. 하지만 어떤 과제를 수행할 때 첫 단계부터 훈련병에게 책임감을 갖도록 훈련시키면 그 후는 훨씬 쉬워집니다."

크룰라크 장군의 조언은 내가 의욕을 되찾는 데도 도움이 될 것 같았다. 그래서 어느 날 밤, 아이들을 재운 후 나는 노트북 앞에 앉아 메일에 답장을 쓰기 시작했다. 각 메일에 대해 최대한 빠른 시간 내에 한 문장을 타이핑하고 어떻게든 계속 이어 가려고 애썼다. 한 동료가 나에게 자신을 어떤 모임에 데려갈 수 있겠느냐고 묻는 메일이 있었다. 그런데 나 자신이 그 모임에 참석하고 싶지 않았던 까닭에 그 메일에 답장하는 걸 차일피일 미루고 있었다. 그 모임은 나에게 지루하고 따분하기 짝이 없었다. 하지만 동료의 부탁을 무작정 무시할 수는 없었다. 그래서 답장의 첫 문장으로 다음과 같이 썼다.

참석하기는 할 건데 20분밖에 머물지 못해.

이런 식으로 나는 거의 20여 통의 메일을 열고 답장으로 일단 한 문장만 써 놓았다. 각 메일에 한 문장만 짤막하게 쓰면 충분하기 때문에 적당한 문장을 생각해 내는 것도 그다지 힘들지 않았다. 그 후 다시 돌아와 하나하나를 채워 나갔다.

안녕, 짐.

물론 참석하기는 할 건데 20분밖에 머물지 못해.

그래도 괜찮겠어?

찰스.

이 과정에서 나는 두 가지를 깨달았다. 첫째, 일단 한 문장이라도 써놓으면 메일에 답장하기가 한결 쉽다는 점이다. 둘째는 더욱 중요한 것으로, 첫 문장이 나에게 통제권이 있다는 자신감을 심어 주는 것이면 동기를 부여 받기가 더 쉽다는 사실이다.

내가 짐에게 20분밖에 머물 수 없었다고 말함으로써 내가 원하지 않으면 그의 계획에 굳이 따를 필요가 없다는 걸 새삼스럽게 깨달을 수 있었다. 또 나에게 어떤 모임에서 강연을 해 달라고 요청한 사람에게 쓴 답장에도 우선 첫 문장부터 썼다.

늦어도 화요일에 출발해서 목요일 저녁까지는 뉴욕으로 돌아와야합니다.

이 문장도 역시 강연의 수락 여부가 전적으로 내 통제권에 있다는 확신을 안겨 주기에 충분했다.

내가 답장의 첫 단계로 짤막하게 써 놓은 첫 문장이 나에게 선택권이 있다는 확신을 주었다. 심리학자처럼 표현한다면, 나는 그 문장을 사용해 내적 통제 소재를 강화했다. 이런 방식으로 35분 만에 나는 받은편지함에 있는 모든 편지에 답장을 보냈다.

그러나 다른 형태로 미루는 습관은 어떻게 해야 할까? 또 긴 보고서를 작성하거나, 동료와 까다로운 문제로 대화하는 경우처럼 훨씬 복잡한 과제에 맞닥뜨리면 어떻게 해야 할까? 자신이 통제권을 쥐고 있다고 쉽게 확신할 만한 방법이 없는 경우에는 어떻게 해야 할까?

이런 경우에 나는 제1장에서 제시된 또 하나의 핵심적인 원칙을 기억에 떠올린다.

자신이 행하는 선택이 자신의 가치관과 목적에 대한 확인이라 생각할 때 자발적 동기 부여가 더 쉬워진다.

이런 이유에서 미국 해병대 훈련병들은 서로 '왜'라고 물었다.

"왜 너는 이 산을 올라가는가?"

"왜 너는 딸이 태어나는 모습을 보고 싶어 하는가?"

"왜 너는 식당을 청소하는가?"

"왜 너는 팔 굽혀 펴기를 하는가?"

"더 안전하고 더 쉽게 살아가는 방법도 있는데 왜 너는 참전하려고 하는가?"

이처럼 '왜'라고 제기된 질문에 어떻게든 대답하려고 애쓰는 과정에서 우리는 그 힘들고 따분한 일이 먼 길을 가기 위한 한 걸음이란 사실을 깨닫고, 그 단계를 선택함으로써 우리가 한층 중요한 목표에 더 가까이 다가간다는 것도 깨닫는다.

비행기에서 학술 논문을 읽겠다는 의욕을 잃지 않기 위해서, 나는 모든 논문의 위쪽에 해당 논문이 나에게 중요한 '이유'에 대해 써 놓기 시

Journal of Personality and Social Psychology
1998, Vol. 75, No. 1, 33–52

Why read this paper?
• It will help me find the right character for Ch. I.
• It will help me finish the book.
• It will help me solve how productivity works.

Praise for Intelligence Can Undermine Children's Motivation and Performance

Claudia M. Mueller and Carol S. Dweck
Columbia University

Praise for ability is commonly considered to have beneficial effects on motivation. Contrary to this popular belief, six studies demonstrated that praise for intelligence had more negative consequences for students' achievement motivation than praise for effort. Fifth graders praised for intelligence were found to care more about performance goals relative to learning goals than children praised for effort. After failure, they also displayed less task persistence, less task enjoyment, more low-ability attributions, and worse task performance than children praised for effort. Finally, children praised for intelligence described it as a fixed trait more than children praised for hard work, who believed it to be subject to improvement. These findings have important implications for how achievement is best encouraged, as well as for more theoretical issues, such as the potential cost of performance goals and the socialization of contingent self-worth.

왜 이 논문을 읽어야 하는가?
• 제1장에 쓸 만한 인물을 찾을 수 있다.
• 원고를 마무리할 수 있게 해 줄 것이다.
• 생산성이 어떻게 작동하는가에 대한 문제를 해결하는 데 도움이 된다.

작했다. 그 후로는 가방에서 논문을 꺼내면 곧바로 몰두하기가 한결 쉬워졌다. 우리가 어떤 일을 할 때 그 일을 해야 하는 이유를 한두 가지 써 놓는 간단한 방법만으로도 일을 시작하기가 한결 쉬워진다.

우리가 선택권을 행사하며 지배권을 쥐고 있다는 게 입증되면, 또 우리가 중요한 목표를 향해 조금씩 전진하고 있다는 게 입증되면 자연스럽게 동기 부여가 일어난다. 직접 결정할 수 있다는 생각이 우리를 흥분시킨다.

동기를 유발하려면

• 당신에게 통제권을 넘겨주는 선택을 하라. 메일에 답장을 해야 한다면, 개인적인 의견이나 결정이 함축된 내용으로 첫 문장을 써 보라. 까다로운

문제로 대화해야 할 경우에는 어디에서 대화할 것인지 당신이 미리 결정하라. 이런 선택은 동기를 유발한다는 점에서도 중요하지만, 자신이 통제권을 쥐고 있다는 걸 확인해 준다는 점에서 더욱더 중요하다.

• 이 과제가 당신이 목표로 하는 과제와 어떤 관계가 있는지 생각해 내라. 이 힘들고 따분한 일이 중요한 목표에 가까이 다가가는 데 도움이 되는 이유를 설명해 보라. 이 따분한 일이 중요한 이유를 설명해 보라. 그럼 이 일을 시작하기가 한결 쉬워질 것이다.

· 2 ·
목표 설정

하지만 동기를 부여하는 방법을 생각해 내는 것만으로는 충분하지 않았다. 적어도 내 경우에는 그랬다. 한 권의 책을 쓰겠다는 꿈은 누가 뭐라 해도 대단한 목표이다. 여러 이유에서 처음에는 감히 엄두조차 내기 힘든 목표이다.

책을 쓰겠다는 목표에 도전하는 계획을 세울 때, 나는 목표 설정에 관련해 수집한 자료에서 큰 도움을 받았다. 그런 큰 도전을 위해 나에게 필요한 것은 두 가지 종류의 목표였다.

첫째, 도전적인 목표가 필요했다. 원대한 꿈을 자극하는 목표여야 했다.

둘째, 구체적인 계획을 세우기 위해 스마트 목표가 필요했다.

전문가들의 조언에 따르면, 두 목표를 가장 효과적으로 표현하는 방법은 특별한 형태의 과제 목록을 작성하는 것이다. 나는 목표를 자세하고 명확하게 표현할 수 있어야 했고, 도전적인 목표와 스마트 목표를 분명히 제시할 수 있어야 했다. 나는 목표 성취를 위해 필요한 과제들을 작성하기 시작했다.

각 목록의 위쪽에 원대한 꿈, 즉 내가 장기적으로 지향해 나가야 할 목표를 썼다(따라서 단기적이고 쉽게 성취할 수 있는 목표에 집착하게 되는 인지적 종결 욕구를 피할 수 있었다).

그 아래에는 도전적인 목표의 성취 가능성을 조금이라도 높이는 데 필요한 계획과 관련된 하위 목표들, 그리고 스마트 목표를 이루는 것들을 빠짐없이 썼다.

내가 이 책을 쓰며 마음에 품은 도전적인 목표 중 하나는 심성 모형이 어떻게 작동하는지 설명해 주는 이야기를 찾아내는 것이었다. 나는 항공 전문가들을 취재한 덕분에, 위급한 상황에서 조종사들의 반응을 결정하는 데 심성 모형이 중요한 역할을 한다는 것을 알고 있었다. 그래서 과제 목록의 위쪽에 다음과 같이 썼다.

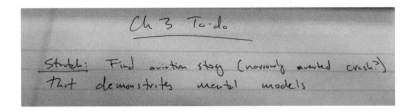

그리고 도전적인 목표 아래에는 그 원대한 꿈과 관련된 스마트 목표를 썼다.

Ch 3 To-do

Stretch: Find aviation story (narrowly averted crash?) that demonstrates mental models

Specific: Locate Aviation expert → Papers on Google Scholar

Measurable: Call 4 experts each morning until find right ~~story~~ narrative.

Achievable: Clear morning sched; turn off email from 9:00 - 11:30.

Realistic: Monday: 1 hr looking up experts + make call list rank Then By 10:15, start 4 calls; ask for recs

Timeline: 16 calls by Thurs → if no result, new plan. If found story, write and send synopsis + Andy by Fri.

사진을 읽기가 쉽지는 않을 것이다. 다시 옮겨 쓰면 다음과 같다.

도전적인 목표 : 심성 모형을 증명해 주는 항공에 관련된 이야기를 찾아
낼 것(가까스로 추락 사고를 피한 이야기?).

구체적인 목표 : 구글 스칼라로 학술 논문을 검색함으로써 항공 전문가
를 찾아낸다.

측정 가능한 목표 : 적절한 사람과 이야기를 찾아낼 때까지 매일 아침 4
명의 전문가에게 전화를 건다.

성취 가능한 목표: 이 과제에 집중하기 위해 아침 시간을 비워 둔다. 9시부터 11시 30분까지는 메일도 차단한다.

현실적인 목표: 월요일에는 1시간 동안 항공 전문가를 검색하며 전화번호 목록을 작성한다. 검색한 전문가들의 순위를 매기고 10시 15분쯤에는 계획한 대로 4명의 전문가에게 전화를 걸기 시작한다. 대화가 끝날 때마다 그에게 다른 전문가를 추천해 달라고 부탁한다.

시간 계획표: 하루에 4명의 전문가에게 전화하면 목요일까지는 적어도 16명에게 전화를 해야 한다. 목요일까지 완벽한 이야기를 찾아내지 못하면 새로운 계획을 세워야 할 것이다. 하지만 적절한 이야기를 찾아내면 금요일에 편집자에게 개략적인 이야기를 보낼 수 있을 것이다.

이런 도전적인 목표와 스마트 목표를 작성하는 데는 오랜 시간이 걸리지 않았다. 그러나 이런 식으로 과제 목록을 작성한 덕분에 나는 그 주에 엄청나게 많은 일을 해낼 수 있었다.

이때의 교훈으로 요즘에도 나는 큰일이 생길 때마다 이런 과제 목록을 작성한다. 그래서 매일 아침 책상 앞에 앉을 때마다 내가 무엇을 해야 하는지 정확히 알고 있다. 덕분에 시시때때로 결정을 내리는 번거로움을 피하고, 다른 것에 정신을 빼앗기지 않고 지금 어떤 일을 어떻게 진행해야 하는지 명확히 알 수 있다.

나는 도전적인 목표를 항상 염두에 두고 있기 때문에 쉽게 옆길로 빠지지 않고, 과제 목록에 쓰인 목표들을 단순히 지워 내려는 욕심에 사로잡히지도 않는다. 학자들의 표현을 빌리면, 내가 인지적 종결 욕구를 억

누른 효과이다. 내가 멋진 인터뷰를 끝냈거나, 상당히 유익한 논문을 찾아냈기 때문에, 혹은 이 책의 목표에 완벽하게 맞아떨어지는 흥미로운 이야기를 찾아냈기 때문에 일을 중단하지는 않는다. 오히려 내가 스마트 목표를 추구하는 이유는 더 큰 목표가 있기 때문이란 것을 잊지 않는다. 다시 말하면, 완벽한 이야기를 찾아내 이 장을 마무리 짓고, 멋진 책을 완성해 내는 것이 궁극적인 목표라는 것을 항상 마음속에 품고 있었다. 이런 원대한 꿈을 잠시도 잊지 않으려고 나는 일련의 도전적인 목표들을 세워 두고 있었다.

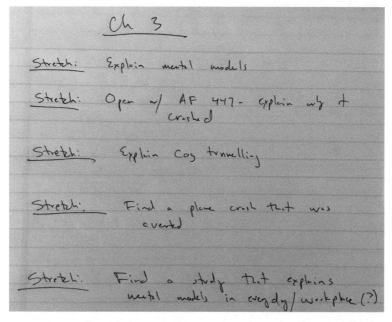

CHAPTER 3
도전적 목표 : 심성 모형을 설명할 것
도전적 목표 : 에어 프랑스 447편으로 시작-왜 추락했는지 설명
도전적 목표 : 인지 통로화 설명
도전적 목표 : 추락하지 않은 비행기 사고 찾을 것
도전적 목표 : 일상생활이나 업무에서 심성 모형 역할을 설명해 주는 연구를 찾을 것

· 3 ·
집중력

하지만 현실 세계에는 집중력을 방해하는 요인들이 있기 마련이다. 나는 목표 성취를 위한 계획을 세우는 데 그치지 않고 집중력을 유지하려고 애써야 했다. 끔찍한 항공 사고를 피한 콴타스 항공 32편의 이야기에서 얻은 핵심적인 교훈을 잊지 않으려고 애썼다.

예상되는 상황에 대한 심성 모형을 구축하면, 즉 예상되는 상황을 이야기로 만들면 집중력을 유지하는 데 도움이 된다.

도전적인 목표와 스마트 목표에 대한 집중력을 확실히 유지하기 위해 나는 매일 아침 책상 앞에 앉을 때마다 앞으로 벌어질 것이라 예상되는 상황을 머릿속에 그려 보았다. 또 매주 토요일 저녁이면 종이와 펜을 준비하고 잠시 짬을 내어 다음 주에는 어떤 일이 있어야 하는지에 대해 상상해 보았다.

대체로 내가 반드시 해내기를 바라는 서너 가지 과제를 선택하고 다음과 같은 질문에 대답하려고 했다.

내 목표

심성 모형을 설명하는 데 적합한 항공에 관련된 이야기를 찾아낼 것.

처음에 무엇을 해야 하는가?

항공 전문가들을 찾아 목록을 작성해야 한다.

↓

과제에 집중하는 걸 방해하는 요인으로는 무엇이 있을까?

하루에 50통 이상 밀물처럼 밀려드는, 내 답장을 기다리는 메일들.

↓

어떻게 하면 이런 방해 요인들을 제거할 수 있을까?

아침 11시 30분까지는 메일함을 열지 않는다.

↓

내가 집중해서 일하는 데 성공했다는 걸 어떻게 확인할 수 있을까?

적어도 열 군데에 전화를 걸었고 나였의 항공 전문가와 통화했다.

↓

성공을 위해 필요한 조건이 무엇인가?

한 잔의 커피. 그럼 그날의 하위 목표를 끝낼 때까지

의자에서 일어나지 않아도 된다.

↓

다음 단계에서 무엇을 할 것인가?

항공 전문가들을 검색하고, 다음 날 전화할 대상의 목록을 작성한다.

위의 예처럼 내가 그날의 과제를 어떤 식으로 끌어가야겠다고 머릿속에 그리는 데는 일반적으로 몇 분밖에 걸리지 않는다. 하지만 이런 단계를 끝낼 즈음이면 내 머릿속에 하나의 이야기가 만들어진다. 오늘 아침은 어떻게 진행되어야 한다는 심성 모형이 구축되는 것이다. 집중을 방해하는 요인이 제기되더라도 그 요인에 관심을 가질 것인가, 아니면 무시할 것인가를 순간적으로 결정하기가 쉬워진다.

만약 메일 계정에 새로운 메일이 30통가량 도착했다고 알려 주더라도 나는 11시 30분까지는 그 메시지들을 무시한다. 내 머릿속에 구축된 심성 모형이 그렇게 해야 한다고 말하기 때문이다. 한편 전화벨이 울리고, 발신자 표시가 내가 접촉하려는 전문가로 나타나면 나는 전화를 받을 것이다. 내가 심성 모형을 구축할 때 그런 간섭은 이미 예상해 둔 것이기 때문이다.

나는 도전적인 목표와 스마트 목표를 기초로 삼아 계획을 세운다. 또 그 계획을 어떤 식으로 진행해야 하느냐에 대해서도 머릿속에 그림을 그려 둔다. 그렇게 하면 집중력을 유지하는 방향으로 선택하기가 훨씬 더 쉬워진다.

집중력을 유지하려면

예상되는 상황을 머릿속에 그려 보라. 처음에 무엇을 해야 하는가? 계획의 진행을 방해할 만한 요인은 무엇인가? 어떻게 하면 그런 방해 요인을 미리 제거할 수 있을까? 예상되는 상황을 이야기로 꾸며 보라. 그럼 계획이 현실에 부딪혀 어긋날 때 관심을 어디에 기울여야 하는지 결정하기가 한결 쉽다.

· 4 ·
의사 결정

나는 공들여 도전적인 목표와 스마트 목표를 세웠고, 집중력을 유지하기 위한 심성 모형도 마련했다. 물론 동기를 잃지 않기 위한 방법들도 찾아냈다. 그러나 이런 만반의 준비에도 불구하고, 정교하게 준비한 내 계획을 산산조각 내 버릴 듯한 사건이 종종 벌어졌다. 대체로 아내가 점심 식사를 함께하자고 요구하는 정도의 사소한 사건이었지만, 때로는 신문사에서 흥미진진하지만 계획에 없던 취재를 책임지고 완결하라고 요구하는 큼직한 사건도 있었다.

이처럼 뜻밖의 사건에 맞닥뜨리면 어떻게 결정을 내려야 할까? 확률적 사고를 다룬 제6장에 해답이 있다.

다수의 미래를 머릿속에 그려 보고, 어떤 미래가 가장 가능성이 높은지 알아내고 그 이유까지 생각해 보라.

아내와 점심 식사를 함께해야 할까? 이처럼 간단한 문제를 결정하는데는 특별한 계산이 필요하지 않다. 1시간 동안 점심 식사를 하고 느긋하고 즐거운 마음으로 돌아오면 된다는 게 하나의 가능성이다. 다른 가능성도 있다. 점심시간이 길어지고 가족 행사와 베이비시터 문제를 상의하는 데 대부분의 시간을 보낸다면, 피곤에 지쳐 사무실로 돌아올 것이고 그 때문에 모든 일정이 뒤로 조금씩 밀려날 가능성이 크다.

가능한 미래들을 하나씩 충분히 따져 보면 어떤 미래를 선택해야 하는지 결론이 내려지고, 그런 미래가 실제로 일어나도록 영향력을 행사할 수 있다. 아내와 점심 식사를 함께할 식당을 선택할 때 내 사무실에서 가까운 식당을 제안했다. 그래야 조금이라도 빨리 사무실로 돌아올 수 있으니까. 또 식사하는 동안 가족 행사가 화제로 떠오르면 아내에게 저녁에 귀가해서 일정표를 보며 의논하자고 부탁했다. 이처럼 가능한 미래를 미리 예측해 보는 시간을 가짐으로써 나는 더 현명한 결정을 내릴 수 있었다.

그러나 상대적으로 중대한 결정, 흥미롭지만 전혀 준비되지 않은 과제를 떠맡아야 하느냐는 문제를 결정하기 위해서는 심도 있는 분석이 필요하다. 이 책을 쓰는 동안, 나는 어느 텔레비전 프로그램 제작사로부터 프로그램을 함께 제작하자는 제안을 받았다. 그 제안을 받아들이면 이 책을 쓰는 걸 연기해야 하겠지만 장기적인 관점에서 이익일 수 있었다. 그 기회를 받아들일 것인가 거절할 것인가를 결정하기 전, 나는 그 제안을 받아들일 경우에 예상되는 미래들을 다음과 같이 써 보았다.

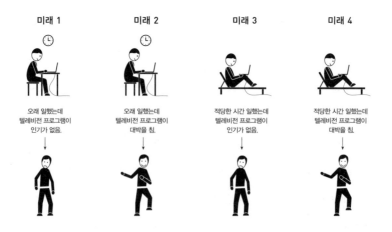

미래 1	미래 2	미래 3	미래 4
오래 일했는데 텔레비전 프로그램이 인기가 없음.	오래 일했는데 텔레비전 프로그램이 대박을 침.	적당한 시간 일했는데 텔레비전 프로그램이 인기가 없음.	적당한 시간 일했는데 텔레비전 프로그램이 대박을 침.

나는 이런 가능한 미래들을 어떤 기준에서 평가해야 하는지 전혀 몰랐다. 게다가 내가 반드시 고려해야 하지만 예상해 내지 못한 다른 가능성들이 얼마든지 있었다. 그래서 나는 텔레비전 방송국에서 일하는 몇몇 친구에게 전화를 걸어 도움을 청했다. 그들의 조언에 근거해 나는 각 가능성에 대해 대략적인 확률을 부여했다.

미래 1	미래 2	미래 3	미래 4
45%	5%	45%	5%
모든 프로그램 제작에는 시간이 많이 들지만 성공하는 프로그램은 극히 일부이기 때문에.	성공하는 프로그램은 극히 일부만 그래도 혹시나 내 프로그램이 성공할 수도 있으니까.	내가 계획을 잘 짜면 프로그램에 투자하는 시간을 조절할 수 있음.	혹시나 성공할지도 모르기 때문에.

전문가들의 판단에 따르면, 내가 많은 시간을 투자하더라도 성공할 가능성은 거의 없다고 생각해야 마땅했다. 그러나 내가 적당한 시간을 투자하면 최소한 뭔가를 배울 가능성은 있었다.

그때 나는 베이지언 직관력에 결정을 맡기고 싶었다. 이런저런 결과를 상상하며 며칠을 보냈다. 그런데 내가 그동안 간과해 왔던 또 하나의 가능한 미래가 있다는 걸 알게 되었다. 그 프로그램이 구체적으로 실현되지 않더라도 내가 그 과정에서 많은 즐거움을 누릴 수 있을 거라는 가능성이었다. 그래서 나는 그 프로그램에 참여하기로 결정했다. 다만 적당한 수준의 참여를 원한다고 미리 명확히 못 박아 두었다.

지금 생각해도 매우 현명한 결정이었다. 전체적으로 계산하면 그 프로그램에 내가 참여한 시간은 상당히 적었다. 기껏해야 보름 정도의 시간에 불과했다. 그러나 보상은 내 예상을 훨씬 뛰어넘었다. 그 프로그램은 이번 가을에 방영될 예정이며, 그 작업을 하는 과정에서 나는 많은 것을 배웠다.

하지만 그보다 더 중요한 것은 내가 그 결정을 신중하게 충분히 검토해 보고 내렸다는 사실이다. 나는 예상할 수 있는 다양한 미래의 가능성에 대해 꼼꼼히 따져 보았고, 프로그램 제작에 참여하기 전 도전적인 목표와 스마트 목표를 세웠기 때문에 참여하는 정도를 적절하게 조절할 수 있었다.

더 나은 결정을 내리려면

다양한 미래를 머릿속에 그려 보라. 모순되는 것이 있더라도 다양한 가능성을 상상할 때 더 나은 방향을 선택할 수 있다.

다양한 경험과 관점을 모색하고 다른 사람의 생각을 포용할 때 우리는 베이지언 직관력을 더욱더 세련되게 다듬어 갈 수 있다. 다양한 정보를 찾아내고, 찾아낸 정보를 우리 자신의 것으로 소화할 때 선택 방향은 더욱 명확해진다.

· 5 ·
빅 아이디어

이 부록의 목적은 내 개인적인 일상에서 큰 의미를 차지했던 핵심적인 개념들을 개략적으로 살펴보려는 것이다. 당신이 남들보다 의욕이 충만하고 집중력을 지속적으로 유지하며 효과적으로 목표를 설정하고 올바른 결정을 내린다면, 생산적인 사람이 되려는 목표에 상당히 가까이 접근한 것이라 할 수 있다. 물론 이 책에서는 우리가 조직원을 효율적으로 관리하고 신속하게 학습하며 혁신을 모색해야 할 때 도움이 되는 개념들도 소개했다. 생산성과 관련된 분야의 핵심적인 개념을 정리하면 다음과 같다.

더욱 효과적인 팀을 만들려면

팀을 어떤 사람들로 구성할 것인가보다 팀을 어떻게 관리할 것인가에 중점을 두어야 한다. 모든 팀원이 거의 같은 정도로 말할 수 있다고 생각할 때, 또 팀원들이 서로 상대의 감정을 이해하는 모습을 보여 줄 때 심리적 안전감이 나타난다.

당신이 팀의 리더라면 당신의 선택이 팀원들에게 어떤 메시지를 던지는지 생각해 보라. 모두에게 발언권을 동등하게 주려고 노력하는가, 아니면 목소리가 큰 사람의 편을 드는가? 상대가 말한 내용을 정리해 되풀이하고 상대의 질문과 생각에 응답함으로써 당신이 경청하고 있음을 보여 주는가? 상대가 당황하고 허둥대는 모습을 보이면 즉각적으로 반응함으로써 당신의 감성적인 면을 실질적으로 보여 주는가?

조직원들을 생산적으로 관리하려면

군살 없고 민첩한 관리 기법에 따르면, 직원들은 상대적으로 많은 의사 결정 권한을 갖고 있다고 생각하는 동시에 동료들이 성공을 위해 헌신적으로 노력한다고 생각할 때 더 효율적이고 더 기민하게 일한다.

문제 가장 가까이 있는 사람에게 의사 결정권을 부여함으로써 관리자는 개개인 모두의 전문 지식을 활용하는 동시에 혁신적 발상까지 이끌어 낼 수 있다.

자신이 지배력을 가졌다는 느낌은 동기를 부여할 수 있다. 하지만 조직원의 통찰력과 해결책을 이끌어 내려면 그들의 제안이 결코 무시되지 않으며, 설령 실수를 하더라도 개인적인 불이익이 가해지지 않는다는 믿음을 주어야 한다.

혁신을 독려하려면

창의성은 기존의 개념을 새로운 방식으로 결합할 때 생겨난다. '혁신 브로커'가 중요하다. 혁신 브로커가 되어 조직에 혁신의 바람을 불러일으켜 보라.

• 당신 자신의 경험에 주목하라. 주변 현상을 당신이 어떻게 생각하고 어떻게 느끼는지 유심히 관찰해 보라. 그래야 상투적인 것과 진정한 통찰을 구분할 수 있다. 당신의 감정적 반응을 면밀히 살펴보라.

• 당신이 뭔가를 창조하려고 할 때마다 스트레스에 시달린다고 해서 모든 것이 끝났다고 자책하거나 좌절할 필요는 없다. 오히려 창의적 절망이 종종 중요한 역할을 하기도 한다. 불안감에 사로잡히면 때때로 기존 개념들을 새로운 관점에서 접근하는 경우가 있지 않은가.

• 창조적 과정에서 돌파구를 마련했을 때의 안도감은 지극히 달콤하지만 우리에게 다른 대안들을 무시하고 잊게 할 수도 있다는 걸 반드시 기억해야 한다. 우리가 이미 해낸 것을 비판적으로 분석하고 완전히 다른 관점에서 접근하면, 혹은 누군가에게 새로운 권한을 부여하면 우리는 맑은 눈을 되찾을 수 있다.

자료와 정보를 더 효과적으로 흡수하려면

• 우리가 살아가는 과정에서 새로운 정보에 맞닥뜨리면 그 정보를 어떻게든 가공해야 한다. 예를 들어 당신이 방금 학습한 것을 글로 써 보거나 일련의 기준점들을 그래프로 그려 보라. 혹은 새로 얻은 아이디어를 검증하는 방법을 생각해 보거나 어떤 식으로든 친구에게 설명해 보라. 우리가 살아가는 과정에서 행하는 선택 하나하나가 일종의 실험이다. 그런 선택에 내포된 정보를 찾아내고, 그 정보를 어떻게든 활용해 그 정보로부터 뭔가를 배우는 게 삶의 요령이다.

무엇보다 중요한 것은 이런 교훈들을 하나로 묶어 주는 기본적인 개념, 즉 이 책의 뼈대를 이루는 여덟 가지 핵심적 통찰을 하나로 이어 주는 개념인 생산성은 많은 사람이 흔히 간과하는 선택의 가치를 인정할 때 기대할 수 있다는 사실이다. 우리가 자신의 삶을 관찰하기 위해 어떤 방법을 선택하고, 자신의 이야기를 어떻게 꾸미고 목표를 어떻게 자세히 설명하며, 팀원들 사이에 어떤 문화를 어떤 식으로 구축하고, 삶에서 선택을 어떤 기준으로 내리고 어떤 방법으로 정보를 관리할 것인가 등에 대해 어떤 식으로든 결정을 내려야 생산성에 대해서도 왈가왈부할 수 있는 법이다. 생산적인 사람과 기업은 어떻게든 선택하고 결정을 내리지만, 그렇지 않은 사람과 기업은 선택과 결정을 경시하는 경향을 띤다. 결국 우리가 다른 식으로 생각하려고 애쓸 때 생산성이 나타난다.

이 책을 쓰는 과정에서 나는 평소에 좋아하는 이야기 하나를 우연히 떠올렸다. 내가 즐겨 인용하는 사람으로, 컨테이너를 매체로 한 현대 수송 체계를 확립한 사업가 맬컴 매클린에 대한 이야기였다. 매클린은

2001년에 세상을 떠났지만 많은 비디오테이프와 기록을 남겨 놓았다. 나는 그와 관련된 글을 읽고, 그의 가족과 옛 동료들을 인터뷰하며 몇 개월을 보낸 적이 있다. 그들이 회고한 매클린은 '커다란 금속 상자에 상품을 적재하면 부두를 한층 생산적으로 활용할 수 있을 것'이란 아이디어를 줄기차게 추구한 사업가였다. 그 뛰어난 통찰은 궁극적으로 제조업과 운송업만이 아니라 전 대륙의 경제 자체를 바꿔 놓았다. 또한 그들의 설명에 따르면, 매클린은 하나의 아이디어에 광적으로 집착했다.

나는 매클린을 연구하는 데 많은 시간을 투자했고, 이 책의 일부로 끼워 넣을 생각에 그와 관련된 서너 편의 원고를 썼다.

하지만 그 원고들은 이 책의 전체적인 흐름에 들어맞지 않았다. 매클린이 남긴 교훈, 즉 하나의 아이디어에 대한 외골수적 집념이 큰 변화를 일으킬 수 있다는 교훈은 이 책에서 설명하는 다른 개념들만큼 보편적이지도 않고 널리 인정되지도 않았다. 매클린의 사례는 흥미진진했지만 모두에게 들어맞는 것은 아니었다. 그에게는 효과가 있었지만 누구에게나 효과를 기대할 수 있는 방법은 아니었다. 광적인 집착과 전념이 역효과를 낳은 사례가 비일비재했다. 한마디로, 매클린의 방법은 이 책에서 다루어진 여덟 가지 통찰만큼 보편적이거나 포괄적이지 않았다.

하지만 매클린을 연구하며 보낸 시간은 나름대로 상당한 가치가 있었다. 매클린의 사례를 포기하는 과정에서 집중이란 메커니즘을 더욱더 확실히 이해할 수 있었기 때문이다. 이 책에 대한 내 심성 모형은 매클린에서 얻은 교훈과 끊임없이 충돌했다. 또 내가 매클린의 사례를 작성하려고 세운 스마트 목표들도 보편적으로 적용 가능한 교훈을 쓰겠다는 도전적인 목표와 맞아떨어지지 않았다. 하지만 매클린을 조사한 덕분에 나는 이 책이 궁극적으로 지향해야 할 목표를 더욱더 명확히 규정할 수 있었고, 생산성이 실제로 어떻게 작동하는지도 분명히 깨달을 수 있었다. 생산성은 관련된 모든 행위가 효과적이어야 확보되는 게 아니다. 쓸데없는 낭비가 전혀 없어야 한다는 뜻도 아니다. 디즈니가 깨닫고 보여 주었듯이, 창의력을 북돋우기 위해 때로는 긴장과 갈등을 조장해야 한다. 또한 실수가 성공으로 가는 가장 중요한 발걸음이 되는 때도 있다.

그러나 궁극적으로 당신이 많은 사람에게는 여전히 불분명한 선택의 가치를 알아내는 방법을 터득한다면, 시간이 지날수록 더 똑똑하고 더 신속하며 더 생산적으로 행동할 수 있을 것이다. 누구나 지금보다 더 집중하고 더 창의적으로 생각하며, 더 현명하게 목표를 설정하고 결정을 내릴 수 있다. 교사들이 자료와 정보를 받아들이는 방법을 바꾸면 학교도 변할 수 있다. 어떤 팀에게나 실수를 통해 배우고 긴장과 갈등을 유리한 방향으로 활용하는 방법을 가르칠 수 있다. 시간을 헛되이 낭비한 것처럼 보이는 과정을 목표에 더 가까이 다가서는 교훈으로 바꿔 가는 법을 어떤 팀이라도 배울 수 있다. 문제 가장 가까이 있는 사람에게 권한을 위임하면 기업이 완전히 달라질 수 있다. 양로원의 노인들에게 파괴 분자가 되는 법을 가르치면 노인들의 삶이 한결 밝아질 수 있다.

누구나 지금보다 생산적인 사람으로 거듭날 수 있다. 어떻게 그럴 수 있을까? 이제 당신은 어떻게 시작해야 하는지 알고 있다.

감사의 글

솔직히 말하면, 주변 사람들이 베푼 친절 덕분에 나는 과거부터 더 영리하고 더 신속하며 더 생산적으로 변할 수 있었다. 그들에게 고맙다는 말을 전하지 않을 수 없다.

앤디 워드의 의지 덕분에 이 책은 존재할 수 있었다. 이 책의 가능성을 처음부터 인정해 주었고, 그 후 2년 동안 아이디어가 책으로 변해 가는 과정을 옆에서 도와주었다. 우아한 편집력부터 품질에 대한 양보하지 않는 집념 및 진심 어린 우정까지 앤디의 모든 것은 주변 사람들에게 더 나은 사람으로 변함과 동시에 세상을 더 아름답고 정의로운 곳으로 바꾸고 싶은 의욕을 북돋워 준다. 앤디를 만나 그와 함께 일하며 그에게 많은 것을 배울 수 있어 고마울 따름이다.

지나 센트렐로와 수전 카밀, 톰 페리가 지휘하는 랜덤하우스를 만나게 된 것도 나에게는 큰 행운이었다. 마리아 브레켈, 샐리 마빈, 산유 딜런, 테레사 조로, 아비데 바사라드, 니콜 모라노, 케이틀린 매캐스키, 멜리사 마일스텐, 리 마천드, 엘레이나 와그너, 데니스 앰브로스, 낸시 델리아, 벤저민 드라이어와 항상 인내하며 기다려 준 카에라 마이어스의 초인적인 노력에도 감사의 말을 전하고 싶다. 또한 책을 독자의 손에 전달하는 데 뛰어난 능력을 보유한 모든 사람들, 데이비드 페시언, 톰 네빈스, 베스 퀼러, 데이비드 웰러, 리처드 캘리슨, 크리스틴 맥나라마, 제프리 웨버, 데이비드 로마인, 신시아 래스키, 스테이시 베렌봄, 글렌 엘리스, 앨리슨 펄, 크리스틴 플레밍, 캐시 서피코, 켄 윌럽 등 랜덤하우스 영업부 임직원들에게 큰 은혜를 입었다. 윌리엄 하이네만의 제이슨 아서와 엠마 피니건, 매슈 러들과 제이슨 스미스, 나이젤 윌콕슨과 함께 일한 것도 나에게는 큰 행운이었다. 캐나다에서는 마사 코니아 폰스트너와 캐이시 포인에게 많은 도움을 받았다.

와일리 에이전시의 앤드루 와일리와 제임스 풀런에게도 많은 신세를 졌다. 작가들을 위해 세상을 좀 더 안정되고 편안한 곳으로 만드는 노력을 게을리하지 않은 앤드루 와일리에게 깊은 감사의 뜻을 전하고 싶다. 제임스 풀런은 내가 고등학생이었다면 틀림없이 낙제점을 받았을 원고를 책으로 출간되도록 깔끔하게 정리하는 방법을 알려 주었다.

〈뉴욕 타임스〉에도 감당하기 힘든 빚을 졌다. 내가 일상의 삶을 선택하는 데 리더십과 본보기로 많은 도움을 준 딘 바케트, 앤디 로젠탈, 매트 퍼디에게 깊이 감사드린다. 아서 술츠버거, 마크 톰슨, 메레디스 코피트 레비언은 좋은 친구로서 진실을 추구할 수 있게 해 주었다. 경제부 국장 딘 머피, 경제부 부국장 피터 패트먼과 함께 보낸 시간도 무척 소중했다. 그들의 우정과 조언과 인내 덕분에 나는 이 책을 쓸 수 있었다. 래리 인그라시아의 우정 어린 조언도 빼놓을 수 없다. 게리 마조라티, 킨제이 윌슨, 수전 처레이, 제이크 실버스타인, 빌 와시크, 클리프 레비 등 모두 좋은 친구였다.

그 밖에도 감사의 말을 전해야 할 사람이 많다. 〈뉴욕 타임스〉 동료들에게도 이 기회에 고맙다는 말을 전하고 싶다. 데이비드 레온하르, A. G.

술츠버거, 월트 보그대니시, 샘 돌니크, 에두아르도 포터, 데이비드 퍼피치, 조디 캔터, 베라 투트니크, 피터 래트먼, 데이비스 시걸, 조 노세라, 마이클 바버로, 짐 스튜어트 등 자신의 멋진 아이디어를 아낌없이 나눠 준 동료들에게 감사의 말을 전하고 싶다.

알렉스 블룸버그, 애덤 데이비드슨, 폴라 슈츠먼, 니비 노드, 알렉스 베렌슨, 나자닌 라프산자니, 브러단 쾨너, 니콜라스 톰슨, 새러 엘리슨, 어맨더 셰퍼, 데니스 포타미, 제임스와 맨디 윈, 노아 코치, 그레그 넬슨, 케이틀린 파이크, 조너선 클라인, 어맨더 클라인, 매슈와 클로에 캘킨, 도넌 스틸, 스테이시 스틸, 웨슬리 모리스, 어디어 월드먼, 리치 프랭클, 제니퍼 커즌, 에어런 벤딕슨, 리처드 램펠, 데이비드 루이키, 베스 월트매스, 엘런 마틴, 에이미 월러스, 러스 어먼, 에린 브라운, 제프 노턴, 라즈 데 다타, 루벤 시갈라, 댄 코스텔로, 피터 블레이크 등 모두 뜨거운 지원과 지도를 아끼지 않았다. 책 표지와 삽화는 앤턴 아이우크노베츠의 작품이다.

사실 확인을 위해 도움을 아끼지 않은 콜 루이슨과 벤저민 팔렌 및 권말의 주를 편집하는 데 도움을 준 올리비아 분에게도 감사의 뜻을 전하고 싶다.

이 책을 위해 시간을 할애해 준 사람들에게 감사의 말을 전하고 싶다. 주에 많은 사람이 언급되었지만, 항공 역학에 대한 기초적인 지식을 알려 준 윌리엄 랑게비셰, 디즈니 애니메이션에 관련된 글을 쓰는 데 도움을 아끼지 않은 에드윈 캐트멀과 에이미 월러스에게 특별히 감사의 말을 전하고 싶다.

끝으로 내 가족에게도 감사드리지 않을 수 없다. 케이티 두히그, 재키

젠쿠스키, 데이비드 두히그와 대니얼 두히그, 토니 마르토렐리, 알렉산드라 올터, 제이크 골드스틴은 예나 지금이나 나에게 누구와도 바꿀 수 없는 소중한 식구이자 친구들이다. 두 아들 올리버와 해리는 나에게 영감과 즐거움을 주는 녀석들이다. 아버지와 어머니는 나에게 어린 시절부터 어떤 압박에도 굴복하지 말고 진실 되게 글을 쓰라고 용기를 북돋워 주신 분들이다.

물론 아내 리즈의 사랑과 지원, 지혜와 인도와 우애가 없었다면 이 책은 가능하지 않았을 것이다.

찰스 두히그

NOTES

이 책은 수백 건의 인터뷰와 수천 건의 논문 및 연구 보고서를 바탕으로 쓰였다. 다수의 출처는 본문에서 상세히 언급했지만, 관련된 부분들에 관심 있는 독자들을 위해 추가적인 자료들을 여기에 자세히 밝혀 두었다. 중요한 정보를 제공하거나 이 책에서 다룬 내용과 관련된 핵심적인 연구서를 발표한 사람들에게는 요약된 원고를 주고 검토하도록 하여 내용을 추가하거나 잘못된 부분을 수정했다. 극소수지만 정보 제공자를 보호하기 위해 출처를 정확히 밝히지 않은 경우도 있다. 또한 세 경우에는 관계자 신원을 보호하기 위한 사생활 보호법과 그 밖의 이유로, 이 책에 등장하는 인물들의 특징을 정확히 밝히지 않거나 약간 변형했다.

제1장

1 오슈너 클리닉은 오슈너 메디컬 센터로도 알려져 있다.

2 Strub, Richard L. "Frontal lobe syndrome in a patient with bilateral globus pallidus lesions." Archives of Neurology 46.9 (1989) : 1024-1027.

3 Habib, Michel. "Athymhormia and disorders of motivation in basal ganglia disease." The Journal of Neuropsychiatry & Clinical Neurosciences 16.4 (2004) : 509-524.

4 럿거스 대학교의 신경학자 모리시오 델가도는 선조체를 다음과 같이 설명한다.

"선조체는 더 큰 기관인 기저핵의 입력 장치입니다. 내가 선조체를 입력 장치라고 말하는 이유는, 선조체가 다양한 뇌 기능을 담당하는 대뇌의 여러 영역과 연결돼 있기 때문입니다. 따라서 선조체는 행동에 영향을 미치는 중요한 위치에 있는 셈이지요. 기저핵, 결국 선조체는 운동과 인지 및 동기와 관련된 행동에서 무척 중요합니다(선조체의 기능 장애는 파킨슨병 환자들에게서 공통적으로 나타나는 현상입니다). 선조체가 동기 부여, 특히 보상 과정에서 맡는 역할에 관련된 한 이론에 따르면, 선조체는 보상에 대한 학습에 관계하며, 여기서 얻은 것을 활용해 행동 방향에 대한 결정을 내리고, 그 과정에서 보상이 기대치보다 높은지 낮은지에 대한 새로운 정보를 뇌에 전달합니다."

5 Monchi, Oury, et al., "Functional role of the basal ganglia in the planning and execution of actions." Annals of Neurology 59.2 (2006) : 257-264 ; Rolls, Edmund T. "Neurophysiology and cognitive functions of the striatum." Revue Neurologique (1994) ; Goldman-Rakic, Patricia S. "Regional, Cellular, and Subcellular Variations in the Distribution of D1 and D5 Dopamine Receptors in Primate Brain." The Journal of Neuroscience 15.12 (1995) : 7821-7836 ; Voytek, Bradley and Robert T. Knight. "Prefrontal cortex and basal ganglia contributions to working memory." Proceedings of the National Academy of Sciences of the United States of America. 107.42 (2010) : 18167-18172.

6 뇌 손상이 행동에 어떤 영향을 미치는지에 대해서는 Bogousslavsky, Julien, and Jeffrey L. Cummings. Behavior and mood disorders in focal brain lesions. Cambridge University Press, 2000에서 많은 도움을 받았다.

7 파킨슨병은 흑색질 손상과 밀접한 관계가 있다. 그런데 흑색질은 선조체와 정보를 주고받는 영역이다. 이에 관해서는 다음 자료들에서 도움을 받았다.

Pearce, R. K. B., et al., "Dopamine uptake sites and dopamine receptors in Parkinson's disease and schizophrenia." European Neurology 30. Supplement. 1 (1990) : 9-14 ; Seeman, Philip, et al., "Low density of dopamine D4 receptors in Parkinson's, schizophrenia, and control brain striata." Synapse 14.4 (1993) : 247-253 ; Seeman, Philip, et al., "Human brain D_1 and D_2 dopamine receptors in schizophrenia, Alzheimer's, Parkinson's, and Huntington's diseases." Neuropsychopharmacology (1987) : Parkinson 5-15.

8 Delgado, Mauricio R., et al., "Tracking the hemodynamic responses to reward and punishment in the striatum." Journal of Neurophysiology 84.6 (2000) : 3072-3077.

9 다른 형식으로 시행된 이 실험에 참여한 사람들에게는 정확히 추측하면 작은 금전적 보상이 따랐고, 그렇지 못한 경우에는 금전적 손실이 주어졌다. 사실 확인을 위한 답변 메일에서 델가도는 실험의 전후 맥락까지 폭넓게 대답해 주었다.

"처음에 이 연구의 목적은 보상 회로를 조사하는 것이었습니다. 동물 실험을 통해, 일정한 뇌 영역이 보상에 관련된 정보를 처리하는 데 중요한 역할을 한다는 걸 알아냈거든요. 하지만 그렇게 확인된 사실이 인간의 뇌에는 어떻게 적용되고, 인간 세계에서 돈과 같은 보편적인 보상 수단에는 어떻게 적용되는지에 대해서는 알려진 바가 거의 없었어요. 또 병적인 도박 같은 행동 중독에는 어떤 의미를 갖는지도 궁금했습니다. 따라서 추측 게임을 이용한 실험에서 우리가 처음에 바란 목적은, 참여자가 정확히 추측해 돈으로 보상 받았을 때 뇌에서 일어나는 반응과 잘못 추측해 금전적 손해를 보는 경우의 반응을 비교하는 것이었지요. 우리가 관찰한 패턴은 보상 반응의 특징을 그대로 보여 주었습니다. 선조체가 윗부분과 아랫부분 모두에서 분명히 활성화되었어요. 실험을 시작할 때, 즉 물음표가 나타나고 참가자들이 추측할 때 선조체 활성화가 증가합니다. 우리는 이런 현상이 잠재적 보상에 대한 기대감을 반영하는 것이라 판단했습니다. Brian Knutson(2001)의 작업을 비롯해 이 방법을 사용한 다른 실험들(Delgado et al., 2004, Leotti & Delgado, 2011)도 우리 판단을 뒷받침해 줍니다. 물론 참가자들은 자신의 추측이 맞아서 보상으로 연결될지, 혹은 추측이 틀려서 아무것도 얻지 못할지 처음에는 모릅니다. 따라서 결과에 상관없이 선조체는 똑같이 활성화되지요. 그런데 결과가 드러난 후에는 선조체 반응이 달라졌습니다. 달리 말하면, 결과가 긍정적인 경우에는 선조체 반응이 증가하고, 결과가 부정적인 경우에는 선조체 반응이 감소하는 흥미로운 패턴이 나타난 겁니다. 이런 결과에서 선조체의 반응은 결과 값과 같은 방향으로 움직인다고 해석됩니다. 따라서 신경 자극과 그에 따른 결과를 전체적으로 고려하는 일반적인 해석을 적용하면, 선조체는 결과/보상에 대한 정보를 받아들이고 기대치에 맞추어지며, 시스템이 갱신되어 다음 결정에 영향을 미치게 됩니다. 예컨대 높은 쪽으로 추측해서 그 추측이 틀리면 다음에는 낮은 쪽으로 추측하는 것이지요."

10 사실 확인을 위한 메일의 답장에서 델가도는 다음과 같이 말했다.

"이와 관련해서는 세 가지 실험이 있습니다. …… 첫 번째 실험(Tricomi et al., 2004)에서는 참가자들에게 두 종류의 원을 보여 주었어요. 예컨대 노란색 원이 보이면 참가자들에게 올바른 대답이 1번 단추인지 2번 단추인지 곧바로 추측해 보고, 올바로 대답하면 금전적 보상이 있을 거라고 알려 주었습니다. 반면에 푸른색 원이 보이면 어떤 단추를 눌러야 하지만, 그 단추는 보상과 직접적인 관계가 없으며 보상은 순전히 운에 달렸다고 알려 주었지요. 엄격히 말하면 두 경우 모두에서 보상은 임의적이었습니다. 하지만 참가자들의 선조체는 어떤 단추를 누르는지가 중요하다고 생각하는 경우에 훨씬 더 민감하게 반응했습니다. 요컨대 참가자들이 보상을 자신들이 결정할 수 있다고 생각하는 경우에 보상 반응이 상대적으로 뚜렷하게 나타난다는 게 이 실험으로 입증된 것이지요. 두 번째 실험에서는 다시 카드 추측 게임(Delgado et al., 2005)으로 돌아갔지만, 이번에는 카드가 높은 수인지 낮은 수인지 예측하는 시도가 있기 전 첫 번째 실험의 원처럼 일종의 단서가 주어졌어요. 참가자들은 시행착오를 통해 단서에 어떤 뜻이 담겼는지 알아내야 했습니다. 이 실험에서는 선조체의 신호가 보상 값을 처리하는 과정보다, 보상에 대해 알아 가는 과정과 관계있다는 게 밝혀졌습니다. 한편, 세 번째 실험(Leotti & Delgado, 2005)에서는 참가자들에게 두 가지 단서, 즉 사각형과 원을 제시했습니다. 사각형이 나타나면 참가자에게 50/50의 선택 가능성이 주어졌고, 올바른 답을 선택하면 보상이 주어졌지요(이 실험에서는 보상을 받거나 받지 못하는 경우밖에 없어서 참가자들이 손해 보는 경우는 없었습니다). 따라서 사각형이 나타나면 참가자들은 자신감에 찬 반응을 보여 주었는데, 게임에 이길 수 있다는 자신감과 무척 유사했습니다. 반면에 원이 나타나면 참가자들은 선택권을 상실했어요. 컴퓨터가 참가자 대신 선택할 뿐 다른 조건은 같았습니다. 요컨대 컴퓨터가 올바른 답을 선택하면 그들에게 보상이 주어지는 것이었지요. 따라서 두 경우 모두에서 참가자는 보상을 받을 수 있었습니다(물론 답이 틀리면 보상 받지 못했어요). 하지만 참가자가 선택하느냐, 컴퓨터가 선택하느냐는 결정적인 차이가 있었습니다. 참가자가 직접 선택하는 조건은 힘만 더 들고 보상량은 똑같았지만, 흥미롭게도 그들은 자신이 직접 선택하는 조건을 더 선호했어요. 또한 원이 나타나는 경우보다 사각형이 나타날 때 선조체 활동이 더 뚜렷하다는 것도 확인할 수 있었지요. 참가자들에게 선택권이 있을 때 대뇌의 보상 영역이 활성화된다는 것은, 직접 선택하는 기회를 행사하는 것 자체가 보상으로 여겨질 수 있다는 뜻으로 해석됩니다."

11 델가도의 실험에 대해 더 깊이 알고 싶다면 다음 자료들을 참조하기 바란다.

Tricomi, Elizabeth M., Mauricio R. Delgado, and Julie A. Fiez. "Modulation of caudate activity by action contingency." Neuron 41.2 (2004) : 281-292 ; Delgado, Mauricio R., M. Meredith Gillis, and Elizabeth A. Phelps. "Regulating the expectation of reward via cognitive strategies." Nature Neuroscience 11.8 (2008) : 880-881 ; Martin, Laura N., and Mauricio R. Delgado. "The influence of emotion regulation on decision-making under risk." Journal of Cognitive Neuroscience 23.9 (2011) : 2569-2581 ; Leotti, Lauren A., and Mauricio R. Delgado. "The value of exercising control over monetary gains and losses." Psychological Science 25.2 (2014) : 596-604 ; Leotti, Lauren A., and Mauricio R. Delgado. "The inherent reward of choice." Psychological Science (2011) : 1310-1318.

12 "Self-Employment in the United States." Monthly Labor Review. 미국 노동 통계국(U.S. Bureau of Labor Statistics). 2010년 9월, http : //www .bls.gov/opub/mlr/2010/09/art2full.pdf.

13 미국 회계 감사원의 2006년 연구 보고서에 따르면, 노동자의 31%가 임시직이었다.

14 Conlin, Michelle, et al., "The Disposable Worker." Bloomberg Business. 2010년 1월 7일.

15 Leotti, Lauren A., Sheena S. Iyengar, and Kevin N. Ochsner. "Born to choose : The origins and value of the need for control." Trends in Cognitive Sciences 14.10 (2010) : 457-463.

16 Cordova, Diana I., and Mark R. Lepper. "Intrinsic motivation and the process of learning : Beneficial effects of contextualization, personalization, and choice." Journal of Educational Psychology 88.4 (1996) : 715 ; Rodin, Judith, and Ellen J. Langer. "Long-term effects of a control-relevant intervention with the institutionalized aged." Journal of Personality and Social Psychology 35.12 (1977) : 897.

17 Langer, EJ and J. Rodin. "The effects of choice and enhanced personal responsibility for the aged : a field experiment in an institutional setting." Journal of Personality and Social Psychology 34.2 (1976) : 191-198.

18 Sullivan, Margaret W., and Michael Lewis. "Contextual determinants of anger and other negative expressions in young infants." Developmental Psychology 39.4 (2003) : 693.

19 Leotti, Lauren A., and Mauricio R. Delgado. "The inherent reward of choice." Psychological Science (2011).

20 앞의 논문.

21 Patall, Erika A., Harris Cooper, and Jorgianne Civey Robinson. "The effects of choice on intrinsic motivation and related outcomes : a meta-analysis of research findings." Psychological Bulletin 134.2 (2008) : 270 ; Stipek, Deborah J., and John R. Weisz. "Perceived personal control and academic achievement." Review of Educational Research 51.1 (1981) : 101-137 ; Abrahams, Steven W. Goal-setting and Intrinsic Motivation : The Effects of Choice and Performance Frame-of-reference.

학위 논문. Columbia University, 1989.

22 사실 확인을 위해 주고받은 메일에서, 샌디에이고 신병 훈련 연대 사령관 로버트 그러니 대령은 다음과 같이 말했다.

"버스에서 내려 노란 발걸음을 딛는 순간 신병들은 집단적인 충격과 스트레스를 받게 됩니다. 팀워크와 명령에의 순종을 강조하고, 전우를 향한 사심 없는 헌신이 개인적인 성취보다 훨씬 중요하게 여겨지는 새로운 삶의 세계에 들어섰다는 걸 신병들에게 확실하게 알려 주기 위해 설계된 과정이지요. 첫날 밤에는 기초적인 신체검사와 이발을 한 뒤 밀반입품이 있는지 검사하고, 행정적인 문제와 전투복 지급 등 실질적인 문제를 처리하며, 집으로 전화해서 그들이 신병 교육대에 안전하게 도착했다는 소식을 부모나 미리 지정된 사람에게 알리게 합니다."

23 사실 확인을 위한 메일에서, 그러니 대령은 크룰라크 사령관의 개혁에 대해 다음과 같이 말해 주었다.

"일련의 개혁은 가치를 기반으로 한 훈련을 도입하는 데 중점을 두었어요. 물론 개혁에서 자기 동기 부여와 리더십이 강조되었지만, 팀워크와 팔로십 및 핵심 가치 개발(명예와 용기와 헌신)에도 초점을 맞추었습니다. 크룰라크 사령관은 훈련 철학을 심어 주려 애썼고, 그 결과 우리 해병대원들은 전시에나 평화시에나 가치에 기반을 둔 결정을 내리는 데 익숙해졌지요."

24 미국 해병대의 기초 훈련을 파악하기 위해서 크룰라크 사령관과 샌디에이고 신병 교육대 공보 책임자 닐 루지에로 소령에게 많은 신세를 졌다. 또한 Thomas E. Ricks와 그의 책 《Making the Corps》에서도 많은 도움을 받았다. 물론 다음과 같은 책들도 참조했다.

Martino, Vincent, Jason A. Santamaria, and Eric K. Clemons. The Marine Corps way : Using maneuver warfare to lead a winning organization. McGraw-Hill Professional, 2005 ; Woulfe, James. Into the crucible : Making Marines for the 21st century. Presidio Press, 2009 ; Katzenbach, Jon R. Peak performance : Aligning the hearts and minds of your employees. Harvard Business Press, 2000.

25 Rotter, Julian B. "Generalized expectancies for internal versus external control of reinforcement." Psychological Monographs : General and Applied 80.1 (1966) : 1 ; Judge, Timothy A., et al., "Are measures of self-esteem, neuroticism, locus of control, and generalized self-efficacy indicators of a common core construct?." Journal of Personality and Social Psychology 83.3 (2002) : 693 ; Herbert M.

Lefcourt. Locus of Control : Current Trends in Theory and Research. Psychology Press, 1982 ; Whyte, Cassandra Bolyard. "High-risk college freshmen and locus of control." The Humanist Educator 16.1 (1977) : 2-5 ; Roddenberry, Angela, and Kimberly Renk. "Locus of control and self-efficacy : potential mediators of stress, illness, and utilization of health services in college students." Child Psychiatry & Human Development 41.4 (2010) : 353-370 ; Benassi, Victor A., Paul D. Sweeney, and Charles L. Dufour. "Is there a relation between locus of control orientation and depression?." Journal of Abnormal Psychology 97.3 (1988) : 357.

26 Stocks, Alexandra, Kurt A. April, and Nandani Lynton. "Locus of control and subjective well-being : a cross-cultural study." Problems and Perspectives in Management 10.1 (2012) : 17-25.

27 Mueller, Claudia M., and Carol S. Dweck. "Praise for intelligence can undermine children's motivation and performance." Journal of Personality and Social Psychology 75.1 (1998) : 33.

28 이 장에 소개한 캐럴 드웩 교수의 실험은 통제 소재보다 지능에 중점을 두었다. 한 인터뷰에서 그녀는 자신의 연구가 통제 소재를 이해하는 데 어떻게 해석될 수 있는지에 대해 설명해 주었다.

29 캐럴 드웩 교수의 흥미로운 연구에 대해 더 깊이 알고 싶다면 다음 자료들을 참조하기 바란다.

Dweck, Carol S., and Ellen L. Leggett. "A social-cognitive approach to motivation and personality." Psychological Review 95.2 (1988) : 256 ; Dweck, Carol S. "Motivational processes affecting learning." American Psychologist 41.10 (1986) : 1040 ; Dweck, Carol S., Chi-yue Chiu, and Ying-yi Hong. "Implicit theories and their role in judgments and reactions : A word from two perspectives." Psychological Inquiry 6.4 (1995) : 267-285 ; Dweck, Carol. Mindset : The new psychology of success. Random House, 2006.

30 사실 확인을 위해 주고받은 메일에서 샌디에이고 신병 교육대 부대장 로버트 그러니 대령은 다음과 같이 말했다.

"이 이야기를 소개한 해병대원이 신병 훈련을 받을 때는 이런 상황이 가능했지요. 요즘에는 신병들이 구내식당을 청소하지는 않습니다. 이 이야기는 우리 훈련 교관이 사용한 훈련 방법과 그가 신병들에게 전해 주려는 교훈을 정확히 설명하는 것입니다."

31 사실 확인을 위해 주고받은 메일에서, 미 해병대 대변인은 지옥의 용광로를 진행하는 동안 신병들은 철저히 감독 아래 있었고, 지옥의 용광로가 진행되는 곳은 해병대 땅이라고 역설했다. 지옥의 용광로는 캘리포니아에서는 캠프 펜들턴, 패리스 아일랜드에서는 옛 활주로 주변 지역에서 진행됐다. 샌디에이고 신병 교육대 부대장 로버트 그러니 대령은 다음과 같이 말했다.

"크룰라크 사령관은 가치를 중요시한 훈련법을 도입한 개척자이며, 그런 훈련법을 신병들에게 적용한 지옥의 용광로의 창안자이기도 합니다. 그의 말에 따르면, 지옥의 용광로를 최종 과제로 삼은 원래 의도는 세 가지였습니다. 첫째, 신병들이 훈련 교관의 명령에서 벗어나 자율적으로 결정을 내리는 능력을 시험하는 것이고, 둘째 신병 훈련 기간 내내 진행된 핵심 가치 훈련을 강조하고 강화하는 것, 마지막으로 자율과 극기를 넘어 전투에서 실질적으로 필요한 자질인 전우애를 신병에게 심어 주는 것이었지요. 지옥의 용광로를 완료하지 못한 신병에게는 신병 부대에 재배치되어 지옥의 용광로에 다시 도전할 기회가 주어집니다. 지옥의 용광로를 반복해서 실패할 경우 혹은 군 복무를 계속하기 힘들 정도의 부상을 당한 경우에는 해병대에서 탈락됩니다."

한편 야전 훈련 대대 부대장 크리스토퍼 내시 대령은 다음과 같이 말했다.

"지옥의 용광로는 민간인을 해병대원으로 탈바꿈시키는 인내력 테스트입니다. 신병들은 사흘 동안 약 68킬로미터를 도보로 이동합니다. 또한 지옥의 용광로가 진행되는 동안 세 봉지의 휴대 식량으로 굶주림을 이겨 내야 하고, 하루에 4시간 미만의 수면을 취하며 끊임없이 움직여야 하지요. 지옥의 용광로의 주된 목적은 핵심 가치와 팀워크 함양입니다. 신병들은 사흘 동안 스물네 군데의 장애물을 극복하고, 세 가지의 핵심 가치 토론에 참여하며, 두 번의 인내력 테스트를 이겨 내야 합니다. 어떤 과제도 혼자 해낼 수는 없습니다. 지옥의 용광로는 '죽음의 행군' 16킬로미터로 끝을 맺습니다. 죽음의 행군을 하는 동안 신병들은 해병을 상징하는 기장을 획득하는 의식을 치르고 마침내 해병대원이란 지위를 얻게 되지요."

32 Klinger, Joey E. Analysis of the perceptions of training effectiveness of the crucible at Marine Corps Recruit Depot, San Diego. 학위 논문. Monterey, California : Naval Postgraduate School, 1999 ; Dynan, S. P. Updating tradition : Necessary changes to Marine Corps recruit training. Marine Corps Command And Staff College, Quantico, VA. 2006 ; Cameron, M. C. Crucible Marine on Point : Today's Entry-Level Infantry

Marine. Marine Corps Command And Staff College, Quantico, VA. 2006 ; Becker, Michael D. "We Make Marines : " Organizational Socialization and the Effects of "The Crucible" on the Values Orientation of Recruits During US Marine Corps Training. 학위 논문. Indiana University of Pennsylvania, 2013 ; Eiseman, Benjamin. "Into the Crucible : Making Marines for the 21st Century." Military Review 80.1 (2000) : 94 ; Terriff, Terry. "Warriors and Innovators : Military change and organizational culture in the US Marine Corps." Defence Studies 6.2 (2006) : 215-247.

33 Kane, Rosalie A., et al., "Everyday matters in the lives of nursing home residents : wish for and perception of choice and control." Journal of the American Geriatrics Society 45.9 (1997) : 1086-1093 ; Kane, Rosalie A., et al., "Quality of life measures for nursing home residents." The Journals of Gerontology Series A : Biological Sciences and Medical Sciences 58.3 (2003) : 240-248 ; Reinardy, James R., and Rosalie A. Kane. "Anatomy of a choice : Deciding on assisted living or nursing home care in Oregon." Journal of Applied Gerontology 22.1 (2003) : 152–174 ; Kane, Robert L., and Rosalie A. Kane. "What older people want from long-term care, and how they can get it." Health Affairs 20.6 (2001) : 114-127 ; McAuley, William J., and Rosemary Blieszner. "Selection of long-term care arrangements by older community residents." The Gerontologist 25.2 (1985) : 188-193.

34 사실 확인을 위해 주고받은 메일에서, 아비브는 '감정 자체가 없다기보다 감정 표현이 없는 사람'이 정확한 표현이라고 말했다. 그리고 다음과 같이 덧붙였다.

"그들도 과거에 무엇을 어떻게 느꼈는지 기억해 낼 수 있습니다. 그들이 어떤 것도 느끼지 못한다는 증거는 없지요. 오히려 만족감을 추구하려는 욕심을 드러내지 않기 때문에 아무런 감정이 없는 것처럼 보이는 것일 수 있습니다. 이런 해석에는 만족감이나 보상을 추구하는 개개인의 능력에 따라 감정의 강도가 달라진다는 뜻이 담겨 있기 때문에 무척 흥미로운 해석이라 할 수 있습니다."

제2장

1 Alex Roberts, "What a Real Study Group Looks Like." Yale School of Management, MBA Blog, 2010년 8월 31일, http : //som.yale.edu/what-real-study-group-looks.

2 사실 확인을 위해 주고받은 메일에서 줄리아 로조브스키는 다음과 같이 말했다.

"내가 속한 연구반에서 깊이 사귄 친구는 손가락으로 꼽을 정도입니다. 여하튼 경연 대회 팀원들과는 훨씬 가깝게 지냈습니다."

3 "Yale SOM Team Wins National Net Impact Case Competition." Yale School of Management, 2011년 11월 10일, http : //som.yale.edu/news/news/yale-som-team-wins-national-net-impact-case-competition.

4 사실 확인을 위해 주고받은 메일에서 줄리아 로조브스키는 다음과 같이 대답했다.

"우리는 각자 경연 대회에 참석하기로 결정했는데, 경연 대회는 그때마다 구성원과 규모가 달랐습니다. 내가 공교롭게도 늘 같은 팀과 일한 것은 순전히 우연이었지요."

5 사실 확인을 위해 주고받은 메일에서 구글 대변인은 다음과 같이 말했다.

"인력 분석부의 주된 업무는 구글 직원들의 건강과 행복, 그리고 생산성에 관련된 핵심 요인들을 과학적이고 엄격한 방법으로 연구하는 것입니다. …… 구글에는 고용이나 홍보 등을 전담 관리하는 부서가 없고, 모든 직원과 관리자가 그 역할을 공유합니다."

구글 인력 관리부에 대해 더 깊이 알고 싶다면 다음 자료들을 참조하기 바란다.

Thomas H. Davenport, Jeanne Harris, and Jeremy Shapiro, "Competing on Talent Analytics." Harvard Business Review 88, no. 10 (2010) : 52-58 ; John Sullivan, "How Google Became the #3 Most Valuable Firm by Using People Analytics to Reinvent HR." ERE Media, 2013년 2월 25일, http : //www.eremedia.com/ere/how-google-became-the-3-most-valuable-firm-by-using-people-analytics-to-reinvent-hr/ ; David A. Garvin, "How Google Sold Its Engineers on Management." Harvard Business Review 91, no. 12 (2013) : 74-82 ; Adam Bryant, "Google's Quest to Build a Better Boss." The New York Times, 2011년 3월 12일 ; Laszlo Bock, Work Rules! Insights from Inside Google That Will Transform the Way You Live and Lead (New York : Twelve, 2015).

6 《포천》은 2007년, 2008년, 2012년, 2013년, 2014년, 2015년에 구글을 가장 일하기 좋은 직장 1위로 선정했다.

7 사실 확인을 위해 주고받은 메일에서 줄리아 로조브스키는 다음과 같이 말했다.

"아리스토텔레스 프로젝트에 참여하기 전에도 여러 연구 프로젝트에서 일했습니다. 내가 내부적으로 사용하는 간략한 이력서를 소개하면 다음과 같습니다. '줄리아 로조브스키 : 2012년 8월 구글 인력 분석부에 입사. 구글에 재직하는 동안 인력 운용 전략 팀에 조언, 탄력적 인력 운영 프로그램 효과 분석, 권한을 위임하는 리더에 대한 연구 등을 시행했음. 현재는 팀의 효율성 제고를 위한 아리스토텔레스 프로젝트의 관리자로 일하고 있음. 구글에 입사하기 전 하버드 경영 대학원 교수들의 연구원으로 게임 이론에 입각한 경쟁 전략과 조직 행동, 노동 윤리와 재무 관리 및 조직 구조에 대한 연구에 참여했음. 경영 대학원에 입학하기 전에는 소규모 마케팅 분석 회사의 전략 컨설턴트로 근무했음. 예일 대학교 경영 대학원을 졸업했고, 터프츠 대학교에서 수학과 경제학을 전공했음.'"

8 사실 확인을 위해 주고받은 메일의 답장에서 구글 대변인은 다음과 같이 말했다.
"우리는 먼저 팀에 대한 정의부터 시작했고, 결국 '프로젝트를 중심으로 밀접하게 협력하고 공통된 목표를 지향하며 노력하는 사람의 모임'이란 정의를 내렸습니다. 그런데 직원들이 보고 라인을 넘나들며 협력하는 우리 환경에서는 계급 구조로 팀을 정의하는 방식이 적절하지 않았어요. 따라서 앞에서 규정한 정의에 맞아떨어지는 팀과, 그 팀의 정확한 구성원을 체계적으로 알아낼 방법을 생각해 내야 했지요. 그래야 팀의 효율성을 제대로 연구할 수 있을 테니까요. 결국 우리는 수공으로 작업할 수밖에 없었습니다. 상급 관리자에게 관리하는 팀들을 일일이 소개 받았고, 각 팀장에게 팀원들을 확인해 달라고 부탁했지요."

9 David Lyle Light Shields et al., "Leadership, Cohesion, and Team Norms Regarding Cheating and Aggression." Sociology of Sport Journal 12 (1995) : 324-336.

10 집단 규범에 더 깊이 알고 싶다면 다음 문헌들을 참조하기 바란다.
Muzafer Sherif, The Psychology of Social Norms (London : Octagon Books, 1965) ; Jay Jackson, "Structural Characteristics of Norms." Current Studies in Social Psychology 301 (1965) : 309 ; P. Wesley Schultz et al., "The Constructive, Destructive, and Reconstructive Power of Social Norms." Psychological Science 18, no. 5 (2007) : 429-434 ; Robert B. Cialdini, "Descriptive Social Norms as Underappreciated Sources of Social Control." Psychometrika 72, no. 2 (2007) : 263.

11 Sigal G. Barsade, "The Ripple Effect : Emotional Contagion and Its Influence on Group Behavior." Administrative Science Quarterly 47, no. 4 (2002) : 644-675 ; Vanessa Urch Druskat and Steven B. Wolff, "Building the Emotional Intelligence of Groups." Harvard Business Review 79, no. 3 (2001) : 80-91.

12 사실 확인을 위해 주고받은 메일에서 줄리아 로조브스키는 "물론 연구반에서 가끔 그렇게 느꼈다는 것이지 항상 그랬다는 것은 아닙니다"라고 말했다.

13 사실 확인을 위해 주고받은 메일에서 구글 대변인은 다음과 같이 말했다.
"우리는 중요하다고 생각되는 많은 집단 규범을 시험하고 싶었습니다. 하지만 시험 단계에서는 '어떻게'가 '누구'보다 중요하다는 걸 몰랐어요. 통계적 모형을 운영하기 시작한 후에야 집단 규범이 상대적으로 중요하게 부각되었고, 다섯 가지의 핵심 개념이 뚜렷하게 드러났습니다."

14 Amy C. Edmondson, "Learning from Mistakes Is Easier Said than Done : Group and Organizational Influences on the Detection and Correction of Human Error." The Journal of Applied Behavioral Science 32, no. 1 (1996) : 5-28 ; Druskat and Wolff, "Group Emotional Intelligence." 132-155 ; David W. Bates et al., "Incidence of Adverse Drug Events and Potential Adverse Drug Events : Implications for Prevention." Journal of the American Medical Association 274, no. 1 (1995) : 29-34 ; Lucian L. Leape et al., "Systems Analysis of Adverse Drug Events." Journal of the American Medical Association 274, no. 1 (1995) : 35-43.

15 사실 확인을 위해 주고받은 메일에서 에이미 에드먼슨은 다음과 같이 말했다.

"복잡한 시스템에 개개 환자의 특이성이 더해지면서 의료 과실이 일어난다는 지적은 내가 알아낸 게 아닙니다. …… 나는 그런 해석이 있다는 걸 많은 사람에게 전달한 것일 뿐이에요. 하지만 시스템의 틈새를 빠져나갈 가능성은 항상 존재하지요. 따라서 실수를 예방하고 바로잡기 위한 의식과 팀워크 구축이 반드시 필요합니다."

16 사실 확인을 위해 주고받은 메일에서 에이미 에드먼슨은 다음과 같이 말했다.

"한 조직에서도 팀마다 다른 특징을 띠는 것으로 확인된 인간관계 분위기가 다른 조직에서도 나타나는지 알아내는 게 애초의 목표였어요. 이런 인간관계 분위기에 '심리적 안전감'(혹은 팀의 심리적 안전감)이란 이름을 붙인 건 나중이었습니다. 또 이런 심리적 안전감이 다르다면 그 차이가 학습 행동(혹은 성과)과도 관계가 있는지 알아내고 싶었습니다."

에이미 에드먼슨의 연구에 대해 더 깊이 알고 싶다면 다음 문헌들을 참조하기 바란다.

Amy C. Edmondson, "Psychological Safety and Learning Behavior in Work Teams." Administrative Science Quarterly 44, no. 2 (1999) : 350-383 ; Ingrid M. Nembhard and Amy C. Edmondson, "Making It Safe : The Effects of Leader Inclusiveness and Professional Status on Psychological Safety and Improvement Efforts in Health Care Teams." Journal of Organizational Behavior 27, no. 7 (2006) : 941-966 ; Amy C. Edmondson, Roderick M. Kramer, and Karen S. Cook, "Psychological Safety, Trust, and Learning in Organizations : A Group-Level Lens." Trust and Distrust in Organizations : Dilemmas and Approaches 10 (2004) : 239-272.

17 Amy C. Edmondson, "Psychological Safety and Learning Behavior in Work Teams." Administrative Science Quarterly 44, no. 2 (1999) : 350-383.

18 사실 확인을 위해 주고받은 메일에서 구글 대변인은 다음과 같이 말했다.

"우리가 중요한 것으로 분류해 낸 규범들의 공통분모를 찾아내려 할 때, 심리적 안전감에 대한 에드먼슨 논문들이 무척 유용했습니다. 우리는 심리적 안전감에 대한 논문들을 검토 했고, 우리가 평소 지향하던 '실패해도 그에 따른 징계가 없도록 하라, 엉뚱한 의견도 존중 하라, 상대의 결정에 거리낌 없이 의문을 제기하지만 상대를 폄하하는 게 아니라는 믿음을 심어 주라' 등의 문화가 심리적 안전감과 밀접한 관계가 있다는 걸 알게 됐지요. 그 후 심 리적 안전감은 신뢰성, 조직 구조와 투명성, 일의 의미, 일의 영향력과 더불어 구글의 다섯 가지 핵심 개념 중 하나가 됐습니다."

19 〈새터데이 나이트 라이브〉의 초기 상황을 파악하기 위해 나는 당시 작가들과 출연자들 의 적극적인 도움을 받았고, 그 밖에도 다음과 같은 책들을 참조했다.

Tom Shales and James Andrew Miller, Live from New York : An Uncensored History of "Saturday Night Live" (Boston : Back Bay Books, 2008) ; Ellin Stein, That's Not Funny, That's Sick : The National Lampoon and the Comedy Insurgents Who Captured the Mainstream (New York : Norton, 2013) ; Marianne Partridge, ed., "Rolling Stone" Visits "Saturday Night Live" (Garden City, N.Y. : Dolphin Books, 1979) ; Doug Hill and Jeff Weingrad, Saturday Night : A Backstage History of "Saturday Night Live" (San Francisco : Untreed Reads, 2011).

20 사실 확인을 위해 주고받은 메일에서 톰 실러는 다음과 같이 말했다.

"뉴욕에서는 살아 본 적도 없고, 코미디 버라이어티 프로그램에 관계한 적도 없는 나에게 는 정말 잊지 못할 강렬한 경험이었어요. 또 대다수가 맨해튼을 잘 모르는 데다 당시 뉴욕 은 무섭고 위험한 도시여서 우리는 거의 언제나 함께 시간을 보냈습니다. 물론 뉴욕에 지 인도 없고 프로그램을 제작하는 데 공을 들여야 하는 까닭도 있었고요. 당시 우리는 20대 중반이거나 30대 초반이었습니다. 예, 맞습니다. 우리는 제작실을 나와서도 항상 함께 식 당과 술집을 다녔어요. 그렇게 떼 지어 다니며 서로를 웃기려고 경쟁했지요."

21 Malcolm Gladwell, "Group Think : What Does Saturday Night Live Have in Common with German Philosophy?" The New Yorker, 2002년 12월 2일.

22 Donelson Forsyth, Group Dynamics (Boston : Cengage Learning, 2009).

23 Alison Castle, "Saturday Night Live" : The Book (Reprint, Cologne : Taschen,

America, 2015).

24 사실 확인을 위해 주고받은 메일에서 앤 비츠는 다음과 같이 말했다.

"할러코스트 농담은 분명히 재미로 한 것이어서 누구나 농담으로 받아들일 만한 상황이었어요. 여하튼 우리 프로그램의 작가와는 아무런 관계가 없었지요. 당시 농담을 그대로 옮기면 '히틀러가 600만 명의 유대 인을 죽이지 않았다면 어땠을지 상상해 봐. 뉴욕에서 아파트를 구하기가 정말 어려웠을 거야'라고 했을 겁니다. 뉴욕에 유대 인이 유난히 많은 데다 뉴욕에서 아파트를 구하기가 어려운 상황을 농담으로 풀어낸 것이지요. 일반적인 민족 감정까지 얹어서 '굳이 유대 인이 되어야 호밀 빵을 좋아하는 것은 아니지만 나쁠 것은 없지'라는 식으로 말한 겁니다. 여하튼 작가들과는 아무런 관계도 없는 농담이었어요. 하지만 매릴린 밀러는 히틀러와 할러코스트라는 단어만 들어도 못마땅한 표정을 지었습니다. 그녀에게 히틀러와 할러코스트는 코미디로 적합한 주제가 아니었던 겁니다. …… 작가들 간의 경쟁에 대해 말씀드리면, 경쟁이 없지는 않습니다. 경쟁이 치열하기는 했습니다. 하지만 누구에게나 다음 주에는 모든 것을 뒤집어 놓을 기회가 보장되었어요. 또 방송 분량, 론의 인정, 청중의 호응 등에 대한 경쟁이 있었지만 전반적으로 모든 작가가 서로 도왔고 실패에는 함께 진심으로 안타까워했습니다. 누구도 '네 대본은 잘렸지만 내 건 살아남았어!'라면서 환한 얼굴로 낄낄거리지 않았어요. 실패한 동료에게는 '다음에 잘하면 돼!'라고 격려했습니다. 모두 서로를 가족이라고 느꼈을 겁니다. 제 역할을 못하는 가족이지만, 그래도 긴밀하게 연결된 가족 말이에요. 여하튼 내가 〈새터데이 나이트 라이브〉에서 일하는 동안에는 경쟁심과 질투, 험담과 따돌림 등이 매우 심했다고 할 수 있습니다."

25 사실 확인을 위해 주고받은 메일에서 앨런 즈웨이벨은 다음과 같이 말했다.

"그 등장인물이나 대본을 쓰는 과정 때문에 화가 난 것은 아니었어요. 여하튼 어떤 이유가 있어 길다와 내가 말을 나누지 않았지만, 어떤 이유였는지 지금은 전혀 기억이 나지 않아요. 내가 3회분 정도의 대본을 쓰지 않은 다음 우리는 혼자 작업할 때보다 팀으로 작업할 때 훨씬 더 낫다는 걸 깨달았어요. 그래서 화해하고 다시 공동 작업을 시작했지요."

26 사실 확인을 위해 주고받은 메일에서 톰 실러는 다음과 같이 말했다.

"코미디 작가와 혼자 공연하는 스탠드업 코미디언은 내면에 슬픔과 분노를 간직한 사람들이고, 그런 감정을 코미디로 승화시키는 경우가 많습니다. 특히 스탠드업 코미디언은 야유를 퍼붓는 사람들에게 이골이 나 있지요. 그래서 야유에 재빨리 응수하는 재미있는 말을 준비해 둬야 합니다. 따라서 뭔가를 신랄하면서도 재미있게 말하는 재주만큼 상대를 자극하는 호전적인 말을 재미있게 톡톡 던지는 재주가 있어야 하지요. …… 10명의 작가가 있고 우리 모두 서로 좋아했지만 한정된 대본만이 선택되는 현실을 인정해야 했어요. 따라서 〈새터데이 나이트 라이브〉의 작가들은 치열하게 경쟁하며, 각자 최고의 대본을 써내려고 최선을 다했습니다. 나 역시 온갖 노력을 다했지요."

27 테스트의 정확한 답은 차례로 '당황', '단호함', '의심', '신중'이다. 여기에 인용한 사진들의 출처는 다음과 같다.

Simon Baron-Cohen et al., "Another Advanced Test of Theory of Mind : Evidence from Very High Functioning Adults with Autism or Asperger Syndrome." Journal of Child Psychology and Psychiatry 38, no. 7 (1997) : 813-822. And Simon Baron-Cohen et al., "The 'Reading the Mind in the Eyes' Test Revised Version : A Study with Normal Adults, and Adults with Asperger Syndrome or High-Functioning Autism." Journal of Child Psychology and Psychiatry 42, no. 2 (2001) : 241-251.

28 Anita Williams Woolley et al., "Evidence for a Collective Intelligence Factor in the Performance of Human Groups." Science 330, no. 6004 (2010) : 686-688.

29 Anita Woolley and Thomas Malone, "What Makes a Team Smarter? More Women." Harvard Business Review 89, no. 6 (2011) : 32-33 ; Julia B. Bear and Anita Williams Woolley, "The Role of Gender in Team Collaboration and Performance." Interdisciplinary Science Reviews 36, no. 2 (2011) : 146-153 ; David Engel et al., "Reading the Mind in the Eyes or Reading Between the Lines? Theory of Mind Predicts Collective Intelligence Equally Well Online and Face-to-Face." PloS One 9, no. 12 (2014) ; Anita Williams Woolley and Nada Hashmi, "Cultivating Collective Intelligence in Online Groups." in Handbook of Human Computation, ed. Pietro Michelucci (New York : Springer, 2013), 703-714.

30 Baron-Cohen et al., "'Reading the Mind in the Eyes' Test Revised Version." 241-251.

31 사실 확인을 위해 주고받은 메일에서 앨런 즈웨이벨은 다음과 같이 말했다.

"론은 대본 위쪽에 쓰인 머리글자가 많은 게 좋다고 말했습니다. 그래야 다양한 생각과 감성이 뒤섞인 작품이 탄생할 수 있다고 여긴 것이지요. 〈새터데이 나이트 라이브〉가 40년 동안 지속된 이유는 전적으로 론의 천재적인 능력, 구체적으로 말하면 재주꾼을 알아보고, 변화무쌍한 시대의 흐름에 적응하며, 개개인의 목소리를 살려 주는 동시에 모두 협력하도록 유도함으로써 부분의 합보다 큰 전체를 만들어 내는 론의 능력 덕분입니다."

32 실제로 방영된 프로그램에서 오도너휴는 다음과 같이 말한다.

"그래, 알아! 난 할 수 있어! 난 할 수 있어! 내가 할 수 있다는 걸 안다고! 헉헉! 헉헉! 아이코, 심장이야! 심장이 아파! 제기랄, 너무 아파! 제기랄, 너무 아파! 너무 아프다고!"

여하튼 우울한 동화라는 개념은 개릿이 아니라 오도너휴에게서 비롯되었다는 사실을 분명히 해 둘 필요가 있다.

제3장

1 나는 에어 프랑스 447편에 관련된 정보를 수집하기 위해 William Langewiesche, Steve Casner, Christopher Wickens, Mica Endsley를 비롯한 많은 전문가의 도움을 받았다. 물론 이 사건을 다룬 여러 출판물도 참조했다.

William Langewiesche, "The Human Factor." Vanity Fair, 2014년 10월 ; Nicola Clark, "Report Cites Cockpit Confusion in Air France Crash." The New York Times, 2012년 7월 6일 ; Nicola Clark, "Experts Say Pilots Need More Air Crisis Training." The New York Times, 2011년 11월 21일 ; Kim Willsher, "Transcripts Detail the Final Moments of Flight from Rio." Los Angeles Times, 2011년 10월 16일 ; Nick Ross and Neil Tweedie, "Air France Flight 447 : 'Damn It, We're Going to Crash'." The Daily Telegraph, 2012년 5월 1일 ; "Air France Flight 447 : When All Else Fails, You Still Have to Fly the Airplane." Aviation Safety, 2011년 3월 1일 ; "Concerns over Recovering AF447 Recorders." Aviation Week, 2009년 6월 3일 ; Flight Crew Operating Manual, Air-bus 330—Systems—Maintenance System ; Tim Vasquez, "Air France Flight 447 : A Detailed Meteorological Analysis." Weather Graphics, 2009년 6월 3일 http : //www.weathergraphics.com/tim/af447/ ; Cooperative Institute for Meteorological Satellite Studies, "Air France Flight #447 : Did Weather Play a Role in the Accident?" CIMSS Satellite Blog, 2009년 6월 1일, http : //cimss. ssec.wisc.edu/goes/blog/archives/2601 ; Richard Woods and Matthew Campbell, "Air France 447 : The Computer Crash." The Times, 2009년 6월 7일 ; "AF 447 May Have Come Apart Before Crash." Associated Press, June 3, 2009 ; Wil S. Hylton, "What Happened to Air France Flight 447?" The New York Times Magazine, 2011년 5월 4일 ; "Accident Description F-GZC." Flight Safety Foundation, Web ; "List of Passengers Aboard Lost Air France Flight." Associated Press, 2009년 6

월 4일 ; "Air France Jet 'Did Not Break Up in Mid-Air,' Air France Crash : First Official Airbus A330 Report Due by Air Investigations and Analysis Office." Sky News, 2009년 7월 2일 ; Matthew Wald, "Clues Point to Speed Issues in Air France Crash." The New York Times, 2009년 6월 7일 ; Air France, "AF 447 RIO-PARIS-CDG, Pitot Probes." 2011년 10월 22일, http ://corporate.airfrance.com/en/press/af-447-rio-paris-cdg/pitot-probes/ ; Edward Cody, "Airbus Recommends Airlines Replace Speed Sensors." The Washington Post, 2009년 7월 31일 ; Jeff Wise, "What Really Happened Aboard Air France 447." Popular Mechanics, 2011년 12월 6일 ; David Kaminski-Morrow, "AF447 Stalled but Crew Maintained Nose-Up Attitude." Flight International, 2011년 5월 27일 ; David Talbot, "Flight 447's Fatal Attitude Problem." Technology Review, 2011년 5월 27일 ; Glenn Pew, "Air France 447—How Did This Happen?" AVweb, 2011년 5월 27일 ; Bethany Whitfield, "Air France 447 Stalled at High Altitude, Official BEA Report Confirms." Flying, 2011년 5월 27일 ; Peter Garrison, "Air France 447 : Was It a Deep Stall?" Flying, 2011년 6월 1일 ; Gerald Traufetter, "Death in the Atlantic : The Last Four Minutes of Air France Flight 447." Spiegel Online, 2010년 2월 25일 ; Nic Ross and Jeff Wise, "How Plane Crash Forensics Lead to Safer Aviation." Popular Mechanics, 2009년 12월 18일.

2 에어 프랑스 사는 조종사 과실이 에어 프랑스 447편 추락의 주된 원인이라는 평가는 부적절하다고 주장했다. 하지만 많은 항공 전문가가 에어 프랑스의 이런 항변을 일축했다. 이 책에서 다룬 쟁점에 관련된 질문서를 에어 프랑스에 보냈지만, 에어 프랑스는 프랑스 항공 사고 조사 위원회(BEA)가 에어 프랑스 447편의 사고에 관련해 발표한 공식 보고서에서 다룬 쟁점 외의 문제에 대해서는 대답하지 않았다. 한 답변서에서 에어 프랑스 대변인은 다음과 같이 말했다.

"현재까지 공공 기관의 유일한 공식적인 조사인 BEA의 조사 보고서도 (여기서) 언급한 쟁점 중 많은 의문을 다루었습니다. 그 보고서는 BEA의 영어판 웹사이트에서 구할 수 있습니다. 이 보고서를 참조하면 우리 대답을 보충할 수 있을 것입니다."

3 질문서에 대한 답변에서 에어 프랑스 대변인은 장거리용 항공기의 자동화는 A330에 적용되기 20년 전쯤에 이미 시작되었고, '과거에는 비행하는 동안 항공기의 모든 시스템을 점검하는 역할을 맡은 항공 기관사가 승무원에 포함된 적'이 있었다고 설명하며 다음과 같이 덧붙였다.

"요즘 항공기에는 항공 기관사가 탑승하지 않지만 항공기 시스템 전반을 점검하는 의무까지 사라진 것은 아닙니다. 조종사들이 그 역할을 해야 합니다. 결국 과거에도 그랬지만 요즘에도 비행시간이 일정한 기준을 넘어서면 조종사들에게 휴식 시간을 보장해 주기 위해 한두 사람의 조종사가 추가로 배치됩니다."

4 Isabel Wilkerson, "Crash Survivor's Psychic Pain May Be the Hardest to Heal," The New York Times, 1987년 8월 22일 ; Mike Householder, "Survivor of 1987 Mich. Plane Crash Breaks Silence," Associated Press, 2013년 5월 15일.

5 추락 직후에 99명이 사망했고, 2명은 그 후 합병증으로 사망했다.

6 Ken Kaye, "Flight 401 1972 Jumbo Jet Crash Was Worst Aviation Disaster in State History," Sun Sentinel, 1992년 12월 29일.

7 Aviation Safety Network, 미국 연방 교통안전 위원회 기록.

8 사실 확인을 위한 질문에 대한 답변에서 에어 프랑스 대변인은 다음과 같이 말했다. "BEA 보고서에 따르면, 난기류에 따른 요동을 상쇄하려던 조종사의 대응으로 고도가 상승하기는커녕 오히려 떨어졌습니다. 분당 182미터 속도로 하강했고, 충돌하기 전 몇 초 동안에는 소음과 요동도 줄어들었습니다."

9 사실 확인을 위한 질문에 대한 답변에서 에어 프랑스 대변인은 다음과 같이 말했다. "문서화된 기록이 맞겠지만, 사건이 있어난 초기에 '실속' 경고음이 두 번이나 반복해 울림으로써 조종사들이 경고음의 유효성을 의심할 수밖에 없었던 상황이나 몇몇 기본적인 요건을 충족시키지 못하고 있다는 점에서 기록 자체가 당시 상황을 종합적으로 밝혀 주는 것은 아닙니다. BEA 보고서에서도 음성 경고음은 '놓쳐서는 안 될 것'이 아니므로 일반적인 경우에는 흔히 무시된다고 진술하고 있습니다."

10 Zheng Wang and John M. Tchernev, "The 'Myth' of Media Multitasking : Reciprocal Dynamics of Media Multitasking, Personal Needs, and Gratifications," Journal of Communication 62, no. 3 (2012) : 493-513 ; Daniel T. Willingham, Cognition : The Thinking Animal, 3rd ed. (Upper Saddle River, N.J. : Pearson, 2007).

11 Juergan Kiefer et al., "Cognitive Heuristics in Multitasking Performance," Center of Human-Machine Systems, Technische Universität Berlin, 2014, http ://www.prometei.de/fileadmin/prometei.de/publikationen/Kiefer_eurocogsci2007.pdf.

12 Barnaby Marsh et al., "Cognitive Heuristics : Reasoning the Fast and Frugal Way,"

in The Nature of Reasoning, eds. J. P. Leighton and R. J. Sternberg (New York : Cambridge University Press, 2004) ; "Human Performance." Aerostudents, http : // aerostudents.com/files/humanMachineSystems/humanPerformance.pdf.

13 이 주제에 대해 더 깊이 알고 싶다면 다음의 책들을 특히 추천하고 싶다.

Martin Sarter, Ben Givens, and John P. Bruno, "The Cognitive Neuroscience of Sustained Attention : Where Top-Down Meets Bottom-Up." Brain Research Reviews 35, no. 2 (2001) : 146-160 ; Michael I. Posner and Steven E. Petersen, "The Attention System of the Human Brain." Annual Review of Neuroscience 13, no. 1 (1990) : 25-42 ; Eric I. Knudsen, "Fundamental Components of Attention." Annual Review of Neuroscience 30 (2007) : 57-78.

14 Ludwig Reinhold Geissler, "The Measurement of Attention." The American Journal of Psychology (1909) : 473-529 ; William A. Johnston and Steven P. Heinz, "Flexibility and Capacity Demands of Attention." Journal of Experimental Psychology : General 107, no. 4 (1978) : 420 ; Robin A. Barr, "How Do We Focus Our Attention?" The American Journal of Psychology (1981) : 591-603.

15 G. R. Dirkin, "Cognitive Tunneling : Use of Visual Information Under Stress." Perceptual and Motor Skills 56, no. 1 (1983) : 191-198 ; David C. Foyle, Susan R. Dowell, and Becky L. Hooey, "Cognitive Tunneling in Head-Up Display (HUD) Superimposed Symbology : Effects of Information Location" (2001) ; Adrien Mack and Irvin Rock, Inattentional Blindness (Cambridge, Mass. : MIT Press, 2000) ; Steven B. Most, Brian J. Scholl, Daniel J. Simons, and Erin R. Clifford, "What You See Is What You Get : Sustained Inattentional Blindness and the Capture of Awareness." Psychological Review 112, no. 1 (2005) : 217-242 ; Daniel J. Simons, "Attentional Capture and Inattentional Blindness." Trends in Cognitive Sciences 4, no. 4 (2000) : 147-155 ; Gustav Kuhn and Benjamin W. Tatler, "Misdirected by the Gap : The Relationship Between Inattentional Blindness and Attentional Misdirection." Consciousness and Cognition 20, no. 2 (2011) : 432-436 ; William J. Horrey and Christopher D. Wickens, "Examining the Impact of Cell Phone Conversations on Driving Using Meta-Analytic Techniques." Human Factors : The Journal of the Human Factors and Ergonomics Society 48, no. 1 (2006) : 196-205.

16 G. D. Logan, "An Instance Theory of Attention and Memory." Psychological Review 109 (2002) : 376-400 ; D. L. Strayer and F. A. Drews, "Attention." Handbook of Applied Cognition, ed. Francis T. Durso (Hoboken, N J. : Wiley, 2007) ; A. D. Baddeley, "Selective Attention and Performance in Dangerous Environments." British Journal of Psychology 63 (1972) : 537-546 ; E. Goldstein, Cognitive Psychology : Connecting Mind, Research and Everyday Experience (Independence, Ky. : Cengage Learning, 2014).

17 사실 확인을 위해 주고받은 메일에서 스트레이어는 다음과 같이 말했다. "자동화 시스템이 갖추어지면 우리는 과제에 집중하기 힘들 수 있어요. 그래서 따분하고 반복되는 상황을 달갑지 않게 생각하는 것일지도 모릅니다. 그래도 정신을 집중하려면 에너지가 필요하지요. 뭔가에 집중하면 상당한 수준의 정신 노동력이 소모됩니다. 그 결과 '주의력 감쇠율'에 따라 주의력이 소멸되고 실수를 범하거나 중요한 것을 놓치게 됩니다. 자동화 시스템을 지켜보는 감시 작업도 마찬가지여서, 상황이 나빠져도 즉각적으로 알아채지 못하거나 자동적으로 반응하지 못하지요. 물론 바람직하지는 않지만, '자동 장치가 인계 받은 실수'라고 칭해지는 현상입니다."

18 Airbus, Airbus A330 Aircraft Recovery Manual Airbus, 2005, http : //www.airbus.com/fileadmin/media_gallery/files/tech_data /ARM/ARM_A330_20091101.pdf.

19 이 A330 항공기의 자동 경보 시스템은 실속이 극히 심각한 상황에 이르면 실속 경고가 중단되도록 프로그램 되어 있었다. 또 고도가 지나치게 높아 피토관으로 흘러드는 기류가 부족한 상황에서는 컴퓨터가 수집된 자료를 잘못된 것으로 추정하는데, 그로 인해 경보음이 울리지 않은 것이다. 따라서 피토관이 해동된 후에도 447편 항공기에는 더욱 치명적인 상황이 닥쳤다. 예컨대 보냉이 실속을 악화시키는 조치를 취할 때마다 경보음이 끊어졌던 것이다. 컴퓨터는 프로그램대로 기능했지만, 그 결과는 조종사들을 헷갈리게 했다.

20 Koji Jimura, Maria S. Chushak, and Todd S. Braver, "Impulsivity and Self-Control During Intertemporal Decision Making Linked to the Neural Dynamics of Reward Value Representation." The Journal of Neuroscience 33, no. 1 (2013) : 344-357 ; Ayeley P. Tchangani, "Modeling for Reactive Control and Decision Making in Uncertain Environment." in Control and Learning in Robotic Systems, ed. John X. Liu (New York : Nova Science Publishers, 2005), 21-58.

21 Joel M. Cooper et al., "Shifting Eyes and Thinking Hard Keep Us in Our Lanes."

Human Factors and Ergonomics Society Annual Meeting Proceedings 53, no. 23 (2009) : 1753-1756.

이 주제에 대해 더 깊이 알고 싶다면 다음의 문헌들을 참조하기 바란다.

Frank A. Drews and David L. Strayer, "Chapter 11 : Cellular Phones and Driver Distraction." in Driver Distraction : Theory, Effects, and Mitigation, ed. Michael A. Regan, John D. Lee, and Kristie L. Young (Boca Raton, Fla. : CRC Press, 2008) : 169-190 ; Frank A. Drews, Monisha Pasupathi, and David L. Strayer, "Passenger and Cell Phone Conversations in Simulated Driving." Journal of Experimental Psychology : Applied 14, no. 4 (2008) : 392 ; Joel M. Cooper, Nathan Medeiros-Ward, and David L. Strayer, "The Impact of Eye Movements and Cognitive Workload on Lateral Position Variability in Driving." Human Factors : The Journal of the Human Factors and Ergonomics Society 55, no. 5 (2013) : 1001-1014 ; David B. Kaber et al., "Driver Performance Effects of Simultaneous Visual and Cognitive Distraction and Adaptation Behavior." Transportation Research Part F : Traffic Psychology and Behaviour 15, no. 5 (2012) : 491-501 ; I. J. Faulks et al., "Update on the Road Safety Benefits of Intelligent Vehicle Technologies—Research in 2008-2009." 2010 Australasian Road Safety Research, Policing and Education Conference, 오스트레일리아 캔버라에서, 2010년 8월 31일부터 9월 3일까지.

22 사실 확인을 위한 대화에서, 미국 항공 우주국 심리학자 스티븐 캐스너는 다음과 같이 덧붙였다.

"비행기가 분당 3000미터 이상 추락했다면 관성력이 1에 가깝기 때문에 승객들은 뭔가 잘 못된 일이 벌어졌다는 사실을 눈치채지 못했을 거예요. 그 기분이 어떤지 실제로 아는 사람은 아무도 없습니다. 분당 3000미터 이상 추락할 때의 기분을 느낀 사람은 그런 기분을 느낀 즉시 죽을 테니까요."

23 사실 확인을 위한 질문에 대한 답변에서 에어 프랑스 대변인은 다음과 같이 말했다.

"속도가 시속 60노트 이하로 떨어지면서 실속 경고음이 멈추었을 테고, 조종사들은 실속 상태에서 벗어난 것이라 생각했을 겁니다. 그런데 실속 상태에서 벗어나려고 조종간을 앞쪽으로 움직일 때마다 실속 경고음이 다시 울려서, 조종사들은 항공기 앞부분을 아래쪽으로 내리는 작업을 취소했을 거예요. 게다가 마지막 단계에는 하강 속도가 불안정하게 나타나 조종사들은 당황하며 온갖 의혹에 사로잡혔을 겁니다."

24 사실 확인을 위해 주고받은 메일에서 크랜들은 다음과 같이 대답했다.

"1986년 나는 클라인 어소시에이츠의 창업자 게리 클라인 박사와 함께 일하기 시작했습니다. 내가 이 회사에 취업했을 때는 소방관과 군 지휘관을 상대로 한 인터뷰 작업이 이미 시작된 뒤였어요. 게리 클라인과 클라인 어소시에이츠 연구 팀은 이 작업을 상당히 오랫동안 진행했습니다. 연구 범위를 소방관과 군 지휘관에 한정하지 않고 그 범위를 확대했으니까요(연구 팀에는 정말 똑똑하고 놀라운 재능을 지닌 사람이 많았습니다). 나는 클라인 어소시에이츠에서 연구직과 관리직을 동시에 맡은 까닭에 일부 연구에만 참여했습니다. 창업자인 동시에 수석 연구원이던 게리가 팀장이 되어 '혼란스러운 상황에서도 침착성을 유지할 수 있는 방법', 특히 스트레스와 시간의 압박을 받는 위험한 조건에서도 효과적인 결정을 내릴 수 있는 방법에 대한 연구를 지휘했습니다. …… 인터뷰에 응한 전문가들에게 특정한 상황에서 어떻게 의사 결정을 내리고 어떻게 X라는 행동을 하는지 물었을 때 그들이 '경험'이나 '직감', '육감' 혹은 '그냥 압니다'라고 대답한 것은 맞습니다. …… 의사 결정에 직관이 근거가 된다는 이런 대답들은 우리 연구의 주춧돌이 됐지요. …… 우리가 신생아 집중 치료실을 중심으로 시행한 연구는, 다른 직업 세계를 상대로 한 연구 결과를 재확인해 주었습니다. 요컨대 우리가 여러 연구에서 얻은 결론에 따르면, 고도로 숙련된 사람은 주어진 상황에서 중요한 단서에 집중하고 덜 중요한 것에 주의력을 빼앗기지 않는다는 것입니다. 유사한 상황을 반복해 경험하면서 무엇이 중요하고 무엇이 중요하지 않은지 알게 되는 것이지요. 또 그들은 상황을 신속하고 정확하게 판단하는 법도 터득해 다양한 단서들을 연결해 유의미한 패턴을 찾아냅니다. 이런 패턴을 '게슈탈트(형태)'라 칭하는 학자도 있지만, '심성 모형'이라 칭하는 학자도 있습니다."

이에 대해 더 깊이 알고 싶다면 다음의 책들을 참조하기 바란다.

Beth Crandall and Karen Getchell-Reiter, "Critical Decision Method : A Technique for Eliciting Concrete Assessment Indicators from the Intuition of NICU Nurses." Advances in Nursing Science 16, no. 1 (1993) : 42-51 ; B. Crandall and R. Calderwood, "Clinical Assessment Skills of Experienced Neonatal Intensive Care Nurses." Contract 1 (1989) : R43 ; B. Crandall and V. Gamblian, "Guide to Early Sepsis Assessment in the NICU." Instruction Manual Prepared for the Ohio Department of Development Under the Ohio SBIR Bridge Grant Program (Fairborn, Ohio : Klein Associates, 1991).

25 사실 확인을 위해 주고받은 메일에서 크랜들은 다음과 같이 대답했다.

"다른 간호사는 신생아 집중 치료실에서 일하려고 수련 중인 신규 간호사였고, 달린은 그녀의 지도 간호사, 말하자면 조산아를 돌보는 방법을 학습하는 신규 간호사를 지도하고 감독하는 간호사였어요. 달린이 아기를 돌보는 간호사를 감독하고 훈계하는 위치에 있었다는 점에서, 그 아기는 달린의 책임 아래 있었습니다. 당신의 지적대로 달린의 눈에는 그 아기가 좋아 보이지 않았지요. 우리가 인터뷰를 근거로 작성한 당시 사고 기록은 다음과 같습니다."

다음은 크랜들이 보낸 사고 기록이다.

'그 사고가 일어났을 때 나는 지도 간호사로서 신규 간호사를 감독하며 가르치고 있었다. 우리는 상당한 시간을 함께 일했고, 그녀는 수련 과정을 거의 끝내 가고 있었다. 따라서 그녀가 실질적인 일차 진료를 맡았고, 나는 주로 감독관의 위치에서 일했다. 여하튼 근무 시간이 거의 끝나 갈 무렵이었고, 나는 문제의 인큐베이터 옆을 지나가며 그 아기를 힐끗 보았다. 그런데 아기의 피부색이 어둡고 얼룩얼룩했다. 복부도 평소보다 약간 불룩해 보였다. 그래서 차트를 보았고, 체온이 불안정하다는 걸 확인할 수 있었다. 게다가 몇 분 전 검사를 하려고 바늘로 뒤꿈치를 찌른 자국에서 여전히 피가 흐르고 있었다. 그래서 수련 간호사에게 아기 상태에 대해 어떻게 생각하느냐고 물었지만 그녀는 아기가 졸린 것처럼 보인다고 대답했다. 나는 곧바로 담당 의사를 찾아가 아기의 체온이 불안정하고, 피부색도 이상하며, 뒤꿈치 바늘 자국에서 계속 피가 흐른다고 전달하고, 아기가 혼수상태에 빠진 것 같다고 덧붙였다. 담당 의사는 즉각 조치를 취했다. 아기에게 항생제를 투여하는 동시에 혈액 배양을 지시했다. 나는 수련 간호사가 이런 단서들을 놓친 것에 화가 났다. 정확히 말하면, 그 단서들을 보았지만 종합적으로 해석하지 않은 것에 화가 났다. 나중에 이 문제를 두고 이야기를 나누며, 나는 수련 간호사에게 네 번의 검사에서 아기의 체온이 연속으로 떨어진 것을 보았느냐고 물었다. 그녀는 체온이 떨어진 걸 확인했지만 인큐베이터의 온도를 높이는 걸로 그 문제를 해결하려 했다고 대답했다. 한마디로 그녀는 표면적인 문제에 반응했을 뿐 문제의 원인이 무엇인지 파악하려고 노력하지 않았다.'

26 Thomas D. LaToza, Gina Venolia, and Robert DeLine, "Maintaining Mental Models : A Study of Developer Work Habits," Proceedings of the 28th International Conference on Software Engineering (New York : ACM, 2006) ; Philip Nicholas Johnson-Laird, "Mental Models and Cognitive Change," Journal of Cognitive Psychology 25, no. 2 (2013) : 131-138 ; Philip Nicholas Johnson-Laird, How We Reason (Oxford : Oxford University Press, 2006) ; Philip Nicholas Johnson-

Laird, Mental Models, Cognitive Science Series, no. 6 (Cambridge, Mass. : Harvard University Press, 1983) ; Earl K. Miller and Jonathan D. Cohen, "An Integrative Theory of Prefrontal Cortex Function." Annual Review of Neuroscience 24, no. 1 (2001) : 167–202 ; J. D. Sterman and D. V. Ford, "Expert Knowledge Elicitation to Improve Mental and Formal Models." Systems Approach to Learning and Education into the 21st Century, vol. 1, 15th International System Dynamics Conference, August 19–22, 1997, Istanbul, Turkey.

27 사실 확인을 위해 주고받은 메일에서 크랜들은 다음과 같이 대답했다.

"초보자들은 흔히 놓치는 유의미한 패턴을 전문가들은 찾아낸다는 게 이 이야기의 핵심이 에요(여하튼 나에게는 그렇습니다). 신생아 집중 치료실의 노련한 간호사 달린은 수많은 아기를 보았습니다. 물론 그 아기들 모두를 생각하지는 않겠지만, 여하튼 그 아기들은 X주 만큼의 미숙아에 해당되는 전형적인 모습으로 뭉뚱그려져 있었을 겁니다. 또 달린은 패혈 증에 걸린 아기도 많이 보았지요. 실제로 신생아 집중 치료실에서는 의료 수준과 무관한 이런저런 이유로 패혈증에 걸리는 아기가 많습니다. 그런 경험을 근거로 여러 단서(피 묻 은 반창고, 체온의 하락, 불룩한 복부, 무기력 혹은 혼수상태)를 종합한 결과, 달린은 '이 아기에게 큰 문제가 생겼고 패혈증일 가능성'을 인지했던 겁니다. 적어도 달린이 인터뷰에 서 우리에게 말했던 내용을 근거로 분석하면 그렇습니다. …… 사람들이 주변에서 일어 나는 사건을 조금이라도 쉽게 설명하려고 이야기를 꾸민다는 주장에 나도 전적으로 동의 합니다. 특히 우리가 뭔가를 생각해 내지 못할 때 이야기식으로 설명하지 않습니까. 이 사 건에서 달린은 어떤 일이 벌어지고 있는지 알아내는 데 별다른 어려움을 겪지 않았어요. 달린은 어떤 일이 벌어지고 있는지 즉각 알아챘습니다. …… 물론 달린의 일화는 전문가 의 식견에 관련된 이야기입니다. 달리 말하면, 전문가와 초보자가 똑같은 상황을 관찰하고 이해하는 방법의 차이를 여실히 보여 준 사건이지요. …… 이야기에는 시간이 개입돼 있 습니다. 여러 이야기가 선적으로 연결된 것입니다. 요컨대 이 사건이 일어난 후 그 사건이 일어났고, 그 후 그 사건이 일어난 것이지요. 경험 많은 사람들은 여러 사건을 마치 하나의 사건처럼 이야기하지만, 엄격히 말하면 그 과정이 무척 신속하게 진행된다는 뜻입니다. 요 컨대 그들은 어떤 상황을 읽는 즉시 어떤 일이 벌어지고 있는지 파악하고, 어떻게 대처해 야 하는지 생각해 냅니다."

28 사실 확인을 위해 주고받은 메일에서 캐스너는 다음과 같이 설명을 추가했다.

"그렇다고 조종사들이 '수동적'으로 변했다는 뜻은 아닙니다. 자동화된 시스템이 상당히 신뢰할 만한 수준으로 작동되기 때문에 조종사들이 집중력을 유지하기가 극도로 어려워졌다는 뜻이지요. 인간은 한자리에 앉아 뭔가를 뚫어지게 쳐다보는 데 능숙한 동물이 아닙니다. …… 인간은 집중하는 능력에 한계가 있습니다. 아이들이 우리 등 뒤에서 뭔가를 하다가 순식간에 사라지는 걸 생각해 보십시오. 따라서 우리는 항상 가장 중요하다고 생각하는 방향으로 주의력이 향하도록 해야 합니다. 조종실의 컴퓨터가 100시간 동안 연속해서 완벽하게 작동했다면, 응급 상황이 발생했을 때 무엇이 가장 중요한 것인지 곧바로 생각해 내기가 쉽지 않습니다. 조종사들의 잡념에 대한 연구(Thoughts in Flight : Automation Use and Pilots' Task-Related and Task-Unrelated Thought)에서 밝혀졌듯이, 주 조종사는 약 30%의 시간 동안 '조종과 무관한 생각'을 하고, 계기 담당 조종사는 약 50%의 시간을 딴생각을 하며 보냅니다. 왜 그렇지 않겠습니까. 긴급하게 생각해야 할 중요한 일이 없다면 나라도 딴생각을 하며 시간을 보내겠습니다."

29 Sinan Aral, Erik Brynjolfsson, and Marshall Van Alstyne, "Information, Technology, and Information Worker Productivity." Information Systems Research 23, no. 3 (2012) : 849-867 ; Sinan Aral and Marshall Van Alstyne, "The Diversity-Bandwidth Trade-Off." American Journal of Sociology 117, no. 1 (2011) : 90-171 ; Nathaniel Bulkley and Marshall W. Van Alstyne, "Why Information Should Influence Productivity" (2004) ; Nathaniel Bulkley and Marshall W. Van Alstyne, "An Empirical Analysis of Strategies and Efficiencies in Social Networks." Boston U. School of Management research paper no. 2010-2029, MIT Sloan research paper no. 4682-4608, February 1, 2006, http : //ssrn.com/abstract =887406 ; Neil Gandal, Charles King, and Marshall Van Alstyne, "The Social Network Within a Management Recruiting Firm : Network Structure and Output." Review of Network Economics 8, no. 4 (2009) : 302-324.

30 사실 확인을 위해 주고받은 메일에서 마셜 반 앨스틴은 다음과 같이 설명했다.
"상대적으로 적은 양의 프로젝트의 이점이라면, 전문화와 관련된 효율성이라 가정할 수도 있을 것입니다. 대부분은 어떤 행위에 집중하면 그 행위를 능숙하게 잘 해낼 수 있습니다. 이런 생각은 바늘 공장에서 여러 공정으로 분할해 노동자에게 동일한 작업을 반복하게 하면 효율성이 향상된다고 주장한 애덤 스미스까지 거슬러 올라갑니다. 일반화, 즉 우리가 연구 대상으로 삼은 기업에서 다양한 업무의 추진은 재무, 교육, 홍보 등을 아우르는 포괄적인 프로젝트를 뜻했습니다. 이 분야들은 워낙 다른 산업에 속합니다. 이처럼 여러 산업을 아우르는 프로젝트를 추진하려면 다양한 지식이 필요하고, 다양한 사회 연결망을 접촉해야 하지요. 한편 컨설팅 프로젝트에서 전문화는 예를 들면 재무 관련 프로젝트에만 집중한다는 뜻입니다. 따라서 집중하는 영역에 대한 지식이 심화되고, 사회 연결망도 금융에 관련된 인맥으로 특화될 수 있지요. 여기서 적어도 이론적으로는 전문화가 더 낫다는 게 설명됩니다. 전문화를 우선시하면 동시에 추진하는 프로젝트의 수도 제한될 수밖에 없을 겁니다. 예컨대 교육이나 홍보 부문에서 한두 가지의 프로젝트가 진행되는 상황이면, 재무 부문에 관련된 새로운 프로젝트가 없을 가능성이 크지요. 하지만 기다리면 재무와 관련된 프로젝트를 구할 수 있을 겁니다."

31 사실 확인을 위해 주고받은 메일에서 마셜 반 앨스틴은 슈퍼스타들이 적은 수의 프로젝트에 가입하고, 프로젝트가 초기에 여러 이점을 갖는 다른 이유를 다음과 같이 설명했다.

"첫 번째는 동시에 여러 작업을 수행해야 한다는 점입니다. 새로운 프로젝트를 맡으면 처음에는 산출량이 증가합니다. 우리가 연구 대상으로 삼은 기업의 경우에는 수익이 이런 컨설턴트들에 의해 발생하며, 해당 프로젝트의 생산성이 떨어지기 시작하는 시점을 지난 후에도 수익은 꾸준히 증가할 수 있습니다. 예컨대 고객사의 요구 평가, 적정 후보 목록 작성, 후보 선정, 이력서 심사, 고객사에 선택권 제시, 거래 완료 등 여러 과제로 구성된 일을 하나의 프로젝트라 생각해 보십시오. 누군가 새로운 프로젝트를 맡게 되면, 이 프로젝트와 관련된 과제들을 처리하느라 기존 프로젝트의 일부 과제에 할당되는 시간이 줄어들 겁니다. 따라서 누군가 새로운 프로젝트를 맡으면 기존 프로젝트를 완성하는 데도 더 오랜 시간이 걸릴 것이고, 당연히 그 사람과의 계약 기간도 늘어날 것입니다. 결국 6개의 프로젝트를 다루는 사람이 벌어들이는 수익의 흐름은 4개의 프로젝트를 다루는 사람이 벌어들이는 수익의 흐름보다 높을 가능성이 큽니다. 물론 하나하나의 프로젝트를 완성하는 데는 4개인 경우보다 6개인 경우에 더 오랜 시간이 걸리지요. 따라서 일정한 시점에 이르면 이 관계가 완전히 뒤바뀌며, 새로운 프로젝트에 지나치게 오랜 시간이 걸리고 수익도 줄어듭니다. 결국 엄격히 계산하면 새로운 프로젝트를 맡을 경우 생산성이 떨어집니다. 한 컨설턴트의 표현을 그대로 옮기면 '저글링 하는 사람이 공중에 너무 많은 공을 띄우면 떨어지는 공도 많기 마련'이지요. 과제를 완성하는 데도 오랜 시간이 걸리고, 완전히 끝맺지 못하는 과제도 있을 것입니다. 그럼 수익이 상당히 오랜 기간 조금씩 떨어진 것과 다를 바 없습니다. 따라서 동시에 진행하는 프로젝트의 수는 12개 이하여야 합니다. 당신이 지적했듯이, 두 번째로 고려할 사항은 풍부한 정보에 접근할 수 있는 기회입니다. 그 결과는 U자를 뒤집어 놓은 패턴과 유사하지요. 우리는 개개인이 메일을 통해 새로운 정보를 실제로 얼마나 많이 얻는지 조사했습니다. '분산(일반적으로 인정되는 사실에 비추어 새롭게 얻은 정보가 얼마나 특별한가)'과 '양(새롭게 얻은 정보가 얼마나 많은가)'이란 두 관점에서 분석했지요. …… 처음에는 새로운 정보에 접근할 기회가 많을수록 생산성이 증가했습니다. 슈퍼스타들은 동료들보다 25%가량 더 많은 정보를 얻었고, 이런 분석 결과를 근거로 그들의 성공을 어느 정도 예측할 수 있었지요. 하지만 슈퍼스타들보다 새로운 정보를 두 배 정도나 많이 얻은 사람들의 생산성은 슈퍼스타들에 못 미쳤습니다. 정보가 지나치게 많으면 쓸모없는 정보도 많을 수밖에 없고 실질적으로 적용할 수 없는 정보도 많기 마련이며, 처리 자체가 불가능할 수도 있습니다. 따라서 새로운 정보가 밀물처럼 쏟아지면 화이트칼라 노동자는 쓸데없는 것들과 씨름하느라 정작 중요한 정보를 찾지 못할 수 있습니다. 분산과 양, 두 변수가 통계적으로 슈퍼스타를 찾아낼 수 있는 유의미한 예측 변수였습니다."

32 Richard De Crespigny, QF32 (Sydney : Pan Macmillan Australia, 2012) ; Aviation Safety Investigation Report 089 : In-Flight Uncontained Engine Failure Airbus A380-842, VH-OQA (Canberra : Australian Transport Safety Bureau, Department of Transport and Regional Services, 2013) ; Jordan Chong, "Repaired Qantas A380 Arrives in Sydney." The Sydney Morning Herald, 2012년 4월 22일 ; Tim Robinson, "Qantas QF32 Flight from the Cockpit." The Royal Aeronautical Society, 2010년 12월 8일 ; "Qantas Airbus A380 Inflight Engine Failure." Australian Transport Safety Bureau, 2010년 12월 8일 ; "Aviation Occurrence Investigation AO-2010-089 Interim-Factual." Australian Transport Safety Bureau, 2011년 5월 18일 ; "In-Flight Uncontained Engine Failure—Overhead Batam Island, Indonesia, 2010년 11월 4일, VH-OQA, Airbus A380-842." Australian Transport Safety Bureau, investigation no. AO-2010-089, Sydney.

33 이 부분에 관해서는 드 크레스피니 기장의 인터뷰와 그가 쓴 책《QF32》에서 많은 도움을 받았다. 인터뷰에서 드 크레스피니 기장은 콴타스 항공보다 자신의 입장에서 당시 사건을 기억하고 설명한다는 점을 분명히 밝혔다.

34 사실 확인을 위해 주고받은 메일에서 부리안은 자신의 생각을 부연 설명하며 다음과 같이 덧붙였다.

"잘못되고 제대로 작동하지 않으며 적합하지 않은 상태에서 제대로 작동하고 도움이 되는 상태로의 이동이 전환점이었다는 뜻입니다. 나는 그 특정한 상황에서 이런 변화가 그에게 어떻게 일어났는가에 대해 말했지만, 많은 부분이 한꺼번에 고장 난 상황에 맞닥뜨릴 때 이런 마음가짐의 변화가 조종사들에게 어떻게 도움이 되는가를 일반화한 것이기도 하지요. …… 현대 항공기는 기계적으로 첨단인 데다 시스템 설계가 긴밀하게 연결되어 이해하기 쉽지 않습니다. 따라서 조종사들이 왜 기계들이 오작동을 일으키고, 오작동이 한꺼번에 일어날 때 그런 다수의 오작동이 어떤 식으로 서로 연결되는지 이해하는 것도 무척 어렵습니다. 그래서 무수한 오작동을 자세히 분석하며 그런 오작동들이 어떻게 연결되고 어떤 의미를 갖는지 생각하지 않고 항공기의 역량에 초점을 맞추면, 인지 요구가 단순화되고 무엇을 어떻게 해야 하는지를 결정하기도 쉬워질 수 있습니다. …… 중대한 사건이 일어나면 유능한 조종사는 관심의 범위를 좁히며 최우선적으로 처리해야 할 일이 무엇인지 결정하지만, 때때로 관심의 범위를 확대해 다음과 같은 두 가지 일을 해내기도 합니다. 첫째, 현재 상황을 이해하는 방향과 모순되는 정보나 단서를 놓치고 있는지 확인하고, 둘째 관심을 가져야 할 중요한 문제를 찾아내기 위해 전반적인 상황을 추적하는 것입니다. 예를 들어 순항 고도에서 비상 착륙을 시도해야 할 정도로 재앙에 가까운 응급 상황이 닥쳤다고 해 볼까요? 승무원들은 어느 정도 여유를 갖고 그 문제에 대응하겠지만, 오작동을 직접적으로 해결하려는 단계에서 비상 착륙을 준비하고 시행하는 단계로 관심의 초점이 적절한 시점에 옮겨져야 합니다. 훌륭한 조종사는 항공기의 전반적인 상태와 비행 상황에 비추어 필요한 행위와, 현재 취해지는 행위의 효과를 끊임없이 평가합니다. 물론 훌륭한 조종사는 이 과정에서 부조종사들에게도 도움을 요청하지요. 이런 점에서 훌륭한 고객 관계 관리와 유사합니다. 또 훌륭한 조종사는 사고에 대비해 '……라면 어떻게 되는가?'라는 훈련을 거듭하며, 온갖 시나리오를 머릿속에 그려 봅니다. 예컨대 상황이 어떻게 전개되면 어떻게 대응할 것이고, 그리하면 상황이 어떻게 달라질 것이라는 식으로 상상을 거듭하는 훈련입니다. 일반적으로 조종사들은 비행할 때 여러 지점에서 '만약 이곳에서 엔진이 고장 나면 어디에 착륙할 것인가?'라고 생각하며 유사한 훈련을 스스로 시행하라는 교육을 받기도 합니다."

35 사실 확인을 위해 주고받은 메일에서 드 크레스피니는 자신의 생각을 다음과 같이 부연 설명했다.

"데이브는 우리 비행기 컴퓨터에 설치된 프로그램을 이용해 착륙 거리를 계산했습니다. 처음 계산에서는 제대로 작동하지 않는 기계를 지나치게 많이 고려한 탓에 프로그램이 착륙할 방법을 찾아내지 못해 '답 없음'이란 결과를 얻었지요. 그래서 데이브는 오작동하는 기계들을 단순화해 다시 계산했고, 착륙 거리 계산 프로그램은 착륙에 필요한 활주로 거리를 제시했는데, 오차 범위는 100미터에 불과했습니다. 데이브와 다른 조종사들이 착륙

거리를 계산하는 동안(나중에야 밝혀졌지만, 착륙 거리 계산 프로그램의 오류만이 아니라 제동 장치를 포함해 포괄적인 손상으로 인해 계산 결과는 부정확했습니다), 나는 항공기와 연료, 최상 경로, 조종사의 의무, 객실 승무원과 승객, 항공관제 센터, 긴급 구조대 등 전반적인 면을 포괄하는 폭넓은 상황 인식을 유지해야 했습니다. …… 약 4000개의 부분으로 이루어진 A380을 세스나기로 단순화함으로써 모든 것이 무척 단순해졌습니다. 기계 전자 공학적 관점이 아니라 기계적인 관점으로 시스템에 접근함으로써 복잡한 구조에서 벗어나 항공기 시스템에 대한 내 심성 모형을 단순화하며 사건 전체를 관리하는 마음의 여유까지 가질 수 있었지요. 위급한 상황에서는 책임과 권위가 계층화된 계급 구조가 필수적입니다. 두 조종사(콴타스 항공 32편의 경우에는 세 사람)가 외부로부터 어떤 도움도 받지 못한 채 469명의 생명을 책임져야 하는 경우, 각자의 역할과 임무 및 팀워크에 대한 조종사들의 이해가 무엇보다 중요합니다."

36 사실 확인을 위해 주고받은 메일에서 드 크레스피니는 모의실험 장치로 콴타스 항공 32편의 상황을 재현하는 것이 불가능할 정도로 문제가 복잡했다고 설명했다.

제4장

1 욤 키푸르 전쟁, 즉 제4차 중동 전쟁이 있기 전의 사건들을 파악하는 데 유리 바르 요세프 교수에게 많은 도움을 받았다. 그는 메일로도 포괄적인 설명을 아끼지 않았고, 다음과 같은 책들을 참고 자료로 추천해 주었다.

Abraham Rabinovich, The Yom Kippur War : The Epic Encounter That Transformed the Middle East (New York : Schocken, 2007) ; Uri Bar-Joseph, The Watchman Fell Asleep : The Surprise of Yom Kippur and Its Sources (Albany : State University of New York Press, 2012) ; Uri Bar-Joseph, "Israel's 1973 Intelligence Failure." Israel Affairs 6, no. 1 (1999) : 11-35 ; Uri Bar-Joseph and Arie W. Kruglanski, "Intelligence Failure and Need for Cognitive Closure : On the Psychology of the Yom Kippur Surprise." Political Psychology 24, no. 1 (2003) : 75-99 ; Yosef Kuperwaser, Lessons from Israel's Intelligence Reforms (Washington, D.C. : Saban Center for Middle East Policy at the Brookings Institution, 2007) ; Uri Bar-Joseph and Jack S. Levy, "Conscious Action and Intelligence Failure." Political Science Quarterly 124, no. 3 (2009) : 461-488.

2 Bar-Joseph, Watchman Fell Asleep.

3 나에게 보낸 한 메일에서 역사학자 유리 바르 요세프는 다음과 같이 설명했다.

"제이라의 그런 판단은 나세르 전 이집트 대통령의 사위이자 사다트의 최측근이던 아슈라프 마르완이 이스라엘에 전달한 문서화된 정보를 근거로 한 일련의 추정이었습니다. 마르완은 1970년대 말부터 모사드를 위해 일한 것으로 알려져 있습니다. 그 정보에 기초한 주된 추정들은 다음과 같습니다. '첫째, 이스라엘 공군력을 무력화시키지 못하는 한 이집트는 시나이 반도를 점령할 수 없다. 따라서 전쟁을 시작함과 동시에 이스라엘 공군 기지를 공격해야 한다. 그러나 이집트가 이스라엘 공군 기지를 공격하려면, 1975년 이전에는 확보하지 못한 장거리 공격기부터 보유해야 할 것이다. 둘째, 이집트의 전략적 표적을 공격하는 이스라엘을 견제하려면 텔아비브를 타격할 수 있는 스커드 미사일이 필요하다. 스커드 미사일은 1973년 여름부터 이집트에 도착하기 시작했지만 1974년 2월 이후에야 실전에 배치될 수 있을 것이다. 셋째, 이집트가 참전하지 않는 한 시리아는 단독으로 전쟁을 벌이지 않을 것이다.' 제이라는 이런 추정을 철석같이 믿었고, 실제로 전쟁이 시작될 때까지 불변의 원칙으로 삼았습니다."

4 Bar-Joseph and Kruglanski, "Intelligence Failure and Need for Cognitive Closure," 75-99.

5 인지적 종결 욕구에 대해 더 깊이 알고 싶다면 다음 문헌들을 참조하기 바란다.
Steven L. Neuberg and Jason T. Newsom, "Personal Need for Structure : Individual Differences in the Desire for Simpler Structure," Journal of Personality and Social Psychology 65, no. 1 (1993) : 113 ; Cynthia T. F. Klein and Donna M. Webster, "Individual Differences in Argument Scrutiny as Motivated by Need for Cognitive Closure," Basic and Applied Social Psychology 22, no. 2 (2000) : 119-129 ; Carsten K. W. De Dreu, Sander L. Koole, and Frans L. Oldersma, "On the Seizing and Freezing of Negotiator Inferences : Need for Cognitive Closure Moderates the Use of Heuristics in Negotiation," Personality and Social Psychology Bulletin 25, no. 3 (1999) : 348-362.

6 Bar-Joseph, Watchman Fell Asleep ; Donna M. Webster and Arie W. Kruglanski, "Individual Differences in Need for Cognitive Closure," Journal of Personality and Social Psychology 67, no. 6 (1994) : 1049.

7 Bar-Joseph and Kruglanski, "Intelligence Failure and Need for Cognitive Closure," 75-99.

8 Arie W. Kruglanski and Donna M. Webster, "Motivated Closing of the Mind : 'Seizing' and 'Freezing'." Psychological Review 103, no. 2 (1996) : 263.

9 앞의 논문 ; De Dreu, Koole, and Oldersma, "On the Seizing and Freezing of Negotiator Inferences." 348-362.

10 사실 확인을 위해 주고받은 메일에서 아리에 크루글란스키는 다음과 같이 말했다. "종결 욕구가 강한 사람들은 다른 사람의 의견과 관점을 쉽게 받아들이지 못합니다. 그들은 계급적이고 독선적인 의사 결정 구조를 선호합니다. 이런 구조가 뭔가를 종결짓는 데 훨씬 유리하기 때문이지요. 이에 비하면 수평적이고 민주적인 의사 결정 구조는 혼란스러운 경향을 띠기 마련입니다. 따라서 종결 욕구가 강한 사람들은 집단에서 반대 의견과 다양성을 용납하지 않아 그다지 창의적이지 못합니다. 정치적으로 말하면 보수주의자가 진보적인 자유주의자에 비해 종결 욕구가 강한 편이지만, 종결 욕구가 강한 사람은 그렇지 않은 사람보다 가치관에 더 헌신적인 경향을 띱니다."

11 Bar-Joseph and Kruglanski, "Intelligence Failure and Need for Cognitive Closure." 75-99.

12 Uri Bar-Joseph, "Intelligence Failure and Success in the War of Yom Kippur." 미발표 논문.

13 Abraham Rabinovich, "Three Years Too Late, Golda Meir Understood How War Could Have Been Avoided." The Times of Israel, 2013년 9월 12일.

14 Zeev Schiff, A History of the Israeli Army, 1874 to the Present (New York : Macmillan, 1985).

15 Richard S. Lazarus, Fifty Years of the Research and Theory of RS Lazarus : An Analysis of Historical and Perennial Issues (New York : Psychology Press, 2013).

16 Kumaraswamy, Revisiting the Yom Kippur War.

17 제너럴 일렉트릭에 관해서는 다음과 같은 문헌들의 도움을 받았다.
Joseph L. Bower and Jay Dial, "Jack Welch : General Electric's Revolutionary." Harvard Business School case study no. 394-065, October 1993, revised April 1994 ; Francis Aguilar and Thomas W. Malnight, "General Electric Co : Preparing for the 1990s." Harvard Business School case study no. 9-390, 1989년 12월 20일 ; Francis J. Aguilar, R. Hamermesh, and Caroline Brainard, "General Electric : Reg Jones and Jack Welch." Harvard Business School case study no. 9-391-144, 1991

년 6월 29일 ; Kirsten Lungberg, "General Electric and the National Broadcasting Company : A Clash of Cultures." Harvard University John F. Kennedy School of Government case study, 1989 ; Nitin Nohria, Anthony J. Mayo, and Mark Benson, "General Electric's 20th Century CEOs." Harvard Business School case study, December 2005 ; Jack Welch and John A. Byrne, Jack : Straight from the Gut (New York : Warner, 2003) ; Larry Greiner, "Steve Kerr and His Years with Jack Welch at GE." Journal of Management Inquiry 11, no. 4 (2002) : 343–350 ; Stratford Sherman, "The Mind of Jack Welch." Fortune, 1989년 3월 27일.

18 Nitin Nohria, Anthony J. Mayo, and Mark Benson, "General Electric's 20th Century CEOs." Harvard Business Review, 2005년 12월 19일, 2011년 4월 수정 ; John Cunningham Wood and Michael C. Wood, Peter F. Drucker : Critical Evaluations in Business and Management, vol. 1 (London : Routledge, 2005).

19 Gary P. Latham, Terence R. Mitchell, and Dennis L. Dossett, "Importance of Participative Goal Setting and Anticipated Rewards on Goal Difficulty and Job Performance." Journal of Applied Psychology 63, no. 2 (1978) : 163 ; Gary P. Latham and Gerard H. Seijts, "The Effects of Proximal and Distal Goals on Performance on a Moderately Complex Task." Journal of Organizational Behavior 20, no. 4 (1999) : 421–429 ; Gary P. Latham and J. James Baldes, "The 'Practical Significance' of Locke's Theory of Goal Setting." Journal of Applied Psychology 60, no. 1 (1975) : 122 ; Gary P. Latham and Craig C. Pinder, "Work Motivation Theory and Research at the Dawn of the Twenty-First Century." Annual Review of Psychology 56 (2005) : 485–516 ; Edwin A. Locke and Gary P. Latham, "Building a Practically Useful Theory of Goal Setting and Task Motivation : A Thirty-Five-Year Odyssey." American Psychologist 57, no. 9 (2002) : 705.

20 Gary P. Latham and Gary A. Yukl, "Assigned Versus Participative Goal Setting with Educated and Uneducated Woods Workers." Journal of Applied Psychology 60, no. 3 (1975) : 299.

21 사실 확인을 위해 주고받은 메일에서 레이섬은 목표 성취를 위해서는 진행 과정에서 적절한 지원과 피드백이 필요하다고 말했다.

"먼 훗날을 위한 장기적인 목표의 경우에도 단기적으로 완성해야 할 하위 목표가 설정돼야 합니다. 하위 목표는 두 가지 역할을 하지요. 첫째, 하나의 하위 목표를 성취하면 또 다른 하위 목표를 성취하고 싶은 욕구가 생기기 때문에 장기적인 목표를 달성하겠다는 동기와 의욕을 유지하게 해 줍니다. 둘째, 하위 목표를 추구하는 과정에서 얻는 피드백은 장기적 목표를 향한 과정을 올바로 밟아 가고 있느냐에 대한 정보를 전해 줍니다."

22 Edwin A. Locke and Gary P. Latham, "New Directions in Goal-Setting Theory." Current Directions in Psychological Science 15, no. 5 (2006) : 265-268.

23 사실 확인을 위해 주고받은 메일에서 레이섬은 다음과 같이 말했다.

"수행 목표를 달성하는 데 필요한 능력이 부족할 경우, 시야가 좁아지고 적절한 목표에 주력하지 못하는 이른바 '터널 시각' 현상이 일어날 수 있습니다. 이런 문제를 해결하는 방법은 구체적이고 도전 의식을 고취하는 학습 목표를 세우고, 성과를 조금이라도 향상시킬 수 있는 시스템이나 방법을 찾아내고 개발하는 데 역점을 두는 것입니다."

24 애초에 스티브 커는 잭 웰치가 '워크아웃'을 GE 전체로 확대할 목적에서 초빙한 24명의 컨설턴트 중 한 사람이었다.

25 Noel M. Tichy and Stratford Sherman, "Walking the Talk at GE." Training and Development 47, no. 6 (1993) : 26-35 ; Ronald Henkoff, "New Management Secrets from Japan." Fortune, 1995년 11월 27일 ; Ron Ashkenas, "Why Work-Out Works : Lessons from GE's Transformation Process." Handbook of Business Strategy 4, no. 1 (2003) : 15-21 ; Charles Fishman, "Engines of Democracy." Fast Company, October 1999, http : //www .fastcompany.com/37815/engines-democracy ; Thomas A. Stewart, "GE Keeps Those Ideas Coming." in Rosabeth Moss Kanter, Barry A. Stein, and Todd D. Jick, The Challenge of Organizational Change : How Companies Experience It and Leaders Guide It (New York : The Free Press, 1992) : 474-482 ; Joseph P. Cosco, "General Electric Works It All Out." Journal of Business Strategy 15, no. 3 (1994) : 48-50.

26 사실 확인을 위해 주고받은 메일에서 스티브 커는 다음과 같이 말했다.

"나는 관리자들에게 나쁜 아이디어를 부정하는 것도 좋은 아이디어를 인정하는 것만큼 유익하다는 걸 줄곧 강조했습니다. 하지만 '그 아이디어를 이미 검토해 봤네'라거나 '그 아이디어는 전에도 시도해 봤지만 효과가 없었네'라는 식으로 말함으로써 직원들의 제안을 묵살하는 태도 또한 결코 바람직하지 않다고 강조했지요. 나는 워크아웃이 직원들에게 비즈니스에 대해 교육하는 좋은 기회이면서도 어떤 특정한 제안을 받아들여 뒷받침하지 못하는 이유에 대해 전문적이고 정중하게 설명하는 기회가 되어야 할 것이라고 누누이 주장했습니다."

27 사실 확인을 위해 주고받은 메일에서 스티브 커는 직원들에게 대략적인 계획과 시간표도 없이 목표를 제안하라고 독려한 적은 없었다며 "제안이 있은 후 자세한 계획안이 제출되어야 했습니다"라고 말했다.

28 Cosco, "General Electric Works It All Out." 48-50.

29 Ronald Henkoff, "New Management Secrets from Japan." Fortune, 1995년 11월 27일.

30 잭 웰치가 들었고, 많은 논픽션 책에 소개된 일본 초고속 열차에 대한 이야기는 역사적 기록과 약간 다르다. 여기서는 웰치에게 전해진 이야기를 그대로 되풀이하지만, 초고속 열차라는 개념이 제2차 세계 대전 전에도 일본 철도청이 연구했으나 중단했다는 사실을 비롯해 몇몇 세부적인 사항들은 새롭게 소개되는 것이다. 사실 확인을 위해 주고받은 메일에서 도카이 여객 철도 주식회사 대변인은 다음과 같이 말했다.

"(1950년대에) 일본의 주된 노선이던 도카이도 본선은 항상 만원이었습니다. 게다가 전후의 경제 성장으로 승객 수는 꾸준히 증가했지요. 일본 정부는 도쿄(일본의 수도이자 가장 큰 도시)와 오사카(일본에서 두 번째로 큰 도시)를 오가는 승객들의 요구에 부응해야 했습니다. 실제로 제2차 세계 대전 전, 즉 1939년에 '초고속 열차'라는 개념이 있었던 것은 사실입니다. …… 하지만 전쟁 때문에 그 계획은 유보됐습니다. 1957년 일본 국유 철도는 표준 궤간으로 새로운 철로를 건설하기로 결정했습니다(당시 일본의 많은 전통적인 철로가 협궤를 채택하고 있었습니다). 그 계획은 1958년 정부의 승인을 받았고, 곧이어 건설이 시작됐습니다."

일본에서는 거의 같은 시기에 민간 기업 차원에서도 더 빠른 기차를 개발하려는 노력이 있었다는 점을 주목할 필요가 있다. 예컨대 오다큐 전철 주식회사는 시속 145킬로미터로 달릴 수 있는 열차를 개발하고 있었다.

초고속 열차 역사에 대해 더 깊이 알고 싶다면 다음 문헌들을 참조하기 바란다.

Toshiji Takatsu, "The History and Future of High-Speed Railways in Japan." Japan Railway and Transport Review 48 (2007) : 6-21 ; Mamoru Taniguchi, "High Speed Rail in Japan : A Review and Evaluation of the Shinkansen Train" (working paper no. UCTC 103, University of California Transportation Center, 1992) ; Roderick Smith, "The Japanese Shinkansen : Catalyst for the Renaissance of Rail." The Journal of Transport History 24, no. 2 (2003) : 222-237 ; Moshe Givoni, "Development and

Impact of the Modern High-Speed Train : A Review." Transport Reviews 26, no. 5 (2006) : 593-611.

31 사실 확인을 위해 주고받은 메일에서 도카이 여객 철도 주식회사 대변인은 다음과 같이 말했다.

"일본 국유 철도에 근무하는 엔지니어들은 당시 일본 공학계에서도 엘리트로 여겨졌습니다. 신칸센을 설계한 엔지니어 히데오 시마는 일본 국유 철도에 근무하던 엔지니어였지요. …… 그는 신칸센을 설계하기 전부터 일본 국유 철도에 근무해서 철도에 대한 지식과 경험이 많았습니다."

대변인의 설명에 따르면, 히데오 시마는 1955년부터 도카이도 신칸센 설계를 감독해 달라는 요청을 받았다.

"앞에서 언급했듯이 초고속 열차 프로젝트를 계획한 1939년에도 일본 국유 철도는 시속 200킬로미터로 질주하는 기차를 설계하려고 했습니다. 따라서 신칸센을 설계한 엔지니어도 도쿄와 오사카를 3시간에 연결하려는 분명한 목표를 처음부터 갖고 있었지요. 1963년에 탄생해 시리즈 1000이라 명명되었던 시제품의 속도는 시속 256킬로미터였습니다."

32 Andrew B. Bernard, Andreas Moxnes, and Yukiko U. Saito, Geography and Firm Performance in the Japanese Production Network (working paper no. 14034, National Bureau of Economic Research, 2014).

33 S. Kerr and S. Sherman, "Stretch Goals : The Dark Side of Asking for Miracles." Fortune, 1995년 11월 13일 ; Sim B. Sitkin et al., "The Paradox of Stretch Goals : Organizations in Pursuit of the Seemingly Impossible." Academy of Management Review 36, no. 3 (2011) : 544-566 ; Scott Jeffrey, Alan Webb, and Axel K-D. Schulz, "The Effectiveness of Tiered Goals Versus Stretch Goals." CAAA 2006 Annual Conference Paper (2006) ; Kenneth R. Thompson, Wayne A. Hochwarter, and Nicholas J. Mathys, "Stretch Targets : What Makes Them Effective?" The Academy of Management Executive 11, no. 3 (1997) : 48-60.

34 Fishman, "Engines of Democracy." 33.

35 사실 확인을 위해 주고받은 메일에서 제너럴 일렉트릭 대변인은 다음과 같이 말했다.

"더럼 공장은 처음부터 그런 극적인 변화를 감당할 정도의 탄력성을 지닌 공장으로 세워졌습니다. 1992년 문을 연 후 많은 미세 조정이 있었지요. 더럼 공장은 처음부터 GE 항공에서 새로운 제작법을 시험하는 '인큐베이터'로 세워졌으니까요. 맞습니다. 잭 웰치가 기준을 높게 설정한 것은 사실입니다. 하지만 항공업계의 치열한 경쟁을 고려하면 그런 도전적인 목표는 성공을 위해 필요했고, 당시 개발 중이던 새로운 엔진(GE90)을 지원할 자금을 마련하기 위해서도 필요했습니다."

36 Thompson, Hochwarter, and Mathys, "Stretch Targets." 48-60.

37 William E. Coyne, "How 3M Innovates for Long-Term Growth." Research-Technology Management 44, no. 2 (2001) : 21-24.

38 Sitkin et al., "Paradox of Stretch Goals." 544-566.

39 Jeffrey, Webb, and Schulz, "The Effectiveness of Tiered Goals Versus Stretch Goals."

40 앞의 논문.

41 Thompson, Hochwarter, and Mathys, "Stretch Targets." 48-60.

42 Gil Yolanda et al., "Capturing Common Knowledge About Tasks : Intelligent Assistance for To-Do Lists." ACM Transactions on Interactive Intelligent Systems (TiiS) 2, no. 3 (2012) : 15 ; Victoria Bellotti et al., "What a To-Do : Studies of Task Management Towards the Design of a Personal Task List Manager." Proceedings of the SIGCHI Conference on Human Factors in Computing Systems (2004) : 735-742 ; Gabriele Oettingen and Doris Mayer, "The Motivating Function of Thinking About the Future : Expectations Versus Fantasies." Journal of Personality and Social Psychology 83, no. 5 (2002) : 1198 ; Anja Achtziger et al., "Metacognitive Processes in the Self-Regulation of Goal Pursuit." in Social Metacognition, ed. Pablo Briñol and Kenneth DeMarree, Frontier of Social Psychology series (New York : Psychology Press, 2012), 121-139.

43 도전적인 목표를 비판하는 사람들은 목표 설정에 어떤 제약도 없으면 그런 목표가 조직에 부정적인 영향을 미칠 수 있다고 주장한다. 이에 대해서는 다음을 참조하기 바란다.
Lisa D. Ordóñez et al., "Goals Gone Wild : The Systematic Side Effects of Overprescribing Goal Setting." The Academy of Management Perspectives 23, no. 1 (2009) : 6-16.
이 논문에 대한 반박으로는 다음 문헌이 있다.
Edwin A. Locke and Gary P. Latham, "Has Goal Setting Gone Wild, or Have Its Attackers Abandoned Good Scholarship?" The Academy of Management

Perspectives 23, no. 1 (2009) : 17-23.

44 The Commission of Inquiry, The Yom Kippur War, an Additional Partial Report : Reasoning and Complement to the Partial Report of April 1, 1974, vol. 1 (Jerusalem : 1974).

45 Mitch Ginsberg, "40 Years On, Yom Kippur War Intel Chiefs Trade Barbs." The Times of Israel, 2013년 10월 6일 ; "Eli Zeira's Mea Culpa." Haaretz, 2004년 9월 22 일 ; Lilach Shoval, "Yom Kippur War Intelligence Chief Comes Under Attack 40 Years Later." Israel Hayom, 2013년 10월 7일.

46 앞의 신문.

제5장

1 나는 이 장을 요약한 원고를 FBI, 프랭크, 크리스틴, 콜린 얀센에게 보내 원고의 잘잘못을 확인 받고 싶었다. FBI는 다음에 명시된 경우 외에 별도의 논평을 거부했고, 얀센 가족은 전화와 메일을 통한 거듭된 부탁에도 불구하고 한 번도 응답하지 않았다. 얀센 사건과 관련된 참고 문헌들은 다음과 같다.

United States of America v. Kelvin Melton, Quantavious Thompson, Jakym Camel Tibbs, Tianna Daney Maynard, Jenna Martin, Clifton James Roberts, Patricia Ann Kramer, Jevante Price, and Michael Martell Gooden (nos. 5 : 14-CR-72-1 ; 5 : 14-CR-72-2 ; 5 : 14-CR-72-3 ; 5 : 14-CR-72-4 ; 5 : 14-CR-72-5 ; 5 : 14-CR-72-6 ; 5 : 14-CR-72-7 ; 5 : 14-CR-72-8 ; 5 : 14-CR-72-9), filed in the U.S. District Court for the Eastern District of North Carolina Western Division ; Affidavit in Support of Application for a Court Order Approving Emergency Interceptions, in the Matter of the Application of the United States of America for an Order Authorizing the Interception of Wire and Electronic Communications, no. 5 : 14-MJ-1315-D, filed in the U.S. District Court Eastern District of North Carolina Western Division ; United States v. Kelvin Melton, Criminal Case no. 5 : 14-MJ-1316, filed in the U.S. District Court Eastern District of North Carolina ; United States v. Clifton James Roberts, Criminal Case no. 5 : 14-MJ-1313, filed in the U.S. District Court Eastern District of North Carolina ; United States v. Chason Renee Chase, a/k/a "Lady Jamaica." Criminal Case no. 3 : 14-MJ-50, filed in the U.S. District Court for the District of

South Carolina.

얀센 납치 사건과 관련된 그 밖의 법정 기록들을 참고했으며, 자세한 내용에 대해서는 다음과 같은 자료도 활용했다.

Alan G. Breed and Michael Biesecher, "FBI : NC Inmate Helped Orchestrate Kidnapping." Associated Press, 2014년 4월 11일 ; Kelly Gardner, "FBI Now Investigating Wake Forest Man's Disappearance." WRal.,com, 2014년 4월 8일 ; Alyssa Newcomb, "FBI Rescued Kidnap Victim as Suspects Discussed Killing Him, Feds Say." Good Morning America, 2014년 4월 10일 Anne Blythe and Ron Gallagher, "FBI Rescues Wake Forest Man ; Abduction Related to Daughter's Work as Prosecutor, Investigators Say." The Charlotte Observer, 2014년 4월 10일 ; Michael Biesecher and Kate Brumbach, "NC Inmate Charged in Kidnapping of DA's Father." Associated Press, 2014년 4월 12일.

2 얀센 사건에 관계한 몇몇 참고인은 당시 수사 당국이 휴대폰의 위치를 정확히 파악할 수 있는 '스팅레이(StingRay)'라는 장치를 사용했다고 제보해 주었다. 이 사건을 수사할 때 스팅레이를 사용했느냐는 질문에 FBI는 휴대폰 위치 추적에 관한 언론사의 질문에 대한 모범적인 대답을 그대로 전달할 뿐이었다.

"위치 정보는 법 집행 기관의 수사에서 무척 중요한 부분을 차지합니다. FBI는 위치 정보를 얻기 위해 어떤 특정한 기법을 사용하는지에 대해 밝히지 않는 것이 일반적인 관례입니다. 공개될 경우에는 그 기법의 향후 사용을 위태롭게 함으로써 법 집행을 위협할 수 있기 때문에 위치 정보 확인을 위해 사용하는 기법의 공개는 법 집행에서 상당히 민감한 문제로 여겨집니다. FBI는 해당 사건과 관련 있고 수사할 가치가 있는 정보만을 수집하고 관리할 뿐이며, 그런 자료는 연방법과 법무부 방침에 따라 관리됩니다. FBI는 특정한 수사와 관련된 경우를 제외하고 어떤 목적으로도 휴대폰 기지국의 자료를 보관하지 않습니다. 또 특정한 사건의 수사에서도 적절한 명령을 법원으로부터 승인 받은 후에야 휴대폰 기지국의 기록을 수집합니다. 수집한 기록이 관련 있다고 판단되는 경우에도 특정한 기록만이 사건 수사 기록의 일부가 됩니다. FBI는 국립 문서 기록 관리청에서 인정한 문서 처분 지침에 따라 사건 수사 기록을 보관합니다. 특정한 기법이나 테크놀로지를 사용하면 어떤 혐의자에 대한 정보를 확보할 수 있다고 판단되더라도 판례에 따라 혐의자도 사생활을 보호 받을 만한 합리적인 이유가 있는 경우에는 수색 영장을 먼저 확보하는 게 FBI의 원칙입니다."

3 켈빈 멜턴과 티아나 브룩스(티아나 메이너드라는 이름으로 알려졌음)를 비롯해 얀센의

납치에 연루된 혐의자들에 관련된 자세한 내용은 법원 기록과 인터뷰를 통해 얻은 것이다. 이 글을 쓰던 당시, 멜턴과 브룩스 및 몇몇 용의자가 기소되었지만 재판에 회부되지는 않았다. 재판이 진행되고 판결이 내려질 때까지 혐의는 혐의에 불과할 뿐이다. 따라서 여기서 다루어진 범죄들은 법정에서 유죄로 판결 난 것이 아니다. 2016년 1월, 멜턴은 법정에서 얀센 납치 사건과 아무런 관계가 없다고 주장했다. 다른 용의자들도 납치와의 관련성을 부인할 것으로 예상된다. 멜턴의 변호사와 브룩스의 변호사에게도 이 장의 개요를 보내, 다른 죄로 투옥돼 있거나 재판을 기다리는 그들의 의뢰인들에게 이 글을 논평해 줄 수 있는지 물어봐 달라고 부탁했다. 브룩스의 변호사는 아무런 답장도 보내지 않았지만, 멜턴의 변호사 라이언 D. 스텀프는 다음과 같은 메일을 보내 주었다.

"법원 명령으로 저희는 멜턴 사건에 대해 자세한 내용을 언급할 수 없는 입장입니다. 이런 법적 제한 때문에 안타깝지만 이 사건에 대해 어떤 논평도 할 수 없다는 점을 양해해 주십시오."

4 사실 확인을 위해 주고받은 메일에서 FBI 대변인은 센티넬 이전에 연방 수사국은 색인 카드 외에 전자 색인 체계를 활용했다고 알려 주었다. 수사관들과의 인터뷰에서도 이 점은 확인되었지만, 전자 색인 체계는 불완전한 경우가 적지 않아 큰 믿음을 주지 못했다.

5 사실 확인을 위해 주고받은 메일에서 FBI 대변인은 센티넬에 대해 다음과 같이 설명해 주었다.

"센티넬은 기록을 관리하는 프로그램입니다. 사건과 조사에 관련된 내용 및 우리가 현재 보유하고 만들어 내는 정보를 기록하는 도구입니다. 센티넬은 퍼즐의 한 조각을 우리에게 제공해 주는 도우미라고 생각하면 됩니다. FBI가 수사한 사건을 자료화하는 데 그치지 않고, 우리가 협조 기관을 통해 수집하거나 접근한 정보를 결합해 더 나은 자료를 끌어내기 위해서도 사용합니다."

6 '군살 없는(lean)'과 '민첩한(agile)'이란 단어는 어떤 상황에 쓰이느냐에 따라 다른 의미를 갖게 되었다. 예컨대 두 단어는 lean product development, lean start-ups, agile management, agile construction 등으로 쓰인다. 정의와 방법론이 무척 구체적으로 사용되는 경우도 있다. 여기서 두 단어는 가장 일반적인 의미로 사용된다.

'군살 없는 생산'과 '민첩한 프로그래밍'이란 철학의 다양한 시행에 대해 더 깊이 알고 싶다면 다음 문헌들을 참조하기 바란다.

Rachna Shah and Peter T. Ward, "lean manufacturing : Context, Practice Bundles, and Performance." Journal of Operations Management 21, no. 2 (2003) : 129-149 ;

Jeffrey K. Liker, Becoming Lean : Inside Stories of U.S. Manufacturers (Portland, Ore. : Productivity Press, 1997) ; J. Ben Naylor, Mohamed M. Naim, and Danny Berry, "Leagility : Integrating the Lean and Agile Manufacturing Paradigms in the Total Supply Chain." International Journal of Production Economics 62, no. 1 (1999) : 107–118 ; Robert Cecil Martin, Agile Software Development : Principles, Patterns, and Practices (Upper Saddle River, N.J. : Prentice Hall, 2003) ; Paul T. Kidd, Agile Manufacturing : Forging New Frontiers (Reading, Mass. : Addison-Wesley, 1995) ; Alistair Cockburn, Agile Software Development : The Co-operative Game (Upper Saddle River, N.J. : Addison-Wesley, 2006) ; Pekka Abra-hamsson, Outi Salo, and Jussi Ronkainen, Agile Software Development Methods : Review and Analysis (Oulu, Finland : VTT Publications, 2002).

7 릭 마드리드는 2012년에 세상을 떠났다. 릭 마드리드, NUMMI와 GM에 대해서는 내셔널 퍼블릭 라디오(NPR : National Public Radio)의 프랭크 랭피트, 라디오 프로그램《디스 아메리칸 라이프(This American Life)》의 제작자 브라이언 리드에게 많은 도움을 받았다. 물론 관련된 기사와 자료를 기꺼이 나에게 전해 준 여러 언론과 마드리드를 기억하는 옛 동료들에게도 큰 도움을 받았다. 마드리드를 인용한 구절과 그에 관련된 자세한 내용은 그와의 인터뷰, 그와 다른 기자들 간의 인터뷰 및 동료들의 기억 등 다양한 자료를 바탕으로 쓴 것이다. 그 밖에 내가 참조한 자료를 소개하면 다음과 같다.

Harry Bernstein, "GM Workers Proud of Making the Team." Los Angeles Times, 1987년 6월 16일 ; Clara Germani, "GM-Toyota Venture in California Breaks Tradition, Gets Results." The Christian Science Monitor, 1984년 12월 21일 ; Michelle Levander, "The Divided Workplace : Exhibit Traces Battle for Control of Factory." Chicago Tribune, 1989년 9월 17일 ; Victor F. Zonana, "Auto Venture at Roadblock : GM-Toyota Fremont Plant Produces Happy Workers, High-Quality Product— and a Glut of Unsold Chevrolet Novas." Los Angeles Times, 1987년 12월 21일 ; "NUMMI." This American Life, WBEZ Chicago, 2010년 3월 26일 ; Charles O'Reilly III, "New United Motors Manufacturing, Inc. (NUMMI)." Stanford Business School Case Studies, no. HR-11, 1998년 12월 2일 ; Maryann Keller, Rude Awakening : The Rise, Fall, and Struggle for Recovery of General Motors (New York : William Morrow, 1989) ; Joel Smith and William Childs, "Imported from America : Cooperative

Labor Relations at New United Motor Manufacturing, Inc.," Industrial Relations Law Journal (1987) : 70-81.

8 Keller, Rude Awakening, 6장.

9 사실 확인을 위한 질문의 답변 메일에서 도요타 대변인은 다음과 같이 말했다. "GM과 도요타가 합작하기 전 프리몬트 공장이 어떻게 운영되었는지는 말씀드릴 수 없습니다. 도요타의 철학에 대한 개략적인 설명과 몇몇 역사적 사실(안돈 코드, GM 직원들의 일본 공장 방문, NUMMI 이후의 품질 개선)은 정확히 기술하셨지만, 당신이 제시한 구체적인 설명에 대해서는 확인해 줄 수 없는 점을 양해해 주십시오. 하지만 합작 기업 NUMMI에 대한 도요타의 공식적인 입장에 대해서는 알려 드릴 수 있습니다. 'NUMMI는 일본과 미국의 기업이 합작한 획기적인 본보기였고, 우리는 그런 중대한 업적을 이루어 낸 것을 지금도 자랑스럽게 생각한다. 또한 하청 기업들과 지역 공동체, 특히 그 선구적인 합작 사업을 성공적으로 끌어가는 데 크게 기여한 유능한 팀원들 등 NUMMI와 관련된 모든 관계자에게 깊이 감사드린다.' 원하시면 인용하셔도 괜찮습니다."

한편 GM 대변인은 사실 확인을 위한 질문에 다음과 같이 대답했다. "1980년대 프리몬트 공장과 NUMMI에 대해 당신이 알려고 하는 구체적인 상황에 관련해서는 어떤 확인도 해 줄 수 없다는 점을 양해해 주십시오. 하지만 당시는 GM 공장의 현재 상황과 전혀 달랐다는 점은 분명히 말씀드릴 수 있습니다. …… GM의 '글로벌 생산 시스템(GMS : Global Manufacturing System)'은 전반적인 낭비를 줄이기 위해 최적의 공정과 관례와 테크놀로지를 활용할 수 있도록 직원들을 배치하는 생산 시스템으로, 세계 어느 곳의 공장에서나 똑같이 적용되는 단일한 생산 방식입니다. …… GMS가 1984년 NUMMI에서 실시된 도요타 생산 시스템(TPS : Toyota Production System)에 뿌리를 두고 있는 것은 사실이지만, GMS의 많은 부분은 세계 전역의 '군살 없는 생산'을 벤치마킹하려는 GM의 노력에서 비롯된 것입니다. …… GMS의 성공적인 시행을 위해서는 모든 원칙과 규칙이 중요하게 여겨져야 하지만, GMS의 적응성을 결정짓는 핵심적인 원리는 '지속적인 개선'입니다. 우리는 직원들을 독려함으로써, 직원들이 GMS를 활용해 생산 시스템을 개선하고 더욱 안전한 작업 환경을 조성해 가며 소비자를 위해 더 나은 제품을 만들려고 노력하는 모습을 보았습니다."

10 사실 확인을 위해 주고받은 메일에서, 도요타 생산 시스템을 연구하고 이에 대해 많은 글을 쓴 제프리 라이커는 다음과 같이 말했다. "도요타는 글로벌 기업으로 성장하려면 해외 사업을 시작해야 한다는 걸 판매 외의 다른

분야에서는 경험하지 못했습니다. 경영진은 도요타 생산 시스템이 도요타의 성공에 결정적인 역할을 했지만, 직원들이 그 철학을 깊이 이해하고 신뢰 환경을 꾸준히 만들어 갈 수 있느냐에 도요타 생산 시스템의 성공 여부가 달려 있다는 것도 알고 있었지요. 따라서 도요타 경영진은 미국에서 미국 노동자와 관리자를 데리고도 TPS를 성공적으로 운영할 수 있는지 시험하는 거대한 실험장으로 NUMMI를 생각했습니다. 실제로 GM과 처음 맺은 협약에서 도요타는 쉐보레 자동차만을 제작할 계획이었습니다. 그런데 쉐보레 브랜드의 부정적인 이미지 때문에 쉐보레 자동차가 팔리지 않자 도요타 코롤라를 생산하게 된 것입니다. 한편 GM의 주된 관심사는 소형 자동차를 고품질로 제작하면서도 수익을 남기는 방법을 배우는 것이었습니다. 따라서 GM은 TPS에 일시적인 관심을 가졌던 것으로 여겨집니다. 도요타에게 NUMMI는 기업의 미래를 위한 중대한 주춧돌이었습니다. 따라서 도요타는 미국에서 사업하고 도요타 문화를 해외에 파급할 때 겪게 되는 현상을 최대한 학습하기 위해 NUMMI에서 매일 벌어지는 현상을 치밀하게 연구하고 공부했습니다."

11 사실 확인을 위해 주고받은 메일에서 제임스 배런은 다음과 같이 말했다.

"우리가 연구한 대상은 '문화'보다 약간 폭넓은 개념이었습니다. 조직의 구도와 고용 관계에 대한 창업자의 첫 선택이 신생 기업의 성장에 어떤 영향을 미치는지 알고 싶었습니다."

12 사실 확인을 위해 주고받은 메일에서 제임스 배런은 캘리포니아 새너제이에서 발행되는 〈새너제이 머큐리 뉴스〉만을 출처로 삼은 것은 아니었다며 다음과 같이 말했다.

"우리는 새롭게 창업한 기업을 찾아내려고 〈새너제이 머큐리 뉴스〉를 비롯해 다양한 자료를 샅샅이 뒤졌습니다. 예컨대 소규모 테크놀로지 기업을 주로 소개한 코프테크가 발간한 기업 안내 책자도 참조했지요. 이런 자료들에서 얻은 기업들을 분야별, 예컨대 생물 공학, 반도체 등으로 분류한 후 수명, 외부 자금의 지원 여부 등을 기준으로 대표적인 기업들을 표본 추출했습니다. 그리고 '인터넷'이 확실한 분야로 부상한 후에는 똑같은 조사 방법을 그 분야의 기업들에 그대로 적용했지요. 그때까지 연구 대상으로 삼은 기업들에게서 얻은 결과가 인터넷 관련 신생 기업들에게서 얻은 결과와 비슷한지 다른지 확인하고 싶었습니다. 다행히 우리가 찾아낸 결과는 똑같았습니다."

13 James N. Baron and Michael T. Hannan, "The Economic Sociology of Organizational Entrepreneurship : Lessons from the Stanford Project on Emerging Companies." in The Economic Sociology of Capitalism, ed. Victor Nee and Richard Swedberg (New York : Russell Sage, 2002), 168–203 ; James N. Baron and Michael T. Hannan, "Organizational Blueprints for Success in High-Tech Start-Ups : Lessons

from the Stanford Project on Emerging Companies." Engineering Management Review, IEEE 31, no. 1 (2003) : 16 ; James N. Baron, M. Diane Burton, and Michael T. Hannan, "The Road Taken : Origins and Evolution of Employment Systems in Emerging Companies." Articles and Chapters (1996) : 254 ; James N. Baron, Michael T. Hannan, and M. Diane Burton, "Building the Iron Cage : Determinants of Managerial Intensity in the Early Years of Organizations." American Sociological Review 64, no. 4 (1999) : 527-547.

14 사실 확인을 위해 주고받은 메일에서 제임스 배런은 다음과 같이 말했다. "사소한 문제일 수 있지만, 우리가 주목한 부분은 창업자가 내세운 비전과 정신이었습니다. 내가 이 점을 강조하는 이유는, 우리가 차이의 기준으로 삼은 것은 외적으로 관찰되는 관례가 아니라 창업자가 자신의 기업에 대해 생각하고 언급한 발언이었기 때문입니다."

15 물론 다섯 가지 범주 중 어느 것에도 분명하게 속하지 않는 기업도 상당히 많았다.

16 사실 확인을 위해 주고받은 메일에서 제임스 배런은 자신이 페이스북 전문가가 아니라는 점을 분명히 언급했고, 자신의 연구에 참여한 기업가들에게 익명성을 약속했다며 다음과 같이 덧붙였다. "우리 연구 결과에 따르면, 엔지니어링 문화가 지배적인 기업은 관료주의에 빠지는 경우가 많았습니다. 또 조직원들에게 헌신을 요구하는 기업으로 변하기도 했습니다. 이런 변화는 기업이 성장함에 따라 엔지니어링 문화는 다른 모델로 자연스레 변해 간다는 뜻으로 해석됩니다. 이런 이유에서도 신생 기업에는 엔지니어링 문화가 지배적인 듯합니다."

17 사실 확인을 위해 주고받은 메일에서 제임스 배런은 관료주의 모델과 독재 모델이 여러 점에서 다르지만, 두 모델이 신생 기업의 경우에는 무척 드물고, 과학을 비롯한 전문 분야에 종사하는 사람들은 달갑지 않게 생각한다는 점에서 유사하다고 설명했다.

18 제임스 배런과 마이클 해넌은 연구에 참여해 준 기업들의 이름을 밝히지 않기로 약속한 까닭에, 그들이 연구한 기업들에 대한 정보를 전혀 발설하지 않았다.

19 James N. Baron, Michael T. Hannan, and M. Diane Burton, "Labor Pains : Change in Organizational Models and Employee Turnover in Young, High-Tech Firms." American Journal of Sociology 106, no. 4 (2001) : 960-1012.

20 Baron and Hannan, "Organizational Blueprints for Success in High-Tech Start-Ups." 16.

21 사실 확인을 위해 주고받은 메일에서 제임스 배런은 자신의 발언에 대해 다음과 같이

부연 설명했다.

"명확히 겉으로 드러나는 현상은 아니지만, 헌신을 강조하는 기업은 고객과 장기적으로 맺어 온 관계를 기반으로 경쟁하는 경향을 띠었습니다. 영업 직원도 고객과 장기적인 관계를 맺지만 기술 개발 팀도 고객을 직접 대면하는 직원들과 상호 협력합니다. 이런 기업들은 장기적인 고객의 요구에 부응하는 테크놀로지 제품을 개발해 낼 수 있습니다."

22 Steve Babson, ed., Lean Work : Empowerment and Exploitation in the Global Auto Industry (Detroit : Wayne State University Press, 1995).

23 사실 확인을 위해 주고받은 메일에서 제프리 라이커는 도요타의 인사 관리 책임자가 전미 자동차 노동조합 대표에게 다음과 같이 말했다고 알려 주었다.

"직원을 해고하기 전 경영진은 우선 인소싱(기업이나 조직의 서비스와 기능을 조직 안에서 총괄적으로 제공, 조달하는 방식)에 주력하고, 다음 단계로는 비용을 줄이고 노동 시간을 단축하는 방법을 고려할 것이라고 말했습니다. 대신 노동조합에게는 승진 기준은 근로 연수가 아니라 능력이 될 것이고, 직무 분류는 최소한으로 시행하겠지만 노동자는 다양한 직무를 해낼 수 있는 유연성을 지녀야 하며, 경영진과 노동조합은 생산성 향상을 위해 함께 노력한다는 조건에 동의해 주기를 바랐습니다. 공장을 가동하고 첫해 쉐보레 노바가 잘 팔리지 않았습니다. 경영진 판단에는 노동자가 40%가량 많았지만, 모든 직원을 고용하며 몇 개월 동안 교육에 주력하는 동시에 '개선'을 꾀함으로써 코롤라를 NUMMI에서 생산하기 시작했습니다."

24 Paul S. Adler, "Time-and-Motion Regained," Harvard Business Review 71, no. 1 (1993) : 97-108.

25 NUMMI는 성공했지만 완벽하지는 않았다는 점을 주목해야 한다. NUMMI의 운명은 자동차 산업과 밀접한 관계가 있었다. 따라서 전체적인 자동차 판매량이 감소하면 NUMMI의 이익도 떨어졌다. 또 일부 저비용 외국계 경쟁 공장과 비교하면 NUMMI는 운영하는 데 많은 비용이 들었다. 따라서 몇 번의 줄다리기가 있은 후 공장은 예상보다 싼값에 팔렸다. 또한 GM은 NUMMI의 문화를 다른 공장들에 적용하려고 노력했지만, 일부 공장에는 쉽게 받아들여지지 않았다. 노동조합 지도자와 경영진 간의 깊은 반목, 노동자가 권한을 위임 받더라도 책임감 있게 행동하지 않을 거라는 경영진의 불신, 경영진에 대한 노동자의 불신 등이 원인이었다.

26 대침체(2000년대 후반부터 시작된 전 세계적 경제 침체로, 대체로 2008년 3분기에 시작해 2009년 1분기에 끝났다고 분석한다)가 자동차 산업에 큰 타격을 가했을 때 NUMMI

도 그 여파를 벗어나지 못했다. GM은 다른 영업 부문들의 손실로 파산 지경에 몰리자 2009년 NUMMI 합작 사업에서 철수했다. 도요타도 NUMMI 공장을 단독으로 운영하는 게 무리라는 결론을 내렸다. 결국 NUMMI는 2010년 문을 닫았고, 그때까지 약 800만 대의 자동차를 생산한 실적을 남겼다.

27 센티넬 시스템의 발전 과정에 대해서 더 깊이 알고 싶으면 다음의 문헌들을 참조하기 바란다.

Glenn A. Fine, The Federal Bureau of Investigation's Pre-Acquisition Planning for and Controls over the Sentinel Case Management System, Audit Report 06-14 (Washington, D.C. : U.S. Department of Justice, Office of the Inspector General, Audit Division, March 2006) ; Glenn A. Fine, Sentinel Audit II : Status of the Federal Bureau of Investigation's Case Management System, Audit Report 07-03 (Washington, D.C. : U.S. Department of Justice, Office of the Inspector General, Audit Division, December 2006) ; Glenn A. Fine, Sentinel Audit III : Status of the Federal Bureau of Investigation's Case Management System, Audit Report 07-40 (Washington, D.C. : U.S. Department of Justice, Office of the Inspector General, Audit Division, August 2007) ; Raymond J. Beaudet, Sentinel Audit IV : Status of the Federal Bureau of Investigation's Case Management System, Audit Report 09-05 (Washington, D.C. : U.S. Department of Justice, Office of the Inspector General, Audit Division, December 2008).

28 군살 없고 민첩한 관리법에 대해 더 많이 알고 싶다면 다음 문헌들을 참조하기 바란다.

Craig Larman, Agile and Iterative Development : A Manager's Guide (Boston : Addison-Wesley Professional, 2004) ; Barry Boehm and Richard Turner, Balancing Agility and Discipline : A Guide for the Perplexed (Boston : Addison-Wesley Professional, 2003) ; James Shore, The Art of Agile Development (Farnham, UK : O'Reilly Media, 2007) ; David Cohen, Mikael Lindvall, and Patricia Costa, "An Introduction to Agile Methods." Advances in Computers 62 (2004) : 1-66 ; Matthias Holweg, "The Genealogy of Lean Production." Journal of Operations Management 25, no. 2 (2007) : 420-437.

29 Agile Alliance, June 8, 2013, http : //www.agilealliance.org/the-alliance/what-is-agile/ ; Kent Beck et al., "Manifesto for Agile Software Development." Agile

Manifesto, 2001, http : //www.agilemanifesto.org/.

30 Dave West et al., "Agile Development : Mainstream Adoption Has Changed Agility." Forrester Research 2 (2010) : 41.

31 Ed Catmull and Amy Wallace, Creativity, Inc. : Overcoming the Unseen Forces That Stand in the Way of True Inspiration (New York : Random House, 2014).

32 J. P. Womack and D. Miller, Going Lean in Health Care (Cambridge, Mass. : Institute for Healthcare Improvement, 2005).

33 Jeff Stein, "FBI Sentinel Project Is over Budget and Behind Schedule, Say IT Auditors." The Washington Post, 2010년 10월 20일.

34 미래를 대비한 이런 계획법은 구상으로 시작해 분석 → 설계 → 구성 → 시험 → 생산/시행 → 유지까지 일정한 흐름을 순차적으로 따라가는 설계 방법이기 때문에 '폭포수 접근법'이라 일컬어진다. 이런 접근법의 근저에는 각 단계가 예측 가능하고 순서에 따라 진행된다는 믿음이 있다.

35 사실 확인을 위해 주고받은 메일에서 풀험은 자신의 생각에 대해 다음과 같이 부연 설명했다.

"나는 프로그램 개발을 총괄하던 제프 존슨에게 하루하루의 성과를 관리하는 책임을 맡겼고, 애절 스크럼 마스터(Agile Scrum Master)로 마크 크랜들을 고용해 코치와 멘토 역할을 맡겼습니다. 잘 아시겠지만 스크럼 마스터는 개발 팀과 주변의 방해 요인들 사이에서 완충 역할을 한다는 점에서 전통적인 프로젝트 관리자와 다릅니다. 우리는 지하실에 개방된 작업장을 마련함으로써 팀원들이 한층 편하게 협력하고 커뮤니케이션을 할 수 있도록 했지요. 한편 3명의 사이버 전담 수사관에게는 사용자가 궁극적으로 접하는 웹사이트 영역을 개발하는 역할을 맡겼습니다. 또한 국장과 부국장의 허락을 얻어 세 수사관에게 사용 절차를 개선하고 형태를 통합하는 데 필요한 아이디어를 적극적으로 추천하는 권한을 주었습니다. 과거의 사건만을 디지털화하는 데 그치지 않기 위한 조치였지요. 또한 센티넬을 조립하는 데 필요한 부품들을 납품한 기업들의 최고 경영자에게도 도움을 받았고, 그들로부터 신분이 확실한 유능한 직원들을 지원 받기도 했어요. 우리 개발 팀은 마크의 코치 아래 '민첩한 방법론'을 채택했습니다. 비즈니스적 관점에서 센티넬 개발 팀은 연방 수사국의 모든 이해 당사자가 원하는 욕구를 만족시켜야 했고, 기술 팀은 자기 주도적으로 전력 질주를 단행했지요. 또 밤마다 우리는 소프트웨어의 시험을 반복하며 자동화하는 과정을 가졌습니다. 개발 팀에는 헌신적인 품질 관리 팀도 있었습니다. 또 나는 격주로 회의를 소집해 작업의 진행 상황을 전반적으로 점검했고, 개인적으로는 이런저런 요구 사항을 처리했지요. 모든 이해 당사자들, 즉 법무부와 감사원, 백악관 및 그 밖의 관련 정부 기관이 이런 메모데이(어떤 제품을 최종적으로 내놓기 전 시범적으로 성능을 공개하는 날)에 참석해 우리 작업의 진척 상황을 살펴보았습니다."

36 사실 확인을 위해 주고받은 메일에서 연방 수사국 대변인은 센티넬에 관련해 "범죄를 예측까지 하지는 않았지만 경향과 위협을 파악할 수는 있었습니다"라고 말했다.

37 Jeff Sutherland, Scrum : The Art of Doing Twice the Work in Half the Time (New York : Crown Business, 2014).

38 Robert S. Mueller III, "Statement Before the House Permanent Select Committee on Intelligence." Washington, D.C., 2011년 10월 6일, https : //www.FBI.gov/news/testimony/the-state-of-intelligence-reform-10-years-after-911.

제6장

1 여기서 언급되는 칩은 달러와 동등한 가치를 갖는 것으로 계산된다. 하지만 세계 포커 선수권 대회 같은 대회에서 칩은 승자를 가리기 위해 사용되는 상징물에 불과하기 때문에 일정한 비율로 현찰과 교환되지는 않는다. 상금은 포커 선수가 대회에서 어떤 등수를 차지하느냐에 따라 차등적으로 지급된다. 예컨대 어떤 포커 선수가 칩으로 20만 달러(2억 4000만 원)를 보유하고 5등을 차지해도 30만 달러(3억 6000만 원)를 상금으로 받는다. 이 대회에서는 상금이 200만 달러(24억 원)였고 공교롭게 칩의 총액수도 같았다.

2 2004년 세계 포커 선수권 대회는 각 패의 두드러진 특징을 강조하기 위해 실제와는 약간 다른 순서로 묘사했다. 패 외에 다른 부분들은 사실 그대로 묘사했다. 2004년 세계 포커 선수권 대회와 포커 자체를 이해하기 위해 애니 듀크와 하워드 레더러, 필 헬무스에게 많은 도움을 받았다. 또한 ESPN이 제공해 준 2004년 세계 포커 선수권 대회 녹화 필름도 참조했다.

Annie Duke, with David Diamond, How I Raised, Folded, Bluffed, Flirted, Cursed and Won Millions at the World Series of Poker (New York : Hudson Street Press, 2005) ; "Annie Duke : The Big Things You Don't Do." The Moth Radio Hour, 2012년 9월 13일, http : //themoth.org/posts/stories/the-big-things-you-dont-do ; "Annie Duke : A House Divided." The Moth Radio Hour, 2011년 7월 20일, http : //themoth.org/posts/stories/a-house-divided ; "Dealing with Doubt." Radiolab, season 11, episode 4, http : //www.radiolab.org/story/278173-dealing-doubt/ ; Dina Cheney, "Flouting Convention, Part II : Annie Duke Finds Her Place at the Poker Table." Columbia College Today, July 2004, http : //www.college.columbia. edu/cct_archive/jul04/features4.php ; Ginia Bellafante, "Dealt a Bad Hand? Fold 'Em. Then Raise." The New York Times, 2006년 1월 19일.

3 Gerald Hanks, "Poker Math and Probability." Pokerology, http : //www. pokerology.com/lessons/math-and-probability/.

4 Daniel Kahneman and Amos Tversky, "Prospect Theory : An Analysis of Decision Under Risk." Econometrica : Journal of the Econometric Society 47, no. 2 (1979) : 263-291.

5 대략 150만 명의 시청자가 지켜보고 있었다.

6 사실 확인을 위한 전화 통화에서 애니 듀크는 자신의 생각에 대해 다음과 같이 보충해 설명했다.

"그레그가 잭이나 그 이상의 패를 쥐었다면 나는 좋지 않을 상황이었지요. 그가 어떤 패를 쥐었는지 확신할 수 없었지만, 나는 어떻게든 조금이라도 더 확실하게 그의 패를 예측해 내야 했습니다. 그레그가 에이스나 킹, 둘 중 하나를 쥐었다고 예측했다면 나는 패배를 인정했을 겁니다. 당시 그는 정말 무표정했습니다. 하지만 오빠와 나는 그가 게임을 하는 장면을 비디오테이프로 무수히 보았고, 그가 좋은 패를 쥐었을 때 무의식적으로 드러내 보이는 '단서'를 찾아냈습니다. 그때도 나는 그레그가 좋은 패를 쥐었다고 나에게 암시해 주는 단서를 보았지요. 물론 확실한 것은 아니었어요. 단서가 100% 확실하다고 어떻게 단정할 수 있겠습니까. 하지만 그 단서를 보고 나는 그레그가 좋은 패를 가졌다고 생각할 수밖에 없었답니다."

7 "Aggregative Contingent Estimation." Office of the Director of National Intelligence (IARPA), 2014, Web.

8 '적정한 판단력 향상을 위한 프로젝트(Good Judgment Project)'를 이해하는 데 다음 문헌들에서 많은 도움을 받았다.

Barbara Mellers et al., "Psychological Strategies for Winning a Geopolitical Forecasting Tournament." Psychological Science 25, no. 5 (2014) : 1106-1115 ; Daniel Kahneman, "How to Win at Forecasting : A Conversation with Philip Tetlock." Edge, 2012년 12월 6일, https : //edge.org/conversation/how-to-win-atforecasting ; Michael D. Lee, Mark Steyvers, and Brent Miller, "A Cognitive Model for Aggregating People's Rankings." PloS One 9, no. 5 (2014) ; Lyle Ungar et al., "The Good Judgment Project : A Large Scale Test" (2012) ; Philip Tetlock, Expert Political Judgment : How Good Is It? How Can We Know? (Princeton, NJ. : Princeton University Press, 2005).

9 GJP를 진행하는 동안 프로젝트에 참여한 연구자의 수는 때에 따라 변했다.

10 사실 확인을 위해 주고받은 메일에서 바버라 멜러스와 필립 테틀록은 다음과 같이 이야기했다.

"첫해 우리는 두 종류의 교육을 시행했습니다. 하나는 확률 추론이었고, 다른 하나는 시나리오를 기초로 한 훈련이었지요. 확률 추론이 약간 더 나은 결과를 보였습니다. 그래서 이듬해부터는 확률 추론 교육만을 시행했지요. 교육 내용과 방법은 매년 수정했습니다. 또 교육을 진행함에 따라 확률 추론 외에 지정학적 추론에 대한 교육도 병행했습니다. …… 교육 방식을 정리하면 다음과 같습니다. 우리는 최고 전문가들에게 추천을 받아 확률 추론 훈련과 시나리오를 기초로 한 훈련의 교육 단위를 구성했습니다. 예컨대 시나리오를 기반으로 한 훈련에서는 예측가들에게 새로운 미래를 상상해 내고, 가능성이 상대적으로 큰 것을 적극적으로 받아들이며, 의사 결정 나무를 이용하는 방법을 가르쳤지요. 또 변화를 과장되게 예측하고 앞뒤가 맞지 않는 시나리오를 만들어 내며, 서로 배타적인 결과들의 합에 1.0이 넘는 확률 값을 부여하는 등 편향성을 피하는 방법도 가르쳤습니다. 한편 확률 추론 훈련을 통해서는 준거 집단 예측을 고려하고, 기존 모델과 여론 조사 및 전문가 의견에서 얻은 다양한 추정치의 평균값을 끌어내며, 변수가 지속적인 경우에 시간에 따르는 변화를 추정하고, 지나친 자신감과 확증 편향 및 기저율의 무시 등과 같이 올바른 판단을 방해하는 덫을 피하는 방법을 가르쳤지요. 모든 훈련 단위에는 질문과 응답이란 과정이 더해지며, 참가자의 예측력 향상 정도를 점검했습니다."

11 사실 확인을 위해 주고받은 메일에서 돈 무어는 다음과 같이 말했다.

"평균적으로 보면, 훈련을 받은 사람의 예측 결과가 더 나았습니다. 하지만 훈련 받은 사람 전부가 훈련 받지 않은 사람 전부보다 나은 것은 아니었습니다."

12 Brooks, "Forecasting Fox."

13 사실 확인을 위해 주고받은 메일에서 돈 무어는 다음과 같이 말했다.

"훌륭한 예측가는 정확도가 높기도 하지만 겸손한 점에서도 남다릅니다. 그들은 결코 주제넘게 나서지 않고 무척 신중하게 행동합니다. 미래를 정확히 예측할 수 있는 경우와 그렇지 못한 경우를 구분하는 능력도 대단한 것 아니겠습니까."

14 월드 시리즈 포커 대회에서 두 번 우승한 하워드 레더러는 나에게 보낸 한 메일에서 "당신이 예로 제시한 판은 겉보기보다 훨씬 복잡합니다"라며, 이 판을 분석하는 데 필요한 미세한 차이를 설명해 주었다. 겉으로 드러난 것만으로 고려하더라도 승리할 확률이 20%가 넘는다며 그는 다음과 같이 설명해 주었다.

"그 이유를 설명해 보지요. 상대가 A나 K를 갖고 있다는 걸 당신이 알고 있다면 당신은 일곱 장의 카드(즉 당신의 손에 있는 두 장, 상대방의 카드 한 장, 그리고 테이블에 공유 카드로 놓은 넉 장)에 대해 알고 있는 셈입니다. 다시 말하면, 마흔다섯 장의 카드에 대해 모른다는 뜻입니다(상대방이 가진 다른 카드 한 장까지 포함해서). 남은 아홉 장의 하트는 당신에게 승리를 안겨 주지만, 하트가 아닌 나머지 서른여섯 장은 당신에게 패배를 안겨 줍니다. 그럼 확률은 4 대 1, 즉 20%입니다. 따라서 당신이 20% 이상의 돈을 베팅 하지 않으면 적정한 결정이라 할 수 있지요. 이쯤에서 당신은 '내가 A나 K를 상대로 승리할 가능성이 20%에 불과하다면, 어떤 경우에 그 확률이 20%를 넘어설 수 있을까요?'라고 묻고 싶을 겁니다. 상대가 A나 K를 갖고 있지 않다면 어떻게 될까요? 예컨대 상대는 A나 K 없이 스페이드 플러시를 기대하는 불완전한 패일 가능성이 있습니다. 혹은 5와 6으로 채워지는 스트레이트를 기대할 가능성도 있을 것이고, 낮은 하트 플러시를 기대할 수도 있지요. 어떤 경우든 당신이 승리할 가능성이 더 높습니다. 또 상대가 쓰레기 패를 쥐고 괜스레 허세를 부릴 가능성도 있습니다. 일반적으로 나는 상대가 불완전한 패를 채우거나 허세를 부리는 가능성을 대략 30%로 계산합니다. 이런 조건에서 확률 계산을 해 볼까요. 상대가 A나 K를 가졌을 가능성은 70%이고, 이때 당신이 승리할 확률은 20%입니다. 한편 상대가 불완전한 패를 쥐었을 가능성은 25%이고, 이때 당신이 승리할 확률은 82%가 됩니다(상대가 불완전한 패일 때 족보로 채워질 가능성들을 종합해 계산해 낸 결과가 82%). 또 상대가 쓰레기 패로 허세를 부릴 가능성은 5%이고, 이런 경우에 당신이 승리할 확률은 89%입니다. 따라서 당신이 승리할 확률은 $(0.7 \times 0.2) + (0.25 \times 0.82) + (0.05 \times 0.89) = 39\%$! 이른바 '기댓값'을 계산해 내는 단순한 예입니다. 0.7, 0.25, 0.05가 합해지면 1이 된다는 게 보일 겁니다. 우리가 가능한 모든 경우를 따졌고, 각각의 경우에 적절한 확률 값을 부여했다는 뜻입니다. 각각의 경우에 우리가 승리할 가능성을 최적으로 계산해 내는 게 중요합니다. 게임이 벌어지는 테이블에서는 이런 수학적 계산을 일일이 해낼 시간이 없어요. 하지만 '직감'으로 당신은 확률을 계산해 내면 베팅을 계속할지에 대한 결정을 어렵지 않게 내릴 수 있습니다. 그런데 마지막 카드가 펼쳐지고 당신은 플러시를 만드는 데 실패했는데 상대가 베팅을 한다면, 신중하게 생각해야 합니다. 이때 당신이 승리할 확률은 10 대 1이 넘을 것이고, 당신이 허세를 부려야 할 가능성은 그보다 더 높아지기 때문입니다. 복잡한 포커의 재미가 여기에 있기도 합니다."

15 포커에서 확률 계산에 대해 깊이 알고 싶다면 다음 문헌들을 참조하기 바란다.
Pat Dittmar, Practical Poker Math : Basic Odds and Probabilities for Hold'em and Omaha (Toronto : ECW Press, 2008) ; "Poker Odds for Dummies." CardsChat, https : //www.cardschat.com/odds-for-dummies.php ; Kyle Siler, "Social and Psychological Challenges of Poker." Journal of Gambling Studies 26, no. 3 (2010) : 401-420.

16 사실 확인을 위해 주고받은 메일에서 하워드 레더러는 다음과 같이 말했다.
"물론 말처럼 간단하지는 않습니다. 아마추어 선수는 이런저런 다양한 형태의 잘못을 범합니다. 예컨대 지나치게 느슨하게 게임을 하는 사람들이 있습니다. 그들은 불확실한 것을 좋아하며, 신중함보다 행동이 앞서는 유형이지요. 반면에 지나치게 보수적으로 게임을 하는 사람들이 있습니다. 그들은 큰돈을 벌 작은 가능성보다 작은 손실을 보는 쪽을 선택하지만 때로는 큰돈을 잃기도 하지요. 프로 포커 선수라면 매번 최선을 다해야 합니다. 그래야 장기적인 관점에서 볼 때, 당신의 우월한 결정이 상대의 잘못된 결정을 물리치게 됩니다. 포커는 불확실한 조건에서 최선의 결정을 내리는 법을 학습하기에 적합한 학습장입니다. 바로 이런 점에 포커의 사회적 가치가 있지요. 요컨대 포커 게임을 통해 우리는 삶의 과정에서 확률적 결정을 내리는 데 필요한 능력을 차근차근 키워 갈 수 있습니다."

17 여기서 소개하는 포커 대회와는 관계가 없지만, 미국 법무부가 불법 도박과 금융 사기로 기소한 유명한 웹사이트 풀 틸트 포커(Full Tilt Poker)를 운영하는 회사 틸트웨어의 설립자 겸 이사회 임원이 하워드 레더러라는 폭로가 있었다. 2012년 레더러는 풀 틸트 포커와 관련된 법무부와의 민사 소송을 끝냈다. 레더러는 자신의 범법 행위를 인정하지 않았지만 250만 달러(30억 원) 이상의 과징금을 받아들이기로 합의를 했다.

18 정확히 말하면, 하워드가 이 판을 이길 확률은 81.5%다. 하지만 포커에서 반판의 승리는 성립되지 않기 때문에 반올림해서 82%가 된다.

19 사실 확인을 위해 주고받은 메일에서 하워드 레더러는 다음과 같이 말했다.
"석 장이 펼쳐진 상황에서 세븐 원페어는 승리할 확률이 90%에 가깝습니다. 당시에는 내가 아니라 누구도 똑같이 게임을 했을 것이고 애니의 경우도 마찬가지였습니다. 애니와 내가 모든 돈을 베팅 한 후에도 나는 여전히 약간 유리한 상황이 아니라 크게 유리한 상황이었습니다. 텍사스 홀덤의 독특한 특징이 이런 점입니다. 다시 말하면, 당신 패가 상대의 패보다 약간만 좋더라도 당신은 크게 유리한 겁니다. 세븐 원페어가 식스 원페어를 이길 확률은 거의 81%니까요."

20 사실 확인을 위해 주고받은 메일에서 하워드 레더러는 다음과 같이 말했다.

"단기적으로 승리보다 패배 가능성이 더 높은 직업을 선택하는 것도 쉬운 일은 아닙니다. 하지만 장기적인 관점에서 접근하면 다르지요. 5 대 1의 승산밖에 없는데도 성공할 경우 열 배의 보상을 제안 받는다면 여섯 번 시도해서 다섯 번을 실패하더라도 최후에는 큰 이익을 보게 된다는 걸 알고 있으니까요."

21 사실 확인을 위해 주고받은 메일에서 테넌바움은 자신의 연구를 다음과 같이 설명했다.

"우리는 인간과 컴퓨터 사이의 간극으로 여겨지는 것부터 연구했습니다. 인간이 표준적인 컴퓨터를 능가하는 분야, 또 컴퓨터의 계산으로는 설명되지 않는 직관 등에 대해 연구했지요. 그 후에는 그 간극을 좁히려고 애썼습니다. 예컨대 인간의 직관이 미묘한 계산식으로 어떻게 표현될 수 있는가를 연구했습니다. 그런 계산식이 성립된다면 기계에 반영할 수 있을 것이고, 그 결과 기계를 더욱 인간에 가깝게, 즉 더욱 똑똑하게 만들 수 있을 것이라 생각했습니다."

22 Joshua B. Tenenbaum et al., "How to Grow a Mind : Statistics, Structure, and Abstraction," Science 331, no. 6022 (2011) : 1279–1285.

23 앞의 논문.

24 사실 확인을 위해 주고받은 메일에서 테넌바움은 자신이 사용한 사례들은 대체로 무척 복잡했다며 다음과 같이 설명했다.

"예측 함수가 이런 모형들을 갖는 것은 첫째, 사전 확률, 둘째 어떤 사건이 표본 조사 대상으로 선택된 때의 추정('가능성'), 셋째 사전 확률을 사후 확률로 갱신하는 베이즈 정리, 넷째 사후 확률에서 쉰 번째 백분위수를 선택한 예측의 근거 등이 복합된 결과입니다. 우리가 사용한 모형에서는 사전 확률만이 영화, 하원 의원, 수명 등 사건의 유형에 따라 달라졌고, 나머지 경우에는 동일한 것으로 가정했습니다. 그러나 사건 유형에 따라 변하는 임의적 과정과 사건 유형에 따라 변하지 않는 통계적 계산이 결합된 까닭에 예측 함수의 모형이 달라지는 겁니다."

여기서 제시된 그래프 모형은 정확한 경험적인 결과를 나타내는 게 아니라, 쉰 번째 백분위수를 나타내는 추정치, 즉 예측 패턴이란 점을 잊지 말아야 한다.

25 여기 제시한 질문들은 대략적으로 표현한 것이다. 각 질문의 정확한 표현은 다음과 같

았다.

"지금까지 6000만 달러(720억 원)의 흥행 수익을 기록했지만 언제부터 상영을 시작했는지 모르는 영화가 있다고 상상해 보라. 이 영화의 전체 흥행 수익이 얼마나 되리라 예상하는가?"

"보험 회사가 고용하는 보험 계리인은 인구 통계에 대한 정보를 근거로 인간의 수명, 즉 인간의 평균적인 사망 연령을 예측한다. 만약 당신이 서른아홉 살 고객의 보험 청구를 평가한다면 그의 수명을 어떻게 예상하겠는가?"

"당신이 누군가의 부엌에 있고, 케이크가 오븐 안에 있다고 상상해 보라. 시간 조절기를 보면, 이 케이크는 지금까지 14분 동안 구워졌다. 이 케이크가 완전히 구워지려면 앞으로 오븐에 얼마나 더 있어야 한다고 예상하는가?"

"지금까지 11년 동안 하원 의원을 지낸 의원이 있다면, 그가 하원 의원으로 얼마나 오랫동안 재임할 것이라 생각하는가?"

26 사실 확인을 위해 주고받은 메일에서 테넌바움은 다음과 같이 말했다.

"컴퓨터로 이런 유형의 예측을 하는 가장 자연스러운 방법은 베이즈 정리의 논리를 효과적으로 시행하는 알고리즘을 운영하는 것입니다. 일반적으로 컴퓨터는 베이즈 정리를 명시적으로 '사용'하지 않습니다. 극히 단순한 경우를 제외하면, 베이즈 정리를 직접 계산하는 것은 무척 힘든 일이기 때문이지요. 그래도 프로그래머가 컴퓨터에 심는 예측 알고리즘에서는 광범위한 경우에서 베이즈 정리와 대략적으로 일치하는 방향으로 예측이 이루어집니다."

27 Sheldon M. Ross, Introduction to Probability and Statistics for Engineers and Scientists (San Diego : Academic Press, 2004).

28 '기준율'은 통계학에서 일반적으로 '예-아니요'로 대답하는 질문에 적용되는 개념이다. 테넌바움은 실험에 참가한 학생들에게 '예-아니요'로 대답하지 말고 수치로 예측해 달라고 부탁했다. 따라서 학생들의 추정은 '사전 확률 분포'라 칭하는 게 더 적합할 듯하다.

29 사실 확인을 위해 주고받은 메일에서 테넌바움은 다음과 같이 말했다.

"우리 연구 결과에 따르면, 특정 부류에 속한 사건에 대한 예측력은 경험이 더해진다고 점진적으로 향상되는 것 같지는 않습니다. 여하튼 경우에 따라 다른 것 같습니다. 달리 말하면, 경험이 사전 확률을 구하는 유일한 방법은 아니라는 뜻이겠지요. 파라오의 예가 보여주듯이, 우리는 특정한 유형의 사건들을 직접 경험하는 방법 외에 여러 방법으로 사전 확률을 얻을 수 있습니다. 이런 사례는 우리만이 아니라 다른 연구진이 시행한 여러 연구에서도 확인된 것입니다."

30 Eugene Kim, "Why Silicon Valley's Elites Are Obsessed with Poker." Business Insider, 2014년 11월 22일, http : //www.businessinsider.com/best-poker-players-in-silicon-valley-2014-11.

31 사실 확인을 위해 주고받은 메일에서 필 헬무스는 다음과 같이 말했다.

"애니는 뛰어난 포커 선수입니다. 세월의 시험을 견뎌 내고 지금도 건재하지 않습니까. 나는 애니를 존경합니다. 애니의 홀덤 게임 방식을 존경합니다."

32 사실 확인을 위해 주고받은 메일에서 헬무스는 다음과 같이 말했다.

"지금 생각하면, 그때 애니는 나인을 보여 주며 나를 자극하고 화나게 하려 했던 겁니다. 킹 원페어라는 확실한 패를 쥐었던 까닭에, 많은 선수가 내 상황이었다면 그 판에서 파산했을 겁니다. 하지만 나는 포커판에서는 항상 일반적인 원칙을 무시하고 내 직감(화이트 매직, 상대를 읽어 내는 능력)을 믿었습니다. 그때도 나는 내 직감을 믿고 패배를 인정했던 겁니다."

33 사실 확인을 위해 주고받은 메일에서 헬무스는 다음과 같이 말했다.

"당시 내 패가 원페어에 에이트였습니다. 게다가 플러시와 스트레이트를 기대할 수 있는 패라서 갖고 있는 칩을 전부 베팅 하기에 충분했지요. 지극히 합리적인 선택이었습니다. 내가 감정적으로 흔들려서 칩을 모두 베팅 했다는 뜻으로 이해했다면 잘못 생각하신 겁니다. 다른 선택이 없었습니다."

34 사실 확인을 위해 주고받은 메일에서 헬무스는 대회의 경쟁자가 자신과 애니, 두 사람으로 좁혀지면 승패에 관계없이 각각 75만 달러(9억 원)를 갖고 승리한 사람이 50만 달러(6억 원)를 추가로 갖기로 합의를 보았다고 주장했다. 애니 듀크도 이 주장이 맞다고 확인해 주었다.

제7장

1 〈겨울왕국〉에 대해서는 에드윈 캣멀, 제니퍼 리, 앤드루 밀스타인, 피터 델 베초, 크리스틴 앤더슨 로페즈, 보비 로페즈, 에이미 윌러스, 에이미 애스틀리에게 많은 도움을 받았다. 물론 이름이 알려지기를 원하지 않았지만 나에게 많은 시간을 할애해 준 디즈니 사의 다른 직원들에게도 감사의 말을 전하고 싶다. 그 밖에도 나는 다음과 같은 문헌들을 참조했다.

Charles Solomon, The Art of Frozen (San Francisco : Chronicle Books, 2015) ;

John August, "Frozen with Jennifer Lee." Scriptnotes, 2014년 1월 28일, http : // johnaugust.com/2014/Frozen-with-jennifer-lee ; Nicole Laporte, "How Frozen Director Jennifer Lee Reinvented the Story of the Snow Queen." Fast Company, 2014년 2월 28일 ; Lucinda Everett, "Frozen : Inside Disney's Billion-Dollar Social Media Hit." The Telegraph, 2014년 3월 31일 ; Jennifer Lee, "Frozen, Final Shooting Draft." Walt Disney Animation Studios, 2013년 9월 23일, http ://gointothestory. blcklst.com/wp-content/uploads/2014/11/Frozen.pdf ; "Frozen : Songwriters Kristen Anderson-Lopez and Robert Lopez Official Movie Interview." YouTube, 2013년 10월 31일, https : //www.youtube.com/watch?v=mzZ77n4Ab5E ; Susan Wloszczyna, "With Frozen, Director Jennifer Lee Breaks Ice for Women Directors." Indiewire, 2013년 11월 26일, http ://blogs.indiewire.com/womenandhollywood/ with-Frozen-director-jennifer-lee-breaks-the-ice-for-women-directors ; Jim Hill, "Countdown to Disney Frozen : How One Simple Suggestion Broke the Ice on the Snow Queen's Decades-Long Story Problems." Jim Hill Media, 2013년 10월 18일, http ://jimhillmedia.com/editor_in_chief1/b/jim_hill/archive/2013/10/18/ countdown-to-disney -quot-Frozen-quot-how-one-simple-suggestion-broke-the- ice-on-the-quot -snow-queen-quot-s-decades-long-story-problems.aspx ; Brendon Connelly, "Inside the Research, Design, and Animation of Walt Disney's Frozen with Producer Peter Del Vecho." Bleeding Cool, 2013년 9월 25일, http ://www. bleedingcool.com/2013/09/25/inside-the-research-design-and-animation-of-walt- disneys-Frozen-with-producer-peter-del-vecho/ ; Ed Catmull and Amy Wallace, Creativity, Inc. : Overcoming the Unseen Forces That Stand in the Way of True Inspiration (New York : Random House, 2014) ; Mike P. Williams, "Chris Buck Reveals True Inspiration Behind Disney's Frozen (Exclusive)." Yahoo! Movies, 2014 년 4월 8일.

2 사실 확인을 위해 주고받은 메일에서 디즈니 애니메이션 스튜디오의 앤드루 밀스타인 최고 경영자는 다음과 같이 말했다.

"비판은 창작 과정을 자극하고, 제작 중인 모든 영화의 진행을 앞당기는 데 도움을 줍니 다. 대개 제작진은 자신들의 영화에 지나치게 몰입되어 객관적인 시각을 잃는 경우가 적지 않습니다. 이런 이유에서 '스토리 트러스트'는 비판적이고 숙련된 관객으로 기능하며, 이야기 전개에서 결함을 지적하고, 더 나아가 해결책까지 제공하기도 합니다. …… 당신은 우리가 영화에서 핵심적인 부분들을 실험하고 탐구하고 발견하는 과정을 추적하고 있지만, 중요한 것은 그 과정이 있느냐 없느냐가 아니라 그 과정이 어느 정도까지 충실히 반영되느냐 하는 점입니다. 영화를 제작할 때마다 끊임없이 점검하고 확인하기 때문에 우리가 설정한 높은 기준에 맞출 수 있는 것이지요."

3 사실 확인을 위해 주고받은 메일에서 보비 로페즈는 〈애버뉴 큐〉와 〈모르몬의 책〉을 쓸 때 아내 크리스틴이 많은 도움을 주었지만 두 작품에 정식 작사자로 이름을 올리지는 않았다고 밝혀 주었다.

4 사실 확인을 위해 주고받은 메일에서 월트 디즈니 애니메이션 스튜디오 대변인은 다음과 같이 말했다.

"존 래시터와 에드윈 캐트멀이 우리 회사의 경영진으로 참여한 이후 디즈니 애니메이션의 모든 영화에서 이런 과정(시사회 과정, 비판적 회의, 영화의 분해와 재조립)은 일반적인 현상이 되었습니다. 흔한 현상이지 결코 이례적인 현상이 아닙니다."

5 사실 확인을 위해 주고받은 메일에서 월트 디즈니 애니메이션 스튜디오 사장 에드윈 캐트멀은 여기서 소개하는 여러 일화에 대해 다음과 같이 말했다.

"영화가 제작되는 과정에서 그때그때 제기되는 다양한 관점이라 생각하면 됩니다. …… 물론 당신이라면 다른 어휘로 표현할 수 있겠지만, 모든 영화가 탐색과 변화라는 과정을 거의 비슷하게 거친다는 뜻이 담겨 있으면 됩니다. 이런 점이 강조되어야 합니다. 그래야만 〈겨울왕국〉은 이런 점에서 달랐구나라는 인상을 사람들이 갖지 않을 테니까요."

6 사실 확인을 위해 주고받은 메일에서 앤드루 밀스타인은 다음과 같이 말했다.

"창작을 위해 많은 아이디어를 동시에 철저하게 탐색하려면 시간과 공간과 지원이 필요합니다. 우리 회사의 창작 팀은 서로 믿고 신뢰해야 합니다. 그래야 이야기 전개에서 조금이라도 이상한 곳을 더 낫게 고칠 때까지 반복해 실험하고, 실패하더라도 다시 시도할 수 있을 테니까요. 또한 어렵고 까다로운 문제에 대한 최적의 해결책을 찾아내고, 시간 때문에 차선의 해결책으로 타협하지 않으려는 집요한 집중력도 필요하지요. 따라서 경영진도 그런 과정을 옳다고 믿으며 적극적으로 지원한다는 걸 창작 팀도 알고 있어야 합니다."

7 Amanda Vaill, Somewhere : The Life of Jerome Robbins (New York : Broadway Books, 2008) ; "Q&A with Producer Director Judy Kinberg, 'Jerome Robbins : Something to Dance About'." directed by Judy Kinberg, American Masters, PBS, 2009년 1월 28일, http : //www.pbs.org/wnet/americanmasters/jerome-robbins-qa-with-producerdirector-judy-kinberg/1100/ ; Sanjay Roy, "Step-by-Step Guide to Dance : Jerome Robbins." The Guardian, 2009년 7월 7일 ; Sarah Fishko, "The Real Life Drama Behind West Side Story." NPR, 2009년 1월 7일, http : //www.npr. org/2011/02/24/97274711/the-real-life-drama-behind-west-side-story ; Jeff Lundun and Scott Simon, "Part One : Making a New Kind of Musical." NPR, 2007년 9월 26일, http : //www.npr.org/templates/story/story.php?storyId=14730899 ; Jeff Lundun and Scott Simon, "Part Two : Casting Calls and Out of Town Trials." NPR, 2007년 9월 26일, http : //www.npr.org/templates/story/story.php?storyId=14744266 ; Jeff Lundun and Scott Simon, "Part Three : Broadway to Hollywood—and Beyond." NPR, 2007년 9월 26일, http : //www.npr.org/templates/story/story. php?storyId=14749729 ; "West Side Story Film Still Pretty, and Witty, at 50." NPR, 2011년 10월 17일, http : //www.npr.org/2011/10/17/141427333/west-side-story-still-pretty-and-witty-at-50 ; Jesse Green, "When You're a Shark You're a Shark All the Way." New York Magazine, 2009년 3월 15일 ; Larry Stempel, "The Musical Play Expands." American Music 10, no. 2 (1992) : 136-169.

8 뮤지컬의 이런 공식을 무시한 작품이 적지 않다. 줄거리와 극적인 순간을 표현하는 데 춤이 사용된 〈오클라호마!〉가 대표적인 예다.

9 Tim Carter, "Leonard Bernstein : West Side Story. By Nigel Simeone." Music and Letters 92, no. 3 (2011) : 508-510.

10 '웨스트사이드 스토리'는 수많은 제목 중에서 최종적으로 선택된 것이다.

11 여기에 발췌한 편지들은 의회 도서관에 소장된 《레너드 번스타인 전집》과 뉴욕 공공 도서관 및 여러 작가의 글에 담긴 기록을 인용한 것이다.

12 The Leonard Bernstein Letters (New Haven, Conn. : Yale University Press, 2013)에서 레너드 번스타인의 말을 인용.

13 The Leonard Bernstein Letters (New Haven, Conn. : Yale University Press, 2013)에서 제롬 로빈스의 말을 인용.

14 Amanda Vaill, Somewhere : The Life of Jerome Robbins (New York : Broadway Books, 2008).

15 앞의 책.

16 Deborah Jowitt, Jerome Robbins : His Life, His Theater, His Dance (New York :

Simon & Schuster, 2004).

17 Brian Uzzi et al., "Atypical Combinations and Scientific Impact." Science 342, no. 25 (2013) : 468-472.

18 브라이언 우지와 벤 존스의 연구에 대해 더 깊이 알고 싶으면 다음 문헌들을 참조하기 바란다.

Stefan Wuchty, Benjamin F. Jones, and Brian Uzzi, "The Increasing Dominance of Teams in Production of Knowledge." Science 316, no. 5827 (2007) : 1036-1039 ; Benjamin F. Jones, Stefan Wuchty, and Brian Uzzi, "Multi-University Research Teams : Shifting Impact, Geography, and Stratification in Science." Science 322, no. 5905 (2008) : 1259-1262 ; Holly J. Falk-Krzesinski et al., "Advancing the Science of Team Science." Clinical and Translational Science 3, no. 5 (2010) : 263-266 ; Ginger Zhe Jin et al., The Reverse Matthew Effect : Catastrophe and Consequence in Scientific Teams (working paper 19489, National Bureau of Economic Research, 2013) ; Brian Uzzi and Jarrett Spiro, "Do Small Worlds Make Big Differences? Artist Networks and the Success of Broadway Musicals, 1945-1989" (unpublished manuscript, Evanston, Ill., 2003) ; Brian Uzzi, and Jarrett Spiro, "Collaboration and Creativity : The Small World Problem." American Journal of Sociology 111, no. 2 (2005) : 447-504 ; Brian Uzzi, "A Social Network's Changing Statistical Properties and the Quality of Human Innovation." Journal of Physics A : Mathematical and Theoretical 41, no. 22 (2008) ; Brian Uzzi, Luis A.N. Amaral, and Felix Reed-Tsochas, "Small-World Networks and Management Science Research : A Review." European Management Review 4, no. 2 (2007) : 77-91.

19 사실 확인을 위해 주고받은 메일에서 우지는 다음과 같이 말했다.

"창의성을 기대하려면 팀을 짜서 연구하는 편이 낫습니다. 과거의 자료들을 참신한 방식으로 결합하려면 팀 방식이 더 유리합니다. 또 과거의 개념과 특이한 개념이 똑같은 정도로 융합할 경우에도 개인보다 팀 방식이 더 적절하게 융합하고 결합할 가능성이 큽니다. 달리 말하면, 참신한 결합을 통해 새로운 통찰력을 끌어내는 데도 개인보다 팀이 더 유리합니다."

20 Amos Tversky and Daniel Kahneman, "Availability : A Heuristic for Judging Frequency and Probability." Cognitive Psychology 5, no. 2 (1973) : 207-232 ;

Daniel Kahneman and Amos Tversky, "Prospect Theory : An Analysis of Decision Under Risk." Econometrica : Journal of the Econometric Society 47, no. 2 (1979) : 263-291 ; Amos Tversky and Daniel Kahneman, "Judgment Under Uncertainty : Heuristics and Biases." Science 185, no. 4157 (1974) : 1124-1131 ; Amos Tversky and Daniel Kahneman, "The Framing of Decisions and the Psychology of Choice." Science 211, no. 4481 (1981) : 453-458 ; Daniel Kahneman and Amos Tversky, "Choices, Values, and Frames." American Psychologist 39, no. 4 (1984) : 341 ; Daniel Kahneman, Thinking, Fast and Slow (New York : Farrar, Straus and Giroux, 2011) ; Daniel Kahneman and Amos Tversky, "On the Psychology of Prediction." Psychological Review 80, no. 4 (1973) : 237.

21 Qiong Wang et al., "Naive Bayesian Classifier for Rapid Assignment of rRNA Sequences into the New Bacterial Taxonomy." Applied and Environmental Microbiology 73, no. 16 (2007) : 5261-5267 ; Jun S. Liu, "The Collapsed Gibbs Sampler in Bayesian Computations with Applications to a Gene Regulation Problem." Journal of the American Statistical Association 89, no. 427 (1994) : 958-966.

22 Andrew Hargadon and Robert I. Sutton, "Technology Brokering and Innovation in a Product Development Firm." Administrative Science Quarterly 42, no. 4 (1997) : 716-749.

23 René Carmona et al., Numerical Methods in Finance : Bordeaux, June 2010, Springer Proceedings in Mathematics, vol. 12 (Berlin : Springer Berlin Heidelberg, 2012) ; René Carmona et al., "An Introduction to Particle Methods with Financial Application." in Numerical Methods in Finance, 3-49 ; Pierre Del Moral, Mean Field Simulation for Monte Carlo Integration (Boca Raton, Fla. : CRC Press, 2013) ; Roger Eckhardt, "Stan Ulam, John von Neumann, and the Monte Carlo Method." Los Alamos Science, special issue (1987) : 131-137.

24 Andrew Hargadon and Robert I. Sutton, "Technology Brokering and Innovation in a Product Development Firm." Administrative Science Quarterly 42, no. 4 (1997) : 716-749 ; Roger P. Brown, "Polymers in Sport and Leisure." Rapra Review Reports 12, no. 3 (November 2, 2001) ; Melissa Larson, "From Bombers to Bikes." Quality

37, no. 9 (1998) : 30.

25 Benjamin Spock, The Common Sense Book of Baby and Child Care (New York : Pocket Books, 1946).

26 Ronald S. Burt, "Structural Holes and Good Ideas." American Journal of Sociology 110, no. 2 (2004) : 349-399.

27 사실 확인을 위해 주고받은 메일에서 로널드 버트는 다음과 같이 말했다.

"관리자들에게 회사에서 자신의 가치를 높일 만한 최적의 아이디어를 제시해 보라고 했습니다. 두 고위 경영자가 각각의 아이디어를 평가했지요. 물론 아이디어를 제시한 사람의 신분은 공개하지 않았습니다. 아이디어에 대한 평가는 그 아이디어를 제시한 사람이 회사 내에서 부서와 역할 등의 경계를 넘나드는 네트워크의 폭과 깊이에 따라 달랐습니다."

28 혁신 브로커에 대해 더 깊이 알고 싶다면 다음 문헌들을 참조하기 바란다.

Ronald S. Burt, Structural Holes : The Social Structure of Competition (Cambridge, Mass. : Harvard University Press, 2009) ; Ronald S. Burt, "The Contingent Value of Social Capital." Administrative Science Quarterly 42, no. 2 (1997) : 339-365 ; Ronald S. Burt, "The Network Structure of Social Capital." in B. M. Staw and R. I. Sutton, Research in Organizational Behavior, vol. 22 (New York : Elsevier Science JAI, 2000), 345-423 ; Ronald S. Burt, Brokerage and Closure : An Introduction to Social Capital (New York : Oxford University Press, 2005) ; Ronald S. Burt, "The Social Structure of Competition." Explorations in Economic Sociology 65 (1993) : 103 ; Lee Fleming, Santiago Mingo, and David Chen, "Collaborative Brokerage, Generative Creativity, and Creative Success." Administrative Science Quarterly 52, no. 3 (2007) : 443-475 ; Satu Parjanen, Vesa Harmaakorpi, and Tapani Frantsi, "Collective Creativity and Brokerage Functions in Heavily Cross-Disciplined Innovation Processes." Interdisciplinary Journal of Information, Knowledge, and Management 5, no. 1 (2010) : 1-21 ; Thomas Heinze and Gerrit Bauer, "Characterizing Creative Scientists in Nano-S&T : Productivity, Multidisciplinarity, and Network Brokerage in a Longitudinal Perspective." Scientometrics 70, no. 3 (2007) : 811-830 ; Markus Baer, "The Strength-of-Weak-Ties Perspective on Creativity : A Comprehensive Examination and Extension." Journal of Applied Psychology 95, no. 3 (2010) : 592 ; Ajay Mehra, Martin Kilduff, and Daniel J. Brass, "The Social Networks of High and Low Self-Monitors : Implications for Workplace Performance." Administrative Science Quarterly 46, no. 1 (2001) : 121-146.

29 뉴욕 공공 도서관의 도움으로 〈웨스트사이드 스토리〉의 초판본을 구할 수 있었다. 여기 서 소개하는 대본은 편의상 요약한 것이다.

30 여기서 인용한 글은 〈웨스트사이드 스토리〉의 최종 대본, 로빈스의 기록, 첫 공연의 안 무와 관련된 인터뷰 및 그 밖의 자료를 바탕으로 재구성한 것이다.

31 Larry Stempel, "The Musical Play Expands." American Music (1992) : 136-169.

32 Fishko, "Real Life Drama Behind West Side Story."

33 〈겨울왕국〉 핵심 팀원은 벅, 리, 델 베초, 보비 로페즈와 크리스틴 앤더슨 로페즈, 폴 브 리그스, 제시카 줄리어스, 톰 맥두걸, 크리스 몬탠이었고, 때때로 다른 부서에서 파견된 전 문가들이 회의에 참석하곤 했다.

34 사실 확인을 위해 주고받은 메일에서 월트 디즈니 애니메이션 스튜디오 대변인은 다음 과 같이 말했다.

"제니퍼 리와 그녀의 언니는 어릴 때 자주 싸웠습니다. 하지만 나이가 들면서 성숙해졌지 요. 그들은 결코 서로 미워하며 살지 않았습니다. …… 대학에 진학한 후에는 가까워지고 친해졌습니다. 한동안 뉴욕에서 함께 살기도 했지요."

35 사실 확인을 위해 주고받은 메일에서 밀스타인 최고 경영자는 다음과 같이 말했다.

"이야기 전개에서 부딪치는 문제를 해결하는 비결은 개인적인 경험과 밀접한 관계가 있습 니다. 우리는 자신의 이야기와 경험, 즉 감정적인 삶을 영감의 원천으로 사용합니다. …… 물론 함께 작업하는 동료들 경험에서도 도움을 받아, 영화에서 드러내려는 특정한 분야에 대해 깊이 연구합니다. 〈겨울왕국〉의 경우에는 디즈니 애니메이션에서 자매 관계에 있는 직원들에게 도움을 받았습니다. 먼저 그들은 자매와 함께하는 삶이 어떤 것이고, 또 자매 에게 무엇을 기대하게 되는지에 대해 조언했습니다. 그 자체로도 때 묻지 않은 소중한 원 재료이지 않습니까."

36 Gary Wolf, "Steve Jobs : The Next Insanely Great Thing." Wired, April 1996.

37 사실 확인을 위해 주고받은 메일에서 캐트멀은 다음과 같이 말했다.

"직원들을 그런 식으로 밀어붙여야 한다고 말한다면 지나치게 단순화한 것입니다. 물론 밀어붙여야 할 때도 있습니다. 하지만 직원들이 맘껏 창의력을 발휘하는 환경을 조성해 줄 필요도 있지요. 직원들이 안심하고 새로운 것을 찾아내고 발표할 수 있어야 합니다. 앤드 루 밀스타인과 나에게는 조직을 끊임없이 움직이게 하는 힘이 필요합니다. 동시에 조직의 역동성을 늦추다 결국에는 죽여 버리는 두려움을 떨쳐 내야 합니다. 이런 이유에서 조직의 리더가 힘들고 어려운 것이지요."

38 Art Fry, "The Post-it note : An Intrapreneurial Success." SAM Advanced Management Journal 52, no. 3 (1987) : 4.

39 P. R. Cowley, "The Experience Curve and History of the Cellophane Business." Long Range Planning 18, no. 6 (1985) : 84-90.

40 Lewis A. Barness, "History of Infant Feeding Practices." The American Journal of Clinical Nutrition 46, no. 1 (1987) : 168-170 ; Donna A. Dowling, "Lessons from the Past : A Brief History of the Influence of Social, Economic, and Scientific Factors on Infant Feeding." Newborn and Infant Nursing Reviews 5, no. 1 (2005) : 2-9.

41 Gary Klein, Seeing What Others Don't : The Remarkable Ways We Gain Insights (New York : PublicAffairs, 2013).

42 사실 확인을 위해 주고받은 메일에서 보비 로페즈는 다음과 같이 말했다.

"음악이 녹음된 mp3를 첨부한 메일을 보내고 그들이 얼마 만에 반응을 보내는지 계산합니다. 몇 분 혹은 몇 시간, 때로는 며칠이 걸리기도 해요. 이번 음악을 보냈을 때는 곧바로 반응을 듣지 못했어요. 그래서 우리는 이번 음악도 마음에 들지 않는 모양이라고 생각했습니다. 그러다 전화를 받았는데 그들이 엄청나게 흥분했음을 직감했지요."

43 사실 확인을 위해 주고받은 메일에서 월트 디즈니 애니메이션 스튜디오 대변인은 다음과 같이 말했다.

"제니퍼 리는 2012년 4월에 초고를 이미 완성했습니다. 이 원고에서 엘사는 상당히 동정심 많은 인물로 묘사됐어요. 하지만 리는 원래 엘사가 중간쯤에 사악하게 변하는 인물로 바꾸려 했습니다. 〈렛 잇 고〉는 2012년 8월 시사회를 앞두고 삽입됐지요. 〈렛 잇 고〉가 엘사라는 인물의 색깔을 바꾸는 데 큰 역할을 했습니다. 존 래시터도 엘사의 변화에 개인적으로 공감했다는 점을 지적해 두고 싶습니다. 래시터는 엘사를 생각할 때마다 소아 당뇨를 앓는 아들 샘을 생각하지 않을 수 없었을 겁니다. 샘은 어렸을 때 당뇨로 고생할 때마다 래시터를 돌아보며 '왜 하필이면 나예요?'라고 물었답니다. 소아 당뇨에 걸린 것이 샘의 잘못은 아니잖습니까. 마찬가지로 모든 것을 얼려 버리는 힘을 가진 것도 엘사의 잘못이 아니었습니다."

44 사실 확인을 위해 주고받은 메일에서 월트 디즈니 애니메이션 스튜디오 대변인은 크리스 벅이 영화를 어떤 식으로 끝낼지 나름의 계획을 갖고 있었다며 다음과 같이 말했다.

"결말은 일종의 퍼즐이었습니다. 관객에게 어떤 식으로든 감동을 안겨 줘야 했으니까요. 2012년 10월 무렵 제니퍼가 네 주인공이 무시무시한 눈보라 속에 서 있는 모습으로 끝나는 결말을 제시했고, 스토리 아티스트(원작을 애니메이션 제작에 맞게 각색하는 사람) 존 리파가 그런 결말에 적합한 장면들을 스케치했습니다. 리파의 스케치는 존 래시터에게 기립 박수를 받았지요. 제니퍼 말대로 우리는 결말을 알고 있었고, 그런 결말을 자연스레 끌어내야 했습니다."

45 Teresa M. Amabile et al., "Assessing the Work Environment for Creativity." Academy of Management Journal 39, no. 5 (1996) : 1154–1184 ; Teresa M. Amabile, Constance N. Hadley, and Steven J. Kramer, "Creativity Under the Gun." Harvard Business Review 80, no. 8 (2002) : 52–61 ; Teresa M. Amabile, "How to Kill Creativity." Harvard Business Review 76, no. 5 (1998) : 76–87 ; Teresa M. Amabile, "A Model of Creativity and Innovation in Organizations." Research in Organizational Behavior 10, no. 1 (1988) : 123–167.

46 사실 확인을 위해 주고받은 메일에서 캐트멀은 제니퍼 리가 공동 감독이 아니라 제2감독이었다는 점이 중요하다며, 제2감독은 할리우드에서 많은 의미를 갖는다고 설명했다. "공동 감독이란 직함은 '감독'보다 낮은 지위에 있는 게 사실입니다. 그런데 디즈니에서는 감독을 두 사람씩 두는 경우가 많고, 둘 모두 '감독'이란 직함을 갖지요. 〈겨울왕국〉의 경우에도 제니퍼와 크리스는 동등한 위치의 감독이었습니다."

47 사실 확인을 위해 주고받은 메일에서 밀스타인은 다음과 같이 말했다. "제니퍼를 크리스와 동등한 권한을 지닌 감독으로 승진시킴으로써 팀의 역학 관계를 긍정적인 방향으로 바꾸는 동시에 팀원들이 새로운 아이디어를 받아들이는 감수성에 변화를 주고 싶었습니다. …… 제니퍼는 무척 감성적이면서도 단호한 성격입니다. 팀의 역학 관계에 대한 제니퍼의 세심한 배려 덕분에, 즉 팀원들이 밀접한 협력 관계를 유지하는 데 제니퍼가 자신의 목소리를 내며 큰 역할을 해 준 덕분에 〈겨울왕국〉은 성공할 수 있었습니다."

48 간헐적 교란 가설에 관해서는 스탠퍼드 대학교 홉킨스 해양 연구소의 스티븐 팔럼비와 뉴욕 시립 대학교의 엘리자베스 올터에게 많은 도움을 받았다.

49 Joseph H. Connell, "Diversity in Tropical Rain Forests and Coral Reefs." Science, n.s. 199, no. 4335 (1978) : 1302–1310.

50 많은 과학 이론이 그렇듯이, 중간 교란 가설도 코넬만이 주장한 것은 아니다. 중간 교란 가설의 역사에 대해 알고 싶다면 다음 문헌을 참조하기 바란다.

David M. Wilkinson, "The Disturbing History of Intermediate Disturbance." Oikos 84, no. 1 (1999) : 145-147.

51 John Roth and Mark Zacharias, Marine Conservation Ecology (London : Routledge, 2011).

52 중간 교란 가설과 이 이론에 반론을 제시하는 학자들의 관점에 대해 더 깊이 알고 싶다면 다음 문헌들을 참조하기 바란다.

Wilkinson, "The Disturbing History of Intermediate Disturbance" ; Jane A. Catford et al., "The Intermediate Disturbance Hypothesis and Plant Invasions : Implications for Species Richness and Management." Perspectives in Plant Ecology, Evolution and Systematics 14, no. 3 (2012) : 231-241 ; John Vandermeer et al., "A Theory of Disturbance and Species Diversity : Evidence from Nicaragua After Hurricane Joan." Biotropica 28, no. 4 (1996) : 600-613 ; Jeremy W. Fox, "The Intermediate Disturbance Hypothesis Should Be Abandoned." Trends in Ecology and Evolution 28, no. 2 (2013) : 86-92.

53 사실 확인을 위해 주고받은 메일에서 캐트멀은 〈겨울왕국〉의 결말이 팀 전체가 노력해 이루어 낸 결과임을 분명히 밝혔다. 또 스토리 아티스트 겸 애니메이터인 존 리파가 그런 결말에 적합한 장면들을 스케치했다며 다음과 같이 덧붙였다.

"결말은 이야기 전개에 아주 중요하고 큰 영향을 미치는 부분이었습니다. …… 게다가 상당한 영향력을 지닌 외부 집단이 있었고, 여기서도 큰 진전이 이루어졌지요."

54 사실 확인을 위해 주고받은 메일에서 월트 디즈니 애니메이션 스튜디오 대변인은 다음과 같이 말했다.

"제니퍼 리는 이런 결말이 자신과 크리스가 함께 만든 것이라고 분명히 말합니다. 제니퍼와 크리스의 합작품인 셈이지요. 크리스틴이 받은 메일은 제니퍼가 크리스와 매일 나눈 대화를 기반으로 작성한 것이므로 크리스도 제니퍼, 크리스틴, 보비만큼 큰 몫을 차지하고 있는 셈입니다. …… 누가 뭐라 해도 〈겨울왕국〉은 크리스 벅의 영화입니다."

제8장

1 당시 단테 윌리엄스는 미성년자였기에 신원을 보호하기 위해 가명을 썼다.

2 Ben Fischer, "Slaying Halts 'Peace Bowl'." Cincinnati Enquirer, 2007년 8월 13일.

3 Marie Bienkowski et al., Enhancing Teaching and Learning Through Educational Data Mining and Learning Analytics : An Issue Brief (Washington, D.C. : U.S. Department of Education, Office of Technology, October 2012), https : //tech. ed.gov/wp-content/uploads/2014/03/edm-la-brief.pdf.

4 엘리자베스 홀츠애플의 연구와 신시내티 공립 교육구의 자료 사용법에 대해 더 깊이 알고 싶다면 다음 문헌들을 참조하기 바란다.

Elizabeth Holtzapple, "Criterion-Related Validity Evidence for a Standards-Based Teacher Evaluation System." Journal of Personnel Evaluation in Education 17, no. 3 (2003) : 207-219 ; Elizabeth Holtzapple, Report on the Validation of Teachers Evaluation System Instructional Domain Ratings (Cincinnati : Cincinnati Public Schools, 2001).

5 "South Avondale Elementary : Transformation Model." Ohio Department of Education, n.d.

6 EI를 비롯한 신시내티 공립 교육구의 개혁 프로그램에 대해서는 다음 문헌들을 참조하기 바란다.

Kim McGuire, "In Cincinnati, They're Closing the Achievement Gap." Star Tribune, 2004년 5월 11일 ; Alyson Klein, "Education Week, Veteran Educator Turns Around Cincinnati Schools." Education Week, 2013년 2월 4일 ; Nolan Rosenkrans, "Cincinnati Offers Toledo Schools a Road Map to Success." The Blade, 2012년 5월 13일 ; Gregg Anrig, "How to Turn an Urban School District Around—Without Cheating." The Atlantic, 2013년 5월 9일 ; John Kania and Mark Kramer, "Collective Impact." Stanford Social Innovation Review 9, no. 1 (Winter 2011) : 36-41 ; Lauren Morando Rhim, Learning How to Dance in the Queen City : Cincinnati Public Schools' Turnaround Initiative, Darden/Curry Partnership for Leaders in Education (Charlottesville : University of Virginia, 2011) ; Emily Ayscue Hassel and Bryan C. Hassel, "The Big U Turn." Education Next 9, no. 1 (2009) : 20-27 ; Rebecca Herman et al., Turning Around Chronically Low-Performing Schools : A Practice

Guide (Washington, D.C. : National Center for Education Evaluation and Regional Assistance, Institute of Education Sciences, U.S. Department of Education, 2008) ; Guide to Understanding Ohio's Accountability System, 2008–2009 (Columbus : Ohio Department of Education, 2009), Web ; Daniela Doyle and Lyria Boast, 2010 Annual Report : The University of Virginia School Turnaround Specialist Program, Darden/Curry Partnership for Leaders in Education, Public Impact (Charlottesville : University of Virginia, 2011) ; Dana Brinson et al., School Turnarounds : Actions and Results, Public Impact (Lincoln, Ill. : Center on Innovation and Improvement, 2008) ; L. M. Rhim and S. Redding, eds., The State Role in Turnaround : Emerging Best Practices (San Francisco : WestEd, 2014) ; William S. Robinson and LeAnn M. Buntrock, "Turnaround Necessities." The School Administrator 68, no. 3 (March 2011) : 22–27 ; Susan McLester, "Turnaround Principals." District Administration (May 2011) ; Daniel Player and Veronica Katz, "School Improvement in Ohio and Missouri : An Evaluation of the School Turnaround Specialist Program" (CEPWC Working Paper Series no. 10, University of Virginia, Curry School of Education, June 2013), Web ; Alison Damast, "Getting Principals to Think Like Managers." Bloomberg Businessweek, 2012년 2월 16일 ; "CPS 'Turnaround Schools' Lift District Performance." The Cincinnati Herald, 2010년 8월 21일 ; Dakari Aarons, "Schools Innovate to Keep Students on Graduation Track." Education Week, 2010년 6월 2일 "Facts at a Glance." Columbia Public Schools K–12, n.d., Web.

7 신시내티 공립 교육구의 EI에는 교사들에게 자료 사용법을 가르치는 프로그램 외에 다른 프로그램들도 있었다. 예컨대 자료와 분석 결과를 활용해 증거에 근거한 결정을 내리는 프로그램, 학생들의 성적 향상이란 교육구의 전략적 계획에 적합한 새로운 평가 시스템을 시행하는 프로그램, 교사 역량을 함양하기 위한 학습 팀을 모든 학교로 확대하는 프로그램, 핵심 과목의 초급과 중급 과정을 전문적으로 가르치는 교사 양성 프로그램, 학부모와 공동체를 학교에 더욱 가까이 끌어들이기 위한 프로그램 등이 있었다. 공립 교육구는 이 프로젝트를 요약한 책자에서 다음과 같이 설명했다.

'자료와 증거를 활용함으로써 실천력을 높이고 학습법을 차별화하며 모든 학생의 학습 결과를 추적할 수 있다. 우리 목표는 가족이 동참하는 공동의 학습 문화를 조성하는 것이다. 이 목표는 모든 학교에서 받아들여졌고, 교육 위원회와 시 정부와 공동체도 지원하고 나섰다. 이런 학습 문화 조성이 EI의 핵심이다. …… 의료계가 진단을 바탕으로 중환자를 치료하는 방법을 결정하듯이, 우리는 자료와 분석을 근거로 열다섯 군데의 저성과 학교에서 학생들의 학력만이 아니라 사회적이고 감정적인 욕구까지 고려해 교육과 지원 방식을 재조정한다.'("Elementary Initiative : Ready for High School." Cincinnati Public Schools, 2014, http : //www.cps-k12.org/academics/district-initiatives/elementary-initiative.) 이 글을 쓰는 데 도움을 준 사람들은 자료 중심 접근법이 사우스 애번데일 초등학교의 변화를 도모하는 데 큰 역할을 했다고 한목소리로 말하고 있지만, 학교장의 강력한 리더십과 교사들의 헌신이 없었다면 그런 변화가 불가능했을 것이라고도 지적했다는 점을 강조하고 싶다.

8 "Elementary Initiative : Ready for High School."

9 앞의 책 ; South Avondale Elementary School Ranking." School Digger, 2014, http : //www.schooldigger.com/go/OH/schools/0437500379/school.aspx ; "South Avondale Elementary School Profile." Great Schools, 2013, Web.

10 "School Improvement, Building Profiles, South Avondale." Ohio Department of Education, 2014, Web.

11 자료가 교실 개선에 미치는 역할에 대해 더 깊이 알고 싶다면 다음 문헌들을 참조하기 바란다.

Thomas J. Kane et al., "Identifying Effective Classroom Practices Using Student Achievement Data." Journal of Human Resources 46, no 3 (2011) : 587-613 ; Pam Grossman et al., "Measure for Measure : A Pilot Study Linking English Language Arts Instruction and Teachers' Value-Added to Student Achievement" (CALDER Working Paper no. 45, Calder Urban Institute, May 2010) ; Morgaen L. Donaldson, "So Long, Lake Wobegon? Using Teacher Evaluation to Raise Teacher Quality." Center for American Progress, 2009년 6월 25일, Web ; Eric Hanushek, "Teacher Characteristics and Gains in Student Achievement : Estimation Using Micro-Data." The American Economic Review 61, no. 2 (1971) : 280-288 ; Elizabeth Holtzapple, "Criterion-Related Validity Evidence for a Standards-Based Teacher Evaluation System." Journal of Personnel Evaluation in Education 17, no. 3 (2003) : 207-219 ; Brian A. Jacob and Lars Lefgren, Principals as Agents : Subjective Performance Measurement in Education (working paper no. w11463, National Bureau of Economic Research,

2005) ; Brian A. Jacob, Lars Lefgren, and David Sims, The Persistence of Teacher-Induced Learning Gains (working paper no. w14065, National Bureau of Economic Research, 2008) ; Thomas J. Kane and Douglas O. Staiger, Estimating Teacher Impacts on Student Achievement : An Experimental Evaluation (working paper no. w14607, National Bureau of Economic Research, 2008) ; Anthony Milanowski, "The Relationship Between Teacher Performance Evaluation Scores and Student Achievement : Evidence from Cincinnati." Peabody Journal of Education 79, no. 4 (2004) : 33-53 ; Richard J. Murnane and Barbara R. Phillips, "What Do Effective Teachers of Inner-City Children Have in Common?" Social Science Research 10, no. 1 (1981) : 83-100 ; Steven G. Rivkin, Eric A. Hanushek, and John F. Kain, "Teachers, Schools, and Academic Achievement." Econometrica 73, no. 2 (2005) : 417-458.

12 Jessica L. Buck, Elizabeth McInnis, and Casey Randolph, The New Frontier of Education : The Impact of Smartphone Technology in the Classroom, American Society for Engineering Education, 2013 ASEE South-east Section Conference ; Neal Lathia et al., "Smartphones for Large-Scale Behavior Change Interventions." IEEE Pervasive Computing 3 (2013) : 66-73 ; "Sites That Help You Track Your Spending and Saving." Money Counts : Young Adults and Financial Literacy, NPR, 2011년 5월 18일 ; Shafiq Qaadri, "Meet a Doctor Who Uses a Digital Health Tracker and Thinks You Should Too." The Globe and Mail, September 4, 2014 ; Claire Cain Miller, "Collecting Data on a Good Night's Sleep." The New York Times, 2014년 3월 10일 ; Steven Beasley and Annie Conway, "Digital Media in Everyday Life : A Snapshot of Devices, Behaviors, and Attitudes." Museum of Science and Industry, Chicago, 2011 ; Adam Tanner, "The Web Cookie Is Dying. Here's the Creepier Technology That Comes Next." Forbes, 2013년 6월 17일, http : //www.forbes.com/sites/adamtanner/2013/06/17/the-web-cookie-is-dying-heres-the-creepier-technology-that-comes-next/.

13 정보 과잉과 정보맹에 대해 깊이 알고 싶으면 다음 문헌들을 참조하기 바란다.
Martin J. Eppler and Jeanne Mengis, "The Concept of Information Overload : A Review of Literature from Organization Science, Accounting, Marketing, MIS, and Related Disciplines." The Information Society 20, no. 5 (2004) : 325-344 ;

Pamela Karr-Wisniewski and Ying Lu, "When More Is Too Much : Operationalizing Technology Overload and Exploring Its Impact on Knowledge Worker Productivity." Computers in Human Behavior 26, no. 5 (2010) : 1061-1072 ; Joseph M. Kayany, "Information Overload and Information Myths." Itera, n.d., http ://www.itera.org/wordpress/wp-content/uploads/2012/09/ITERA12_Paper15.pdf ; Marta Sinclair and Neal M. Ashkanasy, "Intuition Myth or a Decision-Making Tool?" Management Learning 36, no. 3 (2005) : 353-370.

14 설맹은 자외선 B에 의해 각막에 생긴 염증을 가리키기도 한다.

15 Sheena S. Iyengar, Gur Huberman, and Wei Jiang, "How Much Choice Is Too Much? Contributions to 401(k) Retirement Plans." Pension Design and Structure : New Lessons from Behavioral Finance (Philadelphia : Pension Research Council, 2004) : 83-95.

16 사실 확인을 위한 질문의 답변서에서, 논문의 주 저자인 시나의 동료 터커 쿠먼은 다음과 같이 말했다.

"분석에서 확인된 바에 따르면, 열 가지 선택 방식이 더해질 때마다 직원들의 가입률이 1.5~2%씩 떨어졌습니다. 두 가지 조건만 주어졌을 때는 가입률이 75%였습니다. ……선택 가능성이 증가하면 가입률이 눈에 띄게 떨어집니다. 예컨대 제시된 선택 방식의 수와 가입률의 관계를 표현한 그래프(논문에서 그림 5-2)를 보면, 선택 방식이 서른한 가지에 이를 때 가입률이 급격히 떨어지기 시작한다는 걸 확인할 수 있을 겁니다."

17 Jeanne Mengis and Martin J. Eppler, "Seeing Versus Arguing the Moderating Role of Collaborative Visualization in Team Knowledge Integration." Journal of Universal Knowledge Management 1, no. 3 (2006) : 151-162 ; Martin J. Eppler and Jeanne Mengis, "The Concept of Information Overload : A Review of Literature from Organization Science, Accounting, Marketing, MIS, and Related Disciplines." The Information Society 20, no. 5 (2004) : 325-344.

18 Fergus I. M. Craik and Endel Tulving, "Depth of Processing and the Retention of Words in Episodic Memory." Journal of Experimental Psychology : General 104, no. 3 (1975) : 268 ; Monique Ernst and Martin P. Paulus, "Neurobiology of Decision Making : A Selective Review from a Neurocognitive and Clinical Perspective." Biological Psychiatry 58, no. 8 (2005) : 597-604 ; Ming Hsu et al., "Neural Systems

Responding to Degrees of Uncertainty in Human Decision-Making." Science 310, no. 5754 (2005) : 1680-1683.

19 인지와 비계 설정이 의사 결정에 미치는 영향에 대해 더 깊이 알고 싶으면 다음 문헌들을 참조하기 바란다.

Gerd Gigerenzer and Wolfgang Gaissmaier, "Heuristic Decision Making." Annual Review of Psychology 62 (2011) : 451-482 ; Laurence T. Maloney, Julia Trommershäuser, and Michael S. Landy, "Questions Without Words : A Comparison Between Decision Making Under Risk and Movement Planning Under Risk." Integrated Models of Cognitive Systems (2007) : 297-313 ; Wayne Winston, Decision Making Under Uncertainty (Ithaca, N.Y. : Palisade Corporation, 1999) ; Eric J. Johnson and Elke U. Weber, "Mindful Judgment and Decision Making." Annual Review of Psychology 60 (2009) : 53 ; Kai Pata, Erno Lehtinen, and Tago Sarapuu, "Inter-Relations of Tutor's and Peers' Scaffolding and Decision-Making Discourse Acts." Instructional Science 34, no. 4 (2006) : 313-341 ; Priscilla Wohlstetter, Amanda Datnow, and Vicki Park, "Creating a System for Data-Driven Decision Making : Applying the Principal-Agent Framework." School Effectiveness and School Improvement 19, no. 3 (2008) : 239-259 ; Penelope L. Peterson and Michelle A. Comeaux, "Teachers' Schemata for Classroom Events : The Mental Scaffolding of Teachers' Thinking During Classroom Instruction." Teaching and Teacher Education 3, no. 4 (1987) : 319-331 ; Darrell A. Worthy et al., "With Age Comes Wisdom : Decision Making in Younger and Older Adults." Psychological Science 22, no. 11 (2011) : 1375-1380 ; Pat Croskerry, "Cognitive Forcing Strategies in Clinical Decisionmaking." Annals of Emergency Medicine 41, no. 1 (2003) : 110-120 ; Brian J. Reiser, "Scaffolding Complex Learning : The Mechanisms of Structuring and Problematizing Student Work." The Journal of the Learning Sciences 13, no. 3 (2004) : 273-304 ; Robert Clowes and Anthony F. Morse, "Scaffolding Cognition with Words." in Proceedings of the Fifth International Workshop on Epigenetic Robotics : Modeling Cognitive Development in Robotic Systems (Lund, Sweden : Lund University Cognitive Studies, 2005), 101-105.

20 '비틀기'에 대해 더 많이 알고 싶다면 다음 문헌들을 참조하기 바란다.

Adam L. Alter, "The Benefits of Cognitive Disfluency." Current Directions in Psychological Science 22, no. 6 (2013) : 437-442 ; Adam L. Alter et al., "Overcoming Intuition : Metacognitive Difficulty Activates Analytic Reasoning." Journal of Experimental Psychology : General 136, no. 4 (2007) : 569 ; Adam L. Alter, Drunk Tank Pink : And Other Unexpected Forces That Shape How We Think, Feel, and Behave (New York : Penguin, 2013) ; Adam L. Alter et al., "Overcoming Intuition : Metacognitive Difficulty Activates Analytic Reasoning." Journal of Experimental Psychology : General 136, no. 4 (2007) : 569 ; Adam L. Alter and Daniel M. Oppenheimer, "Effects of Fluency on Psychological Distance and Mental Construal (or Why New York Is a Large City, but New York Is a Civilized Jungle)." Psychological Science 19, no. 2 (2008) : 161-167 ; Adam L. Alter and Daniel M. Oppenheimer, "Uniting the Tribes of Fluency to Form a Metacognitive Nation." Personality and Social Psychology Review 13, no. 3 (2009) : 219-235 ; John Hattie and Gregory C. R. Yates, Visible Learning and the Science of How We Learn (London : Routledge, 2013) ; Nassim Nicholas Taleb, Antifragile : Things That Gain from Disorder (New York : Random House, 2012) ; Daniel M. Oppenheimer, "The Secret Life of Fluency." Trends in Cognitive Sciences 12, no. 6 (2008) : 237-241 ; Edward T. Cokely and Colleen M. Kelley, "Cognitive Abilities and Superior Decision Making Under Risk : A Protocol Analysis and Process Model Evaluation." Judgment and Decision Making 4, no. 1 (2009) : 20-33 ; Connor Diemand-Yauman, Daniel M. Oppenheimer, and Erikka B. Vaughan, "Fortune Favors the Bold (and the Italicized) : Effects of Disfluency on Educational Outcomes." Cognition 118, no. 1 (2011) : 111-115 ; Hyunjin Song and Norbert Schwarz, "Fluency and the Detection of Misleading Questions : Low Processing Fluency Attenuates the Moses Illusion." Social Cognition 26, no. 6 (2008) : 791-799 ; Anuj K. Shah and Daniel M. Oppenheimer, "Easy Does It : The Role of Fluency in Cue Weighting." Judgment and Decision Making 2, no. 6 (2007) : 371-379.

비틀기를 연구한 뉴욕 대학교 교수 애덤 올터는 사실 확인을 위한 질문의 답변 메일에서, 비틀기를 '우리가 어떤 정보를 처리하고 이해하려 할 때 느끼는 정신적 어려움'으로 설명하며 다음과 같이 덧붙였다.

"예컨대 복잡한 단어, 화려한 장식체로 인쇄된 글, 글자가 바탕색과 비슷한 글 등을 읽어야 하는 경우, 혹은 어렴풋이 기억하는 것을 그림으로 표현하거나 전화번호를 기억해 내려고 안간힘을 쓰는 경우를 생각해 보십시오. 자료를 처리하거나 사용한다고 반드시 비틀기 현상이 동반되는 것은 아닙니다. 당신이 자료를 어떻게 정의하느냐에 달려 있습니다. 나는 개인적으로 자료를 광범위한 관점으로 정의합니다. 즉 모든 인지 과정을 '자료의 사용'이라 생각합니다."

21 애덤 올터는 나에게 보낸 한 메일에서 다음과 같이 말했다.

"비틀기에 관련된 기존 연구를 반박하는 논문이 최근 발표되었습니다. …… 몇몇 동료가 공동으로 발표한 논문 ⟨Disfluent Fonts Don't Help People Solve Math Problems⟩에서 그 효과를 얻기가 무척 까다롭다는 걸 입증해 보였지요. 적어도 인지 반응 테스트로는 똑같은 효과를 다시 얻는 게 어렵다는 점이 이 논문에서 입증되었습니다."

22 사실 확인을 위한 질문의 답변 메일에서 애덤 올터는 비틀기에 대한 자신의 설명을 다음과 같이 부연했다.

"비틀기로 인해 학습 효과가 더 오랫동안 지속되며, 물론 깊어지기도 합니다. 감쇠율, 즉 정보가 얼마나 오랫동안 유지되느냐에 대해서는 확실하게 말할 수 없지만, 개념들은 심도 있게 처리될 때 더 오랫동안 지속되는 게 분명한 듯합니다. …… 우리는 어떤 정보에 대해 자세히 말할수록 그 정보를 더 잘 기억하는 경향을 띱니다. 이런 현상은 인지 심리학의 일반적인 원칙이지요. 예컨대 내가 당신에게 '풍선'이란 단어를 기억하라고 요구할 때, 당신이 그 단어를 기억 창고에 저장하는 순간 하늘에 떠 있는 붉은 풍선을 상상하며, 혹은 개코 원숭이가 풍선을 쥐고 있는 모습을 생각하면 '풍선'이란 단어를 기억하기가 훨씬 더 쉽습니다. 그렇게 하지 않으면, 이미 꽉 찬 기억 창고에 그 단어를 쑤셔 넣기가 여간 힘들지 않을 겁니다."

23 나는 여기에 소개한 모든 사실을 요약한 원고를 지금은 제이피모건 체이스 은행으로 알려진 체이스맨해튼 은행에 보냈다. 회사를 대리한 관계자는 "2004년 뱅크원과 제이피모건 체이스가 합병한 이후 15년 이상이 지난 지금, 그에 관련된 내부 자료를 찾기는 무척 어렵습니다"라고 말했다.

24 사실 확인을 위한 질문의 답변 메일에서 샬럿 플러드는 자신의 성공에 상당한 역할을 했다고 생각할 만한 여러 요소가 있었다며, 자신의 관리 방식을 다음과 같이 설명했다.

"예컨대 추심원마다 학습하는 방법이 달라 자료를 다른 식으로 해석한다는 걸 알아낼 수 있었어요. 또 그 해석이 때로는 성과에 긍정적인 영향, 때로는 부정적인 영향을 미친다는 것도 알아냈지요. …… 경영학 서적은 내가 직원들을 망친다고 비판할지도 모르겠습니다. 주말에는 내가 직원들을 위해 아침 식사를 직접 마련해 주거든요. 음식은 항상 도움이 됐습니다. 목사가 되려고 받은 훈련 과정도 직원들을 상대하는 데, 그리고 다른 관리자들은 생각하지 못하는 방법으로 그들을 지원하는 데 도움이 됐지요. 예컨대 직원 가족이 병원에 입원하면 병문안을 갔습니다. 물론 결혼식에도 참석하고, 때로는 기도를 하기도 했습니다. 내가 아는 채권 추심원들은 결코 비상식적인 사람들이 아니었어요. 내가 그들에게 마음을 쏟다는 것도 알고 있었지요. …… 자료를 유의미하고 적절하게 해석하는 방법을 아는 것도 중요합니다. 또 직원들이 자신의 성과와 관련된 자료에 접근하는 것도 중요하지요. 하지만 산사태처럼 쏟아지는 자료들을 취사선택하는 방법을 직원들에게 알려 주지 않는다면, 또 원하는 목표에 도달하는 방법을 알려 주지 않는다면 그 어떤 자료도 무의미합니다. 모든 관리자가 반드시 기억해야 할 점은 그들이 상대하는 자료의 인간적인 면을 잊지 않는 것입니다."

25 사실 확인을 위한 질문의 답변 메일에서 니코 칸토어는 다음과 같이 말했다.

"샬럿이 대부분의 동료보다 뛰어난 관리자였던 것은 분명합니다. 또 직원들에게 더 나은 미래를 위해 노력하라고 독려하는 데도 뛰어난 능력을 보였습니다. 샬럿 덕분에 직원들은 일을 게임처럼 재미있게 해낼 수 있었지요. 채권 추심원들이 연체자의 하소연을 더 열심히 경청한 덕분에 그들과 더 밀접하게 교감할 수 있었고, 그 결과가 바람직한 방향으로 영향을 미친 것이라 생각합니다."

26 낸시 존슨은 플레전트힐 초등학교에서 교직을 시작했고, 훗날 사우스 애번데일 초등학교로 옮긴 후에는 지도 교사로 재직했다.

27 '핫 펜슬 자습'은 사우스 애번데일 초등학교에서만 사용한 방법이며, EI에 참여한 모든 학교에서 행해지지는 않았다.

28 당시 델리아 모리스는 미성년자라서 신원을 보호하기 위해 가명을 썼다.

29 Yousef Haik and Tamer Shahin, engineering design process (Independence, Ky. : Cengage Learning, 2010) ; Clive L. Dym et al., Engineering Design : A Project-Based Introduction (New York : Wiley, 2004) ; Atila Ertas and Jesse C. Jones, The engineering design process (New York : Wiley, 1996) ; Thomas J. Howard, Stephen J. Culley, and Elies Dekoninck, "Describing the Creative Design Process by the Integration of Engineering Design and Cognitive Psychology Literature," Design Studies 29, no. 2 (2008) : 160-180.

30 "What is the engineering design process?" Innovation First International, http : //curriculum.vexrobotics.com/curriculum/intro-to-engineering/what-is-the-engineering-design-process.

31 Stephen J. Hoch, "Availability and Interference in Predictive Judgment." Journal of Experimental Psychology : Learning, Memory, and Cognition 10, no. 4 (1984) : 649.

32 사실 확인을 위한 질문의 답변 메일에서 스티븐 호크는 다음과 같이 말했다. "내 판단으로는 과거의 생각이 끼어들어 새로운 생각을 떠올리는 걸 방해하는 듯합니다. 이런 경우에는 과거의 생각이 사그라들도록 잠시 휴식을 취하는 것도 한 방법이지요."

33 Irwin P. Levin, Sandra L. Schneider, and Gary J. Gaeth, "All Frames Are Not Created Equal : A Typology and Critical Analysis of Framing Effects." Organizational Behavior and Human Decision Processes 76, no. 2 (1998) : 149-188 ; Hilary A. Llewellyn-Thomas, M. June McGreal, and Elaine C. Thiel, "Cancer Patients' Decision Making and Trial-Entry Preferences : The Effects of 'Framing' Information About Short-Term Toxicity and Long-Term Survival." Medical Decision Making 15, no. 1 (1995) : 4-12 ; David E. Bell, Howard Raiffa, and Amos Tversky, Decision Making : Descriptive, Normative, and Prescriptive Interactions (Cambridge : Cambridge University Press, 1988) ; Amos Tversky and Daniel Kahneman, "Rational Choice and the Framing of Decisions." The Journal of Business 59, no. 4, part 2 (1986) : 251-278.

34 사실 확인을 위해 주고받은 메일에서 에릭 존슨은 "우리는 관련된 정보의 일부만을 머릿속으로 생각한다는 게 정설입니다"라고 말했다.

35 Lekan Oguntoyinbo, "Hall Sweet Home." Diverse Issues in Higher Education 27, no. 25 (2011) : 8 ; Dana Jennings, "Second Home for First Gens." The New York Times, 2009년 7월 20일.

36 Pam A. Mueller and Daniel M. Oppenheimer, "The Pen Is Mightier Than the Keyboard : Advantages of Longhand over Laptop Note Taking." Psychological Science 25, no. 6 (2014).

37 사실 확인을 위해 주고받은 메일에서 이 논문의 주 저자 프린스턴 대학교의 팸 뮬러는 다음과 같이 말했다.

"인터넷에서는 많은 사람이 우리가 실험 참가자들을 무작위로 나누지 않았다고 추정하는 듯합니다. 그래서 우리 결론이 타당하지 않다고 여기는 것 같아요. 분명히 말씀드리지만, 우리는 두 집단을 무작위로 구분했어요. 우리는 실험에 참가한 학생들에게 어떤 방식으로 필기하는 걸 좋아하느냐고 물었습니다. 하지만 손으로 필기하는 걸 좋아하는 학생에게 노트북을 사용하게 한 경우처럼, 특정한 조건에 있는 소수의 학생들 때문에 이 둘의 상관관계에 대한 확실한 결론을 끌어낼 수는 없습니다. 손으로 필기하는 걸 좋아하는 학생들이 노트북을 사용하는 경우에도 그대로 받아쓰지 않고 요약해 기록하는 습관을 유지하기 때문에, 노트북에 필기하는 걸 좋아하는 학생보다 성적이 더 낫다는 의견도 있습니다. 프린스턴 대학교 학생들은 다수가 노트북에 필기하는 걸 선호한 반면, UCLA 학생들은 과반수가 손으로 필기하는 걸 선호했다는 사실도 주목할 만합니다. 따라서 UCLA에서 시행된 두 번째 연구 결과가 프린스턴 대학교에서 시행된 첫 번째 연구 결과를 재확인해 주었다는 사실도 무척 고무적입니다."

38 사실 확인을 위해 주고받은 메일에서 이 논문의 주 저자 프린스턴 대학교의 팸 뮬러는 다음과 같이 말했다.

"노트북을 사용하는 학생들은 훨씬 많은 내용을 필기했습니다. 따라서 노트북 사용자가 필기한 내용을 복습하는 기회를 갖는다면 성적이 크게 향상되리라 생각했지요. 노트북 사용자는 공부할 때 이용할 수 있는 정보가 훨씬 많을 테니까요. 하지만 놀랍게도 그 결과는 우리 생각과 달랐습니다. 강의를 듣는 동안 필기하며 내용을 가공하지 않는다면 필기량이 증가해도 학습에는 큰 도움이 되지 않는 듯합니다. 적어도 학습 기간이 짧은 경우에는 도움이 되지 않았습니다. 학습 기간이 길어지면 학생들은 강의 내용을 전체적으로 짜 맞출 수 있겠지만, 학습하는 시점에는 상당히 비효율적입니다. 따라서 처음부터 '더 나은 방법', 즉 손으로 필기하거나 노트북을 사용하더라도 요약해서 필기하는 방법을 사용하는 게 더 효과적일 것입니다."

옮긴이 강주헌

한국외국어대학교 불어과를 졸업하고, 같은 대학교 대학원에서 석사 및 박사 학위를 받았다. 프랑스 브장송 대학교에서 수학한 후 한국외국어대학교와 건국대학교 등에서 언어학을 강의했으며, 2003년 '올해의 출판인 특별상'을 수상했다. 현재 전문 번역가로 활동하고 있으며, 뛰어난 영어와 불어 번역으로 정평이 나 있다. '펍헙(PubHub) 번역 그룹'을 설립해 후진 양성에도 힘쓰고 있다. 《습관의 힘》, 《문명의 붕괴》, 《촘스키, 누가 무엇으로 세상을 지배하는가》, 《비영리 분야를 위한 좋은조직을 넘어 위대한 조직으로》, 《생각의 해부》 등 100여 권이 넘는 책을 번역했고 《기획에는 국경도없다》, 《번역은 내 운명(공저)》을 썼다.

무슨 일이든 스마트하게 빠르게 완벽하게
1등의 습관

초판 1쇄 발행 2016년 5월 9일
초판 18쇄 발행 2023년 8월 21일

지은이 찰스 두히그 **옮긴이** 강주헌

발행인 이재진 **단행본사업본부장** 신동해
교정·교열 신윤덕 **디자인** 이석운 김미연
마케팅 최혜진 백미숙 **홍보** 반여진 허지호 정지연
국제업무 김은정 **제작** 정석훈

브랜드 알프레드
주소 경기도 파주시 회동길 20
문의전화 031-956-7208 (편집) 031-956-7129 (마케팅)
홈페이지 www.wjbooks.co.kr
인스타그램 www.instagram.com/woongjin_readers
페이스북 https://www.facebook.com/woongjinreaders
블로그 blog.naver.com/wj_booking

발행처 ㈜웅진씽크빅
출판신고 1980년 3월 29일 제 406-2007-000046호

한국어 출판권 ⓒ 웅진씽크빅, 2016(저작권자와 맺은 특약에 따라 검인을 생략합니다.)
ISBN 978-89-01-21246-3 03320